LA MORALE

PAR

PAUL JANET

MEMBRE DE L'INSTITUT
PROFESSEUR A LA FACULTÉ DES LETTRES DE PARIS

QUATRIÈME ÉDITION

PARIS
LIBRAIRIE CH. DELAGRAVE
15, RUE SOUFFLOT, 15
1894

LA MORALE

Tout exemplaire de cet ouvrage non revêtu de notre griffe sera réputé contrefait.

PRÉFACE

Dans nos *Eléments de morale*, publiés il y a quelques années, nous avions cherché à dégager de la science morale les résultats les plus évidents et les plus utiles, accessibles à tous les esprits, et surtout aux jeunes esprits; nous avions évité les discussions délicates et les recherches trop difficiles. Dans le livre que nous publions aujourd'hui, et qui, sauf quelques pages éparses, n'a rien de commun avec le précédent, nous avons au contraire essayé de remonter aux principes, et de démêler, avec quelque précision, les idées fondamentales de la morale; enfin, d'en présenter une exposition systématique et bien liée, n'oubliant pas cependant ce sage précepte d'Aristote, qu'il ne faut demander à chaque science que le degré de rigueur qu'elle peut supporter.

Sans avoir négligé de consulter nos devanciers [1],

1. Sans remonter trop loin, nous rappellerons le célèbre livre *du Devoir*, de M. Jules Simon; la *Science morale*, de M. Renouvier; la *Philosophie du devoir*, de M. Ferraz; la *Morale pour tous*, de M. Ad. Franck; la *Morale indépendante*, de Mme C. Coignet; les *Principes de la morale considérée comme science*, de M. E. Wiart; la *Morale psychologique* de M. Herrenschneider (*C. rendus de l'Ac. des sc. mor. et pol*, 1871.)

et de nous inspirer de leurs recherches, nous avons fait tous nos efforts pour y ajouter quelque chose. Nous croyons avoir introduit ou réintroduit dans la science quelques éléments trop négligés, élucidé certaines difficultés, proposé quelques solutions, indiqué des sujets de recherches. Nous ne croyons pas avoir tout fait; mais nous avons fait de notre mieux.

On trouvera, dans les chapitres qui suivent, les développements et les confirmations de nos principes; mais nous avons jugé utile de les rassembler d'abord dans une sorte de synthèse anticipée, afin d'en faire comprendre l'unité à ceux qui nous auront lu, et de faciliter la voie à ceux qui voudront nous lire. Cependant nous demandons à ne pas être jugé sur de simples formules, et que l'on veuille bien attendre les développements ou discussions qui les éclaircissent.

Notre principe fondamental est que le *bien moral* suppose un *bien naturel* qui lui est antérieur et qui lui sert de fondement.

Si tous les objets de nos actions étaient en soi *indifférents*, comme le disaient les stoïciens, il serait impossible de comprendre pourquoi nous serions tenus de rechercher les uns plutôt que les autres; et la loi morale serait vide de tout contenu.

Ces *biens naturels*, antérieurs au bien moral, et qui devront être l'objet d'un choix, ne s'évaluent pas par le *plaisir* qu'ils nous procurent, mais par un caractère intrinsèque, que nous appelons leur *excellence* et qui est indépendant de notre manière de sentir.

C'est en se plaçant à ce point de vue que les anciens rangeaient avec raison les *biens* en trois classes : les biens *extérieurs*, les biens *corporels*, les biens de l'*âme*, et qu'ils considéraient les biens de l'âme comme supérieurs à ceux du corps, et ceux-ci comme supérieurs aux biens extérieurs.

Ce qu'il y a de plus excellent pour l'homme, c'est donc l'excellence de son âme, et, dans son âme, de la partie la plus haute et la meilleure, la personnalité, c'est-à-dire la volonté raisonnable.

Mais l'excellence de la personnalité ne consiste pas seulement en elle-même, elle consiste encore dans son union avec la personnalité des autres hommes, c'est-à-dire dans la fraternité et aussi dans son dévouement à des biens impersonnels, tels que le beau, le vrai et le saint.

Cette excellence idéale de la personne humaine est ce que l'on appelle la *perfection;* et l'on pourra dire avec Wolf que le bien est la perfection.

Mais de ce que nous avons distingué le bien et le plaisir, il ne s'ensuit pas que le plaisir ne soit pas un bien ; car nous admettons avec Aristote que le plaisir est inséparable de l'acte, que l'acte le plus élevé donne le plaisir le plus élevé, et que la perfection est en elle-même une source de bonheur. C'est en ce sens que l'on dira avec Aristote, avec Malebranche, avec Leibniz etc., que le bien, c'est le *bonheur*

Le bien pour l'homme ne peut être que son propre bien ; c'est ce que les utilitaires ont bien vu ; car il serait contradictoire qu'un être fût tenu de poursuivre un but contraire à sa nature. Toutes les lois ont pour objet l'avantage des sujets dont elles sont les lois. La loi morale seule serait-elle au détriment de ceux auxquelles elle commande ! C'est ce qu'il est impossible d'admettre. Elle serait alors une loi de tyrannie, non de justice et d'amour.

Ainsi le bien est en même temps le bonheur. Mais le bonheur n'est pas, comme le veut Bentham, un calcul, un choix, une combinaison de plaisirs ; c'est la plus haute joie, le plus pur plaisir, adéquat à la plus haute excellence.

La doctrine de la *perfection* et la doctrine du *bonheur*, qui s'identifient dans le fond, n'excluent point la doctrine du *devoir*. Le devoir, c'est la loi qui nous impose de rechercher notre perfection, c'est-à-dire notre vrai bonheur.

Comme il y a un bonheur vrai et un bonheur faux, un bonheur qui résulte de l'excellence de notre nature, et un autre de notre sensibilité satisfaite, on comprend qu'il puisse y avoir une *obligation* de rechercher le vrai et de sacrifier le faux. C'est ce qu'entendent tous les moralistes en opposant les *vrais biens* aux *faux biens*, et en recommandant aux hommes de rechercher les premiers, et non les seconds.

Comme l'homme veut naturellement le bien, d'une

part il veut le vrai bien, et de l'autre il veut aussi l'apparence du bien. Or la volonté, qui veut le vrai bien, *commande* à la volonté qui veut le bien apparent : ce commandement est l'obligation morale. Nous admettons donc avec Kant l'*autonomie de la volonté*, comme principe législateur de la morale.

Quoique la loi soit obligatoire par elle-même, elle ne l'est *pour nous* qu'autant que nous la connaissons, et dans la mesure où nous la connaissons. Nous acceptons donc ce principe de la morale de Fichte : « Obéis à la conviction actuelle que tu as de ton devoir; » en d'autres termes : *Obéis à ta conscience*. Mais cette règle suppose ce postulat, c'est que chacun fera effort pour rapprocher sa conscience actuelle de l'état d'une conscience absolue, qui serait identique à la loi elle-même.

Le bien naturel et essentiel étant le fondement du devoir, nous admettons avec Kant que le bien moral en est au contraire la conséquence; et ainsi se trouve justifiée cette double proposition : Le devoir consiste à faire le bien. — Le bien consiste à faire son devoir. En d'autres termes, le devoir consiste à rechercher ce qui est naturellement bon ; et l'acte moralement bon est celui qui est fait par devoir.

Pour nous, comme pour Kant, le domaine du bien et le domaine du devoir sont absolument équivalents. Nous admettons avec lui que c'est un *fanatisme moral* de vouloir s'élever au-dessus du devoir. Mais cette liberté que nous n'accordons pas au delà de la loi morale, nous la retrouvons dans l'enceinte même de la loi ; et nous admettons une *initiative morale* qui ne peut rien changer à la loi, mais qui crée et modifie sans cesse les moyens de l'accomplir.

D'après ces principes, nous rejetons la distinction reçue des devoirs *stricts* et des devoirs *larges*. Selon nous, il ne peut y avoir de devoir large, en ce sens qu'on pourrait l'accomplir ou ne pas l'accomplir à sa volonté. Ainsi tout devoir est strict quant à la *forme;* mais dans l'application les devoirs sont *déterminés* ou *indéterminés*, selon la nature des objets qui en sont la *matière*.

On prévoit, d'après tout ce qui précède, que nous n'admettons pas avec Kant que la vertu ne soit autre chose qu'une *force de résolution*. Elle est plus que cela ; et Aristote a raison de dire que « l'homme vertueux est celui *qui trouve du plaisir* à accomplir des actes de vertu. »

Par la vertu l'homme acquiert une certaine valeur, un certain prix, au delà de ce qu'il avait déjà reçu de la nature. On dit alors qu'il a du *mérite*. Le mérite sera par conséquent la valeur que l'homme s'ajoute à lui-même par l'effort constant ou même passager de sa volonté. Le *démérite* est le contraire. Ce n'est pas seulement l'absence du mérite : c'est une perte, une diminution, un abaissement.

Ainsi les mots de *mérite* et de *démérite* ne représentent pas pour nous des idées de relation, à savoir le rapport de l'agent moral à la récompense ou à la punition : elles ont une signification en elles-mêmes, et elles expriment l'augmentation ou la diminution de la valeur interne de l'agent moral par l'effet de la volonté. Cet accroissement de valeur est attesté par la satisfaction morale et par l'estime des hommes ; la diminution, au contraire, est attestée par le remords et par le mépris.

Si le bonheur est identique au bien, et si la vertu est la pratique du bien accompagnée de plaisir, on peut dire avec Spinoza que le bonheur n'est pas la récompense de la vertu, mais qu'elle est la vertu elle-même. En d'autres termes, nous admettons avec les stoïciens que la vertu est à elle-même sa propre récompense.

Est-ce à dire qu'il n'y ait point de sanction morale ? Bien au contraire. Mais, tandis que la sanction légale est extérieure à la loi, et n'a pour but que d'en assurer l'efficacité par des moyens externes, la sanction morale est comprise dans la loi elle-même, et est la garantie de sa justice. Car une loi qui commanderait à un agent de sacrifier son bonheur à celui des autres hommes et qui sacrifierait le bonheur de l'agent, une telle loi se détruirait elle-même, en nous faisant à nous-mêmes ce qu'elle nous interdirait de faire à autrui.

La vie future ne doit pas être considérée comme un salaire, mais comme la jouissance paisible de ce qui seul a du prix, la perfection. Elle n'est pas à proprement parler une *récompense*, mais une *délivrance*.

L'immortalité n'est pas *individuelle*, mais elle est *personnelle*. La personne n'est pas l'individu. L'individu se compose de tous les accidents particuliers qui distinguent un homme d'un autre : ces accidents périssent avec nous : c'est la *chair*. La personne est la *conscience de l'impersonnel* : c'est *l'esprit*.

La morale conduit à la religion, qui n'est autre chose que la croyance à la bonté divine. Si le monde ne dérive pas du bien, et ne va pas au bien, la vertu est une chimère impuissante. La *foi pratique* à l'existence de Dieu est donc, comme l'a dit Kant, le *postulat* de la loi morale.

Telle est la doctrine dont on trouvera les développements dans les pages suivantes. Si l'on veut donner un nom à cette doctrine, ce qui n'est pas sans importance pour fixer les idées, on pourrait l'appeler une sorte d'*eudémonisme rationnel*, opposé d'une part à l'eudémonisme utilitaire, et de l'autre au formalisme trop abstrait de la morale de Kant, mais en même temps les conciliant l'un et l'autre. Cette doctrine n'est pas seulement à nos yeux la vraie, mais elle est la plus conforme à la tradition. Elle est celle de Platon et d'Aristote, de Descartes et de Leibniz, et n'a rien qui ne s'accorde parfaitement avec ce que Bentham appelle le *déontologisme*, c'est-à-dire, la doctrine du devoir. Nous approuvons fort et nous avons essayé de pratiquer pour notre part la méthode qu'on a appelée méthode de conciliation, et qui n'est autre que la méthode éclectique bien entendue. Sans cette méthode, la philosophie n'est qu'une alternative de révolutions, chacun venant renverser l'œuvre de ses prédécesseurs et devant être à son tour renversé par ses successeurs; tandis que la vraie science se compose au contraire d'acquisitions successives, qui s'ajoutent l'une à l'autre, et qui se complètent l'une l'autre. On ne dit point d'un homme qu'il s'enrichit, lorsqu'il jette à l'eau une fortune pour s'en faire une autre, mais lorsqu'il conserve et augmente celle qu'il a. Ainsi la morale de Kant doit rester dans la science, mais elle-même doit s'appuyer sur la morale d'Aristote, qu'elle n'aurait pas dû renverser; et, dans la conciliation de ces deux doctrines, un utilitarisme noble et éclairé comme celui de M. St. Mill doit trouver sa satisfaction.

Tel est l'esprit, telles sont les conclusions de ce livre, que nous demandons la permission d'appeler nos *Magna moralia*, en l'honneur d'Aristote qui nous a souvent inspiré, et pour distinguer ce livre du petit traité de morale élémentaire qui en a été le préambule, et qui doit y trouver son couronnement.

Paris, 18 octobre 1873.

LA MORALE

Le philosophe Schleiermacher a ramené toutes les idées morales à trois idées fondamentales trop souvent confondues : l'idée du *bien*, l'idée du *devoir*, l'idée de la *vertu*, et il a pris cette distinction pour base de sa philosophie morale. Cette analyse nous paraît vraie, et nous l'empruntons en l'interprétant librement. Dans toute action morale, en effet, on peut et l'on doit distinguer trois choses : 1° un *objet* ou un *but* à poursuivre et à réaliser : c'est ce qu'on appelle le *bien* ; 2° un *agent*, qui fait le bien et qui acquiert par là une *habitude* ou *qualité*, que l'on appelle la *vertu ;* 3° enfin une *loi* qui détermine le rapport de l'agent au but ; et cette loi est le *devoir*. A ces trois idées fondamentales s'opposent trois idées contraires : le *mal*, le *vice*, la *défense ou prohibition.*

On peut dire que ces trois idées distinctes se suivent et

s'enchaînent dans l'ordre suivant : le *bien*, le *devoir*, la *vertu*. La vertu, en effet, d'après l'acception la plus généralement admise, consiste à accomplir son devoir, c'est-à-dire à suivre la règle d'action que notre raison nous commande ou nous conseille. Le devoir, à son tour, consiste à faire le bien ; c'est la règle d'action qui nous impose la pratique du bien. Ainsi, la vertu suppose le devoir, et le devoir suppose le bien. S'il n'y avait pas quelque chose de bon, il n'y aurait pas de règle d'action pour nous apprendre à choisir un objet plutôt qu'un autre ; il n'y aurait pas de devoir. S'il n'y avait pas de devoir ou règle d'action, il n'y aurait pas de vertu, c'est-à-dire de choix éclairé entre le bien et le mal. Le choix éclairé du bien, c'est-à-dire la vertu, suppose donc une règle de choix, ou le devoir, qui suppose enfin une raison dans le choix, c'est-à-dire le bien.

De là trois problèmes : Qu'est-ce que le bien ? Qu'est-ce que le devoir ? Qu'est-ce que la vertu ? Nous venons d'en donner, comme on dit dans l'école, la définition *nominale ;* nous devons en chercher la définition *réelle*. Il faut partir nécessairement de la première, car autrement on ne saurait ce que l'on cherche. Mais il faut arriver à la seconde, et c'est l'objet même de la science. La première ne nous donne qu'une désignation de l'objet, la seconde doit nous donner la nature même de l'objet.

On a souvent reproché à la morale de tourner dans un cercle vicieux. Qu'est-ce que le bien, dit-on ? c'est de faire son devoir. Qu'est-ce que faire son devoir ? c'est faire le bien. Ainsi le bien se définit par le devoir et le devoir par le bien. Mais ce cercle n'est que dans les termes : le mot bien n'a pas le même sens dans les deux acceptions. Dans le premier cas, en effet, vous entendez par *bien*, le bien moral, c'est-à-dire le bien accompli par un agent libre et éclairé, c'est-à-dire encore la vertu ; et il est très-vrai que le bien ainsi entendu et défini consiste à faire son devoir. Dans le second cas, vous entendez par bien, le bien en soi, ce qui est naturellement et essentiellement bon, ce qui est antérieur et supérieur à ma volonté, en d'autres termes le but final et souverainement désirable. Or, il est certain que le devoir consiste à atteindre, et s'il est possible à nous procurer un tel bien. Il n'y a pas ombre de cercle vicieux.

Exprimons sous une autre forme les trois idées fondamentales de la morale, et les relations qui les unissent.

Toute action a nécessairement un objet. On ne peut pas vouloir sans vouloir *quelque chose :* ne *rien* vouloir, c'est *ne pas* vouloir. Or, si parmi les objets de la volonté, il n'y en avait pas qui, en soi-même et avant tout acte de volonté, fussent bons ou mauvais, il n'y aurait pas de raison de vouloir les uns plutôt que les autres. Il doit donc y avoir une partie de la morale, et le fondement de toutes les autres, qui soit antérieure logiquement à toute considération tirée de l'agent ou du sujet : il y a une morale qui a principalement pour but de déterminer la nature de *l'objet* de la volonté : c'est ce que nous appellerons la morale *objective*.

Quelle que soit la nature de cet objet, appelé bien, il ne peut être réalisé par un agent que selon certaines conditions relatives à la nature de cet agent. En morale comme en métaphysique, il faut distinguer l'objet du *sujet*. Le bien, en effet, ne peut être appliqué qu'à la condition d'être connu, désiré, voulu par un sujet [1]. C'est ce sujet qu'on appelle l'*agent*. De là toute une série de phénomènes qui appartiennent au sujet, et desquels il résulte que le bien dans le sujet n'est jamais absolument identique au bien tel qu'il est dans l'objet. Sans doute, on peut supposer idéalement un sujet moral qui finirait par s'identifier avec son objet, le bien; mais ce n'est là qu'une conception idéale. Dans la réalité, il y a toujours un écart entre le bien tel qu'il est représenté, conçu, voulu par le sujet, et le bien en soi. Il y a donc une partie de la morale qui a rapport à l'agent, et que l'on pourrait appeler morale *subjective*.

Cependant, quoique le sujet modifie toujours plus ou moins l'objet, en le recevant dans son intelligence ou sa sensibilité, ce n'est pas toutefois volontairement et arbitrairement : car ce serait détruire l'idée même d'un objet, c'est-à-dire du bien. La nature du bien étant, en elle-même, indépendante du sujet, elle doit s'imposer au sujet d'une manière absolue, sans tenir compte de ses modifications individuelles. De là une loi générale, ou loi du devoir, qui est, en quelque sorte, selon l'expression de Kant, la *forme* de nos actions, s'appliquant uniformément à toute volonté et se présentant dans toutes nos actions avec un caractère permanent; de là une autre partie de la morale,

---

[1]. Selon l'axiome scholastique : « *Quidquid recipitur secundum naturam recipientis recipitur.* »

ou morale *formelle*, servant de lien et de transition entre les deux autres, la *forme* étant en effet une sorte de moyen terme entre l'objet et le sujet.

Ainsi la morale objective sera la théorie du bien ; la morale formelle sera la théorie du devoir ; la morale subjective sera la théorie de la moralité ou de la vertu.

Quelque plausibles que puissent paraître les déductions précédentes, elles rencontrent une objection dans quelques écoles de morale. Pour toute une classe de moralistes, en effet, la morale est exclusivement subjective : le bien n'est qu'un *état* et une modification du sujet ; la loi n'est qu'un *art* de choisir et de combiner les diverses sensations, c'est-à-dire les divers états subjectifs de l'agent. Pour ces moralistes, il n'y aura donc ni morale objective, ni morale formelle. Ce sont les partisans du plaisir ou de l'utilité.

Pour d'autres moralistes, au contraire, la morale ne peut se réduire aux modifications subjectives sans se détruire elle-même, car toute morale suppose une règle, une loi, une forme universelle des actions. Il y a donc au-dessus de la morale subjective une morale formelle : c'est la morale du devoir. Mais la morale du devoir ne suppose rien avant elle. Le devoir est sa raison, son principe à lui-même. Selon Kant, c'est détruire l'idée de la moralité que lui donner un objet autre que la loi. Dans cette doctrine, il n'y a pas de morale objective ; j'ajoute qu'il n'y a pas non plus de morale subjective. Kant n'a jamais considéré que la loi abstraite, la loi pure et idéale dans son rapport avec un agent abstrait. Il ne s'est pas demandé ce que devenait cette loi mise en rapport avec un agent réel et concret, et passant par une conscience humaine. En un mot, il s'est borné et a voulu se borner au *formel* de la morale.

Nous avons donc, avant d'exposer nos propres idées sur le bien, le devoir, la vertu, à examiner le double point de vue 1° de ceux qui, en morale, ne considèrent que le sujet; 2° de ceux qui ne considèrent que la forme de l'action : — la morale du plaisir ; — la morale du devoir.

LIVRE PREMIER

LE BUT OU LE BIEN

LIVRE PREMIER

LE BUT OU LE BIEN

CHAPITRE PREMIER

LE PLAISIR ET LE BIEN

Qu'est-ce que le bien? S'il est une réponse à cette question universellement admise par les hommes, il semble que ce soit celle-ci : le bien, c'est ce que tous recherchent et poursuivent, c'est ce que tous voudraient posséder, s'ils le pouvaient. Or, cet objet que tous poursuivent, avec ou sans réflexion, mais partout et toujours, qu'est-ce autre chose que le plaisir? Le plaisir est le bien, voilà le cri de la nature. Tous les animaux recherchent le plaisir, et ne connaissent pas d'autre principe d'action. L'enfant n'est sensible qu'au plaisir; l'homme fait, avec plus de sérieux apparent, n'a guère d'autre objet. L'homme vertueux lui-même trouve du plaisir à pratiquer la vertu. Le philosophe qui réfute et proscrit la doctrine du plaisir trouve du plaisir à la réfuter. Et cependant le plaisir est-il le bien? C'est ce que les plus grandes écoles de philosophie ont toujours refusé d'admettre. Mais pour bien entendre cette question, il faut la distinguer de deux autres que l'on y mêle souvent, et qui sont toutes différentes : le plaisir est-il un bien? le plaisir fait-il partie du bien? Lors même que l'on accorderait que le plaisir est un bien (ce que, d'ailleurs, l'on ne peut guère nier sans absurdité), ou même encore que le plaisir est une condition ou une conséquence nécessaire du bien, il ne s'ensuivrait pas qu'il fût le seul bien, le vrai bien, tout le bien : c'est le point que nous devons examiner tout d'abord. Les deux autres questions viendront à leur place dans la suite de ces études [1].

On peut considérer aujourd'hui comme suffisamment démontré par les innombrables analyses qui ont été faites avant nous que le plaisir réduit à lui seul est incapable de servir de principe à une morale quelconque, et qu'il doit au moins céder la place au principe de l'utilité. En effet, le plaisir sans mesure, sans choix, sans prévoyance, le plaisir pris au hasard, et selon l'instinct du moment, le plaisir recherché et goûté sous quelque forme qu'il se présente, le plaisir brutal et sensuel préféré à tout plaisir intellectuel, le plaisir ainsi entendu se détruit lui-même, car l'expérience nous apprend qu'il est suivi de douleur, et qu'il se transforme en douleur. Un tel

---

1. Voir plus loin, même livre, chapitre IV : *le Principe du bonheur*.

principe est donc contradictoire et succombe devant ses propres conséquences. Déjà, chez les anciens, les défenseurs de la morale du plaisir, les Épicuriens, avaient distingué deux espèces de plaisirs, qu'ils appelaient le plaisir *stable*, et le plaisir en *mouvement*. Ils avaient remarqué que le plaisir des passions, qu'ils appelaient plaisir en mouvement, était un plaisir mélangé qui, en agitant l'âme, lui causait plus de douleur que de joie : le repos, la paix, l'insensibilité leur paraissait bien supérieur, et pour eux, le souverain bien consistait exclusivement à ne pas souffrir, *indolentia*. Aussi a-t-on remarqué avec raison que cette morale voluptueuse de l'épicuréisme, si séduisante en apparence, n'était au fond qu'un triste et assez morne ascétisme. Une branche de cette école plaçait le souverain bien dans le suicide; et l'on dit que Lucrèce a mis en pratique les préceptes de cette secte. Ces conséquences étranges de la morale voluptueuse suffisent à montrer que le principe du plaisir en lui-même est absolument insuffisant, s'il ne s'y joint quelque élément intellectuel, pour en régler et en épurer l'usage et la jouissance.

Platon a démontré dans le Théétète que le plaisir, sans un certain mélange d'intelligence et de sagesse, est comme s'il n'était pas. Sans intelligence, en effet, point de souvenir, point de prévision; nous voilà donc privés et des plaisirs passés et des plaisirs futurs : et c'est à peine si l'on peut dire que, sans quelque réflexion, il soit permis de jouir du plaisir présent. Platon démontre en outre qu'il faut distinguer des plaisirs faux et des plaisirs vrais, des plaisirs mélangés et des plaisirs purs, des plaisirs nobles et des plaisirs honteux. Enfin, il est le premier qui ait eu l'idée d'une *arithmétique des plaisirs* [1], idée que Bentham a plus tard réalisée avec une sagacité supérieure.

Bentham a montré que les plaisirs peuvent être comparés et classés à différents points de vue dont les principaux sont : la *certitude*, la *pureté*, la *durée*, l'*intensité*, etc. En effet, entre deux plaisirs, l'un *certain*, l'autre *incertain*, la sagesse et l'expérience nous apprennent évidemment que c'est le premier qu'il faut choisir : de même, entre un plaisir *pur*, c'est-à-dire sans mélange de douleur, et un plaisir *mélangé*, entre un plaisir *durable* et un plaisir fugitif et passager, entre un plaisir très-vif et très-*intense*, et un plaisir médiocre et sans attrait, c'est évidemment la pureté, la durée, l'intensité que la raison nous apprend à préférer. Combinez maintenant ces différents rapports, ajoutez-y le *nombre* probable des plaisirs, vous arrivez ainsi à former des règles, dont l'ensemble compose l'*art* de la vie, et qui ont pour effet de nous assurer ce qu'on appelle vulgairement le *bonheur*, c'est-à-dire *la plus grande somme de plaisirs possible avec le moins de douleurs possible*.

On voit que cet art est un art entièrement empirique, qui ne s'élève pas un seul instant au-dessus d'une morale toute subjective : car c'est toujours le plaisir, c'est-à-dire un certain état de conscience, qui est le seul objet, le seul but de la vie humaine. Ainsi, point d'*objet* autre que nos sensations propres. De même, point de *loi*. Les différentes règles que nous offre cette morale ne sont que des *moyens* d'atteindre au but désiré, à savoir le plaisir. Si la raison, la sagesse, l'intelligence, s'ajoutent à la sensation, comme le

---

1. Μετρητικὴ τέχνη, *Protagoras*, 357, 358. Éd. H. Étienne.

demandait Platon, ce n'est pas pour commander au plaisir, mais pour le servir : ce ne sont que des auxiliaires, des instruments du plaisir. Cette morale semble s'élever au-dessus de la pure sensation, en se donnant le titre de morale de l'*utilité*. Comme la sagesse vulgaire, elle nous apprend à préférer l'utile à l'agréable, la prudence à la passion. Mais au fond, l'utile n'est jamais un bien par lui-même : il n'est et ne peut être qu'un moyen de se procurer l'agréable. La prudence, à son tour, n'est autre chose que l'art de satisfaire impunément ses passions.

Les utilitaires se sont quelquefois plaints qu'on imputât à leur doctrine deux vices contradictoires. Tantôt, disent-ils, on nous reproche de déchaîner les passions, d'entraîner les hommes au culte impétueux et désordonné de la volupté et des sens ; tantôt, au contraire, on nous reproche une morale sèche, froide, calculée, qui éteint tous les sentiments, toutes les émotions, toutes les impulsions de l'âme. N'y a-t-il pas là, dit-on, une contradiction ?

Cette contradiction n'est qu'apparente. Il est également vrai de dire que la morale du plaisir est une morale désordonnée et une morale desséchante ; qu'elle est violente, impétueuse, déréglée ; et qu'elle est terne, glacée, rétrécie : ces deux accusations sont toutes deux vraies, selon que l'on considère le plaisir sans calcul, ou le plaisir calculé. La morale voluptueuse et passionnée, par exemple celle d'Aristippe dans l'antiquité, celle de Calliclès dans le Gorgias de Platon, ou encore celle de quelques poètes et romanciers modernes, est en effet une morale qui, déchaînant toutes les passions, déchaîne en même temps tous les appétits. Elle ouvre aux sens une libre carrière, et par là descend quelquefois à des excès honteux ; mais par contre-coup, en affranchissant les passions de tout frein, elle a par là même une sorte de grandeur, la grandeur farouche de la nature ; elle a même une sorte d'innocence, l'innocence d'un torrent aveugle qui ne sait où il coule ; et enfin, par cela seul qu'elle ne fait aucune distinction entre les passions et les plaisirs, elle donne quelquefois carrière aux instincts généreux, et elle a ainsi une noblesse qui manque au froid calcul et à la vertu mercenaire. Au contraire, la morale du plaisir calculé a cela de supérieur à la morale passionnée, qu'elle demande aux passions et aux sens de subir un frein ; elle est donc plus *convenable*, et s'accommode mieux aux besoins et à l'ordre de la société. On peut dire même que, pratiquement parlant, et pour ce qui est de l'ordre vulgaire de la vie, la morale intéressée ne diffère pas beaucoup de la morale du devoir, si ce n'est quant aux maximes et aux principes. Mais si, sous ce premier point de vue, on peut trouver la morale utilitaire plus convenable que la morale passionnée, en revanche, précisément parce qu'elle soumet la passion au calcul, elle a moins d'élan, moins de noblesse et de générosité que la morale des passions. Peu à peu, elle fait prédominer la crainte de la souffrance sur le désir du plaisir, et pour empêcher l'une, elle tarit les sources de l'autre. De là ce caractère de sécheresse et de pauvreté morale qu'on a cent fois reproché aux utilitaires. De là même cette espèce d'austérité triste et vide, qui caractérise la vie égoïste, et que l'on a remarquée dans l'épicuréisme. Ainsi, suivant que la morale du plaisir incline pour la passion libre ou pour le froid calcul, elle oscille entre la vie des brutes ou la vie morte d'une pierre ou d'un cadavre. Il n'est donc pas contradictoire de reprocher à cette morale tantôt l'une, tantôt l'autre de ces conséquences. On peut donc dire que la morale du plaisir réfute la morale de l'utilité, et que la morale de l'utilité réfute la morale du plaisir : en d'autres termes, ces deux formes d'un même principe se réfutent l'une l'autre. D'une part, les partisans de l'utilité reconnaissent qu'on ne peut s'en tenir au plaisir : car pourquoi ne s'y tiennent-ils pas? S'il faut faire un choix entre les plaisirs, c'est que le plaisir n'est pas un principe qui se suffise à lui-même. Mais d'un autre côté, l'utilité non plus n'est pas un principe : car, que signifie *utile*? ce qui sert à quelque chose. L'utile est un moyen ; ce n'est pas un but : c'est ce but qui est le bien ; l'utile n'est que le moyen d'y arriver. Or, ce but, pour les partisans de l'utilité, ne peut être autre que le plaisir, c'est-à-dire le principe même dont ils ont montré l'inanité. Si le plaisir est le bien, laissez-moi le chercher comme je l'entendrai ; c'est alors la morale voluptueuse qui a raison contre la morale utilitaire. Si au contraire, comme le veulent les utilitaires, et comme l'exige l'idée même d'une morale, il faut faire un choix entre les plaisirs, il me faut pour cela une raison, et cette raison ne doit pas être tirée du plaisir lui-même, puisque c'est lui qui doit être discipliné et gouverné.

Cependant un penseur éminent a essayé récemment de donner un tour nouveau à l'utilitarisme [1] ; il a cru pouvoir trouver dans le plaisir lui-même un principe capable de s'élever au-dessus du plaisir, une raison de choix qui nous

---

1. J. Stuart Mill, *The utilitarianism*, Londres, 1863.

permette de différencier et de graduer nos plaisirs, au nom du plaisir lui-même. Ce point de vue mérite d'autant plus de fixer notre attention, qu'il paraît se rapprocher beaucoup de celui que nous proposerons nous-même dans les chapitres suivants. Il nous importe d'autant plus de signaler en quoi nous accédons aux vues de l'auteur anglais, et surtout en quoi nous nous en éloignons.

M. J. Stuart Mill reconnaît que la plupart des utilitaires ont eu le tort de mesurer exclusivement les vrais biens par les avantages extérieurs qu'ils nous procurent, et non par leur nature intime. Ainsi, ils recommanderont la pitié pour les hommes par la crainte de tomber dans le malheur, l'amitié par les services qu'on peut attendre des autres, la fidélité aux promesses par l'attente d'une juste réciprocité, etc. C'est trop s'attacher aux conséquences des actes, et non aux actes eux-mêmes. Mais ces philosophes auraient pu, sans contredire aucunement le principe de l'utilité, se placer sur un terrain plus élevé. Ce principe n'interdit pas de reconnaître que certaines classes de plaisirs sont plus précieuses que d'autres. En toutes choses, en effet, les hommes distinguent la *qualité* de la *quantité*. Pourquoi n'en serait-il pas de même dans l'estimation des plaisirs? Les utilitaires se sont trop souvent bornés à ne faire valoir dans le plaisir que la quantité : durée, certitude, intensité, etc., sans doute, ils n'ont pas absolument omis l'autre élément; car l'on voit, par exemple, que les épicuriens mettaient les plaisirs de l'esprit au-dessus des plaisirs des sens. Mais en général, surtout dans Bentham et son école, c'est par la quantité des plaisirs, par leur somme, par leur intensité, beaucoup plus que par leur prix et leur valeur intrinsèque que le bien est évalué. De là, le peu d'estime que cette philosophie a recueilli auprès des âmes délicates et nobles; et M. Mill reconnaît qu'elle ne peut être entièrement justifiée; mais c'est, suivant lui, la faute des philosophes, non du principe : car rien ne nous oblige à mesurer la valeur du plaisir d'une manière aussi vulgaire. La réforme qu'il propose est donc d'introduire le principe de la *qualité* dans l'évaluation des plaisirs. Grâce à ce nouveau principe, sa morale s'agrandit et s'élève. Il ne la borne pas au pur épicuréisme; mais il croit qu'il y faut introduire « des éléments stoïciens et même des éléments chrétiens [1]. » On voit qu'il s'agit ici d'un utilitarisme tout autrement entendu que celui de Bentham. A vrai dire, la discussion réduite à ces termes n'a plus guère qu'une valeur théorique. Pour notre part, nous ne verrions pas de difficulté à admettre la théorie du plaisir ainsi transformée : car la principale raison pour laquelle nous combattons la morale utilitaire, c'est qu'elle ne tient compte que de la quantité des plaisirs, et non de la qualité. Remplaçons l'une par l'autre, on peut s'entendre : mais alors n'a-t-on pas changé de principe? Ce que vous appelez la qualité des plaisirs ne serait-il pas précisément ce que les hommes appellent le bien, et ce qui leur paraît une règle supérieure au plaisir?

Si le plaisir est le bien, s'il est le dernier élément auquel on arrive dans l'analyse du bien, deux plaisirs ne devraient pouvoir se distinguer l'un de l'autre, être préférés l'un à l'autre, jugés l'un meilleur, l'autre moindre, que si l'un

---

1. *Ibid.*, p. 11.

contient *plus* de bien que l'autre, c'est-à-dire *plus* de plaisir : deux plaisirs ne peuvent donc différer que par la quantité. Si vous dites au contraire que de deux plaisirs, l'un est en soi, et par sa nature propre, *meilleur* que l'autre, il faut qu'il y ait quelque chose qui ne soit pas le plaisir même pour donner à l'un cette supériorité sur l'autre. La qualité des plaisirs ne peut pas dériver du plaisir lui-même, mais des différentes causes qui le produisent; car, en tant que plaisirs, tous se valent si ce n'est par la qualité. S'ils ne se valent pas, s'ils contiennent plus ou moins de noblesse, de pureté, de délicatesse, si c'est ainsi qu'on doit les distinguer et les mesurer, il faudra dire que le bien n'est pas le plaisir, en tant que tel, mais le plaisir en tant que noble ou délicat ; et par conséquent le bien sera précisément ce noble, ce délicat, qui met certains plaisirs privilégiés au-dessus de tous les autres.

L'ingénieux auteur le reconnaît lui-même lorsqu'il dit que le bonheur humain n'est pas du même ordre que le bonheur de l'animal, puisqu'il dérive de facultés plus *élevées*[1]. Mais qu'est-ce qu'une faculté plus élevée? N'est-ce pas une faculté qui, en soi, et avant même qu'elle nous procure du plaisir, est plus noble, plus excellente, *meilleure* qu'une autre? Il y a donc un principe d'appréciation qui ne sera pas le plaisir ; et les choses différeront déjà en degré, en excellence, en valeur intrinsèque, avant de différer par les plaisirs qu'elles nous causent : si elles ne différaient pas déjà par quelque excellence intrinsèque, les plaisirs qui en

---

1. « *Human beings have faculties more elevated than the animal appetites.* » P. 11.

dériveraient pourraient différer en quantité, non en qualité. Il y a donc déjà du bien avant qu'il y ait du plaisir, et le plaisir n'est pas le bien, mais il est la conséquence du bien : il n'est pas la mesure du bien, mais c'est le bien qui est sa mesure.

M. Mill a très-bien compris la difficulté de concilier le principe du plaisir, comme principe fondamental de la morale, avec le correctif qu'il y ajoute aujourd'hui, à savoir le choix de la *qualité* dans le plaisir ; il cherche un critérium pour distinguer la qualité des plaisirs sans renoncer au principe fondamental de la doctrine utilitaire, et voici le moyen ingénieux dont il s'est avisé :

« Si on me demande ce que j'entends par la différence de qualité dans les plaisirs, il n'y a qu'une réponse possible. Lorsque de deux plaisirs il en est un auquel tous ceux ou presque tous ceux qui ont l'expérience des deux donnent une préférence marquée, sans y être poussés par aucune obligation morale, celui-là est le plaisir le plus désirable. Si des personnes en état de juger avec compétence de ces deux plaisirs placent l'un tellement au-dessus de l'autre, qu'elles le lui préfèrent, tout en le sachant accompagné d'une plus grande somme de mécontentement, nous sommes en droit d'attribuer à la jouissance préférée une supériorité de qualité qui l'emporte sur la quantité [1]. »

On voit par là que M. Mill cherche à découvrir un critérium empirique de la qualité du plaisir, critérium qui ne soit pas tiré de la valeur intrinsèque et absolue des choses, mais seulement de l'appréciation générale des hommes ; et

---

1. *Ibid.*, p. 12.

ce critérium est, suivant lui, dans le jugement des personnes compétentes, c'est-à-dire de celles qui ont fait l'expérience des deux genres de plaisirs. Par exemple, un débauché vulgaire ou un avide spéculateur pourront mépriser les plaisirs de la science, des arts, de la vertu ; mais ils sont incompétents, nous dira M. Mill : ils n'ont pas fait l'expérience de ces plaisirs qu'ils méprisent. Fort bien ; mais l'argument ne peut-il pas être rétorqué ? Un saint Vincent de Paul ou un Newton sont-ils bien compétents, lorsqu'ils méprisent les plaisirs des sens, les joies des folles passions ? les libertins ne pourront-ils pas soutenir que la vie de plaisir a des joies d'une profondeur infinie que les ascètes ou les pédants sont incapables de goûter ? Voyez, dans le Gorgias de Platon, avec quel enthousiasme poétique Calliclès chante la vie de passion et le droit du plus fort, et sous quelle couleur ridicule et basse il dépeint la vie sage et tempérante. De même les poètes modernes ont trouvé les accents les plus lyriques pour peindre les brigands (Schiller), les corsaires (Byron), etc : et les moralistes sont-ils bien compétents pour apprécier les plaisirs que l'on peut trouver dans ces vies sauvages et révoltées ? Ainsi les saints et les sages seront rejetés comme incompétents par ceux dont ils condamnent les passions et les vices. De plus, ne voyons-nous pas de très-grands hommes (un J. César, un Mirabeau, un Fox) qui ont éprouvé à la fois les deux sortes de plaisirs, les plaisirs de l'esprit et de l'âme, et les plaisirs des passions et des sens, bien loin de sacrifier les uns aux autres, passer alternativement pendant toute leur vie de ceux-ci à ceux-là, pour se délasser. Ils étaient bien compétents ; mais leur compétence ne sert qu'à nous apprendre que ces différentes sortes de plaisirs sont bonnes suivant les temps. D'autres enfin (tels que les Augustin, les Rancé) ont passé de la passion à la vertu, de la vie déréglée à la vie pieuse; et certainement, dans leur seconde vie, ils auraient eu horreur de la première; mais leur jugement peut encore être contesté : car ils n'ont pas fait les deux expériences dans les mêmes conditions : c'est pendant la jeunesse qu'ils se sont livrés au plaisir; c'est dans l'âge mûr et dans la vieillesse, lorsque les passions s'étaient amorties et leur feu éteint, que leur âme ardente et active a cherché d'autres objets. Il ne résulte pas de là que les seconds plaisirs soient plus désirables que les premiers.

Ce n'est donc pas par le goût de celui qui jouit que l'on peut mesurer la qualité du plaisir; mais c'est la qualité des plaisirs qui fait la valeur de nos goûts, et qui leur assure un rang inégal dans l'estime des hommes. Encore une fois, si les plaisirs diffèrent par la qualité, ce n'est pas parce que les uns plaisent plus que les autres, même aux gens compétents (ce qui, en définitive, ramène la qualité à la quantité); c'est qu'ils dérivent de sources plus pures, et, comme le dit très-bien M. Mill, parce qu'ils nous viennent de facultés plus élevées et plus nobles. Il faut qu'il y ait déjà des biens qui par eux-mêmes aient une certaine excellence, pour que les plaisirs qui s'y joignent se manifestent à nous comme plus ou moins excellents.

Mais, dira-t-on encore, ces biens que vous appelez excellents par eux-mêmes, et qui seraient tels par une perfection intrinsèque, se réduiront toujours à être quelque chose de désirable, sinon pour vous, au moins pour d'autres ; c'est comme devant procurer du plaisir à tels ou tels de vos semblables, aux hommes les plus éclairés, ou, si vous voulez, à des créatures angéliques, etc., que vous les appelez des biens ; et ainsi ce que vous appelez l'excellence intrinsèque n'est jamais que la capacité de procurer du plaisir.

Je réponds que lors même qu'on définirait le bien « ce qui est désirable, » il faut s'entendre sur le sens du mot désirable. Car il ne signifie pas ici ce qui sera désiré en effet, mais ce qui est *digne* d'être désiré, ce qui *doit* l'être. En fait, nous ne voyons pas que les biens les plus désirables soient ceux que les hommes en général recherchent le plus. La plupart aiment mieux la fortune, le bien-être, que les biens les plus élevés, la famille, la patrie, la science, la religion. Néanmoins nous considérons ces biens comme supérieurs aux autres, comme plus désirables et plus excellents ; lors même que nous ne nous sentons pas capables de les préférer à des biens plus vulgaires, nous ne laissons pas de reconnaître qu'ils valent mieux que ceux que nous leur préférons ; et nous regrettons de n'avoir pas la force de sacrifier ce qui nous plaît le plus à ce qui donnerait à notre être une plus grande valeur, si nous étions capables d'en jouir. Il faut donc qu'il y ait dans ces biens quelque chose de plus que dans les autres pour que nous les considérions comme dignes de leur être préférés. Cette aptitude à procurer un plus grand bonheur, et un bonheur d'un plus grand prix, ne peut venir que de leur supériorité manifeste.

Quoique ce soit le désir qui nous avertisse de la présence du bien, cependant ce n'est pas le désir lui-même qui fait qu'une certaine chose est bonne ; il n'est qu'un signe qui atteste la présence du bien ; mais nous pouvons ensuite considérer le bien en lui-même, indépendamment du signe qui nous l'a révélé. C'est pourquoi nous n'admettons donc pas cette proposition de Spinoza : « Ce n'est pas parce qu'une chose est bonne que nous la désirons, c'est parce que nous la désirons qu'elle est bonne [1]. » Ce qui ne serait ni bon ni mauvais ne serait pas susceptible d'être désiré : ce qui n'aurait aucune qualité déterminée ne pourrait procurer aucun plaisir, et par conséquent provoquer aucun désir. C'est donc la nature même de l'objet qui le rend désirable, et, par conséquent, il est déjà bon par lui-même avant d'être désiré ; et cela seul nous permet de mesurer et d'évaluer la noblesse ou l'excellence des plaisirs, car les plaisirs sont plus ou moins excellents selon que leur cause est en elle-même plus ou moins excellente : autrement, si c'est le désir qui crée le bien, tout ce qui plaît

---

[1]. *Éthique*, part. III, propos. XXIX, scholie. Aristote semble dire le contraire. (Mét., XII, VII. — 1070, a. 29.) Ὀρεγόμεθα δὲ διότι καλὸν δοκεῖ μᾶλλον ἢ δοκεῖ διότι ὀρεγόμεθα. I. « Nous désirons une chose parce qu'elle nous semble belle, plutôt qu'elle ne nous semble belle parce que nous la désirons. » Cumberland réfute aussi cette opinion : « Pour moi, dit-il, je suis au contraire persuadé que l'on juge d'abord de la bonté des choses et qu'ensuite on les désire en tant qu'elles nous paraissent bonnes. Et l'on ne juge véritablement une chose bonne que parce que sa vertu propre est de procurer quelque utilité à la nature. Ce qui est utile à un seul est un bien particulier ; ce qui est utile à plusieurs est un bien commun... La nature de l'homme demande qu'avant de former aucun désir, ou de suivre les attraits du plaisir, la raison examine la nature des choses, pour découvrir ce qu'il y a de bon. Il n'appartient qu'aux bêtes brutes de mesurer la bonté des choses ou des actions uniquement à leurs propres passions. » *Lois naturelles*, ch. III § 2.

sera un bien par cela même, et la passion devient le seul juge et la seule mesure du bien et du mal.

Spinoza lui-même enseigne comme nous que le bien n'est pas ce qui cause du plaisir, mais ce qui nous fait passer d'une perfection moindre à une perfection plus grande; et le mal est au contraire ce qui diminue notre perfection; or, quoique cette augmentation ou diminution d'être qui constitue le bien et le mal soit attestée par la joie ou par la tristesse, ces deux passions cependant ne sont que les effets et non les causes du bien : c'est en tant que l'homme développe ses facultés qu'il devient capable de joie, et la plus haute joie pour Spinoza est celle qui résulte de la plus haute et de la plus pure action, à savoir de la contemplation et de l'amour de Dieu. C'est ainsi que pour Aristote le plus grand bonheur est également la contemplation, soit de Dieu par l'homme, soit de Dieu par lui-même. Mais si la plus haute action résulte de la contemplation de l'être absolu, ou si l'on veut (pour ménager tous les systèmes), du beau et du vrai, n'est-il pas certain que le beau et le vrai sont des biens en eux-mêmes? C'est donc en tant que tels qu'ils doivent être recherchés et désirés; et ainsi Spinoza a eu tort de dire que c'est le désir qui fait le bien, et non le bien qui cause le désir.

Quoi qu'on fasse, si on n'introduit pas dans la morale du plaisir un élément étranger et supérieur, on n'aura jamais de règle qui permette d'expliquer pourquoi certains plaisirs doivent être préférés à d'autres : or, s'il n'y a point une telle règle, il n'y a point de morale. L'arithmétique du plaisir, telle que l'a créée Bentham, est certainement une méthode très-ingénieuse, et elle fait honneur au penseur qui l'a formulée et réalisée : mais il est douteux qu'elle nous fournisse une échelle d'évaluation pour les différents biens que les hommes ont à poursuivre.

Dans la théorie pure du plaisir, il ne peut y avoir de critérium pour classer les biens ; aucun bien n'occupe absolument et de droit telle ou telle place : car le plaisir étant essentiellement relatif à l'individu, et variant avec les diverses organisations et les diverses circonstances de la vie, ce qui est un bien pour l'un ne l'est pas pour l'autre, et ce qui est le plus grand bien pour les uns ne l'est pas pour les autres. Par exemple, la certitude du plaisir est sans doute un élément de calcul, mais non pas pour tout le monde, et tel trouvera plus de plaisir à courir la chance d'obtenir un très-grand bien que de se contenter de la certitude d'un bien médiocre. Il en est de même pour la pureté : beaucoup d'hommes, par exemple, aimeront mieux les plaisirs vifs et excitants de la passion que les plaisirs médiocres de la vie régulière : et peut-être même, au point de vue du plaisir seul, ont-ils raison.

Sans se perdre dans les mille préférences et les infinis dissentiments des passions individuelles, cherchera-t-on quelque fixité dans l'appréciation des biens humains, en demandant à l'expérience quels sont les objets que les hommes aiment généralement le plus, et dans quel ordre ils les aiment ? Si l'on a recours à cette épreuve, on sera frappé de ce fait déjà signalé, c'est que les hommes aiment en général les biens de ce monde en raison inverse de leur excellence et de leur beauté. Pour établir ce fait, il suffit d'invoquer le témoignage des moralistes, des prédicateurs non-seulement religieux, mais moraux et politiques. Partout vous verrez les hommes éclairés et supérieurs reprocher à la foule ses basses affections. S'agit-il de religion, on lui reprochera de préférer les idoles au vrai Dieu ; s'agit-il de politique, de préférer la sécurité à la liberté ; de morale, de préférer l'intérêt matériel à l'honneur. Les poètes qui ne se piquent guère de morale, ni de religion, ni de politique, gémiront aussi sur les bas instincts des multitudes, qui ignorent les plaisirs divins de l'enthousiasme ou du beau. Ceux-là mêmes enfin qui chantent la passion se plaisent encore à la faire briller à nos yeux comme plus noble et plus excellente que les intérêts grossiers et les froides combinaisons qui président aux relations ordinaires de la vie.

Que conclure de ces faits ? C'est que si nous consultons le seul critérium que nous ayons pour mesurer le degré de plaisir que les différents biens procurent aux hommes, nous voyons que d'un commun accord ce sont les plaisirs les plus vulgaires qui sont les préférés, tandis que ceux qui sont d'une nature plus excellente ne sont recherchés que par un petit nombre. Il faut conclure de là ou bien que ces plaisirs supérieurs sont purement chimériques, et renoncer ainsi à tout idéal ; ou bien qu'il y a un autre principe de classification et qu'on doit les évaluer non par le plaisir qu'ils nous procurent, mais par celui qu'ils devraient nous procurer, si nous étions en état de les comprendre et de les goûter ; en d'autres termes, par leur valeur intrinsèque.

Ainsi toute distinction morale disparaît, tout choix entre le bien et le mal devient arbitraire, si on ne suppose pas quelque fondement réel, essentiel, objectif, qui permette de graduer et d'évaluer les plaisirs dans un ordre opposé à celui de nos instincts. Le bien ne doit pas être cherché dans un mode de notre sensibilité, ni même dans une résultante ou comparaison de nos états de conscience, mais dans quelque chose de plus profond. Le plaisir n'est pas exclu par là du rang des biens; mais il n'en est pas le principe.

Sans doute, il y a là dans la morale un élément subjectif incontestable, et, comme nous le verrons plus tard, chacun ne peut se conduire et ne peut être jugé que d'après l'état actuel de sa conscience individuelle; mais cet élément subjectif, qui consiste dans la connaissance plus ou moins éclairée que chacun peut avoir de la loi suivant les circonstances, laisse cependant intacte l'idée de loi, et l'idée d'une distinction objective du bien et du mal. L'opinion que nous nous faisons de l'un et de l'autre peut être plus ou moins modifiée par notre situation individuelle; mais nous ne laissons pas que de reconnaître une distinction essentielle dont le fondement est au-dessus de nous. Dans la morale du plaisir au contraire, tout est subjectif, et la règle n'est qu'une comparaison, une combinaison ou un calcul entre nos diverses sensations, c'est-à-dire entre les diverses manières dont nous pouvons être affectés, de telle sorte que c'est toujours, en définitive, la sensation qui est le dernier terme de notre action; c'est le moi, avec ses états de conscience agréables ou désagréables qui est à lui-même son seul et dernier objet; tandis que la conscience, même mal éclairée, et forcée de ne juger que selon ses lumières relatives et imparfaites, nous représente cependant quelque chose de bon ou de mauvais, au-dessus des impressions de notre sensibilité.

Au-dessus de la morale du plaisir s'élève donc nécessairement et légitimement la morale du devoir, c'est-à-dire la morale de la *loi*. Pour que les actions puissent être jugées moralement, il faut une loi qui commande les unes, qui défende les autres, loi nécessairement supérieure aux penchants et aux désirs de chaque individu, et qui soit la même pour tous les hommes dans les mêmes circonstances, abstraction faite de l'état de sensibilité de chacun. Telle est la loi, appelée loi du *devoir*, que Kant a si profondément établie et défendue contre les partisans du plaisir ou de l'utilité. Cette loi s'appliquant universellement, avec un caractère d'autorité absolue et d'une manière uniforme et identique, est, pour employer l'expression de Kant, la *forme* de l'action; et la partie de la morale qui s'occupe de déterminer la nature de la loi s'appellera donc, comme nous l'avons dit, la morale *formelle*. Ainsi du *subjectivisme* moral, soutenu par les partisans du plaisir ou de l'utilité, nous nous élevons au *formalisme* moral, qui est la doctrine de Kant.

CHAPITRE II

LE BIEN ET LA LOI

La question qui se présente maintenant à nous est celle-ci : la morale *formelle*, c'est-à-dire la théorie de la *loi*, la théorie du *devoir*, ne suppose-t-elle rien avant elle? Est-elle à elle seule toute la morale? N'y-a-t-il rien au delà et au-dessus de la loi? La loi se suffit-elle à elle-même? Est-elle sa propre raison? et, pour exprimer le problème sous la forme même que Kant lui a donnée, est-ce le *bien* qui est le principe du *devoir*? Est-ce le *devoir* qui est le principe du *bien*? C'est le caractère original et hardi de la doctrine de Kant d'avoir essayé de fonder une morale, en retranchant toute espèce de *but* effectif et réel, en affranchissant la loi de tout *objet*, autre que la loi elle-même, en réduisant la moralité à une maxime abstraite, vide de tout contenu; en un mot, comme il s'exprime, en faisant consister exclusivement la moralité dans la *forme* et non dans la *matière* de l'action.

Nous devons examiner cette doctrine avant d'aller plus loin : car si elle était fondée, toute recherche sur la nature du bien deviendrait inutile. Des trois parties que nous avons distinguées dans la morale, dont l'une traite du bien, la seconde du devoir, la troisième de la moralité ou de la vertu, la première n'aurait plus d'objet et se confondrait avec les autres. La morale objective disparaîtrait devant la morale formelle.

Il faut distinguer deux parties dans la morale de Kant : l'une incontestable, et qui doit être conservée dans toute morale; l'autre arbitraire et excessive, et qui peut soulever beaucoup d'objections. La première est la théorie du devoir, la seconde la théorie du bien. Son analyse du devoir est irréprochable; il a montré avec évidence que le devoir est une loi universelle, obligatoire par elle-même et non par ses conséquences. Il a solidement distingué la loi du devoir des règles de la prudence et des calculs de l'intérêt; il a montré que la moralité consistait exclusivement dans l'obéissance à la loi par respect pour la loi. Mais si la théorie du devoir ne laisse rien à désirer dans la morale de Kant, il n'en est pas de même de la théorie du bien : celle-ci aboutit à un formalisme abstrait, qui ne paraît pas fournir à la morale des fondements suffisamment assurés [1].

C'est, en effet, un point capital de la doctrine de Kant (et lui-même reconnaît que c'est un paradoxe), que le bien n'est pas le principe du devoir, mais que c'est le devoir

---

[1]. Nous devons signaler encore deux autres théories de Kant, à savoir, la théorie de la *personne morale* (voir ci-après, même chapitre, page 47), et la théorie de l'*autonomie de la volonté*. (Voir plus loin, liv. II, ch. II.) Nous aurons à rechercher jusqu'à quel point ces deux théories se concilient avec le formalisme moral de Kant. Sur toutes ces questions, on consultera avec fruit M. Jules Barni, *Examen critique de la morale de Kant*, Paris, 1851.

qui est le principe du bien. Il ne faut pas dire : « Fais cela, parce que cela est bien, » mais : « Cela est bien, car tu dois le faire. » Ce qui fait qu'une action est bonne, c'est qu'elle est obligatoire, tandis que nous serions plutôt portés à croire qu'elle n'est obligatoire que parce qu'elle est bonne. Ainsi nous croyons que la justice, ou la sincérité, sont des choses bonnes par elles-mêmes, et que c'est pourquoi nous devons les rechercher, les pratiquer. Non, dit Kant : si ces choses sont bonnes, c'est parce qu'elles nous sont prescrites par une loi qui est la loi du devoir. Pourquoi cette loi? Nous ne le savons pas. C'est ce qu'il appelle le *fait premier* de la raison pratique. *Sic volo, sic jubeo*, dit-il, voilà la formule de la loi morale. Nous pouvons la reconnaître à un certain signe, qui est l'universalité de la loi ; mais nous ne pouvons pas l'expliquer.

Comment Kant a-t-il été conduit à cette doctrine? c'est par l'analyse approfondie qu'il a faite de l'idée du devoir. Il commence par constater qu'il n'y a qu'une chose ici-bas qui soit absolument bonne : c'est ce qu'il appelle la *bonne volonté*. En effet, toutes les choses de ce monde n'ont jamais qu'une valeur relative, et ne sont bonnes ou mauvaises que par l'usage que l'on en fait. C'est le bon usage qui est bon, et non la chose elle-même. Au contraire, la bonne volonté est bonne par elle-même et il n'est point nécessaire d'attendre les résultats, pour la juger telle. La bonne volonté est donc le seul bien véritablement absolu. Or, si nous analysons l'idée de la bonne volonté, qu'y trouvons-nous? rien autre chose, selon Kant, que la volonté de faire son devoir ; et faire son devoir, ce n'est pas seulement agir *conformément* au devoir : c'est agir *par* devoir ; une conformité extérieure avec la loi du devoir n'a qu'une valeur *légale* et ne prend de valeur *morale* que si elle est intérieurement accompagnée de la volonté de faire son devoir ; la moralité ne consiste donc que dans cette volonté même. Si maintenant la bonté d'une action, si la bonté de la volonté consiste exclusivement à agir *par* devoir, on voit que la valeur de l'action réside non dans l'action elle-même, mais dans le *motif* de l'action, et, comme s'exprime Kant, dans la *maxime* de l'action. Changez la maxime, la même action pourra être alternativement bonne ou mauvaise : changez l'action, la même maxime persistant, les actions les plus différentes auront la même valeur morale. Or la maxime de l'action, le motif de l'action, c'est ce que Kant appelle la *forme*. L'objet de l'action, c'est ce qu'il appelle la *matière*. La moralité consiste donc exclusivement dans la forme et non dans la matière de l'action.

Admettons, par hypothèse, quelque bien en soi antérieur à la loi, un tel objet ne pourrait être poursuivi par nous que pour deux raisons, ou parce qu'il serait *obligatoire*, ou parce qu'il serait *désirable*. Dans le second cas, c'est la doctrine du plaisir déjà réfutée ; dans le premier cas, ce serait la doctrine même de Kant : ce serait l'obligation qui fonderait le bien, et non pas le bien qui fonderait l'obligation.

Ces conséquences resteraient encore vraies, selon Kant lors même qu'on proposerait à notre volonté non pas un objet sensible, comme le plaisir ou l'intérêt d'Épicure ou de Hobbes, mais un objet intellectuel, comme la perfection, la volonté divine, l'ordre universel, les rapports nécessaires des choses. Aucun de ces objets ne peut agir sur notre volonté qu'à la condition d'agir sur notre sensibilité. Que si l'on répond que, par cela seul que de tels objets sont conçus, ils nous apparaissent immédiatement comme obligatoires, que nous ne pouvons par exemple concevoir la perfection, la volonté divine, ou l'ordre des choses, sans concevoir aussitôt que c'est pour nous un devoir de rechercher cette perfection, de nous conformer à cet ordre ou à cette volonté, on pourra bien alors les prendre comme principes de morale : mais c'est qu'on y aura introduit le concept du devoir. Ce sera donc toujours dans l'idée de la loi que sera la seule racine légitime de la moralité.

Nous ne pouvons accéder à une telle doctrine. C'est une pure hypothèse, selon nous, et que Kant n'a jamais prouvée, de soutenir que tout objet, même rationnel, ne peut déterminer la volonté que par le plaisir ou la douleur. Sans doute c'est une question de savoir si l'homme est capable d'agir par pure raison : mais cette question est la même, soit qu'il s'agisse de la loi, soit qu'il s'agisse d'un objet antérieur à la loi. Que le principe de la morale soit le devoir antérieur au bien, comme le veut Kant, ou le bien antérieur au devoir, comme nous le pensons, dans les deux cas, il y aura à se demander si la raison pure est capable par elle seule de déterminer la volonté, ou s'il ne faut pas en outre quelque motif passionné. Mais Kant n'entend pas parler ici de la force morale de l'agent, mais de la puissance impérative du principe moral : dès lors, on ne voit pas pourquoi il ne veut pas admettre qu'un objet rationnel puisse s'imposer à la volonté, autrement que par le plaisir. Sans doute, un objet conçu spéculativement par la raison n'est pas par là même un principe d'action : car je puis parfaitement concevoir un triangle inscrit dans un cercle donné, et les moyens d'accomplir cette opération, sans être jamais tenté de l'effectuer en réalité, si je n'en éprouve pas le besoin : mais pourquoi en serait-il de même de tout objet rationnel et ne peut-il pas s'en trouver quelques-uns, tel que le concept de la perfection, ou de l'ordre du monde, ou de l'imitation de Dieu, qui ne seraient conçus qu'en entraînant avec eux la nécessité de l'application, en un mot, qui nous paraîtraient immédiatement impératifs ou obligatoires? Il y aurait sans doute à chercher quelle peut être la raison de cette obligation; mais quand même nous ne la connaîtrions pas, pourquoi ne serions-nous pas autorisés, tout aussi bien que Kant, à admettre comme un fait premier le caractère obligatoire et impératif de certains concepts intellectuels? Le fait d'une liaison immédiate du bien et de l'obligation n'est pas plus difficile à admettre que le fait premier d'une loi sans cause et d'un commandement sans raison. Enfin, ce ne serait pas du tout retomber dans l'hypothèse de Kant : car dire de la perfection, par exemple, ou de la conformité à la volonté divine, ou de tel autre principe, qu'il est immédiatement obligatoire dès qu'il est conçu, ce n'est pas du tout faire reposer le bien sur l'obligation, mais c'est tirer l'obligation du bien lui-même : car c'est en tant que la perfection est bonne, qu'elle nous paraît obligatoire; et non pas parce qu'elle est obligatoire qu'elle nous paraît bonne : autrement il faudrait conclure que la perfection, considérée en elle-même, sans rapport avec aucune volonté, n'est ni bonne ni mauvaise, et qu'elle ne vaut pas mieux que son contraire : ce qui serait dire, par exemple, que Dieu n'est pas meilleur que le diable, qu'Ormuz n'est en rien supérieur à Ahriman.

Toute la difficulté du problème réside ici dans une équivoque, qu'il est nécessaire de lever. Le terme de *bien* présente en effet deux sens, et il faut distinguer, avec Leibniz, deux sortes de bien : le bien _naturel_ et le bien _moral_. Le bien moral sans doute suppose la volonté, l'intention morale, et Kant a raison de dire qu'il est la conséquence de la loi du devoir. Une action n'est, en effet, *moralement bonne* que si elle a été faite par devoir, et non par tel autre motif, la crainte du châtiment, l'intérêt personnel, l'habitude machinale, etc. Mais faut-il conclure de là qu'il n'y a pas d'autre bien que le bien moral, qu'il n'y a pas quelque bien naturel, antérieur à la loi du devoir et qui lui serve de fondement?

Kant distingue aussi deux sortes de bien, et il reconnaît un bien naturel, autre que le bien moral; il remarque même que c'est l'avantage de la langue allemande d'avoir deux mots pour distinguer deux choses si différentes (*gut et wohl,* — *übel, böse*). Mais ce bien qui n'est pas le bien moral, ce bien qu'il distingue par l'expression de *wohl*, n'est autre chose, suivant lui, que ce qui nous cause du plaisir, en d'autres termes, le plaisir lui-même : il ne peut donc pas être le fondement du devoir. Le seul bien réel et véritable est le bien ordonné, commandé par la loi, le bien qui résulte du devoir; c'est le seul reconnu par la morale.

Est-il vrai cependant que tout ce que nous appelons bien, en dehors du bien moral, tout ce qui paraît aux hommes naturellement bon, ne soit tel que parce qu'il charme notre sensibilité, et nous procure du plaisir? Tout ce qui n'est pas la vertu, j'entends la vertu volontaire, l'acte moral, doit-il se réduire à des objets de sensibilité? N'y a-t-il pas de vrais biens, des biens d'une nature essentielle et effective, sinon dans les choses extérieures, au moins dans notre âme, biens valant par eux-mêmes, indépendamment de leur effet sur notre sensibilité, biens véritablement objectifs et absolus, pouvant servir de fondement à une loi, au lieu d'être uniquement le résultat de la loi? Toutes ces choses, par exemple, la parole, l'industrie, la science, le goût du beau, les affections, peuvent sans doute devenir bonnes ou mauvaises moralement, selon l'usage que l'on en fait; mais en elles-mêmes et avant tout usage, ne sont-elles pas déjà véritablement bonnes?

N'y a-t-il pas même une partie de vertu qui est naturelle dans chacun de nous, ἀρετὴ φυσικὴ, dit Aristote, par exemple les dispositions premières de bienveillance, de modération, de modestie, de sincérité, dispositions antérieures à toute éducation, à tout choix libre et prémédité? Ces dispositions innées sont simplement bonnes, comme les talents sont bons, comme la beauté, la vigueur, l'esprit sont des biens.

Le *bien moral* ne semble donc être autre chose que le bon usage des biens naturels et suppose évidemment qu'il y a déjà par soi-même quelque chose de naturellement bon; sans quoi on ne comprendrait pas pourquoi telle action serait bonne plutôt que telle autre. Toute action humaine a toujours un objet; elle a toujours pour caractère de procurer ou de détruire, soit en nous-mêmes, soit en autrui, quelque chose de déterminé et de concret. Par exemple, sauver un ami consiste à assurer soit sa vie, soit sa fortune ; l'instruire, c'est augmenter la somme de ses connaissances ; dire la vérité, c'est employer la parole au service de la pensée. Si l'on suppose que ces différents objets pris en eux-mêmes sont absolument indifférents, on ne voit pas pourquoi ces diverses actions seraient meilleures que leurs contraires. Affranchir l'action morale de tout objet effectif, c'est détruire l'action elle-même. Si tous les biens du monde, y compris les biens de l'âme, n'avaient pas en soi plus de valeur qu'un caillou, il serait impossible de comprendre pourquoi il faudrait rechercher les uns et fuir les autres. Une loi morale qui nous ordonnerait de casser des pierres sans but, pour la seule raison de faire plier nos penchants, serait une loi vide de tout contenu, et par conséquent vide de sens. Les solitaires de la Thébaïde, qui s'épuisaient de fatigue à arroser un bâton mort, nous représentent une image accomplie d'une loi purement formelle, dégagée de tout objet matériel. Une telle action pouvait être utile, comme un apologue ingénieux par lequel les solitaires se rappelaient sans cesse à eux-mêmes la vanité des travaux humains ; mais si l'on voulait y voir le type absolu de la moralité, on tomberait dans l'absurde et dans l'impossible.

Les stoïciens semblent s'être placés à peu près au même point de vue que Kant. Ils prétendaient que tous les biens naturels étaient des *indifférents* (ἀδιάφορα), et que le seul bien c'était l'honnête, c'est-à-dire le bien moral. Ils partaient pourtant de la considération des biens naturels ; mais une fois que la nature les avait conduits jusqu'à l'honnête, ils rejetaient tout le reste du rang des biens, pour réserver ce nom à l'honnête seul. C'est pourquoi ils refusaient de dire que la santé était bonne, que la vie était bonne, et réciproquement, que la douleur était un mal.

En un sens ils avaient raison, s'ils entendaient dire que l'honnête est le seul bien moral : car il est très-vrai qu'il n'y a que la vertu qui ait une valeur morale. Mais ils avaient tort de considérer tout le reste comme indifférent, car encore une fois, si rien n'a de valeur par soi-même, si tous les objets de l'univers ne sont ni bons, ni mauvais, pourquoi serait-il plus honnête, et moralement meilleur, de rechercher les uns plutôt que les autres? Prise à la rigueur, la doctrine stoïcienne devenait inadmissible et absurde, et se détruisait elle-même, comme l'a très-bien vu Cumberland [1]. « Ces philosophes, dit-il, à force de vouloir relever l'excellente bonté de la vertu, et rendre odieux le vice, détruisent imprudemment l'unique raison pour laquelle la vertu est bonne et le vice mauvais. Car si la vertu est un bien, comme elle l'est véritablement, et le plus grand bien, c'est parce qu'elle détermine les actions humaines à des effets qui sont les principales parties du bien public naturel, et qu'ainsi elle tend à perfectionner au plus haut point, dans les hommes, les dons naturels de l'âme et du corps. » Cicéron exprimait la même pensée à l'aide d'une ingénieuse comparaison. « Si la culture de la vigne, disait-il, arrivait à prendre conscience d'elle-même, elle s'estimerait sans doute ce qu'il y a de plus excellent dans la vigne elle-même; mais elle ne laisserait pas de

---

1. *Lois naturelles*, ch v, § 5.

faire ce qui est nécessaire à la conservation de la vigne. »
En effet, si la vigne par elle-même n'avait aucune valeur,
on ne voit pas comment la culture de la vigne pourrait
en avoir une ! De même, si tous les objets de l'activité humaine étaient sans valeur, comment l'action morale aurait-elle un prix ? elle serait alors tout à fait vide, et se dévorerait elle-même. Enfin, Cicéron faisait remarquer avec raison
que les stoïciens eux-mêmes finissaient par se contredire,
puisqu'ils établissaient des degrés entre les choses indifférentes, et qu'ils qualifiaient les unes de *préférables*, les autres de *non préférables* (προαιρούμενα, ἀπροαιρούμενα).

En un autre sens encore, il peut être vrai de dire que
l'honnête est le seul bien ; mais il faut s'entendre. Chez
les anciens, tout aussi bien que dans l'usage vulgaire de
toutes les langues, le mot *honnête*, et même le mot de *vertu*,
sont souvent employés d'une manière équivoque : car tantôt ils signifient le bien moral, la vertu proprement dite,
celle qui est acquise par la volonté, et qui résulte de l'observation de la loi : tantôt on entend par là les biens de
l'âme, les qualités naturelles de l'âme, telles que la force,
la dignité, la sincérité, la pureté, etc. Si c'est là ce que
l'on entend par honnête, il est permis de dire, à proprement parler, qu'il est le seul bien ; car il est certain que
les biens extérieurs et les biens du corps n'ont qu'une
valeur relative, tandis que les biens de l'âme, comme
nous le verrons plus tard, ont seuls une valeur absolue.
Il n'en est pas moins vrai que l'honnête, ainsi entendu,
ne se confondra pas avec le bien moral : il sera le fondement du devoir, au lieu d'en être la conséquence. Ces
qualités, toutes spirituelles qu'elles sont, n'en sont pas

moins des biens naturels, distincts de ce que nous avons appelé le bien moral, c'est-à-dire de la vertu volontaire; elles ont un prix par elles-mêmes; et ce n'est pas, comme le pense Kant, parce qu'elles sont commandées par le devoir qu'elles nous paraissent bonnes : c'est parce qu'elles sont naturellement et essentiellement bonnes qu'elles sont commandées. Des créatures, qui eussent été faites sincères et généreuses, n'en seraient pas moins des créatures bonnes, parce que la sincérité et la générosité ne seraient pas pour elles le résultat d'un ordre et d'une loi : elles seraient jugées meilleures que des créatures menteuses et cruelles. La bonté de Dieu n'en est pas moins une chose bonne, quoiqu'elle ne soit pas pour lui l'objet d'un devoir. Ainsi la bonté, la sincérité, les qualités de l'âme, les vertus naturelles ont par elles-mêmes un prix inestimable; et elles constituent ce que j'appelle le bien naturel, fondement du bien moral. Il y aura donc un bien naturel, qui résultera de l'essence même de l'âme, et qui devra être recherché pour lui-même, de préférence à tout le reste, et tout le reste au contraire devra être recherché à cause de lui : *omnia propter istud, istud autem propter sese expetendum.* Or, ce qui constitue un tel bien, ce n'est pas le plaisir qu'il procure; ce n'est pas d'être recherché par la sensibilité; puisqu'au contraire la sensibilité est toujours portée à rechercher de préférence les biens inférieurs, puisque, comme nous l'avons montré dans le chapitre précédent, l'échelle des plaisirs, chez la plupart des hommes, est en raison inverse de l'échelle des vrais biens.

D'après ce qui précède, on voit que nous ne pouvons pas admettre ce principe de Kant, qu'il n'y a qu'une seule chose qui soit absolument bonne, bonne sans restriction, à savoir la bonne volonté. C'est confondre ici l'objectif et le subjectif. C'est faire sans le vouloir de l'état de conscience du sujet le principe absolu de la moralité.

Kant a raison de dire qu'il n'y a que la bonne volonté qui soit absolument bonne, s'il entend par là, bonne moralement. Mais il semble croire qu'en dehors de la bonne volonté, rien n'est ni bon ni mauvais en soi, et que les choses ne valent que par l'usage que l'on en fait. Ainsi l'intelligence, la résolution, le sang-froid, la modération seraient, dit-il, des qualités qui en elles-mêmes ne seraient ni bonnes ni mauvaises, mais qui ne le deviendraient que par les circonstances. C'est ce que nous ne pouvons pas accorder. En soi, l'intelligence est une bonne chose, aussi bien que les autres qualités précitées : elles ont une valeur essentielle et propre ; et même elles ne cessent pas d'être bonnes, quand on en fait un mauvais usage : c'est l'usage seul qui est mauvais, mais la qualité elle-même reste ce qu'elle est, c'est-à-dire belle et louable. Le courage d'un scélérat est louable en tant que courage : c'est la scélératesse qui est criminelle. L'empire de soi est toujours une belle chose, même lorsqu'on blâme les conséquences qui en résultent. Kant se trompe évidemment en disant que le sang-froid d'un scélérat le rend plus méprisable encore. C'est ce qui est contraire à l'expérience. Les qualités énergiques, jointes à la scélératesse, mêlent une sorte d'admiration à l'exécration que le scélérat nous inspire. C'est la lâcheté qui le rendrait plus méprisable. Ainsi ce qui est beau reste beau, quoique, par le mélange, l'appréciation générale devienne complexe et difficile. De même on peut déplorer les abus qu'un grand talent fait de son esprit ; mais l'esprit et le talent n'en restent pas moins des choses belles et bonnes. J'admirerai toujours et j'aurai toujours le droit d'admirer l'esprit de Voltaire, tout en blâmant l'usage qu'il en fait quelquefois.

Ainsi les qualités naturelles peuvent être bonnes en soi, indépendamment de l'usage que l'on en fait. Réciproquement, la bonne volonté elle-même, si on la considère par rapport à son usage, n'est pas toujours bonne absolument et sans restriction. Par exemple, si je fais le mal dans une bonne intention, cette bonne intention peut être considérée sans doute comme moralement bonne, si elle est vraiment pure et sérieuse ; mais elle n'est cependant pas absolument bonne, bonne en soi. Autrement il serait inutile d'éclairer les hommes, et pourvu qu'ils eussent une bonne volonté, peu importerait que cette bonne volonté eût le bien ou le mal pour objet. Ainsi que le dit l'Écriture, « il y a une voie droite qui conduit à la mort[1]. » La voie droite ou la bonne volonté sera bonne en elle-même ; mais elle ne le sera pas en tant qu'elle conduit à la mort. Elle n'est donc pas bonne absolument et sans restriction. En réduisant le bien à la bonne volonté, Kant ne s'est pas aperçu qu'il changeait sa morale formelle en morale subjective, que le caractère absolu et impersonnel de la loi, qui en soi est objective, s'évanouissait dans l'individualité du sujet. Sans doute, comme nous le verrons, quand il s'agit de la moralité de l'agent, c'est la bonne volonté qu'il faut seule con-

---

1. Proverbes, XIV, 12.

sidérer [1] ; mais quand il s'agit du principe de la morale, on ne peut conserver au devoir son caractère absolu qu'en en cherchant le fondement dans la nature essentielle des choses, et non dans la seule volonté du sujet.

Non-seulement une morale exclusivement formelle dégénère en morale subjective ; mais elle dégénère aussi en morale arbitraire.

Supposons un instant avec Kant que le bien ne soit que la conséquence du devoir. Telle action étant donnée, je demande si elle est bonne ou non. Suivant Kant, elle sera bonne, si elle est pour moi un devoir. Mais pourquoi est-elle un devoir? Ici, plus de réponse. Le devoir est sa raison à lui-même. La loi est la loi. *Sit pro ratione voluntas.* Mais une loi qui n'est qu'une loi, qui commande sans donner de raison, est toujours quelque chose d'arbitraire. Elle est universelle, dites-vous ; qu'importe? Ce n'est que l'arbitraire universalisé. Ce n'est pas d'être une exception ou un privilège qui constitue l'arbitraire d'une loi ; c'est d'être sans raison. Une loi absurde aurait beau s'imposer à tous les hommes, elle n'en serait pas moins absurde pour cela. C'est le propre de la loi morale, dit Kant, de ne pas donner de raisons : *sic volo, sic jubeo* est sa seule devise : mais c'est la devise des tyrans. La loi du devoir, elle-même, s'imposant à la volonté sans dire pourquoi, ne serait donc encore qu'une tyrannie.

Tous les moralistes, sauf Crusius et quelques théologiens, sont à peu près d'accord pour rejeter la doctrine de la volonté divine ou du *décret absolu*, qui ramène à la vo-

---

1. Voy. l. III. *De la conscience morale.*

lonté souveraine d'un législateur divin, la distinction primitive et essentielle du bien et du mal. Mais pour ne point émaner d'un suprême législateur et d'une volonté divine, la loi sera-t-elle moins odieuse et moins tyrannique, si elle ne donne d'autre raison pour nous obliger que son universalité? Est-ce que dans la doctrine de la volonté divine, la loi n'est pas aussi la même pour tous? Sans doute, il y a des théologiens qui ont entendu la doctrine du *décret absolu* dans le sens d'une législation arbitraire et capricieuse, qui s'imposerait aux uns, et exempterait les autres de la loi. Mais cette interprétation, plus ou moins exigée par les nécessités de l'exégèse biblique, n'a aucune valeur philosophique; et la théorie de Crusius n'a pas à se reprocher cette complication d'absurdités. Encore une fois, tant que la loi n'est qu'une loi, c'est-à-dire une règle, tant qu'elle n'est pas accompagnée de raison, elle n'est qu'un pur arbitraire, quel que soit le législateur, soit humain, soit divin. Que si, au contraire, la loi est accompagnée de quelque raison, cette raison, antérieure à la loi même, ne peut être que la bonté intrinsèque de l'action prescrite : c'est donc le bien qui fonde le devoir et non le devoir qui fonde le bien.

C'est cette prétention de faire du devoir un principe premier, antérieur au bien, qui explique et autorise dans une certaine mesure la persistance et la renaissance de la morale utilitaire [1]. Pour Bentham, faire son devoir parce

---

1. Voir, par exemple, dans les *OEuvres* de Ch. Dunoyer (t. II, *Notions d'économie sociale*, Paris, 1870, p. 714) un curieux Rapport sur un concours de l'Académie des sciences morales relatif aux *Principes de la morale*. Tous les Mémoires proposés se fondaient sur les principes

que c'est le devoir, sans aucune autre raison, c'est de l'*ascétisme*, ni plus ni moins que d'obéir aveuglément à la volonté divine, uniquement parce que c'est la volonté de Dieu : sacrifier les instincts les plus impérieux de la nature, sacrifier l'instinct du bonheur que Dieu lui-même a mis en nous, c'est d'abord vouloir en réalité l'impossible ; mais c'est de plus un pur fanatisme, lorsque l'on réfléchit qu'on le sacrifie sans raison à une loi qui nous le commande sans dire pourquoi.

Les utilitaires font encore remarquer avec avantage, contre Kant, qu'il se contredit lui-même : car lorsqu'il veut donner quelque raison de cette loi absolue qui s'opposerait à tout motif personnel et égoïste, il ne fait autre chose en définitive qu'emprunter ses raisons au critérium de l'utilité. Pourquoi, en effet, faut-il tenir ses promesses, suivant Kant ? C'est qu'en violant notre parole, nous semblons admettre par là même que les autres ont le droit de la violer envers nous. Dès lors, on ne pourrait plus croire aux promesses de personne ! Pourquoi devons-nous montrer de la pitié pour les maux des hommes ? C'est que

---

de Kant. Le savant économiste les critique et les combat, comme empreints de rationalisme abstrait et de pur formalisme. La plupart de ces critiques nous paraissent fondées ; seulement l'auteur pourrait bien se faire illusion à lui-même, lorsqu'il croit parler au nom de la morale utilitaire en s'exprimant ainsi : « Nous devons, dit-il, estimer les différents biens *à leur valeur*, les classer tous *à leur rang*, nous désintéresser peu à peu *des moins nobles*, pour diriger nos préférences vers ceux qui sont *d'une nature plus élevée*, dont l'acquisition est plus difficile, et dont la possession est *d'un prix infiniment supérieur*... etc. » Où trouver dans la morale utilitaire un principe d'évaluation des biens humains selon leur ordre de *noblesse* et de *dignité* ? Et s'il y en a un, c'est précisément ce principe que nous appelons l'*honnête*, le *bien*, et dont nous faisons le fondement du devoir.

3.

nous ne pouvons pas vouloir une société où nul ne s'occuperait d'autrui, et où, par conséquent, nous n'aurions à attendre aucun secours si nous tombions dans le malheur.

Une telle volonté, dit-il, se détruirait elle-même, car il peut se rencontrer bien des cas où l'on ait besoin de la sympathie et de l'assistance des autres, et où l'on serait privé soi-même de tout espoir d'obtenir les secours qu'on désirerait. » C'est donc, en définitive, en considérant nos actions par leurs conséquences que nous jugeons s'il nous est possible de vouloir, suivant la formule de Kant, qu'elles deviennent « des lois universelles de la nature. » Schleiermacher a fait encore remarquer que pour Kant le critérium le plus fréquemment employé pour caractériser la vertu, c'est l'aptitude à se *rendre digne* du bonheur ; de telle sorte que le vide intrinsèque de la loi ne se remplit encore ici que grâce au principe de l'utilité.

Nous venons de voir que la morale de Kant, prise à la rigueur, aboutirait, tout aussi bien que la doctrine théologique du *décret absolu*, à une règle arbitraire et tyrannique, s'imposant à la volonté sans raison et par un acte de pur despotisme. *Sic volo, sic jubeo*, c'est ainsi que Kant lui-même la fait parler. Mais il n'y a pas d'exemple d'une doctrine philosophique qui, entraînée par la logique à une conséquence absurde, ne cherche à y remédier par quelque retour aux vrais principes, au risque de compromettre la rigueur du système et l'enchaînement logique des idées. C'est ainsi que dans le système de Kant, à côté de cette théorie fondamentale du formalisme moral, ou de l'antériorité du devoir sur le bien, dont nous venons de voir les conséquences, il s'en trouve une autre qui la corrige et la complète, et que nous devons examiner : c'est la théorie de *l'humanité considérée comme fin en soi*, c'est-à-dire l'inviolabilité de la personne morale donnée comme raison fondamentale de la loi du devoir [1].

C'est en effet l'une des plus belles et des plus profondes idées de Kant que d'avoir établi comme un principe la distinction essentielle de la *personne* et de la *chose* : l'une ne pouvant jamais être employée comme *moyen*, et étant nécessairement et toujours un *but*; l'autre qui n'est pas un but, et qui ne peut être recherchée que comme moyen. C'est le propre de l'humanité de ne jamais devoir être traitée comme une chose, mais d'être toujours respectée comme une fin en soi. A quoi tient ce privilége de l'humanité ? au caractère de la personnalité morale, c'est-à-dire à ce titre d'être une activité libre douée de raison.

1. Une remarque qui n'est pas sans importance, c'est que cette théorie, si considérable en elle-même, n'est exposée systématiquement par Kant que dans son premier écrit de morale, à savoir dans les *Fondements de la métaphysique des mœurs*. Plus tard, elle disparaît de la *Critique de la raison pratique*, ou, du moins, elle n'y est plus considérée comme principe, et elle n'est reproduite qu'incidemment, sans être rattachée aux idées fondamentales de la théorie. Dans la *Raison pratique*, Kant enseigne expressément, et sans correctif, la doctrine d'une loi toute formelle, d'une loi qui est à elle-même sa raison, et qui n'a ni but ni objet, d'une loi, enfin, qui ne commande que par la forme et non par la matière. Dans la *Doctrine du droit*, où la théorie de la personnalité inviolable serait le plus manifestement à sa place, Kant ne recherche encore que la forme abstraite du droit, à savoir l'accord de deux libertés, au lieu d'en chercher le fondement dans son principe de l'humanité fin en soi. Enfin, dans la *Doctrine de la vertu*, Kant fait, il est vrai, un grand usage de ce principe ; mais il ne cherche pas à le ramener aux principes généraux de sa morale, et il s'en sert comme d'une vérité évidente par elle-même.

La liberté, unie à la raison pratique (et qui même en un sens ne se distingue pas pour Kant de la raison pratique), voilà ce qui confère à l'homme le titre de personne ; voilà ce qui manque à la chose. De là vient que la chose peut être employée comme un moyen de satisfaire nos désirs ; tandis que l'humanité ne doit jamais être sacrifiée à la satisfaction de nos penchants : vérité qui s'applique aussi bien à nous-mêmes qu'aux autres hommes, et qui fonde la morale personnelle en même temps que la morale sociale. Sous ces formules abstraites, il est facile de reconnaître la grande pensée du XVIIIe siècle, cette pensée que nos philosophes français appliquaient à l'ordre social et politique, tandis que Kant en cherchait la racine dans l'ordre moral : c'est la pensée du *droit*, principe qui ne saurait avoir aucun fondement si l'on n'admet dans l'homme une essence que nul ne peut violer, pas même celui qui la possède : l'individu est donc aussi inviolable à lui-même qu'aux autres, et de la même racine sortent à la fois et l'idée du droit et l'idée du devoir.

C'est là sans doute une solide et noble théorie : mais jusqu'à quel point se concilie-t-elle avec l'hypothèse d'une morale purement formelle, c'est une autre question. On peut, on doit même admettre le principe que nous venons d'énoncer : mais si ce principe est vrai, que devient la théorie d'une loi qui ne commanderait que par la *forme* et non par la *matière*, qui exclurait tout *objet* et tout *but* pour se borner à exiger une maxime subjective et tout abstraite, à savoir la pure volonté d'obéir à la loi ? A notre avis, le principe de l'*humanité fin en soi* corrige et complète la doctrine précédente, mais c'est en la contredisant.

Si en effet la loi morale peut et doit s'exprimer sous cette forme : « Tu dois toujours traiter l'humanité, soit en ta propre personne, soit dans la personne des autres, comme une fin, et jamais ne t'en servir comme d'un moyen ; » si telle est la vraie formule de la loi morale, je demande si l'humanité, ou la personne morale, ne m'est pas ici donnée comme un *objet* à respecter ou à perfectionner soit en moi-même, soit en autrui, comme un *but* à atteindre, en un mot comme une *matière*, pour employer la langue de Kant, à savoir comme quelque chose qui se distingue de la *loi* en elle-même, et qui en est la raison et le pourquoi. Il y a ici quelque chose de plus que la pure forme universelle du vouloir : il y a un *objet* du vouloir. Il y a quelque chose de bon en soi, un idéal à atteindre et à réaliser, autre que la simple obéissance à la loi.

Cette contradiction implicite de Kant a été reconnue et mise en lumière par de nombreux critiques allemands, et entre autres par Schleiermacher, l'un des plus énergiques adversaires du formalisme kantien : « Quant à l'accusation, dit-il, dirigée par Kant contre les autres écoles, à savoir de faire toutes reposer le commandement moral sur quelque matière extérieure, elle est injuste pour beaucoup d'entre elles, et elle peut se rétorquer contre Kant lui-même, quoiqu'il s'en croie tout à fait garanti. En effet, il n'atteint cette apparence (à savoir celle d'une morale toute formelle) que grâce à l'équivoque de cette expression *être raisonnable*, qui peut signifier deux choses : soit un être qui *possède* la raison comme faculté, et qui est par conséquent capable de s'en servir, soit un être qui est effectivement dirigé par la raison et qui *est* au contraire *possédé* par elle. Kant suppose que toute créature raisonnable, dans le premier sens, doit aussi vouloir l'être dans le second, et son principe se tire de l'idée de la perfection de cet être raisonnable ainsi conçu. Mais comment cet objet à atteindre peut-il être appelé autrement qu'une *matière* de la volonté? c'est ce que je laisse à décider à de plus habiles [1]. »

Évidemment, Kant a été conduit à cette théorie de l'humanité comme fin en soi par la nécessité de fournir à la loi pure et abstraite du devoir un contenu, un objet, quelque réalité intrinsèque ; bien loin de voir une contradiction entre ces deux idées, il cherche au contraire à les déduire l'une de l'autre ; et c'est précisément de cette première maxime : « la loi ne commande que par sa forme et non par sa matière, » qu'il déduit cette autre maxime : « l'humanité est une fin en soi. » Voici la suite de cette déduction subtile

---

[1]. Schleiermacher, *Grundlinien einer Kritik der bisherigen Sittenlehren.* (Berlin, 1846; p. 49, l. I, c. I.) Au reste, le formalisme moral de Kant, qui a été si peu discuté en France, parce qu'on n'a guère vu que l'opposition de cette morale à la doctrine de l'intérêt, a été en Allemagne l'objet de nombreuses critiques. (Voir Hegel, *Geschichte der Philosophie*, édit. Rosenkranz, t. XXV, p. 591; Trendelenburg, *Historische Beitrage*, t. III, Berlin, 1867 ; Uberweg, *Grundriss der Geschichte der Philosophie*, t. III, p. 190, 2e édition.) Les doctrines morales de Schleiermacher, de Herbart, de Beneke ont eu pour objet de remplir le vide de ce pur formalisme. On a justement rapproché le formalisme moral de Kant de son formalisme métaphysique. C'est parce qu'il n'admet que des *formes* dans l'entendement spéculatif, qu'il a été conduit à ne voir également que des *formes* dans les lois de la raison pratique. En effet, l'objectif des choses (c'est-à-dire leur essence) nous étant absolument inconnu, nous ne pouvons y trouver la raison de nos devoirs. Nous ne savons pas quel est le fondement objectif du devoir, pas plus que nous ne savons quel est le fondement de l'idée de cause ou de l'idée d'espace.

et compliquée par laquelle Kant essaie de résoudre cet étrange problème : à savoir déduire la matière de la forme : ce qui, pour tous ceux qui comprennent la question, semble *à priori* impliquer une contradiction.

La valeur morale des actions n'est, comme nous l'avons vu déjà, ni dans l'action elle-même, ni dans l'objet de l'action, mais dans la volonté qui l'accompagne. En effet, une même action peut être morale ou immorale, suivant l'intention dans laquelle elle est faite : donner de l'argent à quelqu'un pour le soulager est bien ; lui en donner pour le corrompre est mal. C'est donc la volonté, la volonté seule, qui est bonne ou mauvaise. Mais à quelle condition une volonté est-elle bonne? à la condition d'obéir à une loi universelle, sans autre but, sans autre objet que la loi elle-même, c'est-à-dire à la loi du devoir, en d'autres termes à la condition de n'être déterminée que par la forme et non par la matière. Mais si la volonté ne doit poursuivre aucun but autre que la loi, ne suit-il pas de là que cette volonté ne peut être employée comme un moyen pour atteindre un but, et par conséquent qu'elle est elle-même un but, qu'elle est sacrée et inviolable pour toute autre volonté aussi bien que pour elle-même. C'est ainsi que la volonté, qui est d'abord donnée comme le *sujet* de l'action, en devient l'*objet* ; c'est ainsi que la *forme* de la loi, seul principe de la moralité, en devient bientôt la *matière*.

Mais qui ne voit ce qu'il y a d'étrange et de subtil dans cette métamorphose? La volonté n'est d'abord donnée que comme puissance d'agir; elle devient bonne en tant qu'elle obéit à une loi : or, cette loi, par hypothèse et par définit tion, est une loi vide de tout contenu, puisqu'on doit en exclure toute matière! Or, comment la volonté d'obéir à une loi vide et toute formelle pourrait-elle introduire dans cette loi la plénitude qui lui manque? Faire engendrer une morale réelle et concrète par une morale formelle et purement régulatrice est ici une erreur analogue à celle de ceux qui, en économie politique, croient multiplier le capital en en multipliant la représentation, c'est-à-dire le papier. Lorsque Kant passe de l'idée d'une bonne volonté à l'idée de l'humanité considérée comme fin en soi, il ne va point, comme il croit, du même au même, selon la remarque de Schleiermacher rappelée plus haut. La volonté, ou *pouvoir d'agir* selon la raison, qui est le *sujet* de la loi, n'est pas identique à la volonté raisonnable, qui en est l'*objet*. C'est parce que nous concevons un être parfaitement raisonnable, un être chez qui les passions seraient soumises à la raison, ou même n'existeraient pas du tout, c'est parce que nous pouvons nous représenter une humanité idéale dans ces conditions, que nous concevons comme notre devoir de réaliser cet idéal; et c'est en obéissant à ce devoir qu'une volonté réelle et concrète est bonne. Tels sont les trois éléments de la moralité : un objet à atteindre (à savoir l'humanité idéale); une loi qui nous impose d'atteindre cet objet; un sujet capable d'obéir à cette loi. Si vous supprimez le premier de ces deux éléments, les deux autres sont vides et absolument destitués de toute valeur morale; et il est impossible de faire engendrer le premier par les deux autres.

Tous ceux qui, sur les traces de Kant ou de Fichte, veulent déduire du fait de la liberté la loi de la liberté, tombent dans une illusion semblable à celle que nous venons de signaler. Ils confondent deux sens dans le mot de liberté : la liberté comme puissance d'agir, et la liberté comme idéal de l'action.

On accordera qu'en effet la liberté, entendue dans ce dernier sens, comme état idéal de l'homme, comme affranchissement des passions, comme raison pratique éternellement obéie, peut être présentée comme le souverain bien et la raison suprême de la moralité : mais comment alors maintenir le principe de la morale formelle ? Comment nier que la volonté ait réellement un but, un objet, une matière d'action ? Si au contraire vous entendez par liberté le libre arbitre ou puissance de choisir entre les contraires, comment déduire de là analytiquement l'idée d'une liberté pure, d'une personnalité inviolable, d'une humanité idéale ? De ce que je suis libre de choisir entre deux actions, que pouvez-vous conclure ? « Être libre, reste libre, » a-t-on dit. Mais en quoi pourrais-je m'empêcher d'être libre ? Est-ce que je ne suis pas aussi libre en obéissant à la passion qu'en obéissant à la raison ? Je m'abaisse, direz-vous ; soit ; mais vous parlez alors d'une autre liberté, à savoir de la liberté éclairée, de la liberté de la raison, tandis que le fait du libre arbitre est le simple fait brutal de la possibilité du choix. Cette possibilité même, dira-t-on encore, est précisément ce qui constitue ma dignité, que je ne dois pas blesser. Soit ; mais en quoi cette dignité intérieure serait-elle blessée par une action plutôt qu'une autre, puisqu'elles sont toutes deux également libres ? En faisant ce que l'on appelle le mal, ne suis-je pas aussi libre qu'en faisant ce qu'on appelle le bien ? Oui, sans doute, puisque je suis également responsable dans les deux cas. Dès lors, pourquoi le mal serait-il plus contraire à ma liberté que le bien ? Quant aux autres hommes, comment pourrais-je violer leur liberté, puisque la liberté intérieure, le libre arbitre, est de son essence incoercible, et que je ne puis jamais, quoi que je fasse, violer en ce sens la liberté de personne. Cette proposition : « être libre, reste libre, » revient donc à dire : use de ton libre arbitre, pour acquérir la liberté de ta raison [1]. Le mot *libre* n'a pas le même sens dans les deux cas : on ne peut déduire l'un de l'autre. Ce n'est pas une proposition analytique ; c'est une proposition synthétique.

En résumé, tous les moralistes qui, comme Kant et Fichte, veulent déduire du fait de la liberté la loi du devoir, et de la loi du devoir l'idée du bien, intervertissent l'ordre des idées. La liberté, considérée comme puissance de choisir, n'est en elle-même supérieure à aucune autre force de la nature ; elle ne s'ennoblit qu'en obéissant à la loi. La loi, à son tour, considérée comme une règle impérative universelle, n'a rien de supérieur à l'ordre brutal d'une volonté arbitraire, si elle ne repose sur le principe du bien. Ainsi c'est la préexistence du bien qui fait la légitimité de la règle du devoir ; et c'est cette règle à son tour qui, s'appliquant à la liberté, en fait la dignité et la beauté.

---

1. L'auteur éminent d'un *Essai sur la liberté* (Daniel Stern) a distingué la liberté « que nous possédons, » de la liberté « par laquelle nous voulons être possédés. » (Préface, p. VIII). Cette distinction est profonde. L'une est le pouvoir ; l'autre est le but ; l'une est subjective, l'autre est objective.

CHAPITRE III

LE PRINCIPE DE L'EXCELLENCE OU DE LA PERFECTION

Nous avons vu, dans les deux chapitres précédents, que la morale utilitaire et la morale de Kant sont l'une et l'autre insuffisantes ; la première, en ce qu'elle ne donne pas de règle, ce qui détruit toute morale ; — la seconde, en ce qu'elle donne une règle, mais une règle sans motif et sans raison, qui commande et qui oblige sans dire pourquoi. Il y a cependant cette différence entre les deux doctrines, que la première, la morale du plaisir, n'est pas même une morale ; tandis que la seconde est une morale et la vraie morale, mais incomplète et mutilée.

Maintenant, comme il n'arrive jamais à un système de philosophie d'être entièrement conséquent avec lui-même, nous avons vu que le sentiment de cette double lacune a conduit l'une et l'autre morale à reconnaître implicitement, sous une autre forme, l'élément méconnu d'abord dans la pure théorie. C'est ainsi que l'école du plaisir, en distinguant dans le plaisir la *qualité* de la *quantité*, avoue par là même l'existence d'un principe supérieur au plaisir. C'est ainsi que l'école du devoir abstrait, en fondant le devoir sur la *dignité* de la personne morale et sur la *valeur* de l'homme considéré comme *fin en soi*, détruit implicitement son principe du devoir abstrait commandant par la *forme* et non par la *matière*, et faisant abstraction de tout *objet* et de tout *but*.

Ainsi la morale du plaisir donne une règle, mais elle la donne en sortant, sans s'en apercevoir, de la morale du plaisir; et l'école du devoir purement formel donne un objet, une fin, un but au devoir, sans se douter qu'elle sort par là même du pur formalisme.

Or, d'une part, ce que les nouveaux utilitaires appellent la qualité du plaisir tient, selon leur aveu même, à la supériorité de certaines facultés sur d'autres, c'est-à-dire à la dignité de la nature humaine, à sa perfection ou à son excellence, ce qui est précisément, au fond, le principe kantien de l'humanité *fin en soi*; d'autre part, cette dignité ou excellence de la nature humaine est à son tour, en tant qu'on la possède, et qu'on a conscience de la posséder, accompagnée du plaisir le plus pur et le plus excellent. On voit par là que ces deux principes, introduits subrepticement par les deux écoles dans leur formule, afin de la compléter et de la corriger, n'en forment en réalité qu'un seul, lequel est, selon nous et aussi selon eux, le vrai principe de toute morale, et que l'on peut définir en ces termes : l'identité de la perfection et du bonheur. En dégageant ce principe confusément et inconsciemment caché au fond des deux doctrines rivales, nous ne faisons que retrouver l'objet que toute la tradition philosophique, depuis Socrate jusqu'à Leibniz, a toujours assigné à la science morale.

Analysons ce principe sous ses deux aspects : l'un plus

métaphysique, la perfection ; l'autre plus psychologique, le bonheur ; l'un plus objectif, l'autre plus subjectif; l'un plus idéal, l'autre plus réel ; l'un plus accessible aux philosophes, l'autre aux hommes en général ; mais qui, malgré ces différences apparentes et secondaires, ne sont au fond qu'un seul et même principe, à savoir la plénitude de l'essence humaine possédée et sentie. Telle est l'idée du bien qu'il nous est ordonné de réaliser en nous, le bonheur n'étant pas seulement, comme l'a dit profondément Spinoza, la récompense de la vertu, mais encore la vertu elle-même [1].

Les choses se distinguent les unes des autres, ainsi que l'a fait remarquer Malebranche, non-seulement par la grandeur ou la quantité, mais encore par la perfection ou la qualité. De là une double série de rapports : rapports de grandeur, qui sont l'objet des mathématiques ; rapports de perfection ou d'excellence, qui sont l'objet de la morale. « Une bête, dit Malebranche, est plus estimable qu'une pierre, et moins estimable qu'un homme, parce qu'il y a un plus grand rapport de perfection de la bête à la pierre que de la pierre à la bête, et qu'il y a un moindre rapport de perfection entre la bête comparée à l'homme qu'entre l'homme comparé à la bête. Et celui qui voit ces rapports de perfection, voit des vérités qui doivent régler son estime, et par conséquent cette espèce d'amour que l'estime détermine. Mais celui qui estime plus son cheval que son cocher, ou qui croit qu'une pierre en elle-même est plus esti-

---

1. Pour le développement de cette proposition capitale, voir plus loin, l. III, notre chapitre sur la *Sanction morale*.

mable qu'une mouche... tombe nécessairement dans l'erreur et dans le déréglement. »

Non-seulement les choses ou les êtres ont entre eux certains rapports d'excellence ou de perfection, mais, dans un même être, les diverses qualités qui le composent ont également des rapports du même genre ; c'est ainsi que dans l'homme nous trouvons l'âme préférable au corps, le cœur aux sens, la raison à la passion, etc. Il y a donc là aussi une échelle dont les degrés doivent mesurer les degrés de notre estime, et par conséquent régler nos actions conformément à cette estime.

Or, cette échelle des biens, rappelons-nous-le, ne correspond pas toujours à l'échelle des plaisirs. Il y a donc quelque caractère interne et propre par lequel nous les évaluons et les classons. Ce caractère, par lequel nous reconnaissons qu'une chose est meilleure qu'une autre, même lorsqu'elle nous agrée moins, est ce que nous appelons la *perfection* [1].

Qu'est-ce maintenant que la perfection, et à quoi reconnaîtra-t-on qu'une chose est plus parfaite qu'une autre? Si la perfection est le critérium du bien, quel sera le critérium de la perfection ?

Cette difficulté se rencontre dans tous les systèmes. Tous finissent toujours par un dernier *parce que,* au delà duquel il n'y en a plus. Les partisans du plaisir n'échappent pas à cette difficulté, si c'en est une. « On ne

---

1. Le principe de la *perfection*, qui a longtemps régné, notamment dans l'école de Leibniz et de Wolf, a été généralement abandonné depuis la morale de Kant. On tend à y revenir aujourd'hui. Voyez le solide ouvrage de M. Ferraz, la *Science du devoir*. Paris, 1869.

saurait prouver, dit M. Mill, qu'une chose est excellente qu'en démontrant qu'elle sert de moyen pour atteindre une autre chose qui est elle-même reconnue excellente sans preuve. On prouve que l'art médical est une chose bonne parce qu'il contribue à la santé ; mais comment est-il possible de prouver que la santé est une bonne chose? La musique est une bonne chose parce qu'un de ses résultats est, entre autres, de produire du plaisir ; mais comment prouvera-t-on que le plaisir est bon ? » Par la même raison que M. Mill admet sans preuve que la santé est bonne, que le plaisir est bon, je crois qu'il faut admettre sans preuve que les choses sont bonnes, même indépendamment du plaisir qu'elles nous procurent, mais en soi et par elles-mêmes, en vertu de leur excellence intrinsèque. A qui me demandera de lui prouver que la pensée vaut mieux que a digestion, un arbre qu'un tas de pierres, la liberté que la servitude, l'amour maternel que la luxure, je ne pourrai pas plus répondre qu'à celui qui me demandera de lui prouver qu'un tout est plus grand que ses parties. Il n'est personne de bon sens qui ne reconnaisse qu'en passant du règne minéral au règne végétal, du végétal à l'animal, de l'animal à l'homme, du sauvage au citoyen éclairé d'un pays libre, la nature a marché de progrès en progrès, c'est-à-dire qu'à chaque degré elle a gagné en excellence et en perfection.

Tout le monde connaît cette pensée de Pascal : « L'homme est un roseau, le plus faible de la nature, mais c'est un roseau pensant... Lors même que l'univers l'écraserait, il serait encore plus *noble* que ce qui le tue : car il sait qu'il meurt, et l'avantage que l'univers a sur lui. L'univers n'en sait rien [1]. » Voltaire, commentant cette parole, ajoute ces mots : « Que signifie plus noble ?... Nous sommes juges et partie. » Mais ce n'est pas seulement parce que nous sommes juges et partie que nous considérons ce qui pense comme plus noble que ce qui ne pense pas. L'homme, se mettant lui-même à part, n'hésite pas à reconnaître une échelle entre les choses, et à considérer comme plus noble tout attribut nouveau qui vient s'ajouter aux attributs antérieurs et les compléter. Ainsi la vie est plus noble que le mouvement pur et simple ; la sensibilité plus noble que la végétation ; la pensée et l'activité plus nobles que la sensibilité ; et en général être vaut mieux que n'être pas. A mesure que l'être s'accroît en intensité, il s'accroît en perfection, et par là même en bonheur : chacun de ces degrés d'accroissement est un degré de plus en dignité, en noblesse, en excellence ; toutes ces expressions sont synonymes.

Le moraliste écossais Hutcheson, le défenseur de la doctrine du *sens moral*, admettait encore un autre sens qu'il appelait le *sens de la dignité* [2], et qu'il distinguait du précédent. C'était, suivant lui, le sens qui nous faisait reconnaître immédiatement l'excellence ou la dignité des choses. Pour nous, le sens moral se ramène précisément au sens de la dignité.

Tout en reconnaissant que la perfection, comme toutes les idées premières, est très-difficile à définir, on peut ce-

---

1. Nous ponctuons comme M. Havet; voy. *Pensées de Pascal*, art. 1. t. I., p. 11.

2. Hutcheson, *Système de philosophie morale*, c. II, 6, 7.

pendant l'éclaircir et l'analyser de manière à lui ôter quelque chose de son indétermination première.

Si en effet nous considérons les exemples que nous venons de citer, et qui pour tous les hommes semblent indiquer une sorte d'évaluation naturelle et instinctive, nous verrons que l'excellence ou la dignité des choses se mesure à l'intensité ou au développement de leur être, en un mot à leur activité.

Il est indubitable que de deux êtres dont l'un est ou paraît inerte, et dont l'autre est doué d'activité, nous attribuons naturellement plus d'excellence à l'un qu'à l'autre. C'est ainsi que nous trouvons l'animal supérieur au végétal, parce qu'il jouit d'une activité plus puissante et plus indépendante; c'est ainsi que l'huître et la tortue sont devenues comme les symboles de la stupidité et de la longueur, à cause de leur immobilité ou de la lenteur de leurs mouvements. C'est ainsi que la veille paraît à tous les hommes supérieure au sommeil ; ce qu'Aristote exprime en disant que « l'homme heureux n'est pas l'homme qui dort, mais l'homme qui veille, et que les Dieux eux-mêmes ne sont heureux que parce qu'ils agissent : car, apparemment, ils ne dorment pas toujours comme Endymion. » Par la même raison, l'excellence ou la perfection des êtres croîtra avec le nombre de leurs attributs, parce que l'activité augmente dans la même proportion.

Mais si l'on considère maintenant les différents attributs d'un même être, d'après quelle mesure déterminera-t-on le degré de perfection ou d'excellence qu'ils peuvent avoir? toujours par le même principe. Si en effet l'activité (c'est-à-dire l'intensité de l'être) est le principe constitutif de la perfection, l'activité la plus grande et la plus puissante sera la meilleure : mais l'activité la plus grande est celle qui se suffit le plus à elle-même, qui a le moins besoin des choses extérieures pour subsister, celle en un mot qui tirera le plus d'elle-même et de son propre fonds. A ce titre, l'activité spontanée est supérieure à l'activité contrainte ; les mouvements de la sensibilité et des passions valent mieux que les mouvements mécaniques de la matière inerte. Cependant les impulsions de la sensibilité sont encore déterminées et entraînées par les objets externes : au contraire, l'activité raisonnable trouve en elle-même tout ce qui lui est nécessaire pour agir : elle est donc vraiment indépendante ; elle est donc l'activité la plus pleine et la plus riche, et par conséquent la meilleure.

C'est d'ailleurs une question de savoir, entre les moralistes, s'il n'y a pas une partie de la sensibilité, à savoir l'amour, l'enthousiasme, le cœur, source des affections et des nobles émotions, qui ne serait pas supérieure même à la raison, en ce qu'elle nous ferait vivre d'une vie plus profonde et plus noble, et pénétrer plus loin et plus haut que la raison elle-même. De quelque manière qu'on résolve ce problème, on ne mettra la raison au-dessus du cœur, ou le cœur au-dessus de la raison, qu'en montrant précisément qu'il y a plus d'intensité de vie, et par conséquent plus d'activité et plus d'être dans l'une que dans l'autre de ces facultés ; et si l'on admet, ce qui paraît être la vraie solution, qu'elles sont et doivent être inséparables, et qu'une raison sans flamme, ou un enthousiasme sans raison sont deux formes également incomplètes de la vie humaine, c'est encore en montrant que l'activité de l'homme, et par conséquent sa puissance, est mutilée, quand il se réduit à une raison pure, ou à une sensibilité exaltée.

Mais si le principe de la perfection se ramène à l'idée de l'activité ou de la puissance, comment pourra-t-on soutenir, avec Pascal, qu'un roseau qui pense est supérieur à l'univers? comment pourra-t-on dire que si l'univers m'écrasait, je serais plus noble que ce qui me tue, parce que je saurais que je meurs? Ici, l'univers ne serait-il pas plus puissant que moi? Ne déploierait-il pas une plus grande activité, une plus grande force, et, par conséquent, d'après le principe, une plus grande supériorité?

Si l'on réfléchit à cette difficulté, on verra qu'une activité qui se déploie sans se connaître est exactement comme si elle n'était pas. Car pour qui serait-elle une activité? ce n'est pas pour elle-même, puisqu'elle manque de conscience : ce n'est que pour l'esprit qui la contemple et qui la pense. C'est ce qui faisait dire aux profonds métaphysiciens de l'Inde que la nature n'existe que pour être pensée et vue par l'âme. Elle est, disaient-ils poétiquement, comme une danseuse qui se retire quand elle a été vue. Lorsque l'univers écrase l'homme, il détruit par là même sa seule raison d'exister. Il se réduit lui-même à une sorte de non-être [1]. La vraie activité est l'activité consciente;

---

1. Que l'on essaie de se représenter l'univers roulant dans les espaces, en l'absence de tout être pensant, et n'ayant jamais trouvé une conscience pour s'y refléter sous la forme de la science ou de l'art, on se convaincra qu'un tel mode d'existence n'est pas très-éloigné du néant. Que dans ce silence universel et immense, une conscience

ne durât-elle que l'espace d'un éclair, elle serait encore plus noble que ce qui la détruit ; car dans ce moment imperceptible, elle s'est connue comme activité ; elle a pris possession de son être : ce que l'univers n'a jamais fait.

Nous dirons donc avec Spinoza que la perfection, c'est l'être, que le bien ou le mal consiste dans l'accroissement ou la diminution de l'être. Nous appelons bien tout ce qui accroît notre puissance, mal tout ce qui la diminue. La liberté, la conscience, la pensée, augmentent notre puissance et notre être : la passion aveugle et brutale nous met au contraire dans la servitude des choses. Il y a donc plus de bien dans la vie raisonnable que dans la vie passionnée.

On pourrait contester ces principes, en disant : Vous supposez sans preuve que l'être vaut mieux que le non-être. Ce postulat n'a d'autre valeur que celle qu'il emprunte à l'amour instinctif et animal des hommes pour la vie. Cet instinct a été transformé en loi par Spinoza dans cet aphorisme célèbre : « Tout être tend à persévérer dans l'être. » De cette loi, il tire le principe de sa morale, à savoir que tout être doit chercher à grandir sans cesse en être et en réalité. Mais une philosophie plus profonde nous apprend au contraire que le non-être vaut mieux que l'être, que le néant est supérieur à l'existence, et que l'anéantissement ou nirvâna est le souverain bien. Telle est la

---

apparaisse, ne fût-ce qu'un instant ; cet instant-là, il y a eu dans le monde de la vie et de l'être, et le monde lui-même n'a vécu qu'en cet instant.

doctrine de la plus grande religion de l'Orient, le Boudhisme : telle est celle du philosophe misanthrope de Francfort, Schopenhauer.

Nous n'avons aucune réponse à l'usage des hommes qui préfèreraient sincèrement et réellement le non-être à l'être, et qui placeraient le souverain bien dans l'anéantissement absolu. Mais nous avons des raisons de croire que la doctrine du nirvâna n'est qu'une forme excessive et hyperbolique, par laquelle les esprits exaltés et mystiques expriment leur mépris de l'être apparent et fugitif et le besoin d'une vie absolue. Il ne nous paraît nullement démontré, malgré les assertions de MM. Eug. Burnouf, Barthélemy-Saint-Hilaire, Max Muller, etc., que le nirvâna signifie l'anéantissement dans le sens que nous attachons à ce mot. Quant au philosophe de Francfort, il nous paraît évident que lui-même n'entend parler que d'un nirvâna relatif, et non d'un nirvâna absolu. N'est-ce pas là le sens des dernières lignes de son ouvrage? « Ce qui demeure, dit-il, après l'entière abolition de la volonté, est sans doute, pour ceux qui sont encore pleins de volonté, un Rien. — Mais réciproquement, pour ceux au contraire chez lesquels la volonté est arrivée à se nier elle-même, pour ceux-là, c'est notre prétendu monde avec tous ses soleils et ses voies lactées, qui est lui-même — un Rien [1]. » Dans ces lignes, nous ne pouvons voir autre chose que l'expression exagérée du mépris philosophique pour les choses de ce monde, mais non pas l'affirmation systématique d'un *rien* absolu, considéré comme supérieur à

---

[1]. Schopenhauer, *Die welt als wille*, l. IV, fin.

l'être. Ce n'est pas du reste ici le lieu d'examiner la doctrine du nirvâna. Qu'il nous suffise de faire observer que la seule conséquence logique de cette doctrine serait le suicide universel [1] : ce qui rendrait bien inutile la recherche d'un principe de morale.

L'idée de la perfection ne se ramène pas seulement à l'idée de l'activité, mais encore à l'idée d'ordre, d'harmonie, de rapports réguliers et proportionnés. Supposons en effet que les activités ou forces dont se compose l'univers soient dans un état de lutte et de guerre perpétuelle, de telle sorte que toute production fût immédiatement suivie d'une destruction, et que du conflit de ces forces ne sortît aucun être fixe et stable, ayant une essence déterminée, tout étant dévoré par tout, et tout être se perdant en tout être, dans un flux perpétuel et infini : nous pourrions encore trouver de la force et de la puissance dans un tel univers, contemplé en quelque sorte du dehors; mais nous n'y trouverions ni beauté, ni bonté. Toute perfection en serait absente, ou du moins toute perfection appréciable et intelligible pour nous. Ainsi, pour que l'activité nous paraisse douée de bonté et d'excellence, il ne suffit pas qu'elle soit une activité brute, aussi occupée à détruire qu'à produire, s'agitant dans le vide et dans l'inanité ; il faut qu'elle agisse avec un certain ordre, une certaine règle;

---

[1]. Schopenhauer voit bien cette conséquence de sa doctrine, mais il essaie de la repousser. Suivant lui, le suicide est inutile, et n'est pas un véritable anéantissement, puisque la volonté continue à subsister, et est éternelle. Mais comme cette persistance de la volonté est absolument impersonnelle, qu'importe à l'individu qu'une telle volonté subsiste ou ne subsiste pas ?

pour que ses œuvres soient bonnes et belles, il faut qu'elles soient intelligibles, rationnelles ; et c'est là en même temps ce qui les rend possibles et durables. En effet, pour qu'un objet existe et dure, ne fût-ce qu'une seconde, il faut que les diverses activités dont il est le résultat se soient accordées un instant, qu'elles se soient entendues dans une certaine mesure ; il faut que les différents éléments dont il se compose aient été en équilibre, qu'une certaine loi les maintienne et les contienne dans une certaine harmonie ; il faut enfin, pour employer la formule de Platon, que la multitude ait été ramenée à l'unité.

Ainsi, au principe aristotélique de l'acte (ἐνέργεια), il faut joindre le principe platonicien et stoïcien de l'un dans le plusieurs (τὸ ἕν ἐπὶ πολλῶν), de l'harmonie, de l'accord avec soi-même, *consensus* (ὁμολογία). Ce second principe nous donne la même échelle que le précédent. L'échelle des êtres est déterminée précisément de la même manière par ce rapport de l'un et du plusieurs que par le principe de l'activité.

Dans le minéral, par exemple, il y a très-peu de diversité, et très-peu d'unité : peu de diversité, car les parties d'un minéral sont homogènes : chaque morceau de fer est du fer, chaque morceau de craie est de la craie ; peu d'unité, car un minéral ne forme jamais un individu, mais seulement une masse : il s'accroît indéfiniment par juxtaposition et se brise en autant de parcelles qu'on le veut ; la partie, comme le tout, est un minéral au même titre. Dans la plante, nous trouvons à la fois plus de diversité et plus d'unité que dans le minéral : plus de diversité, car toutes les parties de la plante diffèrent les unes des autres en structure et en fonctions : racines, tiges, feuilles, fleurs, etc.; plus d'unité, car une plante coupée en deux ne fait pas deux plantes ; un arbre fendu par le milieu ne fera pas deux arbres. Il y a déjà là un commencement d'individualité. L'individualité est plus grande dans l'animal, d'abord parce qu'elle y est accompagnée de conscience, en second lieu parce qu'elle se détache du milieu environnant et peut se transporter d'un point à un autre par le mouvement spontané. Enfin cette individualité est encore bien plus grande chez l'homme que chez l'animal, car elle n'y est pas seulement sentie, elle y est réfléchie : l'homme se connaît lui-même, se pense lui-même. Mais en même temps qu'il y a chez l'homme une unité plus intime et plus profonde, il y a aussi une diversité de phénomènes bien autrement riche et abondante que dans aucun autre être : les passions y ont plus d'objets ; l'imagination a un champ infini; les idées et les affections, qui ne sont qu'en germe dans l'animal, sont innombrables dans l'homme : il est un miroir de l'univers; il est un microcosme.

La même mesure s'applique-t-elle encore lorsqu'au lieu de mesurer et de comparer les êtres, nous voulons comparer et évaluer les diverses facultés d'un même être, ou les divers biens qu'il est appelé à rechercher naturellement ?

Considérons l'âme elle-même. On peut y distinguer en quelque sorte trois étages de vie : au premier degré, ce que Bossuet appelle les opérations sensitives, à savoir les sens et les passions qui s'y rapportent, l'imagination et la mémoire, qui ne sont que le prolongement de la sensation; — au-dessus, le cœur, les affections, l'enthousiasme, ce que Platon appelle le θύμος et l'ἔρως (le courage et l'amour), enfin au troisième degré la pensée et la liberté, qui constituent la personnalité morale.

Tout le monde sera d'accord pour reconnaître que la vie des sens (la vie animale, comme l'appelle Maine de Biran) est inférieure aux deux autres. En veut-on la preuve? Cette vie subsiste d'ordinaire entièrement dans la folie et dans l'idiotisme. Qui consentirait cependant à devenir fou ou idiot, à la condition de jouir de tous les plaisirs des sens, de conserver la santé, d'être riche, d'avoir des concerts, des châteaux, d'être entouré de luxe, etc? Nul ne se résoudrait librement à cette destinée; et la vie du plus rude labeur paraîtrait alors préférable, même aux voluptueux. Ce ne sont donc pas les plaisirs seuls qui les séduisent et les captivent : c'est aussi, c'est surtout la possession de soi-même, la conscience de la personnalité.

On voit par là que la vie des sens elle-même ne vaut, c'est-à-dire n'a quelque prix, au jugement même de ceux qui la recherchent, qu'autant qu'elle est unie à la conscience, au souvenir, à l'intelligence, en un mot à quelque degré de personnalité : or la conscience, la personnalité, est précisément ce qui met quelque unité dans la multiplicité de nos sensations : c'est par là que la vie sensible chez l'homme est encore supérieure à la vie animale; que la veille est supérieure au sommeil, que la raison est supérieure à la folie, à l'idiotisme; que la santé est supérieure à la maladie. Dans ce qu'on appelle l'état normal, il y a plus d'équilibre, plus d'unité, plus d'accord et par conséquent plus de bien que dans l'état anormal.

Si la vie des sens exige déjà une certaine unité, on peut dire que la vie du cœur et la vie de l'esprit en exigent une plus grande encore ; et c'est précisément pour cela qu'elles sont l'une et l'autre plus excellentes.

Tous les psychologues et tous les moralistes ont remarqué que par les sens l'homme se disperse en dehors de lui-même, qu'il se subordonne aux choses extérieures, qu'il se dissipe et se perd en quelque sorte dans la poussière de ses propres phénomènes. De là vient la lassitude que laisse d'ordinaire après elle la vie dissipée : l'homme qui a tout sacrifié à la vie de plaisir se sent inutile, effacé et anéanti ; il s'est donc en quelque sorte perdu lui-même ; il a sacrifié l'unité de son être à la multitude de ses sensations. C'est la pensée qu'exprime l'apôtre saint Paul, quand il oppose ce qu'il appelle l'homme *intérieur* à l'homme du dehors, l'esprit à la chair.

Cette unité de l'homme intérieur ne doit pas être entendue comme un état de *simplicité* absolue, comme une simplification de l'âme (ἕνωσις), ce qui est l'illusion des mystiques : car l'unité pure et vide est quelque chose d'aussi indistinct, d'aussi inintelligible que la pluralité absolue. C'est seulement l'union de l'un et du plusieurs qui constituera le bien ou la perfection. La perfection sera donc *accord, harmonie*, juste *proportion*. C'est ainsi que celui qui vit de la vie de l'esprit ou de la vie du cœur, ou de l'une et l'autre à la fois, et qui gouverne par la raison ses passions et ses affections, celui-là, semblable à un état sage, concilie la diversité avec l'unité : il accroît sans cesse la richesse de sa nature, tout en la subordonnant à l'unité de direction qui réside dans la pensée.

C'est sous cet aspect d'une république bien ordonnée que Platon, partout dans ses dialogues, nous représente la beauté et l'excellence de l'âme humaine. Partout il voit la beauté et la bonté (τὸ καλοκἀγαθὸν) dans l'ordre et l'harmonie, c'est-à-dire dans le rapport de l'un et du plusieurs. Toutes les choses bonnes dans la nature résultent du mélange d'une partie mobile, inconsistante, indéterminée, et d'une partie fixe qui règle, mesure et contient la première. Tels sont les mouvements des astres, les révolutions des saisons; telle est dans le corps la santé, et dans l'âme la sagesse. La sagesse est la santé de l'âme; l'une et l'autre sont un équilibre, une harmonie. L'âme, pour être heureuse et sage, a besoin d'être convenablement ordonnée. La mesure, d'où naît la grâce, est le signe d'une âme pure et droite; elle est la condition de la sagesse, comme de la musique. Le philosophe est un musicien (ὁ σοφὸς μουσικὸς). La vie de l'homme a besoin de nombre et d'harmonie. Le principe de la perfection se résout donc dans le principe de l'accord, de l'harmonie. Au lieu de ramener le beau au bien, comme on le fait d'ordinaire, il semble qu'il serait possible de ramener le bien au beau [1].

Le moraliste allemand Garve [2] a critiqué la définition précédente de la perfection, à savoir : « la réduction de la pluralité à l'unité, » définition reçue dans l'école de

1. C'est là une des vues du philosophe allemand Herbart, qui considère la morale comme une partie de l'esthétique. M. Ravaisson, dans son *Rapport sur la philosophie du* XIXe *siècle*, semble favorable à cette idée. On verra plus loin (chap. VI) jusqu'à quel point nous nous rapprochons ou nous nous éloignons de ce point de vue.
2. Garve est un moraliste allemand du XVIIIe siècle, de beaucoup de bon sens et de sagacité. Son *Examen des principales doctrines morales* (Breslau, 1798) mérite encore d'être lu aujourd'hui.

Wolf [1]. C'est, suivant lui, un critérium insuffisant. « Car, quel est l'état de l'homme dans lequel tout ne se ramène pas à une certaine unité ? Même dans l'homme absolument vicieux, tout s'accorde pour en faire un être parfaitement vicieux. » C'est ainsi que chez l'égoïste tout se ramène à l'unité de l'amour de soi, et chez l'homme voluptueux tout se ramène à l'unité de la volupté. Il faut donc expliquer pourquoi dans l'homme c'est le sensible qui doit le ramener au rationnel et non le rationnel au sensible, ce qui suppose déjà que la raison est d'un ordre supérieur aux sens, et ce qui laisse l'idée de perfection ou d'excellence dans la même indétermination qu'auparavant [2]. Mais il n'est pas vrai que l'égoïste, l'avare, et en général tous ceux qui s'abandonnent à une seule passion, puissent prétendre à une véritable unité. Un des points de la circonférence n'est pas l'unité du cercle : cette unité est au centre.

---

1. Leibniz lui-même définissait la perfection : *identitas in varietate*. (Voir sa correspondance avec Wolf.) Il disait encore que la perfection est « un degré de la réalité positive, ou, ce qui revient au même, de l'intelligibilité affirmative, *intelligibilitatis affirmativæ*, de telle sorte que cela est plus parfait, où se manifestent plus de choses dignes de remarque, *notatu dignæ*. » Wolf objectait : « Y a-t-il plus de choses à observer dans un corps sain que dans un corps malade ? » — « Oui, répond Leibniz ; si tous les hommes étaient malades, beaucoup de belles observations cesseraient, à savoir celles qui constituent le cours naturel des choses... Plus il y a d'ordre, plus il y a matière à observation... S'il n'y avait point de règles, ce serait un pur chaos. On peut donc dire que le parfait, c'est ce qui est le plus régulier, *quod magis est regulare*... C'est la multitude des régularités qui engendre la variété. Ainsi l'uniformité et la diversité se concilient. » Leibniz conclut en ces termes : « Ainsi la perfection d'un objet est d'autant plus grande qu'il y a un plus grand accord dans une plus grande variété. »

2. *Übersicht der Principien der Sittenlehre*, c. VIII.

De même, la vraie unité de la nature humaine est au centre, c'est-à-dire au point d'où rayonnent toutes les facultés humaines, et par rapport auquel elles sont toutes coordonnées. Celui qui s'abandonne à toutes les passions s'éparpille dans des objets infinis ; celui qui se livre à une seule passion se concentre à la vérité, mais il se concentre hors de lui, c'est-à-dire hors du centre, sur un des points de la circonférence. L'égoïste même ne se concentre pas, comme on le dit, en lui-même ; car en lui-même il trouverait autre chose que lui ; il se concentre dans ce moi secondaire et subordonné qui se compose de nos sensations, et il ignore ce moi intérieur et profond où résident nos affections et nos idées.

Les analyses qui précèdent nous donnent donc de la perfection une double idée : 1° l'idée d'une activité plus ou moins intense, et dont l'excellence est en proportion de l'intensité ; 2° l'idée de l'harmonie ou de l'accord des éléments ou des parties dont l'être se compose, ou de l'unité dans la pluralité. En combinant ces deux idées, on dira que le bien d'un être consiste dans le développement harmonieux de ses facultés. Supposez qu'un être ne développe en lui-même que certaines facultés inférieures, tout en mettant de l'ordre entre elles pour qu'elles ne se détruisent pas l'une l'autre, il atteint un certain bien, mais un bien inférieur : telle est la prudence vulgaire. Supposez que l'on développe dans toute leur intensité quelques-unes de nos facultés les plus élevées, mais sans les mettre en harmonie avec les autres, on atteindra un bien d'un ordre supérieur ; mais par la mutilation de son être, ce bien se changera souvent en mal ; c'est ce qui arrive aux athées, aux enthousiastes, aux fanatiques. Supposez que l'on développe toutes les facultés supérieures en sacrifiant absolument les inférieures, on atteindra un bien qui sera le vrai bien, le bien essentiel, le bien en soi ; mais comme on le fera en dehors des conditions réelles et concrètes de la nature humaine, ou l'on ne pourra s'y tenir longtemps, ou l'on se détruira soi-même, ce qui est le plus contraire à l'idée du bien. Il faut donc tenir compte à la fois et du principe qui nous ordonne de développer le plus possible en nous les forces dont nous disposons, et de celui qui nous prescrit d'établir entre elles une harmonie et un équilibre sans lesquels l'activité serait stérile ou destructive, et par conséquent se nierait elle-même.

Peut-être trouvera-t-on cette analyse bien abstraite, et essaiera-t-on de ramener le concept de perfection à quelque notion plus concrète et plus saisissable, en disant par exemple : la perfection, c'est l'esprit, c'est-à-dire ce qui est spirituel, soit dans l'homme, soit dans la nature ; — la perfection, c'est la volonté, et le plus haut degré de volonté, c'est-à-dire la liberté ; — la perfection, c'est la bonté, c'est-à-dire la prodigalité, et le désintéressement, et autres définitions analogues. Mais ce serait confondre deux questions différentes : d'une part, qui est-ce qui est parfait ? — de l'autre : qu'est-ce que c'est que d'être parfait ? J'accorde que ce qu'il y a de plus parfait, c'est l'esprit, c'est la liberté, c'est la bonté ; mais en quoi consiste la perfection de ces différents objets, et pourquoi sont-ils plus parfaits que leurs contraires ? pourquoi l'esprit vaut-il mieux que la matière, la volonté que la fatalité, la bonté que l'egoïsme ? A cette question, on ne peut faire que deux réponses : ou bien nous apercevons intuitivement, et par un sens spécial, la qualité des choses, et nous avons le droit d'affirmer sans preuve que tel objet vaut mieux que tel autre ; la perfection de l'esprit, ou de la liberté, ou de la bonté, serait alors une qualité simple et indéfinissable, qui ne pourrait se ramener à aucune autre; — ou bien, si l'on ne veut pas s'arrêter à cette qualité simple, on serait conduit, comme nous, à ramener le concept de perfection à deux éléments : l'intensité de l'être et la coordination de ses puissances. En effet, pourquoi l'esprit nous paraît-il ce qu'il y a de plus parfait? C'est parce que nous lui supposons une activité spontanée que la matière n'a pas et que nous plaçons en lui la raison de l'ordre que la matière manifeste. Pourquoi la volonté, la liberté nous paraissent-elles ce qu'il y a de meilleur ? Parce qu'il n'y a pas de plus haut degré de puissance que de se mouvoir soi-même ; mais encore faut-il que ce mouvement se fasse dans une certaine direction, dans un certain ordre. Enfin, la bonté est elle-même aussi une sorte de puissance, car elle suppose l'abondance et l'expansion; mais si elle se fait au hasard, et répand ses dons sans choisir et sans compter, elle ne vaudra guère mieux que son contraire. Ainsi, ces diverses définitions reviendraient en dernier ressort aux caractères plus abstraits que nous avons signalés.

On se méprendrait d'ailleurs sur le sens du concept de perfection, si l'on n'y voyait qu'un type idéal et absolu vers lequel nous devons tendre, mais qui, par cela même qu'il est absolu, semble en dehors de nos prises et inaccessible à nos efforts. Si l'on entendait ainsi la perfection, on aurait raison de demander en quoi elle consiste, et quel est le contenu de cette idée. Tel est le défaut du célèbre **principe**, vrai cependant à un certain point de vue, mais trop indéterminé, de l'imitation de Dieu, de la conformité à Dieu. Je dois imiter Dieu, me dit-on : mais qu'est-ce que Dieu? quels sont ses attributs? quels sont ses actes? Comment puis-je imiter Dieu dans les actions temporelles qui sont la condition de ma vie? Comment un marchand peut-il imiter Dieu en vendant ou en achetant? Comment un soldat peut-il imiter Dieu en tuant bravement ses ennemis? La seule manière possible d'imiter Dieu, pour l'homme, est de cultiver, de ménager ou de développer les facultés qu'il lui a données. Ces facultés ont une perfection propre et intrinsèque, et toutes ensemble, prises dans leur ordre d'excellence, constituent la perfection humaine. C'est celle-là seule qui est à notre disposition; c'est celle-là que nous pouvons développer. Sans doute, dans notre pensée, comme on le verra bientôt [1], nous ne pouvons nous attribuer quelque perfection sans posséder l'idée d'une perfection absolue. Mais ce n'est pas de cette perfection absolue que nous partons pour saisir et comprendre la nôtre; c'est de celle-ci au contraire que nous nous élevons à celle-là.

Ce n'est donc pas la perfection en général qui est pour nous le bien : c'est notre perfection propre, j'entends la perfection, non de l'individu, mais de l'homme : c'est la perfection humaine, la perfection de nos facultés, laquelle, étant indéterminée par essence, peut être toujours poussée en avant; de telle sorte qu'à la limite de ce progrès nous concevons un homme idéal (le sage stoïcien), qui **serait**

---

1. Voir plus loin, ch. VII.

à la fois homme et parfait, notion contradictoire si l'on veut, mais que nous pouvons accepter comme le symbole et la formule de ce qui doit être, sans pouvoir être jamais.

C'est donc avec raison qu'Aristote avait émis cette vue profonde, que le bien d'un être doit être cherché, non pas dans une essence universelle et absolue, étrangère à l'homme et sans proportion avec lui, qui ne nous regarde pas, mais dans l'*acte propre* de la nature humaine (οἰκεῖον ἔργον).

« A quoi servirait au charpentier, disait-il spirituellement, pour la pratique de son art, la contemplation du bien en soi ? » De même, le bien de l'homme doit être un bien déterminé et propre à l'homme, car on ne peut demander à un être la recherche d'un bien qui ne serait pas proportionné à sa nature. Platon lui-même avait déjà reconnu que la vertu d'un être consiste à bien faire ce à quoi il est propre, la vertu du cheval à bien courir, de l'œil à bien voir. Aristote, approfondissant ce principe, a vu que pour déterminer le bien d'un être, il faut déterminer d'abord son *acte propre*, c'est-à-dire son essence. Car, par exemple, ce qui est le bien pour tel animal ne l'est pas pour tel autre : ce qui est bien pour l'animal en général ne l'est pas pour l'homme. C'est ainsi, comme l'a remarqué Spinoza, que nous admirons chez les animaux ce que nous blâmerions chez les hommes, par exemple les combats des fourmis. Lorsque l'on compare l'excellence relative des différentes classes d'êtres, elle se mesure sans doute à leur degré d'activité et d'harmonie ; mais lorsqu'on recherche l'excellence propre et absolue de chaque classe d'êtres, elle se mesure à leur activité propre et essentielle. Quelle est donc l'activité propre de l'homme ? Est-ce la vie ? Non ; car elle lui est commune avec la plante et l'animal. Est-ce la sensibilité ? Non ; car elle nous est encore commune avec les animaux. « Il reste, dit Aristote, que ce soit la vie active de l'être doué de raison, ou l'activité raisonnable. »

C'est au même principe qu'il faut rattacher la doctrine de Spinoza, que le bien de l'homme consiste dans le développement des idées adéquates. En effet, les idées adéquates ou idées générales sont les idées par lesquelles l'âme se comprend elle-même en se rattachant à sa véritable cause qui est Dieu. En s'abandonnant aux idées inadéquates, c'est-à-dire à la nature et aux sens, l'âme s'éloigne de sa propre essence ; elle se comprend de moins en moins elle-même ; elle se perd dans ce qui n'est pas elle. Qu'est-elle en propre ? une idée de Dieu. Donc, plus elle se rapprochera de Dieu, plus elle se comprendra elle-même : or, c'est par les idées générales qu'elle se rapproche de Dieu, et par conséquent qu'elle se possède elle-même ; et c'est en ce sens que l'imitation de Dieu fait partie de notre acte propre et peut devenir une règle d'action.

C'est encore au même principe que se rattache la formule de Kant et de Fichte, qui font du respect et du développement de la personnalité humaine le principe de la morale. Dire avec Aristote que l'essence de l'homme est l'activité raisonnable, n'est-ce pas dire que c'est la personnalité ? car, qu'est-ce que l'activité unie à la raison ? Un être qui agit ou peut agir d'après la raison est un être libre : c'est *une personne*. Il suit de là que la véritable essence et par conséquent la véritable fin de l'homme, c'est la personnalité, et que le plus haut degré d'excellence que l'homme puisse atteindre est en même temps le plus haut degré de personnalité. De là cette formule bizarre et énergique de la morale de Fichte : « Se poser soi-même, en tant que soi-même, abstraction faite de tout ce qui n'est pas soi-même ; » c'est-à-dire poser son essence, s'affranchir de la nature, et la subordonner au moi. De là encore ce principe de Fichte, que l'objet de la morale est de nous assurer la plus haute indépendance, la plus entière liberté personnelle ; non qu'il faille entendre cette maxime dans le sens d'un affranchissement de toute règle, mais au contraire comme un affranchissement de toute passion.

Préoccupés avec raison de combattre la doctrine de l'intérêt personnel, les moralistes modernes ont trop oublié que *le bien* en général ne peut être une fin pour nous qu'à la condition d'être *notre* bien : car il est inadmissible qu'un être soit tenu à quoi que ce soit à l'égard d'un bien qui lui serait absolument étranger. Par exemple, est-il du devoir d'un animal de faire le bien de la société humaine ? Qu'importe au cheval que l'humanité soit heureuse ou non ? Ou concevrions-nous, par exemple, que nous fussions obligés de travailler au bonheur des anges, si ce n'est en tant qu'on supposerait que les anges et les hommes forment une société commune, et ont par conséquent un bien commun. C'est pour cette raison que je me dois au bien de l'humanité : c'est que le bien des autres hommes est mon propre bien : ce qui est bon à la ruche est bon à l'abeille. C'est aussi pour cette raison que l'on peut dire, avec saint Augustin et les chrétiens, que le souverain bien, c'est Dieu même, parce qu'en effet, comme nous le verrons, l'âme humaine étant faite pour s'élever jusqu'à l'infini et au parfait, le bien absolu, le bien en soi est en même temps son propre bien. C'est ainsi qu'Aristote, après avoir contesté à Platon que l'idée du bien soit le bien en soi, parce que, suivant lui, le bien est un acte propre de l'âme, revient par un détour à la doctrine qu'il a combattue, en plaçant le souverain bien dans l'acte le plus élevé de l'âme, c'est-à-dire dans la contemplation du divin ; et à ceux qui le critiquaient, il répondait : « Il convient aux mortels de participer, autant qu'ils le peuvent, aux choses immortelles. » Ainsi, par la doctrine d'une perfection propre et essentielle, c'est-à-dire d'un bien humain, on ne borne pas l'homme à lui-même ; on ne le sépare, comme nous le verrons, ni des autres hommes, ni de la nature, ni de Dieu : car c'est précisément l'essence même de l'homme d'être uni à Dieu, à la nature et à l'humanité.

Les considérations précédentes répondent, je crois, aux difficultés que Kant avait cru apercevoir dans le concept de la perfection. Il avait combattu ce principe par cette raison que la perfection est un objet extérieur à nous-même, et comme il le dit, un principe *hétéronome*. Mais selon nous, le bien d'un être ne consiste pas dans la perfection en général, mais dans sa propre perfection. La perfection qui doit être le modèle idéal de l'homme n'est donc pas quelque chose qui lui soit étranger ; c'est son essence même [1].

---

[1]. Il n'y a pas à objecter ici que ce serait là un principe utilitaire ; car il ne s'agit pas de l'individu, mais de l'espèce. Étant né homme, je dois chercher le plus possible à être homme ; et pour cela, j'ai

Le principe de la perfection propre et essentielle (οἰκεῖον ἔργον) nous donne encore une règle d'évaluation entre les divers biens qui se disputent le choix des hommes, et nous force de distinguer les biens relatifs et provisoires des biens absolus, les biens apparents des biens réels. Des trois espèces de biens reconnus par les anciens, les biens extérieurs, les biens du corps et les biens de l'âme, les premiers n'ont de valeur que comme moyens de se procurer les seconds, et ceux-ci ne valent que comme auxiliaires des biens de l'âme; de telle sorte qu'à proprement parler ceux-là seuls méritent le nom de biens, puisque seuls ils sont recherchés pour eux-mêmes; tandis que les autres ne sont recherchés que pour ceux-là. Les choses extérieures, en effet, n'ont aucune perfection absolue et propre, et n'ont qu'une valeur relative, celle qu'elles tirent de leur appropriation à nos besoins. Au point de vue purement physique, l'or n'a pas une perfection intrinsèque supérieure à celle du cuivre; et dans un désert, une somme d'argent capable d'acheter le sol de toute une contrée a une valeur très-inférieure à celle d'un verre d'eau. L'avare lui-même n'aime pas son or pour lui-même, mais pour le plaisir qu'il y trouve. A quoi d'ailleurs serviraient les choses extérieures à celui auquel sa santé ne permettrait pas d'en jouir? J'en dirai autant des biens du corps: ils ne valent que par le plaisir que nous y trouvons, c'est-à-dire par ce qui déjà appartient

---

souvent à combattre en moi tout ce qui est exclusivement d'intérêt individuel. Encore l'individu lui-même a-t-il une essence propre qu'il doit respecter. Il y a des choses permises pour tel homme du commun, qu'un Caton ne doit pas se permettre, parce qu'il est Caton.

à l'âme. Ce n'est pas le corps lui-même qui nous intéresse, mais la sensation. Est-on bien réjoui par la pensée qu'après la mort notre corps sera embaumé et subsistera indéfiniment ? Qui ne voit que cette perspective nous intéresse aussi peu que s'il s'agissait du corps d'un autre homme? La conscience disparaissant, mon corps n'est plus mon corps : ce qui m'intéresse donc, ce n'est pas mon corps, mais mon corps conscient et sentant : or la conscience et la sensation, c'est déjà de l'âme. Tout revient ainsi aux biens de l'âme. Enfin les biens sensibles n'ont de prix que comme condition des biens intellectuels et des biens du cœur ; car ceux-ci seuls sont des biens propres à l'homme, et appartiennent à son essence, les autres lui étant communs avec les animaux : celui donc qui veut être, non un animal, mais un homme, doit préférer les seconds aux premiers.

On comprend maintenant pourquoi les stoïciens considéraient comme *indifférents* les biens extérieurs et les biens du corps. Ces biens ne sont jamais que des *moyens*, et ne doivent pas être des *buts*. Ils ne sont que des biens *relatifs* et non des biens *absolus*. On ne peut les rechercher pour eux-mêmes, mais seulement pour l'âme, aux fonctions de laquelle ils sont indispensables. Par là, ils acquièrent sans doute une véritable valeur, mais subordonnée et provisoire. Les vrais biens sont ceux qui sont essentiels à notre être, qui ne peuvent nous quitter quand nous les avons une fois acquis ; ce sont des biens *intérieurs* qui ne sont point à la merci des circonstances et des accidents. C'est là ce bien naturel et essentiel de l'âme qui, recherché et réalisé par la volonté, devient le bien moral : « *Bonum mentis naturale*, dit Leibniz, *quum est voluntarium, fit bonum morale* [1]. »

Le principe de la personnalité humaine, fondement de la morale de Kant, n'a rien d'ailleurs qui contredise le principe de la perfection, et au contraire, il le suppose; car, l'homme étant un animal en même temps qu'il est une personne, on ne voit pas pourquoi il serait tenu de préférer la personnalité à l'animalité, si ce n'est parce que la personnalité est ce qu'il y a de meilleur en lui, de plus excellent, de plus parfait. N'est-ce pas ce que Kant reconnaît lui-même, lorsqu'il attribue à la personne humaine un prix intrinsèque, une valeur absolue, lorsqu'il exige que cette personnalité ne soit jamais ni humiliée, ni sacrifiée? Qui ne voit que ces expressions de *prix*, de *valeur*, dont il se sert continuellement, équivalent précisément à celles de *perfection* et d'*excellence* dont se servait l'école de Wolf? Si la personnalité morale n'avait pas une excellence supérieure à celle des désirs et des appétits, pourquoi sacrifier ceux-ci à celle-là? Ainsi c'est toujours le concept de perfection que les moralistes, le sachant ou non, ont présent devant les yeux. Quel pourrait être en effet le but de la morale, s'il n'était pas de nous rendre de plus en plus parfaits?

Enfin, on a souvent essayé de ramener la perfection, et par là-même le bien, à l'idée de fin ou de but. « Le bien, dit Aristote, est la cause finale (τὸ οὗ ἕνεκα); c'est ce que tout être désire (οὗ πάντα ἐφίεται). » Un philosophe de nos jours, Th. Jouffroy, faisait consister le bien dans la

---

[1]. Leibniz. *Correspondance avec Wolf.*

coordination de toutes les fins. Sans doute, le bien et la perfection sont des fins pour l'homme. Mais, rigoureusement parlant, il est plus exact de définir la fin par le bien que le bien par la fin. C'est parce qu'il existe quelque objet meilleur, plus excellent, plus parfait que ceux dont nous jouissons actuellement, que nous tendons vers cet objet comme à une fin. C'est donc la perfection intrinsèque de l'objet qui est la raison d'être, ou le fondement de la cause finale. Si l'on fait abstraction de cette perfection essentielle, il ne reste plus pour but et objet de poursuite que le plaisir. Direz-vous, pour échapper à cette conséquence, que la fin de nos actions est celle qui a été fixée par l'auteur des choses? reste à savoir si cette fin a été fixée arbitrairement, auquel cas on tombe dans la doctrine tyrannique du *décret absolu;* ou si, au contraire, cette fin fixée par Dieu est déjà bonne en soi; il y aurait donc alors une bonté, une excellence antérieure à l'idée de fin et existant par elle-même. Enfin, si l'on définit la fin ou le but d'un être ce qui résulte de la nature même de cet être, qu'entendra-t-on par nature? Dans l'homme, par exemple, les passions, les plaisirs déréglés font partie de sa nature, et, en général, tout ce qui est est conforme à la nature; autrement, il ne serait pas. Entendra-t-on au contraire, par nature, comme faisaient les stoïciens, la partie la plus excellente de notre être, on verra encore par là que c'est précisément cette excellence qui nous est une fin et un objet. Il faut donc toujours en revenir à supposer qu'il y a dans les diverses fins de nos actions quelques raisons intrinsèques de choix et de préférence, raisons qui constituent la perfection et l'excellence des choses, et par conséquent le bien. C'est ce bien que nous appelons *bien naturel*, en tant qu'il résulte de la nature, et *bien moral*, en tant qu'il résulte de la volonté.

CHAPITRE IV

LE PRINCIPE DU BONHEUR.

Les philosophes modernes, en démontrant que le plaisir n'est pas le bien, ont cru avoir résolu toutes les difficultés de la morale; mais on peut dire qu'ils n'ont considéré qu'un côté des choses; et, sur ce point, les anciens ont vu plus loin qu'eux : car, après avoir prouvé que le plaisir n'est pas *le* bien, il resterait encore à savoir si le plaisir n'est pas *un* bien, et même s'il ne serait pas une partie essentielle du bien. C'est l'opinion commune de Platon et d'Aristote. L'un et l'autre, en effet, démontrent aussi bien que nous que le plaisir en général n'est pas le bien; car alors tous les plaisirs seraient bons, et tous seraient également désirables : ce qui n'est pas. Mais s'il y a des plaisirs mauvais et impurs, il en est de bons et d'excellents; et si l'on ne peut dire du plaisir qu'il soit le bien, il ne s'ensuit pas que le bien puisse être séparé du plaisir. Aussi voyons-nous Platon, tout en réfutant dans le *Philèbe* la morale voluptueuse des sophistes, déclarer que l'idée de bien se compose de deux éléments inséparables : la sagesse et le plaisir : « Peut-être en est-il autrement de la vie des dieux, dit-il ; mais quant à la vie humaine, elle ne peut être entièrement privée de plaisir. » Ainsi, tout en subordonnant le plaisir à la sagesse, Platon en fait entrer l'idée dans le souverain bien ; seulement, il fait un choix entre les plaisirs, et n'admet que ceux qui sont purs, simples, nobles et élevés. Aristote est plus explicite encore ; Platon, en effet, n'introduisait le plaisir dans le bien que par nécessité, et comme à regret ; et, par sa théorie générale du plaisir, il eût plutôt incliné à l'exclure absolument de la vie heureuse et sage. Pour Aristote, au contraire, le plaisir est essentiellement un bien, parce qu'il est lié au développement de notre être et qu'il est la conséquence même de l'action. « Le plaisir, dit-il, achève l'acte et le complète... C'est une fin qui vient se joindre au reste, comme à la jeunesse sa fleur. — Pourquoi le plaisir n'est-il pas continuel ? Parce que toutes les facultés humaines sont incapables d'agir continuellement ; or le plaisir n'a pas ce privilége plus que tout le reste ; car il n'est que la conséquence de l'acte. Il est à croire que si tous les hommes aiment le plaisir, c'est que tous aussi aiment la vie ; car la vie est une sorte d'acte [1]. »

Ainsi le plaisir est un résultat inséparable de l'action de nos facultés. De ce principe Aristote tire deux conclusions importantes : 1° que les plaisirs sont spécifiquement différents ; 2° que les plaisirs sont entre eux comme les actes : c'est l'acte qui sert de mesure au plaisir, et non le plaisir qui sert de mesure à l'acte.

---

[1]. *Eth. à Nicomaque*, l. x. c. IV, V. Voir sur la théorie du plaisir l'intéressant ouvrage de M. Fr. Bouillier, *Du plaisir et de la douleur*. Paris, 1865.

1° Les plaisirs diffèrent en *espèce* et non-seulement en *degré*. « Les actes, dit-il, qui sont spécifiquement différents ne peuvent être complétés que par des plaisirs différents en espèce. Ainsi les actes de la pensée diffèrent des actes des sens; et ceux-ci ne diffèrent pas moins d'espèce entre eux : les plaisirs devront donc différer aussi... A chaque acte différent correspond un plaisir propre : le plaisir propre d'un acte vertueux est un plaisir honnête; celui d'un mauvais acte est un plaisir coupable... Il semble même qu'il y a pour chaque animal un plaisir qui n'est propre qu'à lui, comme il y a pour lui un genre d'action spéciale. Le plaisir du chien est tout autre que celui du cheval et de l'homme. »

2° Aristote ne se contente pas d'établir la spécificité du plaisir : il en mesure la qualité et la valeur d'après la qualité même des actes. « L'acte le meilleur, dit-il, est celui de l'être qui est le mieux disposé par rapport au plus parfait des objets. Et cet acte n'est pas seulement l'acte le plus complet, il est aussi le plus agréable... La qualité réelle et vraie des choses est celle que leur trouve l'homme bien doué; la vertu est la vraie mesure de toute chose. L'homme de bien, en tant que tel, en est le seul juge; et les vrais plaisirs sont ceux qu'il prend pour tels... Les plaisirs des êtres dégradés ne sont pas des plaisirs. »

Kant croit devoir contester le principe d'une différence *spécifique* entre les plaisirs. Il prétend qu'il n'y a pas deux espèces de sensibilité, l'une inférieure, l'autre supérieure : l'une et l'autre ont la même origine, à savoir le *sens vital*. Tout plaisir est identique en essence, quelle qu'en soit la source; et la jouissance d'un bon dîner n'a rien d'intrinsèquement différent de celle d'une belle musique ou d'une bonne action accomplie par sympathie et non par devoir. Kant reconnaît bien des plaisirs plus délicats les uns que les autres ; mais ce n'est là pour lui qu'une différence de degré, et qui d'ailleurs ne se rapporte qu'au *goût*, et non pas au *sens moral*. La seule preuve qu'il donne de cette doctrine, c'est qu'il peut y avoir une commune mesure entre les plaisirs les plus différents. Celui en effet qui refuse de donner une somme d'argent à un pauvre auquel il a l'habitude de donner, afin de se réserver de quoi payer un spectacle, a dû comparer ces deux plaisirs l'un à l'autre, et il a préféré celui qui lui paraissait le plus vif. Mais on ne voit pas quelle conclusion il peut y avoir à tirer de cet exemple ; car, lorsque nous sacrifions le devoir au plaisir, nous comparons également l'un avec l'autre, et l'on devrait conclure par la même raison qu'ils sont de même nature. Si au contraire on admet, ce qui est la doctrine de Kant, que la lutte du devoir et du plaisir et la préférence de l'un à l'autre n'impliquent nullement une essence commune, on ne voit pas pourquoi la lutte entre les deux sensibilités, l'une inférieure, l'autre supérieure, et la préférence de l'une à l'autre effaceraient la différence fondamentale qui les sépare. En outre, quand même on accorderait que la faculté de jouir ou de souffrir, en tant que faculté de jouir et de souffrir, est essentiellement la même dans tous ses phénomènes, il ne s'ensuivrait pas qu'elle ne reçût pas tel ou tel caractère de son union avec nos autres facultés ; par exemple, si la raison ou faculté de penser est supérieure à la nutrition, on ne voit pas pourquoi le plaisir qui s'attache à l'une ne serait pas considéré comme supérieur à celui qui accompagne l'autre ; et dire que l'on ne doit pas tenir compte de l'origine des plaisirs est une thèse entièrement arbitraire, pour laquelle on ne donne aucune raison. La doctrine aristotélique de la *spécificité* des plaisirs nous paraît donc philosophiquement se soutenir avec avantage contre la doctrine kantienne de l'*homogénéité* des plaisirs ; or les conséquences de l'une et de l'autre doctrine sont de la plus haute importance.

Si le plaisir accompagne toujours l'action, si chaque fonction a son plaisir propre, il suit manifestement que tout développement de notre activité, par conséquent tout développement de perfection dans l'homme, est accompagné de plaisir, qu'on le veuille ou non. La nature, sans se préoccuper de savoir si cela serait agréable aux moralistes abstraits, a voulu que toutes nos facultés, par cela seul qu'elles s'exercent, eussent leur plaisir propre, les plus excellentes aussi bien que les plus basses. La perfection de l'être ne peut donc s'acquérir sans qu'il s'y joigne le sentiment de cette perfection, la joie de la posséder. Or ce sentiment, cette joie, c'est ce que l'on doit appeler le *bonheur*, inséparable, comme on le voit, de la perfection elle-même[1]. Le bien se compose donc indivisiblement de la perfection et du bonheur.

Kant, au lieu de rattacher l'une à l'autre ces deux idées, les a au contraire séparées et opposées. Dans sa *Doctrine de la vertu*, il donne à la vertu deux objets distincts

---

[1]. Leibniz, *Nouveaux Essais*, l. II, c. XXI. « Le plaisir est un sentiment de perfection »... « Le bonheur est un plaisir durable. »

et irréductibles : le perfectionnement de soi-même et le bonheur d'autrui. « Il ne faut pas, dit-il, intervertir ces deux termes, et se proposer pour fin le *bonheur personnel* ou la *perfection d'autrui*. En effet, quoique le bonheur personnel soit une fin que poursuivent tous les hommes en vertu du penchant de leur nature, on ne peut considérer cette fin comme un devoir ; car le devoir implique une contrainte que l'on ne suit pas volontiers. — Il est également contradictoire de prendre pour fin la perfection d'autrui. En effet, la perfection d'autrui consiste précisément en ce qu'il est lui-même capable d'agir conformément à son idée du devoir : or il est contradictoire que je fasse à l'égard d'un autre ce dont il est seul capable [1]. »

Cette opposition de la perfection et du bonheur est certainement juste dans le sens où Kant l'exprime ici ; car par bonheur il n'entend autre chose que le plaisir, et en général la satisfaction de la sensibilité ; et par perfection morale, la vertu. Or il est très-vrai de dire que la fin de mes actions n'est ni mon propre plaisir, ni la vertu d'autrui. Si, au contraire, on entend par bonheur non pas le plaisir en général, mais, avec Aristote, avec Descartes, avec Leibniz, le sentiment même de notre perfection et excellence, on verra qu'il peut être une fin pour nous; car comment ne serait-ce pas une fin de rechercher notre propre excellence, et comment, si nous l'avons atteinte, pourrions-nous ne pas en jouir ?

Réciproquement, nous ne pouvons sans doute vouloir

---

1. Kant, *Doctrine de la vertu*, Introduction, IV, traduction de Barni.

comme fin de nos actions la vertu d'autrui ; nul ne peut être vertueux que par lui-même. Mais si je ne puis me donner pour but la vertu des autres hommes, ce que je puis et ce que je dois, c'est de leur fournir l'occasion de devenir vertueux, c'est de leur procurer la matière de la vertu. Donner à un homme de bons conseils, une bonne éducation, de bons exemples, c'est travailler à sa perfection, en lui fournissant les conditions de sa vertu, sans être vertueux à sa place ; et même, soulager les misères de ses semblables, les consoler, les aider de notre argent ou de notre amitié, c'est encore, en travaillant à leur bonheur, concourir à leur perfection ; car les moyens d'action que je mets par là entre leurs mains sont pour eux les conditions et les stimulants du développement de leurs facultés. Les deux idées de la perfection et du bonheur, loin d'être, comme l'a pensé Kant, en opposition l'une avec l'autre, ne sont donc qu'une seule et même idée considérée sous deux aspects différents.

On confond généralement dans la philosophie moderne la doctrine du bonheur et la doctrine du plaisir, et l'on croit avoir écarté l'une quand on a réfuté l'autre. Mais s'il en est ainsi, on s'explique difficilement que les écoles les plus nobles et les plus pures ne se soient point fait scrupule de donner le bonheur comme la fin de nos actions, et de confondre le plus souvent le bonheur et la vertu. La doctrine du bonheur a pour elle en quelque sorte la tradition en philosophie. Socrate considérait le bonheur (εὐπραξία) comme le plus grand bien de l'homme (τὸ κράτιστον ἐπιτήδευμα). Mais il le distinguait de la bonne fortune (εὐτυχία) et il le faisait consister dans le *bien agir* (εὖ ποιεῖν) [1]. Platon n'a pas une autre doctrine. Il oppose l'un à l'autre et exclut à la fois les deux systèmes qui font consister le bien soit dans la sagesse toute seule, soit dans le plaisir tout seul, et c'est dans le mélange de ces deux éléments qu'il le place. Pour lui, la vertu est la santé de l'âme, le vice en est la maladie : l'une est notre bien, l'autre notre mal; et le châtiment est le remède qui rétablit l'âme dans son état naturel. C'est sans doute à cette identité de la vertu et du bonheur qu'il faut rapporter la doctrine de Platon, que le vice est involontaire ; car, dit-il, nul ne recherche volontairement son mal ; nul ne rejette volontairement son bien. Entre deux biens, nul ne choisit volontairement le moindre [2]. Pour Aristote, il est inutile de rappeler qu'il place le souverain bien dans le bonheur. C'est le premier et le dernier mot de sa morale [3]. Passons à saint Augustin : « Nous voulons tous vivre heureux [4], » dit-il. Le souverain bien est Dieu ; et le souverain bonheur est de posséder Dieu : « *Consecutio Dei ipsa beatitas* [5]. Chercher Dieu, c'est chercher le bonheur : « *Cum te Deum meum quæro, vitam beatam quæro* [6]. » Saint Thomas enseigne la même doctrine. Car, après avoir dit que « la fin dernière est Dieu, « *finis ultimus Deus* [7], il recherche la nature du bonheur,

---

1. Xénophon, *Mémorables*, III, IX, 14.
2. Protagoras, 358.
3. Eth. Nic. I, 1094, a. s. Τὸ καθ' αὐτὸ αἱρετόν... τοιοῦτον δ'ἡ εὐδαιμονία.
4. De Moribus Eccles. Cath., c. III, 4. *Beati certè omnes vivere volumus. Restat... ubi beata vita inveniri potest.* »
5. Ibid., XIII, 22, 23.
6. *Confessions*, XX, 29.
7. Saint Thomas, S*umma Theol.*, *prima secundæ*, quæst. 1, art. 8.

et, après avoir reproduit en partie la doctrine d'Aristote [1]; il conclut, conformément aux idées chrétiennes, que « le bonheur consiste dans la vision de l'essence divine [2]. » Au XVIIe siècle, les quatre maîtres en philosophie, Descartes, Malebranche, Leibniz et Spinoza, professent tous la doctrine de l'identité du bonheur et du bien. Voici les paroles mêmes de Descartes, paroles qui expriment avec une parfaite précision notre propre doctrine : « Le souverain bien, dit-il, consiste en l'exercice de la vertu, ou, ce qui revient au même, *en la possession de toutes les perfections* dont l'acquisition dépend de notre libre arbitre. La félicité est la satisfaction d'esprit qui suit cette acquisition. » Il distingue à peu près comme Socrate « l'heur et la béatitude [3], » l'heur dépendant des choses du dehors, la béatitude, au contraire, de nos propres facultés. « La béatitude n'est pas le souverain bien, mais elle le présuppose [4]. » Il affirme que la fin de nos actions peut s'entendre de l'un et de l'autre; « car le souverain bien est sans doute la chose que nous devons nous proposer dans toutes nos actions, et le contentement d'esprit qui en revient, étant l'attrait qui fait que nous le recherchons, est aussi à bon droit nommé notre fin. » Il établit enfin le même principe qu'Aristote, à savoir que « chaque plaisir se devrait mesurer par la grandeur de la perfection qui le produit [5]. »

---

1. Saint Thomas, *Summa Theol.*, quœst. II, III, IV, V.
2. Ibid., quœst. III, art. VIII.
3. Descartes, éd. Cousin, t. IX, p. 241.
4. Ibid., p. 219.
5. Ibid., p. 226.

Mais nous nous trompons souvent dans cette recherche : « La passion nous fait croire certaines choses beaucoup meilleures et plus désirables qu'elles ne sont ; » et « le vrai office de la raison est d'examiner la juste valeur de tous les biens [1]. » Ces maximes solides et sensées sont le fondement de la vraie morale. Malebranche, à son tour, fait consister le souverain bien dans l'amour de l'ordre, et ne le sépare pas du bonheur. Le bonheur n'est pas *la fin* de nos désirs, mais il en est le *motif*. Otez le plaisir que nous donne l'amour de l'ordre, l'amour de Dieu, aimerons-nous l'ordre, aimerons-nous Dieu ? Il n'est pas défendu de chercher à être heureux, puisque l'amour-propre nous est essentiel ; il est défendu de chercher son bonheur en soi-même. La charité, selon le mot de saint Augustin, est une *sainte concupiscence* [2]. Leibniz et Spinoza enseignent des doctrines analogues. Suivant celui-ci, « la béatitude n'est pas le prix de la vertu ; elle est la vertu elle-même [3]. » Leibniz, de son côté, enseigne « que la considération du *vrai bonheur* suffirait à faire préférer la vertu aux voluptés..., » et il distingue « des plaisirs *lumineux* qui nous perfectionnent, sans nous mettre en danger de quelque imperfection plus grande, comme font les plaisirs *confus* des sens [4]. »

Écoutez maintenant les moralistes pratiques, les prédicateurs, les sages de tous les temps. Ils ne cesseront de

---

1. Descartes, éd. Cousin, t. IX, p. 226.
2. Malebranche, Morale, ch. XV.
3. *Ethique*, l. v, prop. XLII.
4. Leibniz, *Nouveaux Essais*, l. II, c. XXI. Voyez aussi et surtout les textes importants que nous citons plus loin, ch. V, p. 113.

vous recommander les vrais biens de préférence aux biens apparents, aux faux biens. Ils nous montreront le bonheur dans la sagesse, dans les joies innocentes, dans la culture des nobles facultés de l'âme; ils nous peindront le bonheur de la vie domestique, les grandes joies de la vie publique consacrée au bonheur des hommes, ou de la vie religieuse consacrée aux louanges de Dieu; ils plaindront et déploreront les faux plaisirs des libertins et des ambitieux.

La vérité est qu'il y a deux sortes de bonheur : l'un tout relatif, puisqu'il dépend de l'état des organes et des dispositions individuelles, l'autre absolu, puisqu'il repose sur la valeur essentielle et intrinsèque des facultés humaines ; — l'un qui échappe à toute discussion ; car on ne dispute pas des goûts; l'autre, au contraire, qui s'impose, ou du moins peut s'imposer comme un objet supra-sensible à celui qui voudrait chercher son bonheur autre part, là où il n'est pas véritablement. Dans la doctrine du plaisir, vous n'avez rien à répondre à celui qui vous dit : « Chacun prend son plaisir où il le trouve. » Dans la vraie doctrine du bonheur, au contraire, on peut dire à l'homme : Tu ne *dois* pas être heureux ainsi, parce que ce n'est pas là le bonheur de l'homme, mais de l'enfant, de l'esclave ou de l'animal : tu *dois* être heureux comme il convient à ta nature [1].

---

1. Kant lui-même a très-bien montré dans son analyse du Jugement du goût *(Critique du Jugement,* l. I, v. 8 et 9*)*, qu'il est certains plaisirs, par exemple celui du beau, que nous croyons avoir le droit d'imposer aux autres hommes d'une manière nécessaire et universelle. Sans doute un homme peut être entièrement étranger au sentiment

L'erreur des utilitaires n'est pas d'avoir proposé le bonheur comme la fin des actions humaines, mais de s'être trompés sur la définition du bonheur.

Le bonheur n'est pas, comme le prétend Bentham, la plus grande somme de plaisir possible : c'est le plus haut état d'excellence possible, d'où résulte le plaisir le plus excellent. Il y a donc un vrai et un faux bonheur, de vrais biens et de faux biens ; et l'on peut imposer à l'homme le choix des uns de préférence aux autres. Ainsi la doctrine du bonheur fournit une règle qui ne se trouve pas dans la doctrine du plaisir ; et l'on peut consentir à la première sans tomber dans la seconde.

Qu'il y ait dans l'idée de bonheur, comme dans l'idée de bien, un élément essentiel et absolu qui ne se mesure pas par la sensibilité de chacun, c'est ce qui résulte des jugements portés par les hommes en maintes circonstances. Soit par exemple un fou animé d'une folie gaie et joyeuse, n'ayant pas conscience de sa maladie, et se jugeant lui-même le plus heureux des hommes. En jugeons-nous comme lui ? Le trouvons-nous véritablement heureux ? Évidemment non ; car nous ne voudrions pas échanger notre sort contre le sien ; nul ne voudrait d'un tel bonheur ni pour lui-même, ni pour ses amis, ni pour ses proches ; nous n'en voudrions pas lors même que nous serions assurés de perdre toute conscience de notre état actuel, et lors même que nous n'aurions pas

---

du beau, comme il peut l'être aussi au sentiment moral. Mais s'il se mêle de juger et de goûter le beau, il *doit* trouver du plaisir à *Athalie* et au *Parthénon;* sans quoi nous le jugeons incompétent, et, s'il persiste, absurde. De même pour le plaisir moral.

conscience du passage d'un état à l'autre. Nous jugeons donc que l'état de raison (malgré toutes les épreuves dont il peut être accompagné) est un état meilleur et plus heureux que l'état de folie, fût-il le plus agréable et le plus charmant pour la sensibilité. C'est que l'état de raison est l'état normal de l'homme, celui qui convient à sa nature, et que le vrai bonheur doit être celui qui résulte de notre vraie nature. Nous ne désirons pas plus devenir fous que devenir bêtes, parce que pour l'homme, tant qu'il se connaît comme tel, il n'y a de bonheur qu'à la condition d'être homme et de rester homme.

On nous objectera le bonheur des enfants, que tous les hommes regrettent et envient, et que l'on considère comme le plus vrai et le plus pur bonheur, quoiqu'il ne soit pas le bonheur humain dans toute son étendue, puisque l'enfant n'est pas encore un homme, et que les plus hautes facultés de l'homme n'existent encore qu'en germe chez lui. C'est donc là une preuve, dira-t-on, que le bonheur est relatif à la sensibilité de chacun. En aucune façon. Le regret mélancolique que nous éprouvons à la pensée du bonheur de notre enfance, et en jouissant du bonheur actuel des enfants qui sont autour de nous, ne signifie nullement que nous voudrions rester ou redevenir enfants : « Nul ne voudrait, dit Platon, demeurer enfant toujours, lors même qu'on lui promettrait tous les plaisirs que l'on goûte à cet âge. » Ainsi, étant homme, nul ne voudrait d'un bonheur d'enfant; nul, par exemple, tout en regrettant, si l'on veut, de voir grandir ses propres enfants, ne voudrait les voir rester indéfiniment dans l'innocence et l'ignorance de l'enfant. Le bonheur des enfants n'a donc pour nous qu'une valeur relative. Comme il est dans la nature des choses que l'homme passe par l'état d'enfance avant d'être homme, l'enfance, en tant qu'elle ne se prolonge pas au delà du temps fixé par la nature, est une des phases normales du développement de l'humanité : c'est l'essence humaine s'exprimant sous des formes déterminées et nécessaires, quoique relatives et transitoires. C'est pourquoi le bonheur de l'enfant est un bonheur vrai et naturel, quoiqu'il ne soit pas le type du bonheur humain. Mais là encore nous distinguons l'absolu du relatif, le vrai bonheur du faux bonheur. Le vrai bonheur de l'enfant est lié à l'idée d'innocence, de candeur, de spontanéité ingénue et libre. Supposez au contraire un enfant précoce, trouvant du plaisir à nuire à autrui, jouissant prématurément des vices humains, quelque jouissance que cet enfant puisse trouver dans un tel état, nous le trouvons cependant malheureux; nous le plaignons ; et nous cherchons à lui faire comprendre qu'il préfère un faux bonheur au bonheur véritable.

Ainsi, nul ne voudrait d'un bonheur de fou, ni même d'un bonheur d'enfant (quoique celui-ci ait une valeur relative, puisqu'il a sa raison dans la nature même des choses) ; de même encore, nul ne voudrait, pourvu qu'il soit éclairé, d'un bonheur d'esclave, quelque jouissance qu'il y pût trouver du côté de la sensibilité. Supposez un esclave assez bien traité pour en être arrivé à chérir l'esclavage, comme le chien de La Fontaine : est-ce là un vrai bonheur, est-ce là le bonheur légitime de l'homme? C'est ce que l'on n'osera pas prononcer : car on ne voudrait pas être pris au mot. Sans doute on peut accorder que, pour celui qui ne connaît pas d'autre état, c'est là un état relatif de bonheur, comme pour le chat domestique, d'être bien nourri, bien caressé, et de dormir voluptueusement sur les tapis du maître. Mais celui qui a conscience de la responsabilité humaine et du bonheur viril qui s'y attache refusera d'en échanger les douloureuses épreuves contre le *far-niente* d'un esclave favori. Il considérera donc son état comme plus heureux absolument, quoique sa sensibilité ait peut-être plus à souffrir.

Si la vraie idée du bonheur doit se tirer de l'essence de la nature humaine, et non se mesurer par la sensibilité individuelle, il s'ensuit que l'homme peut être partagé entre le bonheur et le plaisir, comme il l'est entre la vertu et l'utilité. Il sent que certains biens lui promettent un bonheur non-seulement plus grand, mais *meilleur* que certains autres. Il sait bien qu'il sera plus heureux en les poursuivant; il envie le sort de ceux qui savent jouir de biens si excellents; il voudrait en jouir lui-même; il se reproche de ne pas savoir goûter ce bonheur si vrai et si pur que sa raison lui déclare être le seul objet légitime de ses désirs, tandis que la passion l'en éloigne. Une femme, par exemple, qui se sent partagée entre ses devoirs maternels et une passion illégitime, distinguera très-nettement, dans les intervalles lucides que lui laisse l'entraînement des sens, que le bonheur maternel est d'un tout autre ordre et d'un tout autre prix que le bonheur de l'amante; non pas que l'un offre en réalité plus de plaisir que l'autre; car, sous le rapport de l'intensité du plaisir, la passion peut l'emporter de beaucoup sur le sentiment; mais le bonheur maternel a plus de dignité et plus de beauté que celui de l'amante, parce que dans l'un la personnalité morale garde toute son indépendance ; et que dans l'autre, au contraire, elle est sacrifiée. Ainsi le bonheur, dans le vrai sens du mot, s'oppose au plaisir ; et l'on conçoit que ce puisse être un devoir de préférer l'un à l'autre.

On nous dira sans doute que nous ne faisons ici que changer le sens des mots, et que nous confondons le bonheur avec la vertu. Si en effet, nous opposera-t-on, vous réservez le vrai bonheur à l'accomplissement du devoir ou à la pratique de la vertu, il va sans dire que le bonheur peut être assimilé au bien. Mais si on entend le bonheur dans son vrai sens, il n'est autre chose que le plaisir (délicat ou non), et il n'a de valeur morale qu'en tant que conséquence et récompense du mérite, mais non par lui-même. Si le bonheur de l'amour maternel est meilleur que le bonheur des sens, c'est parce que l'amour maternel est un devoir, et que la pratique de ce devoir est une vertu.

Selon nous, au contraire, l'amour maternel n'est un devoir que parce qu'il est déjà par lui-même, et avant toute règle morale, une inclination d'un ordre supérieur à celles des sens, une faculté plus haute, plus pure, plus noble ; et, par cela même, et avant tout mérite moral, il nous procure déjà nécessairement un certain bonheur. Ce bonheur n'est pas nécessairement plus vif que celui des sens ; mais il est meilleur ; il a plus de prix, plus de contenu, plus de pureté et de dignité. Nous pouvons donc nous représenter ce bonheur par l'imagination, et même en jouir dans une certaine mesure par la sensibilité, et le juger par la raison préférable à tout autre, en même

6.

temps que nos sens nous portent impérieusement sur quelque objet sensible inférieur, que nous reconnaissons pour tel, que nous poursuivons cependant en gémissant, en nous méprisant, en faisant des vœux pour retrouver la force de jouir en paix du vrai bonheur.

Ainsi, quand nous opposons le bonheur au plaisir, nous n'entendons pas parler ici du bonheur moral ni du contentement de conscience qui suit l'accomplissement conscient et volontaire du bien : ce serait en effet un cercle vicieux de commencer par poser un tel contentement moral, avant d'avoir établi le principe même du bien ; les utilitaires commettent souvent ce paralogisme ; et Kant le leur a reproché avec raison. Non ; le bonheur moral ou satisfaction de conscience est la conséquence immédiate d'un certain acte d'une nature particulière qui est l'acte vertueux. La vertu elle-même n'est pas une faculté particulière de l'âme : c'est la force morale par laquelle nous obéissons au devoir. Le devoir à son tour ne peut commander sans motif ; et s'il nous ordonne de préférer telle faculté à telle autre, c'est que cette faculté est déjà par elle-même d'un ordre supérieur. Or l'exercice d'une faculté, quelle qu'elle soit, est accompagné d'un certain bonheur ; et le bonheur, comme l'a dit Spinoza, n'est que « la joie que l'âme éprouve en contemplant sa puissance d'action. » Le bonheur est donc immédiatement lié à l'acte ; il est l'acte lui-même ; et puisque c'est un devoir pour nous de préférer l'acte le plus parfait au moins parfait, c'est aussi un devoir de préférer le meilleur bonheur à un bonheur d'une moindre valeur et d'un moindre prix.

Malgré nos efforts pour séparer cette doctrine du bonheur de la doctrine vulgaire du plaisir, on insistera cependant, et l'on nous dira : le bonheur, quoi qu'on fasse, ne peut se séparer de l'idée de plaisir. Ce n'est pas l'activité elle-même qui est le bonheur ; c'est le sentiment de cette activité. Aristote a sans doute fait consister le bonheur dans l'activité ; mais il y ajoute le plaisir. C'est le plaisir, dit-il, qui achève et perfectionne l'acte : il s'ajoute à l'action, dit-il poétiquement, comme la beauté à la jeunesse. S'il en est ainsi, si le plaisir entre nécessairement dans le bonheur et en est l'élément essentiel, si tout acte est accompagné de plaisir, si le meilleur des actes est accompagné du plus grand des plaisirs, lorsque je préfère le bonheur supérieur au bonheur inférieur, ce n'est après tout que le plaisir que je préfère au plaisir. C'est là, sans doute, un égoïsme plus délicat, plus noble, plus généreux ; mais c'est toujours l'égoïsme.

Peut-être est-ce ici, dans cette prétention absolue à exclure de la moralité toute espèce de plaisir, que la doctrine abstraite et formelle du pur devoir doit chercher l'explication de son échec auprès de la plupart des hommes, et de la résistance que lui oppose éternellement l'école utilitaire. Celle-ci sent bien qu'elle est sur un terrain solide et qu'elle est appuyée sur un instinct naturel des hommes, lorsqu'elle demande s'il est possible à l'homme de se dépouiller de tout désir de bonheur. La morale religieuse, bien moins difficile que la morale abstraite de l'école, ne craint pas de faire sans cesse appel au sentiment de plaisir. Enfin, même les moralistes abstraits ne s'aperçoivent pas qu'ils font de même. Car lorsque Kant et Fichte nous représentent leur idéal de force morale, de personnalité morale, qui ne se laisse fléchir ni par les bas penchants ni par la contrainte extérieure, ils ne voient pas qu'ils se font et qu'ils nous représentent à nous-mêmes un idéal de fierté très-agréable à l'orgueil humain, et, en nous recommandant par-dessus toutes choses de ne pas devenir l'objet du mépris ni des autres ni de nous-mêmes, ils ont bien soin de nous représenter un état très-pénible à notre sensibilité : car quoi de plus douloureux que de se mépriser ou d'être méprisé ?

La doctrine du devoir pur, sans aucun mélange de mobile emprunté à la sensibilité, ressemble à la doctrine du pur amour soutenue par les quiétistes et condamnée par les plus sages théologiens. Les mystiques de l'école de Molinos, de Mme Guyon, de Fénelon, prétendaient que le désintéressement de l'amour de Dieu doit aller jusqu'à l'indifférence au salut. Quelques-uns allaient même jusqu'à consentir à la damnation pour plaire à Dieu, et pour se détacher de tout sentiment personnel. Bossuet a solidement réfuté ces visions exaltées, et a montré que le détachement absolu de soi-même n'est nullement exigé par la théologie [1]. Nous croyons qu'il en est de même en morale.

---

1. Voyez le beau livre de Bossuet intitulé : *Instruction sur les états d'oraison.* Leibniz a également réfuté solidement la doctrine du pur amour : « Amare et diligere... est amati felicitate perfectionibusque delectari. Hic quosdam mihi objecisse intellexi perfectius esse, ità in Deum sese abjicere, ut solâ ejus voluntate moveare, non delectatione tuâ; *sed sciendum est talia naturæ rerum repugnare : nam conatus agendi oritur tendendo ad perfectionem, cujus sensus delectatio est*; neque aliter actio vel voluntas constat. » (Dutens, t. IV, p. 313. — Præf. Cod. Diplom.)

Regardons-y d'ailleurs de plus près, et nous verrons que les objections qui valent contre la doctrine du plaisir ne valent pas contre celle du bonheur :

1° De ce que l'on me représente un certain plaisir à chercher, comme *meilleur* que ceux que je puis me procurer, il ne s'ensuit pas qu'il soit un plaisir *plus agréable*, puisque nous avons distingué la qualité et la quantité du plaisir ; 2° quand même je concevrais qu'en soi ce plaisir, pour ceux qui sont capables de le goûter, doit être plus agréable que le mien, il ne s'ensuit pas que pour moi, pour ma sensibilité, il me paraisse tel ; 3° de ce que je sais d'une manière abstraite et générale que tout acte est accompagné de plaisir, et que, si j'accomplis tel acte, j'aurai du plaisir, il ne s'ensuit pas que ce plaisir conçu ait une commune mesure avec le plaisir sensible, fourni par les objets de mes inclinations habituelles. Par conséquent, je puis me proposer ce plaisir à chercher, comme un objet intellectuel en quelque sorte, et non sensitif ; 4° de ce qu'un acte arrivé à sa perfection est accompagné de plaisir, il ne s'ensuit pas qu'il soit agréable à celui qui s'y exerce, et, au contraire, il peut être extrêmement pénible. Par exemple, nul doute que celui qui a pris l'habitude de commander à ses passions ne soit plus heureux que celui qui y obéit ; mais il n'en est pas tout de suite ainsi. Par conséquent, la vertu se présente comme une contrainte pénible et difficile tout aussi bien dans la doctrine du bonheur que dans celle du devoir abstrait ; 5° enfin nous accordons que l'acte est d'autant plus moral que notre esprit est plus attaché à la pensée de son excellence intrinsèque, sans penser au plaisir qui l'accompagne. Mais il est douteux que l'abstraction absolue du plaisir soit possible à l'humanité ; et il serait à craindre qu'on ne sacrifiât à un rêve la moralité réelle et possible, en demandant davantage. Kant lui-même n'affirme pas qu'un seul acte de vertu ait jamais été accompli parmi les hommes. Mais la morale dont nous avons besoin est celle qui convient aux hommes, et non pas à des créatures possibles. Le monde qui doit être ne peut nous intéresser qu'en tant qu'il en peut passer quelque chose dans le monde tel qu'il est.

La doctrine du bonheur paraît au chagrin et profond philosophe Schopenhauer une pure chimère et une décevante illusion; et, tout ennemi qu'il est de la doctrine du devoir, il félicite Kant d'en avoir fini avec la doctrine de l'*eudémonisme* [1]. La raison de cette opinion est dans le pessimisme absolu de ce philosophe. Il soutient que « ce monde est le plus mauvais des mondes possibles; » que, par conséquent, il est absurde d'y donner le bonheur comme objet d'action. Les hommes étant nécessairement malheureux, la seule loi morale est de compâtir, et, s'il est possible, de subvenir à leurs maux; le vrai principe est dans la pitié, *das Mitleid*. Même en admettant ce point de vue, il resterait toujours vrai de dire que la morale, ayant pour objet de soulager les maux des hommes, leur procure par là même tout le bonheur qu'ils peuvent avoir; et en même temps celui qui agit ainsi se procure également la meilleure et la plus pure jouissance. Le principe de la

---

1. Schopenhauer, *Critik der Kantischen philosophie*, p. 620 à la suite du 1ᵉʳ vol. de l'ouvrage *die Welt als Wille*. 3ᵉ édit., 1859.

pitié n'exclut donc en aucune façon le principe du bonheur.

Pour nous résumer, le bien consiste dans la perfection et dans le bonheur indivisiblement unis. Il est, encore une fois, l'identité de la perfection et du bonheur. Là est le point de coïncidence et de conciliation de la doctrine de l'intérêt et de la doctrine du devoir. C'est bien, en effet, notre intérêt que nous recommande la vertu; et, si l'on y regardait de près, on verrait qu'il est en effet contradictoire qu'un être agisse pour un intérêt qui lui serait absolument étranger. Ce qui n'a aucune analogie avec ma nature ne m'est rien et ne peut pas être pour moi un motif d'action [1]. Demander que je me sacrifie pour ce qui n'est pas moi, c'est supposer qu'il y a en moi quelque chose qui est capable de sacrifice, par conséquent quelque chose d'excellent, ayant une valeur absolue. Ce quelque chose ne peut pas m'être indifférent. En sacrifiant la partie inférieure de notre être, la partie supérieure (τὸ ἡγεμονικὸν) se conserve et se protége elle-même. C'est donc dans mon véritable intérêt que la loi morale m'ordonne d'immoler mes sens à ma raison, mon égoïsme à mes sentiments bienveillants et affectueux. Je ne puis être heureux que par le sacrifice; mais ce sacrifice me rend nécessairement heureux; et, à moins de se séparer de soi-même, ce qui est impossible, c'est toujours soi-même que l'on retrouve au fond de tout. Les observateurs chagrins et misan-

---

[1]. Kant lui-même reconnaît que nous ne pouvons nous soumettre à la loi du devoir si nous n'y prenons *quelque intérêt*. Voir *Critique du jugement*, l. I, v. 4. « Vouloir une chose, et trouver une satisfaction dans l'existence de cette chose, c'est-à-dire y prendre un intérêt, c'est tout un. »

thropes de la nature se plaisent à démêler le motif de l'amour-propre dans toutes nos passions et dans toutes nos actions, et ils en triomphent contre l'homme. Mais qui ne voit qu'il est impossible qu'il en soit autrement? Un être peut-il se dépouiller de l'amour de l'être, et l'existence, comme l'a dit Spinoza, est-elle autre chose qu'un effort pour persévérer dans l'être? Le plus grand des sacrifices ne peut être autre chose que l'immolation de notre être apparent à notre être véritable. C'est toujours au fond l'intérêt de notre conservation et de notre perfectionnement, deux termes inséparables, qui nous est recommandé par le devoir et par la vertu. Ce n'est donc qu'en apparence que la morale nous ordonne le sacrifice, mais elle est au fond d'accord avec nos instincts les plus impérieux : « Si un homme, dit Aristote, ne cherchait jamais qu'à suivre la justice, la sagesse, ou telle autre vertu... il serait impossible de l'appeler égoïste et de le blâmer. Cependant n'est-il pas en quelque sorte plus égoïste que les autres, puisqu'il s'adjuge les choses les plus belles et les meilleures, et qu'il jouit de la partie la plus relevée de son être... Il est évident que c'est ce principe souverain qui constitue essentiellement l'homme, et que l'honnête homme aime de préférence à tout. Il faudrait donc dire à ce compte qu'il est le plus égoïste des hommes. Mais ce noble égoïsme l'emporte sur l'égoïsme vulgaire, autant que la raison sur la passion, et que le bien l'emporte sur l'utile [1]. »

---

1. *Éthique à Nicomaque*, l. IX, v. III. Traduction Barthélemy-Saint-Hilaire.

Les partisans de l'utilité ont donc raison de dire que l'homme ne peut pas agir sans être déterminé par l'intérêt; mais ils n'expliquent pas bien ce que c'est que cet intérêt, car ils n'y voient autre chose qu'une certaine somme, combinaison ou moyenne de jouissances, ayant pour terme l'individu seul dans ce qu'il a de plus étroit, et ils font entrer toutes ces jouissances dans le calcul au même titre, et sans autre différence que celle de l'intensité, de la vivacité, de la durée, de la certitude, etc.; en un mot, ils ne les envisagent qu'au point de vue de la *quantité*. Mais, ainsi qu'on l'a dit souvent, au-dessus de la quantité, il faut placer la *qualité*. Or la qualité des jouissances dépend de la qualité, c'est-à-dire de l'excellence et de la noblesse des facultés. Le vrai intérêt est donc l'intérêt de la meilleure partie de notre être comparée à la moindre. Dans ce sens, on peut admettre leur doctrine ; seulement ce n'est pas de préférer l'utile à l'agréable qui est l'intérêt bien entendu ; c'est de préférer l'*honnête* à l'un et à l'autre. Or l'honnête (*honestum*, καλοκἀγαθὸν), c'est l'honneur, la dignité, la beauté de l'âme; c'est ce par quoi nous sommes vraiment hommes : si donc nous nous aimons nécessairement nous-mêmes, c'est ce que nous devons aimer le mieux en nous.

Si la doctrine de l'intérêt a un fond de vérité que nous venons de dégager, la doctrine du devoir n'en reste pas moins entièrement et absolument vraie : car, s'il y a un vrai et un faux bonheur, un intérêt légitime et un autre qui ne l'est pas, s'il y a dans l'homme des parties moindres et des parties meilleures, c'est un devoir pour nous de préférer notre vrai intérêt à notre intérêt apparent, lors même que notre sensibilité nous porterait vers celui-ci et non vers l'autre. Sans doute il y a en nous un amour qui tend spontanément vers notre intérêt véritable ; mais cet amour peut être beaucoup moins véhément et actif que celui qui nous entraîne vers notre intérêt sensible et présent ; il faut donc une règle qui nous commande notre vrai bien, malgré nous-mêmes ; et cette règle, c'est notre raison qui l'impose à notre sensibilité. De là les caractères généralement reconnus à la loi du devoir : nécessité et universalité ; car nous ne pouvons pas ne pas reconnaître la supériorité de notre personnalité morale sur notre être sensible ; et cette supériorité est évidente à tous, quelles que soient les dispositions sensibles de chacun. Il suffit, pour que la loi absolue du devoir reste intacte, qu'il y ait quelque chose d'absolu dans son objet. Or cet absolu, c'est l'essence humaine qui est la même chez tous les hommes et dans tous les temps (quoique l'on ne l'aperçoive pas toujours de la même manière) ; et, comme nous le verrons plus tard, les variations de la conscience morale n'altèrent en rien l'objet essentiel et absolu qu'elle poursuit.

Cette doctrine se présenterait donc comme une sorte d'*eudémonisme rationnel*, puisqu'elle place le souverain bien dans le bonheur, suivant la doctrine presque unanime des philosophes ; mais elle ne prend pas pour critérium du bonheur la sensibilité individuelle ; elle fonde le bonheur sur la vraie nature de l'homme, laquelle ne peut être reconnue que par la raison. En un mot, elle ne mesure pas le bonheur par le plaisir ; elle mesure, au contraire, le plaisir par le bonheur ; de telle sorte que les plaisirs ne valent qu'à proportion de la part qu'ils peuvent avoir à notre bonheur, dont le fondement est dans notre perfection. C'est ce qu'Aristote exprime excellemment en disant : « Les vrais plaisirs sont ceux qui paraissent tels à l'homme de bien; et l'homme vertueux est la mesure de toutes choses. »

CHAPITRE V

LES BIENS IMPERSONNELS

Nous avons vu par ce qui précède que l'on peut tomber d'accord avec les partisans de la doctrine du bonheur, si par bonheur on entend, non pas ce qui nous donne un plaisir quelconque, ou la plus grande somme de plaisir, mais le meilleur plaisir, c'est-à-dire l'activité la plus excellente. C'est donc dans la plus haute perfection possible qu'est le plus parfait bonheur : et cette plus haute perfection, à son tour, se trouve dans l'acte le plus élevé de la nature humaine, à savoir l'activité raisonnable et libre, ou la personnalité. Ainsi se trouvent conciliés le principe d'Aristote, le bonheur ; le principe de Wolf, la perfection, et le principe de Kant et de Fichte, la personnalité humaine. Si Kant a combattu le principe du bonheur. c'est qu'il l'a toujours confondu avec celui du plaisir ; s'il a combattu le principe de la perfection, c'est qu'il a toujours eu devant les yeux l'idée d'une perfection abstraite séparée de l'essence humaine, n'ayant avec celle-ci qu'un rapport extérieur ; et il n'a jamais pu comprendre comment un objet qui est en dehors de moi peut déterminer mon activité, sans l'intermédiaire du désir et du plaisir. Mais si par perfection on entend, non pas la perfection en général, mais ma propre perfection ou le développement de ma propre essence, on comprend que cette perfection intrinsèque et personnelle ait pour moi un intérêt immédiat et que je ne puisse la concevoir sans la concevoir en même temps comme *mon* bien.

La doctrine précédente est ramassée tout entière dans ces fortes et belles paroles de Leibniz, dont la morale de Kant n'a pu effacer et détruire la vérité : « J'appelle perfection, dit-il, tout ce qui élève l'être (*alle Erhoehung des Wesens*)... Elle consiste dans la force d'agir (*in der Kraft zu wirken*) ; et comme tout être réside en une certaine force, plus grande est la force, plus haute et plus libre est l'essence (*hoeher nud freier ist das Wesen*). — En outre, plus une force est grande, plus se manifeste en elle la pluralité dans l'unité (*Viel ans einem nud in einem* [1]). Or l'un dans le plusieurs n'est rien autre que l'accord (*die Ubereinstimmung*), et de l'accord naît la beauté; et la beauté engendre l'amour. — D'où l'on voit comment Bonheur, Plaisir, Amour, Perfection, Essence, Force, Liberté, Harmonie, Ordre, sont liés l'un à l'autre : ce qui a été remarqué de bien peu de philosophes. — Lorsque l'âme ressent en elle-même harmonie, ordre, liberté, force

---

[1]. Leibniz dit : la pluralité *de* et *dans* l'unité (*ans* et *in*). Le mot *ans* signifie la pluralité qui *sort* de l'unité, qui lui est extérieure et subordonnée. Le mot *in* exprime la pluralité *intérieure*. Il l'explique ainsi : « En tant que l'unité, dit-il, *régit hors de soi*, ou bien se *représente en soi* un plus grand nombre de choses. » Ceux qui connaissent la *Monadologie* de Leibniz savent en effet qu'une monade occupe un rang d'autant plus élevé qu'elle a au-dessous d'elle un plus grand nombre de monades subordonnées, ou en elle-même un plus grand nombre de perceptions.

ou perfection, elle en ressent aussi du plaisir, et cet état produit une joie durable qui ne peut tromper. Or, lorsqu'une telle joie vient de la connaissance et est accompagnée de lumière, et produit par conséquent dans la volonté une certaine inclination vers le bien, c'est ce que l'on appelle la vertu [1]. » Tel est le commentaire donné par Leibniz à cette proposition, citée plus haut, et que nous avons choisie comme résumant le mieux notre propre pensée : *Bonum mentis naturale, quum est voluntarium, fit bonum morale.*

Mais ici de nouvelles difficultés nous attendent : car comment passer de notre bien propre au bien d'autrui? La morale en effet n'exige pas seulement de nous la perfection individuelle : elle exige que nous travaillions au bonheur des autres, ou tout au moins que nous ne portions pas atteinte à leur dignité, à leurs droits, à leurs propres biens. Comment donc nous élever du bien personnel au bien impersonnel? Ici la morale semble être en face de la même difficulté que la métaphysique : passer du moi au non-moi et du sujet à l'objet.

Suivant une école de philosophie, le seul bien dont il puisse être question en morale, c'est précisément le bien commun, le bien public, ou, comme on dit, l'*intérêt général*. Souvent même les utilitaires ont confondu, sans bien s'en rendre compte, cette utilité générale avec l'utilité personnelle et individuelle, et cette confusion, contraire en principe à leur système, leur en a souvent masqué les imperfections

---

1. *Uber die Gluckseligkeit.* Leibniz opera philosophica, **Erdm.** LXXVIII, p. 627.

et les lacunes [1]. D'autres au contraire ont distingué nettement l'intérêt particulier et l'intérêt général de l'humanité, et ils ont fait consister l'essence du bien dans ce qui est utile à tous [2].

Quelques observations sont donc ici nécessaires pour discuter ce qu'il y a de vague et de confus dans le principe.

On peut faire remarquer d'abord que cette doctrine, aussi bien que l'utilitarisme vulgaire, repose sur une expression équivoque, à savoir l'*utilité*. Rappelons ce que nous avons dit déjà plus haut : dans le sens propre du mot,

---

[1]. Par exemple, M. J. St. Mill nous dit : « Le critérium utilitaire n'est pas le bonheur propre de l'agent, *mais de tous les intéressés ; l'utilitarisme exige* que, placé entre son bien et celui des autres, *l'agent se montre aussi strictement impartial que le serait un spectateur bienveillant et désintéressé.* » Si on l'entend ainsi, il est évident qu'il n'y a plus de débat. Car les adversaires de l'utilitarisme ne le combattent précisément que dans l'hypothèse où il serait la doctrine de l'intérêt personnel et non pas de l'intérêt général. En fait, y a-t-il eu des philosophes qui l'ont entendu ainsi? Il serait difficile de le nier. En principe, y a-t-il identité entre le principe de l'utilité personnelle et celui de l'utilité générale? Évidemment non. Ce sont deux principes qui n'ont de commun que le mot d'*utilité*. M. Mill, à la vérité, nous dit que, si la société était mieux organisée, le bonheur de chacun serait identique au bonheur de tous. Je le veux bien ; mais en attendant qu'il en soit ainsi (et en sera-t-il jamais ainsi?), d'après quel principe faut-il gouverner la vie? d'après le premier ou d'après le second? C'est aussi une confusion d'idées de vouloir retrouver le principe de la morale utilitaire dans cette maxime évangélique : « Ne fais pas à autrui..... » Cette maxime ne nous donne pas ici un *motif* d'action, mais un *critérium*. La maxime utilitaire serait celle-ci : Fais telle chose, *afin qu'*on te le rende; tandis que la maxime de l'Évangile signifie seulement : *si tu veux savoir* ce qu'il convient de faire à autrui, demande-toi ce que tu exiges des autres. Il n'y a pas l'ombre en cela d'un motif intéressé.

[2]. Cette doctrine a été particulièrement exposée et développée dans un remarquable écrit de M. E. Wiart : *des Principes de la morale considérée comme science.* — Paris, 1862.

une chose *utile* est une chose qui *sert* à nous procurer un certain bien. L'utile n'est donc qu'un moyen, ce n'est pas un but : ce n'est qu'un bien relatif. Le vrai bien, c'est la chose elle-même que l'on poursuit par le moyen de l'utilité. La médecine n'est un bien que parce qu'elle procure la santé ; l'argent n'est un bien que parce qu'il peut servir à la satisfaction de nos besoins : en lui-même, il est indifférent. Bien plus, une chose peut être utile pour le mal ; on ne pourrait pas dire alors qu'elle est un bien. Le poignard est très-utile pour se débarrasser d'un ennemi ; une corde est très-utile pour se pendre. Il ne suffit pas qu'une chose soit utile pour qu'elle soit bonne ; il faut encore savoir à quoi elle est utile. Ce n'est donc pas le moyen qui doit être appelé bien dans le sens rigoureux des termes : ce ne peut être que la fin ou le but. Reste à savoir si cette fin est le plaisir ou quelque autre chose. Or cette difficulté pèse sur la doctrine de l'utilité générale aussi bien que sur celle de l'utilité particulière.

Suivant le principe de l'intérêt général, on dira que le bien, c'est le bonheur des hommes. Mais en quoi consiste le bonheur ? C'est toujours là qu'il faut en revenir. Chacun entend le bonheur à sa manière : l'un place le bonheur dans la puissance, l'autre dans les richesses, le plus grand nombre dans le plaisir des sens, le plus petit nombre dans les jouissances nobles et délicates du cœur et de l'esprit. Si vous laissez les hommes juges de ce qu'ils entendent par le bonheur, vous donnerez à l'ambitieux des places, à l'avare de l'or, au voluptueux des plaisirs sensuels. Les empereurs qui donnaient au peuple *panem* et *circenses* lui donnaient ce qu'il demandait et ce qui le rendait heureux. Les esclaves souvent ne demandent pas la liberté ; on sera donc généreux à leur égard en les laissant esclaves. Si, au contraire, au lieu de prendre chacun pour juge du vrai bonheur, on se fait un type absolu et général du bonheur humain, tel qu'il dérive de l'essence de la nature humaine, on admet par là même, comme nous l'avons fait, qu'il y a déjà pour chaque homme un bien en soi, un vrai bien, distinct du plaisir, indépendant de l'utilité générale, et qui, logiquement au moins, est antérieur au bien commun, au bien de tous.

Les défenseurs de l'utilité générale admettent implicitement ces principes. Par exemple, dans l'ouvrage cité, M. Émile Wiart se demande si l'esclavage est légitime, s'il est un bien ou un mal, et il raisonne ainsi : « Pour nous, nous constaterons qu'un intérêt impérieux de la nature réclame dans l'homme en faveur de la liberté; que la servitude produit le plus souvent dans l'esclave l'ignorance, l'avilissement; qu'elle lui interdit la jouissance des instincts les plus sacrés; que, chez le maître, elle excite la paresse, l'orgueil, la cruauté; qu'au point de vue social, elle empêche la meilleure organisation du travail, et de tous ces maux nous conclurons que l'esclavage est un mal. » Mais qu'est-ce qu'un instinct *sacré*? Pourquoi l'*avilissement* est-il un mal? N'est-ce pas précisément introduire ici un principe différent de celui de l'utilité générale, à savoir le principe de l'*excellence* de la personne humaine et de la supériorité des facultés qui constituent l'homme sur celles qui lui sont communes avec l'animal? Au lieu de prendre l'esclave lui-même, avec sa conscience ignorante et perver-

7.

tie, pour juge de son propre bonheur, on lui oppose ici un type absolu du bonheur humain, d'après lequel il ne faut pas s'avilir, et où il faut sacrifier les bas appétits aux instincts les plus sacrés. N'est-ce pas là précisément distinguer le bien du plaisir ou de l'utilité vulgaire, et reconnaître que dans chaque homme, abstraction faite de la société et de l'intérêt général, il y a quelque bien excellent par soi-même, et indépendant du bonheur des sens? Ce n'est pas parce qu'un homme avili est inutile ou dangereux à la société qu'il ne faut pas s'avilir; mais c'est parce que cela est mauvais en soi, n'y eût-il pas de société. Robinson, dans son île, ne devait pas plus s'enivrer que s'il eût été dans sa patrie; et la beauté morale de cet immortel roman est de nous représenter de la manière la plus saisissante les devoirs de l'homme envers soi-même, même dans la solitude, même dans un abandon absolu.

Le même auteur distingue très-bien, et avec raison, les biens *réels* des biens *sensibles*, et il ajoute que « si le moraliste doit tenir compte de la diversité des sensations, ce n'est que d'une manière secondaire. » Il dit encore : « Une vie oisive, mondaine, partagée entre les plaisirs des sens pris avec modération, produit souvent une source de jouissances plus grande, et surtout moins de douleurs qu'une vie active, héroïque, intelligente, où l'*idéal* de la vie humaine est pourtant mieux rempli, où les instincts de notre nature reçoivent en réalité une satisfaction *plus pleine et plus élevée.* » Or, de ces deux vies, opposées l'une à l'autre, c'est la seconde que l'auteur préfère : ici encore ce n'est pas le critérium de l'utilité générale qui est invoqué; c'est le principe de l'excellence de nos facultés et de l'idéal humain qui consiste dans le plein développement de nos instincts les plus élevés.

Lorsqu'on nous demande de travailler au bonheur des hommes, on nous demande donc en réalité de leur procurer, non les biens sensibles et apparents, mais les biens réels et vrais, l'instruction, la liberté, la dignité personnelle. Mais ces biens que nous devons procurer aux autres, nous nous les devons aussi à nous-mêmes. Ils sont déjà des biens pour nous, avant que nous ne les transmettions à autrui. Ici revient encore la question posée plus haut : comment passons-nous du bien propre au bien commun, ou, pour parler le langage de l'école, des devoirs envers nous-mêmes aux devoirs envers les autres hommes?

Après avoir reconnu qu'il y a pour nous un certain nombre d'objets désirables, les uns pour le plaisir qu'ils nous causent immédiatement, les autres pour leur excellence intrinsèque, il nous est impossible de ne pas appliquer par induction les mêmes idées aux autres hommes que l'expérience nous apprend être semblables à nous : ce n'est que peu à peu et au fur et à mesure de l'expérience que l'esprit humain s'habitue à transporter chez les autres l'idée de ces biens que nous aimons pour nous-mêmes; mais à mesure que la conformité de nature qui unit les hommes nous est mieux connue, nous apprenons à penser que ce qui est un bien pour nous est un bien pour eux [1].

---

[1]. Cela n'est pas aussi simple qu'on pourrait le croire au premier abord. Combien de temps n'a-t-il pas fallu pour faire comprendre que l'honneur était un bien pour le vilain comme pour le noble; que la famille est un bien pour l'esclave comme pour le maître; et aujour-

Si j'aime la vie, il est probable que les autres l'aiment aussi; si l'instruction ennoblit mon âme, si le courage devant le péril est un honneur et une grandeur, cela est aussi vrai des autres que de moi-même. Par cela seul que les autres hommes sont hommes, j'en affirme inévitablement tout ce que j'affirme de moi-même. C'est ainsi que se forme peu à peu dans l'esprit humain l'idée du *bien d'autrui* (τὸ ἀλλότριον ἀγαθόν), qui n'est, comme on le voit, qu'une extension et une généralisation du bien propre.

A la vérité, lorsque je transporte par l'imagination ces différents biens dans l'âme des autres hommes, je les considère comme étant des biens pour eux (soit par le plaisir qu'ils leur causent, soit par la perfection et l'excellence qu'ils leur communiquent); et en ce sens, ce sont encore des biens personnels; mais pour moi, ces biens sont hors de moi, distincts des miens propres, et cependant je reconnais comme bon que les autres hommes en jouissent, qu'ils soient plus heureux et plus parfaits. Voilà donc un bien certain et indubitable, qui n'est pas, au moins directement, l'objet de nos désirs personnels, et que notre esprit cependant déclare bon, lors même que notre sensibilité, dans son égoïsme, pourrait en souffrir.

De plus, les hommes ne sont pas seulement des individus : ils sont nécessairement liés les uns aux autres par des liens ou physiques ou habituels, et ces différents liens donnent naissance à des groupes, à des corps, que nous pouvons considérer comme des individus : la famille, la

---

d'hui encore, combien d'hommes qui, reconnaissant que l'instruction est un bien pour eux-mêmes, ne veulent pas admettre qu'elle en soit un pour le peuple!

patrie, la société humaine en général, sont les trois grands groupes principaux auxquels peuvent se ramener tous les autres. Et nous pouvons appliquer à ces groupes ce que nous avons déjà appliqué aux individus; il y aura donc pour nous le bien de la famille, le bien de la patrie, le bien de l'humanité; et ces différentes espèces de bien, tout comme dans l'individu, pourront toujours se mesurer de deux manières, soit par le plaisir, soit par leur excellence intrinsèque.

Enfin nous pouvons encore étendre, et par le fait nous étendons l'idée de bien lorsque, considérant l'univers tout entier comme un grand tout et en quelque sorte (selon l'expression stoïcienne) comme un grand animal, ou plutôt un vivant (ζωόν τι), nous supposons que l'univers lui-même a son bien, lequel n'est pas seulement la somme de tous les biens possédés par les diverses créatures, mais encore leur coordination pour la conservation et le perfectionnement du tout. Nous nous le représentons (au moins par l'imagination) comme passant, de degré en degré, par toutes les perfections compatibles avec son essence, du mouvement à la vie, de la vie à la sensibilité, de la sensibilité à l'intelligence et à la liberté, n'abandonnant les degrés inférieurs que lorsqu'il a atteint les degrés les plus élevés, et enveloppant le tout dans l'unité.

Ce n'est pas tout, et le dernier progrès de l'idée du bien n'est pas encore accompli. Puisque les biens que l'expérience nous fait connaître se distinguent par leur degré d'excellence, et qu'ils nous paraissent meilleurs les uns que les autres, puisque les êtres eux-mêmes nous paraissent plus excellents à mesure qu'ils possèdent des qualités plus excellentes, notre esprit peut concevoir soit des biens plus excellents encore que ceux que nous connaissons, soit les mêmes à un plus haut degré ; de même aussi nous pouvons concevoir des créatures de plus en plus parfaites, possédant des biens de plus en plus excellents ; et enfin, à la limite extérieure de cette série, ou plutôt en dehors de cette série même, nous concevons un être premier, nécessaire et absolu, qui possède la plénitude du bien, ou même qui, étant la source de tout ce qui est bon, n'est autre chose que le bien lui-même dans son essence première et absolue.

Ainsi notre raison peut donc dégager successivement l'idée du bien de ce qu'elle a de personnel et de subjectif, et de notre propre bien passer à l'idée du bien humain en général, puis au bien de l'univers, c'est-à-dire à l'ordre universel, et enfin au bien en soi, c'est-à-dire à Dieu.

Mais la difficulté soulevée plus haut subsiste toujours : en effet, de ce que ma raison spéculative déclare qu'il y a du bien en dehors de moi, pourquoi ma raison pratique m'ordonnerait-elle de considérer ce bien en soi, comme un bien *pour moi?* Pourquoi serais-je tenu de me conformer à la volonté divine parce qu'elle est bonne, d'imiter Dieu parce qu'il est le modèle du bien, de travailler à l'ordre universel parce qu'il est bon, de faire le bien des hommes, et surtout de ne pas leur faire de mal ? Notre principe de la perfection ou de l'excellence, qui nous a suffi jusqu'ici, ne va-t-il pas nous abandonner ? Le principe de la personnalité humaine ne serait-il que la forme la plus élevée du principe de l'égoïsme ?

On pourrait dire que le principe de la perfection explique les devoirs envers autrui en les ramenant aux devoirs envers nous-mêmes. En effet, les instincts de sociabilité, les instincts de famille, le patriotisme, le sentiment religieux, sont au nombre de nos meilleures et plus excellentes facultés. Le devoir de nous perfectionner nous-mêmes entraîne donc comme conséquence le devoir de cultiver et de satisfaire les penchants philanthropiques et désintéressés, et par conséquent de faire du bien aux hommes, à nos proches, à nos amis, de servir Dieu et la patrie. Une telle explication serait spécieuse ; mais elle ne semble pas devoir suffire : car c'est détruire, à ce qu'il nous semble, les devoirs sociaux dans leur essence même. Les hommes doivent être pour nous des *fins* et non des *moyens*, pas même des moyens de perfectionnement; ils ne sont pas plus destinés par la nature à servir à notre grandeur morale qu'à nos plaisirs et à notre commodité. Il y aurait par exemple quelque chose de choquant à dire que l'on doit aimer ses enfants, non pour eux-mêmes, mais parce que le sentiment paternel est un beau sentiment, de sorte que ce serait la délicatesse de notre âme que nous aimerions en eux. Ce n'est pas être charitable que de faire du bien aux pauvres uniquement pour leur prouver qu'on est charitable, ou encore de vouloir qu'il y ait des pauvres afin qu'on ait occasion d'être charitable. La vraie charité est celle qui voudrait qu'il n'y eût pas d'occasion pour elle de s'exercer. Ramener ainsi les vertus sociales aux vertus personnelles serait, si l'on veut, un noble égoïsme ; mais ce ne serait encore qu'une forme de l'égoïsme. Or l'instinct moral nous avertit qu'il y a quelque chose de mieux.

Cependant, en creusant un peu plus avant dans notre

principe, il nous semble qu'on peut résoudre la difficulté proposée.

N'y a-t-il que des individus participant à certains caractères communs? Y a-t-il au contraire des substances communes et universelles qui, mêlées à l'individualité, sont au fond les seules réalités? Ce grand problème de la métaphysique ne peut être agité ici, et nous ne pouvons que le renvoyer à la science auquel il appartient. Mais de quelque manière qu'on le résolve, que l'on voie dans l'humanité un corps dont les individus sont les membres, ou au contraire une association d'êtres semblables et idéalement identiques, toujours est-il qu'il faut reconnaître dans la communauté humaine autre chose qu'une simple collection ou juxtaposition de parties, une rencontre d'atomes, un agrégat mécanique et purement extérieur. Il y a entre les hommes un lien interne, *vinculum sociale* [1], qui se manifeste par les affections, par la sympathie, par le langage, par la société civile, mais qui doit être quelque chose de plus profond que tout cela, et caché dans la dernière profondeur de l'essence humaine. C'est ce lien que le christianisme a si bien compris et qu'il a personnifié dans le Christ. « Il n'y a, dit saint Paul, ni gentil, ni juif, ni circoncis, ni incirconcis, ni barbare, ni scythe, ni esclave, ni libre; mais Jésus-Christ est en tous. » Aucune déduction morale n'est possible, si l'on n'admet comme un fait pre-

---

1. Leibniz parle quelque part d'un *vinculum substantiale* entre l'âme et le corps. Ce n'est pas une substance et c'est plus qu'une juxtaposition. Pourquoi les substances n'auraient-elles pas des modes de communication que nous ne concevons pas? Le *vinculum sociale* serait de ce genre.

mier et indubitable, devenu de plus en plus visible par
l'expérience, mais intuitivement aperçu dès l'origine de
la société humaine, cette communauté spirituelle qui unit
les hommes et en fait un seul corps, comme disait saint
Paul, une seule cité, comme disait Zénon. C'est le sentiment de cette communauté qui commençait à prendre
conscience de lui-même, lorsque éclatèrent les applaudis-
sements des Romains, en entendant pour la première fois
le beau vers de Térence : « *Homo sum*, etc. » Tous les
hommes sont frères, disent les chrétiens. Tous les hommes sont parents, disaient les stoïciens. De quelque manière qu'on s'exprime, il faut toujours en revenir là.

Les hommes étant liés par une communauté d'essence,
nul ne peut dire : Ce qui regarde autrui m'est indifférent.
« Ce qui est utile à la ruche est utile à l'abeille, » disait
Marc-Aurèle, et réciproquement. Platon, dans *la République*, exprime sous une forme admirable cette union et
fraternité des âmes sans laquelle il n'y a pas de république bien ordonnée, quoiqu'il se soit complétement
trompé sur les moyens d'atteindre à cette parfaite unité :
« Lorsqu'il arrivera du bien ou du mal à quelqu'un, tous
diront ensemble : Mes affaires vont bien, ou mes affaires
vont mal... Le plus grand bien de l'État est que tous les
membres ressentent en commun le plaisir et la douleur
d'un seul ;... comme lorsque nous avons reçu quelque
blessure au doigt, aussitôt l'âme, en vertu de l'union intime établie entre l'âme et le corps, en est avertie, et tout
l'homme est affligé du mal d'une de ses parties ; aussi
dit-on de l'homme tout entier qu'il a mal au doigt. »

Il suit de là que nul homme ne peut séparer son propre

bien du bien d'autrui. Le bien d'autrui est mon propre bien : car rien d'humain ne m'est étranger.

La vraie perfection humaine, l'excellence idéale de la nature humaine, consiste à s'oublier en autrui. Le type accompli de cet oubli en autrui est l'amour maternel. La mère s'oublie elle-même, au point d'oublier ce qu'il y a de beau et de délicat dans l'amour même. La mère qui souffre des douleurs de mort pour son enfant chéri, la *mater dolorosa* ne sait pas que les douleurs qu'elle éprouve sont sublimes, et qu'elles sont la grâce du cœur maternel : elle souffre divinement, et cette souffrance pour autrui, en autrui, cette souffrance qui s'oublie elle-même, est le cachet divin d'une nature qui n'appartient pas seulement au monde des sens, mais au monde de l'âme et de l'esprit. Ainsi le héros qui se dévoue pour sa patrie, l'ami pour son ami, n'atteignent à la plus haute perfection que lorsqu'ils ne savent pas même qu'ils sont des héros. Bien loin de ne voir dans les autres hommes que les instruments ou les occasions de leur propre grandeur morale, ils n'atteignent à cette grandeur même qu'à la condition de se donner tout entiers en oubliant leur grandeur. C'est parce qu'ils ont considéré l'humanité comme une *fin* en soi et non pas comme un *moyen*, qu'ils se sont élevés eux-mêmes jusqu'au plus haut point dont la nature humaine est capable. Ainsi le principe de l'excellence non-seulement se concilie avec celui de la communauté d'essence, mais encore il s'y achève et il y trouve son nécessaire complément.

Kant a péniblement essayé de déduire les devoirs sociaux, les devoirs d'action et de bienfaisance, qu'il appelle devoirs méritoires ou imparfaits, de l'idée de la personnalité humaine; son critérium, c'est que ces devoirs *s'accordent* avec l'idée de la personne ou de l'humanité considérée comme fin en soi. Mais de ce que ces devoirs *s'accordent* avec cette idée, il s'ensuit simplement qu'ils ne sont pas en contradiction avec elle, et que celui qui voudra les accomplir le pourra. Il ne s'ensuit pas qu'il le doive. Il semble résulter de là que les devoirs d'affection et de bienfaisance sont absolument libres, et qu'ils dépendent exclusivement de l'arbitre de chacun. Mais, suivant nous, le dévouement aux hommes non-seulement s'accorde avec la personnalité, mais il en complète, il en achève l'idée.

Il y a donc ici deux écueils dont il faut se garder en morale, aussi bien qu'en politique : absorber le moi dans l'humanité, ou l'humanité dans le moi.

Si l'on admettait en effet comme principe suprême et exclusif la communauté d'essence ou la fraternité, l'individu ne serait plus que l'instrument du bonheur d'autrui ; il ne vaudrait rien par lui-même et pour lui-même : il ne devrait pas se donner à lui-même une valeur effective et absolue ; mais cette valeur ne serait jamais que relative à l'usage qui en serait fait par autrui. Cependant le devoir envers les autres ne doit jamais aller jusqu'à leur sacrifier la dignité personnelle. André Fletcher disait « qu'il donnerait sa vie pour son pays, mais qu'il ne commettrait pas une bassesse pour le sauver. » On peut excuser, et même, le cas échéant, admirer, en la réprouvant, une telle action, comme dans l'*Espion*, de Cooper ; mais on ne doit pas poser un principe qui la justifierait d'avance. L'humanité n'est sacrée que parce que l'homme l'est déjà. Si l'on n'a pas commencé par poser d'abord le principe de l'excellence, dont la plus haute formule est l'idée de la personnalité libre, on ne trouvera pas dans les autres plus qu'en soi-même cette personnalité inviolable et respectable. En ce sens, l'on peut critiquer chez les théologiens une tendance à sacrifier le droit et même la dignité humaine à la charité ; à considérer l'aumône comme l'idéal de la vertu humaine, les pauvres comme les instruments de salut des riches, enfin à faire de la mendicité même presque une vertu. C'est pourquoi je ne saurais complétement approuver la formule du P. Gratry : *assistance de tout être à tout être* [1]. Cette formule, outre qu'elle est trop vague et trop générale, a le défaut de ne considérer dans les êtres que leur faiblesse respective. Il ne faut point en morale se placer au point de vue de la faiblesse, mais de la force. Si toute créature est faible, moi-même étant une créature, je suis faible, et j'ai autant besoin d'assistance que les autres créatures ; mais comment puis-je faire pour les autres ce que je n'ai pas même la force de faire pour moi ? Il faut craindre aussi de développer une sensibilité amollissante et efféminée qui serait le danger de quelques maximes de l'Évangile, si l'Église, avec son sens pratique, n'en avait très-sagement tempéré l'interprétation.

On voit donc la double essence de l'homme : il est à la fois individu et membre de l'humanité. Il est à la fois un tout et une partie d'un tout. Étant lui-même un tout, il ne doit pas être absolument sacrifié au tout dont il fait partie ; mais réciproquement, il ne doit pas ramener

---

[1]. Voir le beau livre des *Sources*. Je remarquerai ici que cette formule avait été proposée déjà par M. Oudot dans son ouvrage intitulé : *Science et conscience du devoir*. Paris, 1868.

à lui-même comme centre le tout dont il est partie. Il ne doit pas être un moyen par rapport aux autres, et les autres ne doivent pas être un moyen par rapport à lui. Le principe païen de la force (*virtus*) et le principe chrétien de la charité doivent s'unir et se concilier dans l'idée de l'excellence humaine, qui se compose de l'une et de l'autre.

Accusera-t-on encore une telle morale d'être une morale d'orgueil et d'amour-propre, et de donner pour fin à l'homme l'homme lui-même? C'est toujours là, dira-t-on, une morale charnelle et humaine, qui repose sur l'honneur et non sur le devoir. Pourquoi dire la vérité? Est-ce parce que la vérité est belle? Non, mais parce qu'il est d'un galant homme, d'un beau caractère, de dire la vérité. Pourquoi aimer le beau? Est-ce parce que le beau est aimable? Non, mais parce qu'il est d'une nature délicate et élevée d'aimer les belles choses. Pourquoi respecter la faiblesse et la protéger? Est-ce parce que les êtres faibles sont en eux-mêmes dignes de compassion? Non, mais parce qu'il est beau et noble pour un homme fort de se mettre au service du faible. Ainsi cette morale n'aurait jamais pour raison et pour motif que la satisfaction de se contempler soi-même dans un beau miroir. C'est une morale splendide, mais corrompue par un vice secret ; *splendida vitia*.

Encore une fois, toutes ces objections ne s'appliqueraient qu'au principe de l'excellence mal entendu. En effet, s'enorgueillir de sa propre délicatesse et de sa propre grandeur n'est nullement le plus haut degré de l'excellence humaine ; voir dans le beau et dans le vrai de simples moyens de nous grandir nous-mêmes à nos propres yeux, ce n'est nullement là l'idéal de notre nature. L'homme qui aime vraiment la vérité s'oublie devant la vérité : l'homme qui aime vraiment le beau s'oublie en face du beau ; l'homme qui aime vraiment la nature s'oublie devant la nature. Se représente-t-on une âme vraiment belle qui, en face d'un beau spectacle naturel, l'Océan ou le mont Blanc, se dirait à elle-même qu'elle est sublime au lieu de dire : « Cela est sublime ! » Conçoit-on le savant qui, dans le feu de sa découverte, au lieu d'être tout entier à son idée, se dirait à lui-même : « Que je suis grand ! » Non, c'est un des dons de la nature humaine et en même temps de ses mystères que le personnel y est constamment en rapport avec l'impersonnel : il est en quelque sorte l'union des deux natures, divine et humaine ; et sa plus haute personnalité consiste, non pas à perdre et à sacrifier, mais à oublier cette personnalité même.

Cette participation du *moi* à ce qui le dépasse lui-même ne s'arrête pas à l'humanité, à la nature, ni même au beau et au vrai, mais va plus avant encore jusqu'au principe même de l'humanité et de la nature, jusqu'au type vivant et absolu du beau et du vrai, jusqu'au bien dans son essence, jusqu'à Dieu. La nature humaine est capable de s'élever jusqu'à l'amour de Dieu ; et les plus grands philosophes, aussi bien que les théologiens, Platon, Malebranche, Fénelon, Spinoza, ont fait de l'idée et de l'amour de Dieu le dernier fondement de la morale. Aristote lui-même, si préoccupé du bien humain, fait de la contemplation divine le modèle de la plus haute activité, et il ne veut pas écouter ceux qui disent : « Mortels, ne vous occupez pas des choses immortelles. »

C'est cette participation au divin et à l'absolu qui communique à la personne humaine une valeur absolue. S'il n'y avait rien d'absolu au monde, comment se trouverait-il quelque être doué d'un caractère saint et sacré ? Vous dites que la personne humaine est inviolable ? Qu'est-ce donc que l'inviolabilité, si ce n'est la sainteté même, quelque chose qu'il n'est permis ni d'humilier, ni de violenter, ni d'assouplir à nos désirs, ni de persécuter ; quelque chose qui inspire le respect ? Et comment auriez-vous du respect pour ce qui n'aurait qu'une valeur passagère, accidentelle, relative, pour un pur phénomène, qui commence et qui passe ? Ce qui a une valeur absolue dans l'homme, ce n'est pas certainement son être sensible, limité dans l'espace et dans le temps, accessible à tant de défaillances, à tant de misères, qui a tant de liens et d'analogies avec l'animalité ? Ce n'est pas tel individu, Pierre ou Paul, qui est né hier, qui mourra demain ? Non, c'est l'humanité en général, c'est l'essence humaine, c'est quelque chose qui ne passe pas, qui ne meurt pas quand les individus passent et meurent : c'est quelque chose d'absolu.

C'est en ce sens que les stoïciens avaient raison de dire que l'homme est un Dieu : ce qu'ils appelaient le dieu intérieur, c'est cette essence humaine, dont l'individu n'est que le dépositaire, et qu'il doit conserver sainte et sacrée, comme une divine hostie. Ce respect de la personne humaine, la morale religieuse l'appelle la sainteté ; la morale profane l'appelle l'honneur. Sous des formes bien différentes, c'est toujours le même principe qui anime l'une et l'autre : c'est l'idée de quelque chose de sacré en nous, que nous ne devons ni souiller ni abaisser. Les uns considèrent surtout la pureté, et les autres la force. L'innocence angélique sera l'idéal des uns, la fierté civique et militaire celui des autres. Les uns feront consister l'acte le meilleur dans la contemplation; les autres dans l'action. Les uns, dans la crainte d'enorgueillir l'individu, diminueront parfois un peu trop le rôle de la personnalité même; les autres, dans la crainte de diminuer la personne, exalteront un peu trop l'individu. C'est le rôle de la morale pratique de déterminer avec précision quels sont les vrais devoirs de la personnalité humaine. Mais qu'il y ait dans l'homme individuel, dans l'homme réel, un homme idéal, un homme vrai, l'humanité en soi que nous ne devons laisser corrompre ni par notre faute ni par celle des autres, c'est ce qui est évident; car cela même, c'est l'idée de la morale. Encore une fois, comment cela serait-il possible, si la nature humaine ne participait de l'absolu et de l'infini?

Mais cet absolu qui se manifeste dans l'humanité n'est pas l'humanité, car l'espèce humaine, comme toutes les espèces, a commencé, finira peut-être, et, prise dans son ensemble, elle n'est encore qu'un grand phénomène. Ce qu'il y a d'inviolable en elle, ce qu'il y a de sacré et de divin dans son essence, serait-il donc né un jour pour périr un jour? Conçoit-on une combinaison quelconque de phénomènes qui s'élèverait de soi-même à la dignité de *chose sacrée et inviolable* (*homo res sacra homini*)? Non, l'humanité participe à l'absolu, mais elle n'est pas l'absolu; elle est, elle vit, elle respire en Dieu; mais elle n'est pas Dieu.

CHAPITRE VI

LE VRAI, LE BEAU ET LE BIEN

Avant de pousser nos recherches sur la nature du bien jusqu'au terme où elles doivent s'arrêter, c'est-à-dire jusqu'au bien absolu, considérons encore cette idée dans ses rapports avec les idées voisines, notamment avec les idées du vrai et du beau, qui ont avec elle de grandes analogies et de profondes affinités.

Le moraliste qui a soutenu avec le plus de précision l'identité du vrai et du bien est Wollaston. La vertu, suivant lui, ne consiste que dans l'affirmation de la vérité; le vice, dans la négation de la vérité. Cela est de toute évidence pour la véracité et le mensonge; mais il en est de même, selon lui, dans tous les autres cas. Par exemple, qu'est-ce que s'approprier le bien d'autrui? C'est affirmer que ce qui n'est pas à nous est à nous. Qu'est-ce que violer un dépôt? C'est vouloir, contre la nature des choses, qu'un dépôt devienne une propriété. Qu'est-ce qu'attenter à la vie d'autrui? C'est affirmer que la vie des autres est en notre possession, comme une chose appartient à son maître. Qu'est-ce que trahir son pays? C'est vouloir que la patrie ne soit pas la patrie. Qu'est-ce que l'ingratitude? C'est la négation d'un bienfait, etc. En un mot, on verra toujours que le vice est la négation d'une vérité, et comme il faut que cette négation ait conscience d'elle-même pour être vraiment coupable, on voit que toute espèce de vice se ramène au mensonge : car affirmer sciemment ce qu'on sait être faux, c'est précisément mentir. Que si maintenant on demande pourquoi le mensonge est un vice et pourquoi la véracité est une vertu : c'est que le mensonge veut le contraire de ce qui est; il veut que ce qui est faux soit vrai, et que ce qui est vrai soit faux : il est donc *absurde*, dans le sens logique du mot. Le vice n'est donc autre chose qu'une absurdité. La vertu, au contraire, étant la conformité à la vérité, n'est autre chose que la raison. Or il est dans la nature des choses que la raison soit raisonnable. La vertu n'est donc que la conformité à la nature des choses. C'est évidemment à ce même point de vue que se rapporte la doctrine de Clarke, de Cudworth, et même de Montesquieu; en un mot, de tous les philosophes pour lesquels les vérités morales ne sont autre chose que des relations éternelles et nécessaires conformes à la nature des choses.

Cette doctrine est vraie, mais en un sens général et vague : elle cesse de l'être lorsque l'on en veut presser les termes avec précision. Ce qui est certain, c'est que les vérités morales sont *des vérités;* mais il ne s'ensuit pas que le bien soit la *vérité*.

La vérité peut s'entendre dans deux sens : au sens objectif et au sens subjectif. Objectivement, la vérité, c'est l'être lui-même; ce sont les rapports nécessaires et essentiels des choses, qui continuent d'être ce qu'ils sont, lors même que je ne suis pas là pour les penser. Subjectivement, la vérité est la conformité de la pensée à son objet. Or, ni dans le sens subjectif, ni dans le sens objectif, la vérité n'est identique au bien.

Le bien, comme le vrai, peut s'entendre aussi dans deux sens : l'un objectif, l'autre subjectif. Objectivement, le bien est le caractère, fondé dans l'essence des choses, qui impose à l'agent moral une loi obligatoire. Subjectivement, le bien est la conformité de la volonté à cette loi obligatoire : c'est, selon la définition de Kant, la *bonne volonté*.

Or le bien objectif, ou bien en soi, ne se confond pas avec le vrai objectif, c'est-à-dire avec l'être même ; et le bien subjectif, ou bien *moral*, ne se confond pas avec le vrai subjectif, ou vrai *logique*.

Subjectivement, le vrai est la conformité de la pensée à son objet ; or le bien, considéré subjectivement, est la conformité de la volonté à son objet. Le vrai n'intéresse que l'entendement ; le bien correspond à la volonté. L'intuition de la vérité, quand elle m'apparaît comme telle, est nécessaire : l'action morale, à savoir la conformité de l'action à la loi, n'est pas nécessaire. Je ne peux pas vouloir que ce qui est vrai soit faux, ni que ce qui est faux soit vrai ; je ne peux pas vouloir que 2 et 2 fassent 5, lorsque ma raison me fait voir que la somme en est égale à 4 ; mais je peux vouloir que mes actions soient conformes ou non conformes à ce que ma raison me déclare être vrai. Ce n'est pas en tant que vraies que je nie les lois morales qui restreignent mon libre arbitre ; c'est en tant que nuisibles à mes intérêts. Sans doute les actions criminelles sont toujours plus ou moins accompagnées de mensonge ; mais, essentiellement parlant, elles ne sont pas des mensonges. Si je m'empare d'un dépôt, je nie qu'il soit un dépôt, dans la crainte qu'on ne me le fasse rendre ; mais ce n'est là qu'un accident de l'action ; ce n'est pas le fond : car, si je ne craignais le châtiment ou la honte, peu m'importerait que l'on sût que le dépôt était un dépôt, pourvu que je m'en approprie le contenu. Le voleur qui prend une montre n'affirme pas du tout par là que cette montre est à lui ; ce qu'il affirme, c'est qu'il en veut jouir ; et c'est tout ce qu'il demande. La vérité intrinsèque de la proposition lui importe peu. De même l'homicide n'affirme absolument rien, si ce n'est que sa vengeance ou son intérêt veulent la mort d'un homme : or, c'est ce qui est parfaitement vrai. Le mensonge lui-même n'est pas toujours un effort et une rébellion contre la vérité ; le menteur ne veut pas que la vérité ne soit pas la vérité. Qu'elle soit ce qu'elle veut, cela lui est indifférent, pourvu qu'il fasse croire aux autres ce qui lui plaît. Sans doute, il y a des cas où la vérité m'est odieuse, comme contraire à mes intérêts, et où j'essaie de l'étouffer et de la falsifier, même à mes propres yeux, et c'est ce qu'on appelle se mentir à soi-même ; mais ce n'est là qu'un cas particulier ; ce n'est pas le cas de toute espèce de mensonge. Souvent, au contraire, le menteur dissimule une vérité, nuisible aux autres et favorable à lui-même [1] : or, dans ce cas-là, il serait très-fâché que cette vérité ne fût pas une vérité.

Par exemple, un voleur qui ment.

Bien plus, la confusion du bien et du vrai irait plutôt à la négation de la morale qu'à son établissement. En effet, les actions réputées criminelles représentent tout aussi bien des vérités que les actions honnêtes et généreuses. Que l'homme puisse disposer de la vie de ses semblables en raison de sa force et de ses passions, c'est là une proposition parfaitement vraie. Il est très-vrai que je puis m'approprier le bien d'autrui ; il est très-vrai que je puis me servir de la parole pour dissimuler ma pensée. Ce sont des propositions tout aussi vraies que les propositions contraires : si je ne savais déjà qu'il est bien d'aimer ses semblables, de respecter leur vie et leurs biens, de garder sa parole, de cultiver son esprit, etc., pourquoi serais-je tenu d'obéir à ces sortes de vérités plutôt qu'aux vérités opposées ? Affirmer que les unes sont des vérités nécessaires et les autres des vérités contingentes, c'est supposer ce qui est en question. Si l'on ne suppose pas qu'il y a quelque chose de plus excellent dans la vie des hommes que dans la satisfaction de nos penchants, dans la véracité que dans le mensonge, dans la pensée que dans l'appétit des sens, il ne sera plus vrai d'une manière nécessaire qu'il faut respecter la vie des hommes, tenir sa parole, élever sa pensée, etc. Dès lors, il serait loisible de choisir entre ces deux classes de vérités contraires, selon ce que demanderait l'intérêt ou la sensibilité de chacun.

Si maintenant nous considérons le vrai objectivement, comme le fait Clarke, le bien ne se confondra pas davantage avec lui.

Sans doute, par cela seul que je sépare le bien du plaisir, et même que je le distingue de la loi morale ou du devoir, comme une cause de son effet, par cela même que je lui donne un fondement objectif, sans savoir encore en quoi il consiste, je vois qu'il a sa raison dans la nature des choses et dans leurs relations nécessaires : et, à ce titre, je reconnais qu'il est *quelque chose de vrai;* mais il ne s'ensuit pas qu'il soit *le vrai :* car, pour qu'il en fût ainsi, il faudrait que ces deux idées fussent réciproques et pussent toujours se convertir l'une dans l'autre : ce qui n'a pas lieu.

Les vérités mathématiques sont des vérités; et cependant elles ne font pas partie de ce que l'on appelle le bien; elles n'imposent rien à la volonté. Elles fournissent sans doute des règles à la pratique; par exemple, celui qui veut atteindre tel but apprendra des géomètres à se servir de tels moyens. Mais si la pratique nous enseigne un moyen plus commode, nous ne sommes nullement tenus d'observer les règles du géomètre. En outre, il est, dans les sciences, nombre de vérités abstraites qui ne servent à rien dans la pratique, et qui ne sont que de purs objets de contemplation. Ainsi la vérité, en tant qu'elle n'est que spéculative, et qu'elle n'impose aucune nécessité d'action, est essentiellement distincte du bien.

Bien plus, il est des vérités qui s'imposent nécessairement à la pratique, et qui ne deviennent pas pour cela des vérités morales. Par exemple, les lois de la logique ne sont pas seulement des lois spéculatives, mais encore des lois pratiques, et des lois pratiquement nécessaires. : c'est ainsi que celui qui veut raisonner juste doit raisonner suivant les lois du syllogisme. Mais les lois logiques sont profondément distinctes des lois morales. Les premières sont absolument nécessaires; les secondes ne sont que d'une nécessité relative. Je puis toujours, en effet, m'affranchir des lois morales, même quand je les reconnais comme telles; je ne puis pas m'affranchir des lois logiques; je ne puis pas vouloir, par exemple, faire un syllogisme à quatre termes; cela m'est absolument impossible; que si ma bouche le fait, mon esprit ne le fait pas. Dans ce cas, je trompe les autres, mais non moi-même : c'est un mensonge, ce n'est pas une erreur : c'est donc la loi morale, et non la loi logique, qui est violée.

Le caractère essentiel du bien, comparé au vrai, est donc d'être *obligatoire*, c'est-à-dire de commander à la volonté sans la contraindre. Le vrai, pris en lui-même, n'a pas ce caractère : car ou il est aperçu par l'entendement, et l'affirmation est absolument nécessaire; ou il ne l'est pas, et elle est impossible. Ce n'est pas à dire qu'il n'y ait pas des erreurs volontaires ou demi-volontaires; mais dans la mesure où l'erreur est volontaire, elle est un péché; et dans ce cas, elle est un manquement envers la morale et non envers la logique, envers le bien et non envers le vrai.

Sans doute l'ordre de relations que nous appelons le bien fait partie de l'essence des choses, et, à ce titre, de la vérité; mais ce n'en est qu'un point de vue : ce n'est pas le tout. Encore une fois, les vérités morales sont *des vérités*; il ne s'ensuit pas que le bien soit adéquat à *la vérité*. Il reste toujours à chercher pourquoi certaines vérités entraînent avec elles l'obligation morale, et d'autres non; pourquoi les unes sont pratiques, et les autres spéculatives : or ce caractère qui distingue les unes des autres est précisément le bien ; il ne se confond donc pas avec le vrai.

S'il n'y avait dans la nature que des rapports de quantité (rapports du tout à la partie), ou des rapports du général au particulier (genres et espèces, lois et phénomènes), il y aurait des sciences mathématiques, logiques et physiques; il n'y aurait pas de morale. La morale implique, comme l'a dit Malebranche, qu'il y a entre les choses des rapports de perfection, de dignité et d'excellence : c'est en tant qu'une chose est meilleure qu'une autre que nous sommes tenus de la préférer. Le bien implique donc entre les choses ou attributs un ordre de qualité distinct de l'ordre de quantité (soit mathématique, soit logique). Si vous supprimez la qualité dans les choses, vous supprimez ce qui les rend plus estimables les unes que les autres. Hors de là, l'entendement est toujours déterminé par le vrai ; mais la volonté n'a plus alors d'autre règle que le plaisir. Si on n'admet pas une hiérarchie objective des biens, il ne reste qu'une échelle subjective des plaisirs ; et par conséquent, comme nous l'avons assez dit, toute morale disparaît. La vérité, en général, comprend donc toute espèce de rapports objectifs ; le bien se réduit aux rapports de perfection.

Ainsi le bien se distinguera toujours du vrai, entendu soit subjectivement, soit objectivement. Est-ce à dire que le bien et le vrai n'aient pas entre eux de profondes affinités, et même ne se rapportent pas à une source commune ? c'est ce que l'on n'oserait affirmer. Le bien et le vrai, qui se séparent, au point de vue de l'esprit humain, doivent se confondre à leur source. C'est de la même origine que les choses tiennent à la fois leur être et leur bonté ; peut-être même, comme l'a pressenti Platon, est-ce le bien lui-même qui est le principe de la vérité et de l'être, les surpassant de beaucoup, dit-il, en dignité et en puissance. Peut-être est-ce encore là ce que Descartes a voulu faire entendre, lorsqu'il a dit que Dieu était l'auteur des vérités éternelles. Mais il serait impossible de pousser si loin et si haut les recherches sur la nature du bien sans confondre la morale avec la métaphysique ; or, sans vouloir rendre l'une absolument indépendante de l'autre, nous pensons qu'elles doivent être distinctes.

Nous venons de distinguer le bien du vrai. Essayons de distinguer le beau du bien.

La parenté du beau et du bien éclate à chaque instant dans la philosophie grecque. L'expression de κάλον remplace souvent celle d'ἀγαθὸν ; et même elles s'unissent ensemble dans une belle expression, qui est éminemment propre à la langue grecque : τὸ καλοκἀγαθὸν, le *beau et le bien* unis par un lien indivisible. Platon, dans le Gorgias, cherchant à distinguer le bien du plaisir, dit « qu'il est plus *beau* κάλλιον, de souffrir une injustice que de la commettre. » Les expressions par lesquelles Platon dépeint une âme bien ordonnée sont toutes empruntées à l'ordre esthétique : c'est εὐρυθμία, ἁρμονία, etc.—Le sage est un musicien (ὁ σοφὸς μουσικὸς); la vie humaine a besoin de nombre (ἀριθμῷ). Réciproquement, le beau, pour Platon comme pour Socrate, n'est autre chose que le bien. En un mot, sans avoir jamais expressément affirmé l'identité des deux idées, Platon passe sans cesse de l'une à l'autre, et les confond implicitement.

La même assimilation du beau et du bien a lieu dans l'école stoïcienne. On connaît le célèbre sorite de Chrysippe : « Le *bien* est désirable ; le désirable est aimable ; ce qui est aimable est digne de louange ; ce qui est digne de louange est *beau*[1]. » On voit que, par ces intermédiaires, un peu arbitrairement choisis, on passe ici du bien au beau, comme à une idée adéquate à la première. L'idée que les stoïciens se font de la vertu, tout à fait semblable en principe à celle de Platon, se ramène donc à l'idée de l'harmonie, de l'unité, de l'accord avec soi-même (*constantia, consensus, compositio.*)

Parmi les modernes, l'assimilation du beau et du bien est beaucoup plus rare que chez les anciens. La cause en est principalement au christianisme, qui, né surtout d'une protestation contre la vie sensible, contre la nature, a dû considérer le beau comme une idée inférieure, étrangère au cercle de la morale; de plus, le christianisme, en faisant entrer la douleur jusque dans l'idée de la perfection morale, puisque Dieu lui-même pleurait et mourait, portait atteinte à ce caractère de grâce et d'harmonie que tous les Grecs, même les stoïciens, considéraient comme essentiel à la vertu. D'ailleurs, le beau a, en général, assez peu préoccupé les philosophes modernes jusqu'à Kant. Depuis lors, la philosophie allemande n'a cessé d'attribuer une haute importance à la philosophie du beau, et une école tout entière, l'école de Herbart, fait rentrer la morale dans l'esthétique. On a vu plus haut [2] que

---

1. Plutarq. Stoïc. Rep. ch. 13 : τό ἀγαθὸν αἱρετόν· τὸ δ'αἱρετὸν ἀρεστόν· τὸ δ'ἀρεστὸν ἐπαίνετον· τὸ δ'ἐπαίνετον καλόν.
2. P. 113.

c'était aussi la tendance de la philosophie de Leibniz.

La même difficulté qui s'oppose à la confusion du vrai et du bien s'oppose également à la confusion du vrai et du beau : car, après avoir signalé les analogies, qui ne sont contestées par personne, il faudra bien toujours signaler les différences, c'est-à-dire revenir à la distinction. En effet, lors même qu'en essence le vrai et le bien seraient identiques, encore est-il vrai que la logique n'est pas la morale ; de même, le bien fût-il identique au beau, toujours est-il que la morale n'est pas l'esthétique. Herbart lui-même, après avoir rattaché l'une à l'autre, les sépare ensuite, comme tout le monde, et traite de l'esthétique comme d'une science à part. Il y a donc un certain point de vue sous lequel le bien se distingue du beau, comme il y en a un autre sous lequel il se distingue du vrai : or, c'est précisément ce point de vue précis qui fait du bien un objet particulier et que la morale a pour but d'établir.

J'accorderai, si l'on veut, par métaphore, que le bien, c'est la *beauté* de l'âme ; ainsi Platon, usant d'une autre métaphore, dit que le bien, c'est la *santé* de l'âme. Mais, de même qu'on ne conclut pas de là que la morale est une partie de la médecine, on ne conclura pas davantage, de la première métaphore, qu'elle est une partie de l'esthétique.

Le sentiment esthétique se distingue essentiellement du sentiment moral. Le sentiment esthétique a lieu, en présence du beau, lorsqu'il n'impose aucune obligation à notre responsabilité. Supposez que l'idée de l'obligation morale vienne à naître en nous, le sentiment esthétique disparaît. C'est une remarque profonde de Schiller qu'au théâtre le dévouement, l'héroïsme, les beaux sentiments, en un mot le beau moral ne nous touche, ne nous émeut, ne nous transporte que parce que nous ne nous sentons pas chargés de le réaliser. Supposez, au contraire, que nous surprenions dans le poète l'intention de nous faire une leçon, tout plaisir esthétique a disparu ; la conscience parle à sa place, et au sentiment agréable qui nous inondait tout à l'heure succède le sentiment noble, mais pénible de la responsabilité.

Ainsi le bien se distingue du beau, au moins subjectivement, par les sentiments distincts que l'un et l'autre provoquent, et par l'idée de la responsabilité et de l'obligation qui s'attachent à l'un, et qui, dans l'autre, font défaut. Mais je dis, en outre, que le bien et le beau se distinguent objectivement. En effet, d'après toutes les recherches de la philosophie la plus récente sur ce difficile sujet, on paraît être d'accord sur ce principe, que le beau est l'union de l'intellectuel et du sensible, du général et de l'individuel ; il est l'idée manifestée dans la matière, ou encore, comme l'a dit Jouffroy, il est l'invisible exprimé par le visible. Toutes ces définitions sont identiques ; et toutes nous montrent l'élément sensible comme une des conditions nécessaires et essentielles du beau. C'est pourquoi le beau n'est pas absolument absolu, comme le bien et comme le vrai. Il a un fondement absolu ; mais, comme il est lié au sensible, il y a toujours dans le beau quelque chose de relatif à l'organisation. Le bien, au contraire, est essentiellement absolu ; et s'il est lié au sensible, si, par là même, il comprend quelque élément relatif, ce n'est pas là son essence ; c'est, au contraire, un accident qui altère son essence et qui l'empêche d'être tout entier ce qu'il est.

On nous objectera peut-être, par un argument *ad hominem*, que nous-même avons introduit un élément sensible dans la définition du bien, puisque nous avons considéré le bonheur comme un élément intégral et essentiel de cette définition. Mais nous pouvons déjà répondre, avec Platon, que « nous ne parlons que de la vie humaine; car peut-être, pour la vie divine, n'en serait-il pas de même. » En effet, il n'est pas évident que la sensibilité, même à cet état pur où l'on se représente le plaisir sans aucun mélange de douleur, soit conciliable avec l'idée de l'être parfait; et en lui, par conséquent, le bien serait sans aucun mélange d'élément sensible; par là le bien, loin de cesser d'être le bien, deviendrait, au contraire, le bien absolu. Mais, laissant de côté cette considération, je dis que, par union de l'intellectuel et du sensible, j'entends l'intellectuel manifesté par des formes sensibles, c'est-à-dire par la forme, le mouvement, la couleur ou le son. En un mot, c'est le sens externe et non le sens interne qui, uni avec l'idée, constitue le beau. Par le sens interne, nous jouissons du beau, nous ne le faisons pas. Or, le bonheur qui entre, selon nous, dans l'idée du bien, appartient au domaine du sens interne et non du sens externe.

Sans doute le bien se réalise dans des actions extérieures, et par conséquent dans le monde sensible. Il est donc lié au sensible comme le beau lui-même; mais voici la différence : dans le beau, l'élément sensible est essentiel et primordial; dans le bien, il n'est que consécutif et secondaire. Supprimez, dans la Vénus de Milo, la matière, c'est-à-dire le marbre, et la forme, c'est-à-dire la statue elle-même ; conservez-en seulement l'idée, le beau a absolument disparu. Au contraire, dans une action morale, supposez que la volonté n'ait pas son exécution, par des circonstances indépendantes d'elle : la valeur morale de l'action demeure tout entière. Ainsi l'on voit par là que le sensible est étranger au bien, et n'en est que la forme extérieure.

Mais on pourrait pousser l'objection plus loin, et dire que, dans l'idée même du bien, avant toute réalisation matérielle et extérieure, il entre déjà nécessairement une matière, et une matière sensible. Le bien, en effet, se compose comme le beau d'une matière et d'une forme ; la forme, c'est l'idée de perfection ; mais cette idée doit se réaliser dans le monde réel et sur quelque objet réel, autrement elle est vide. Le but de la morale est d'élever en nous et hors de nous le sensible à l'état d'intelligible, de transformer la nature en raison, la fatalité en liberté, la chose en pensée : c'est de se servir de ses membres pour le travail, de sa parole pour la vérité, de sa vie pour le bonheur des autres, de ses biens pour leur soulagement. Or toutes ces choses, membres, parole, vie et biens, sont des choses sensibles ; en nous en servant pour obéir à l'idée du bien, c'est-à-dire pour réaliser en nous, dans sa plénitude, l'idée de la personne humaine, nous sommes en quelque sorte chargés, comme le dit Kant, *d'intellectualiser le monde sensible*. N'est-ce pas précisément ce que fait le beau, s'il est, par définition, l'intellectuel devenu sensible ?

Mais, au contraire, selon nous, c'est de cette définition

même que résulte la différence fondamentale des deux idées. Dans l'une, c'est-à-dire le beau, c'est l'intellectuel qui devient sensible, qui s'exprime par le sensible; dans l'autre, au contraire, c'est-à-dire le bien, c'est le sensible qui devient intellectuel. Dans le beau, si l'on peut dire, c'est l'idée qui est la matière et le sensible qui est la forme. Dans le bien, au contraire, c'est le sensible qui est la matière; c'est l'idée qui est la forme. Tant que je n'ai qu'une idée générale et abstraite, je n'ai qu'une première matière : je lui donne la forme esthétique en la rendant individuelle et concrète. Au contraire, les biens du corps et les biens extérieurs ne sont que la matière du bien en soi; c'est l'idée de la perfection et de l'excellence qui leur donne leur forme. Ainsi l'intellectuel et le sensible entrent l'un et l'autre dans l'idée du bien et du beau, mais dans un ordre inverse.

Une autre différence, qui tient à la précédente, c'est que le beau est essentiellement impersonnel et extérieur; le bien, au contraire, est personnel et intérieur. On dit : *mon* bien; on ne dit pas : *mon* beau. A la vérité, on croit, en général, que *mon* bien n'est pas le bien, et qu'il s'y oppose, comme l'intérêt personnel à l'intérêt général. Mais c'est une erreur que nous avons réfutée. Ce qu'on appelle *le* bien n'est que la généralisation de ce que chacun appelle son bien; et il nous est impossible de comprendre comment un être pourrait être tenu de travailler à un bien qui lui serait absolument étranger. Sans doute nous devons sacrifier notre intérêt individuel à l'intérêt général; mais cela tient à ce que notre bien est lié au bien de tous et ne fait qu'un avec lui, le bien le plus élevé de l'homme étant dans son union avec les autres hommes. En faisant le bien, il est donc certain que nous acquérons pour notre âme un bien excellent, à savoir la pitié, la clémence, le respect du droit d'autrui : c'est par là qu'une âme est vraiment bonne ; et c'est à acquérir ces sortes de biens, qui font notre trésor véritable, que consiste la vertu. Le bien est donc quelque chose que nous pouvons acquérir, accumuler, assimiler à notre substance, en un mot, nous approprier : il est *en* nous et *à* nous. Il est donc personnel et intérieur.

Le beau, au contraire, est impersonnel et extérieur. A son égard, nous ne pouvons jouer qu'un rôle, celui de contemplateurs. Même, lorsque nous le produisons, nous le produisons en dehors de nous, comme quelque chose qui n'est pas nous ; et, une fois produit, il nous est aussi étranger qu'aux autres ; nous ne pouvons en jouir qu'en le contemplant ; nous ne pouvons nous l'approprier, nous l'identifier. Jouffroy a peint admirablement ce caractère impersonnel du beau, et cette passion éternellement inassouvie qu'il excite dans certaines âmes [1].

On voit par ce qui précède combien il y a d'inconvénients à confondre le bien avec le beau : c'est faire prédominer dans l'âme le sentiment esthétique sur le sentiment moral, la contemplation sur l'action. Le quiétisme est le danger de la morale esthétique. Admirer n'est pas agir. « Aux jeux olympiques, dit Aristote, ce ne sont pas les plus beaux, mais les plus courageux et les plus forts qui gagnent la couronne. »

---

1. Jouffroy, *Esthétique*, v^e leçon.

On peut accorder pour le beau comme pour le vrai, qu'il se confond avec le bien à sa source, en ce sens que dans l'Être Suprême tout a son principe et sa raison. Mais à cette hauteur tout se confond et échappe à nos déterminations. Il suffit à la science de définir les idées dans le rapport immédiat qu'elles ont avec nous : porter plus haut nos regards, c'est sortir des limites de la condition humaine.

CHAPITRE VII

LE BIEN ABSOLU

Nous avons conduit l'analyse du bien jusqu'au point où la morale se relie à la métaphysique. Comme l'esprit humain est toujours libre d'arrêter sa curiosité au point où il lui plaît, on pourra convenir qu'arrivé là on ne recherchera plus rien, et se dispenser ainsi d'une analyse pénible; mais ceux qui pensent qu'il n'y a rien de fait tant qu'il reste quelque chose à faire, et qui ne consentent pas volontiers à couper court aux questions par des fins de non-recevoir décourageantes, s'apercevront bientôt que le problème moral les portera plus loin qu'ils n'ont cru, et qu'il va se confondre avec le problème métaphysique lui-même.

Il n'y a qu'un seul moyen de fonder une morale absolument indépendante de toute métaphysique : c'est de proclamer la doctrine du plaisir ou de l'utilité.

Si vous vous bornez, en effet, à constater qu'il y a un fait que l'on appelle le plaisir, un autre que l'on appelle la douleur, qu'il y a plusieurs espèces de plaisirs, que le plaisir a plusieurs qualités, la vivacité, la durée, la sécurité; et si, comparant les plaisirs et les douleurs, vous remarquez que tel plaisir amène infailliblement telle douleur, que telle douleur est la condition nécessaire de tel plaisir, vous pouvez, en combinant tous ces éléments, en en tirant des lois, en compensant le présent par l'avenir, ou en dirigeant le présent d'après les avertissements du passé, vous pouvez, dis-je, fonder une sorte de science que Platon, nous l'avons vu, appelait déjà *la métrique* du plaisir [1], et que Bentham a essayé de constituer. La morale devient alors une technique, une industrie : elle consiste à gouverner et à diriger les phénomènes conformément à un but donné, qui est le plus grand plaisir possible de l'individu; de même que tous les arts industriels combinent et dirigent les phénomènes, conformément aux lois naturelles, chacun vers telle fin déterminée. L'observation, l'expérience et le calcul sont alors les méthodes de la morale comme de la physique, et tout élément supra-sensible disparaît entièrement. Ainsi transformée en *industrie*, en *art voluptueux*, en *prudence pratique*, la morale est évidemment aussi indépendante de la métaphysique que tout autre métier.

Mais la morale n'est pas une industrie; elle est un art, non pas un art mécanique, au service du plaisir; c'est un art libéral, au service du beau. Elle ne sert pas; elle commande, ainsi qu'Aristote l'a dit excellemment de la métaphysique elle-même. Elle distingue, nous l'avons vu, les plaisirs, non-seulement par la quantité, mais par la qualité; et par là même elle s'élève au-dessus du plaisir et pénètre jusqu'à l'idée du bien. Le plaisir n'est plus la mesure du bien; c'est le bien qui est la mesure du plaisir.

1. Voir plus haut, c. I, p. 12.

Les plaisirs sont entre eux comme les actes; et l'acte le meilleur est la source du plaisir le plus excellent. S'il en est ainsi, il faut donc, comme nous l'avons vu, qu'il y ait dans les choses quelque bien, indépendamment de notre sensibilité, que nos facultés soient bonnes en soi, avant même le plaisir dont elles sont la source, et qu'il y ait entre elles une échelle d'excellence et de dignité, qui fonde l'échelle d'estime que l'on doit faire des différents plaisirs, et qui soit fondée elle-même sur la nature de ces facultés. Les choses ont ainsi en elles-mêmes une valeur effective, qui dépend de leur être même, qui se mesure à cet être, et non aux impressions qu'elles font sur nous. S'il n'y avait rien de semblable, il serait impossible de s'expliquer pourquoi tel objet doit être préféré à tel autre et par conséquent pourquoi telle action est meilleure que telle autre.

On me dira : Il n'est pas nécessaire de sortir du domaine de l'expérience pour admettre qu'il y a une différence de valeur entre les choses de l'ordre moral. C'est là un fait qu'il faut reconnaître, qu'on veuille ou qu'on ne veuille pas en tirer des conséquences métaphysiques. Il est absurde de soutenir qu'un acte d'héroïsme ne vaut pas mieux qu'un acte d'égoïsme.

Je réponds : La *valeur* des choses n'est pas un *fait*. Aucune expérience ne peut constater et démontrer qu'une chose vaut mieux qu'une autre. Dans quelles balances mettrez-vous l'héroïsme et l'égoïsme pour mesurer leur valeur respective? Il n'y en a pas. Sans doute c'est bien un fait que les hommes jugent ainsi; mais, en jugeant ainsi, les hommes introduisent spontanément dans leur jugement un élément qui n'est pas empirique, qui ne se rapporte pas au pur phénomène, et qui tient à l'essence des choses; car c'est absolument et en soi que l'héroïsme vaut mieux que l'égoïsme. Il n'en est pas de la *valeur* morale comme de la *valeur* économique. Celle-ci, qui n'est qu'un rapport entre deux désirs, se mesure exactement par la quantité de sacrifices qu'elle peut acheter; et ces sacrifices eux-mêmes ont une expression positive dans ce que l'on appelle la monnaie. Mais y a-t-il une *monnaie* dans l'ordre moral, par laquelle on pourrait payer et par conséquent évaluer les qualités de l'âme ? Ces qualités ont une valeur intrinsèque, indépendamment de l'utilité qu'elles nous procurent. Or c'est cette utilité seule qui tombe sous l'expérience : la valeur essentielle des actes est d'un autre ordre. De là vient la différence des *principes* et des *faits*. Si les principes ne sont pas seulement la résultante des faits, mais s'ils doivent en être la règle, c'est que la morale repose sur un ordre de choses qui n'est pas l'ordre sensible et phénoménal, et qui souvent en est au contraire le renversement. Par exemple, au point de vue de la sensibilité, rien ne vaut plus que la conservation de la vie; et au point de vue moral, au contraire, la vie est d'un prix moindre que tels autres biens : l'honneur, la justice, la vérité. Ces biens invisibles, supérieurs aux biens tangibles, prouvent manifestement qu'au delà des purs phénomènes il y a quelque chose qui vaut mieux qu'eux. Or, que dit la métaphysique, si ce n'est cela ?

Sans doute les biens que nous présentent les êtres créés ne sont encore, en un sens, que des biens *relatifs;* car ils ne sont que des *degrés* du bien, et, quelque élevé que nous paraisse chacun de ces degrés, on peut toujours en trouver, ou tout au moins en concevoir un supérieur : tous les biens que nous présente la vie ne sont que des biens secondaires, au-dessus desquels nous en imaginons toujours de plus élevés; et ceux mêmes qui doivent être considérés comme ayant une valeur absolue, tels que la science, le génie, la vertu, peuvent être toujours supposés d'un degré supérieur au degré que l'expérience peut nous offrir. Au-dessus de la plus haute science humaine, du plus grand génie, de la plus pure vertu, nous concevons encore une autre science, un autre génie, une autre vertu. En ce sens, encore une fois, on peut donc dire qu'il n'y a que des biens relatifs.

Mais, en un autre sens, ces biens relatifs sont des biens absolus : car ils ne dépendent pas de notre humeur, de notre sensibilité, de notre intérêt personnel. Que cela nous plaise ou non, l'héroïsme est une belle chose; la pureté des mœurs, la véracité, le dévouement à la science, sont quelque chose d'excellent. Il ne dépend en aucune manière de nous de changer l'ordre d'excellence des biens; nous ne pouvons pas vouloir que la pensée soit inférieure à la nutrition, l'amitié à l'égoïsme, la noblesse d'âme à la servilité. Il y a donc là entre les deux choses, c'est-à-dire entre les qualités morales, des rapports nécessaires et absolus, aussi bien qu'entre les quantités; il y a une arithmétique morale, comme s'exprime Bentham; seulement cette arithmétique n'est pas le calcul des plaisirs; c'est une évaluation d'un autre ordre, mais qui n'est pas moins sûre, quoiqu'elle soit moins rigoureuse.

Avant donc de nous demander s'il y a un bien absolu, un bien en soi, supérieur à tous les biens relatifs, commençons par constater que ces biens relatifs ont eux-mêmes une valeur déterminée réelle, indépendante de la sensibilité humaine, et que, si imparfaits qu'ils soient, ils ont une perfection propre rigoureusement adéquate à leur degré de réalité.

C'est à cette seule condition que l'on peut concevoir l'idée de progrès et d'évolution ascendante, que l'on est généralement d'accord aujourd'hui pour reconnaître comme une loi de l'humanité, et même comme une loi de la nature. Comment pourrait-on affirmer que l'humanité a toujours été en se perfectionnant, depuis l'état sauvage jusqu'à l'état actuel, que la nature elle-même a suivi constamment une marche ascendante depuis l'état de diffusion par lequel elle aurait commencé jusqu'à l'organisation, la vie, le sentiment, la pensée, la liberté, etc. ? Comment, dis-je, cette doctrine de l'évolution ou du progrès serait-elle intelligible, si l'on n'admettait pas qu'il y a entre les choses des degrés d'excellence et de perfection? Et l'on ne peut ramener cette gradation d'excellence à une gradation de plaisir : car, d'une part, la plante nous paraît supérieure à la pierre, sans qu'elle en ressente aucun plaisir; de l'autre, l'accroissement d'excellence n'est pas toujours un accroissement de plaisir; souvent même la douleur même grandit avec la supériorité de l'être. Mais la supériorité d'excellence n'en est pas par là amoindrie; et quelquefois, au contraire, il semble que la douleur elle-même soit un degré supérieur d'excellence.

Or, de ces deux lois : 1° que les choses diffèrent non-seulement en quantité, mais en qualité, en valeur, en excellence; 2° que la nature et l'humanité marchent constamment des biens moindres aux biens plus élevés, et tendent sans cesse *au meilleur;* — de ces deux lois, on peut conclure qu'il y a dans la nature autre chose que des lois purement physiques; — ou, réciproquement, que s'il n'y avait dans la nature que des lois physiques, ces deux lois seraient inexplicables et inintelligibles.

En effet, soit un ordre de choses tout physique, c'est-à-dire où tous les phénomènes soient réductibles aux lois physiques et mécaniques, où vie, pensée, volonté, liberté, amour, ne soient que des combinaisons chimiques, ou même des combinaisons de mouvements, je cherche en vertu de quel principe on pourrait affirmer que telles choses *valent* mieux que telles autres, que tel acte est plus excellent et plus noble que tel autre, que l'amour vaut mieux que l'égoïsme, la science que la gloutonnerie, le beau que le voluptueux, la grandeur d'âme que la basse adulation, en un mot que les biens de l'âme sont supérieurs aux biens du corps, et que le bonheur d'un homme est supérieur au bonheur de l'animal.

Au point de vue des lois physiques, tout phénomène en vaut un autre : car tout phénomène est rigoureusement conforme aux lois de la nature. Rien n'arrive qui ne soit conforme à ces lois; par conséquent, rien qui ne soit nécessaire, rien qui ne soit légitime ; et tous les phénomènes ayant la même propriété d'être le résultat des lois nécessaires, tous ont exactement le même titre et la même valeur. La grêle qui détruit les moissons tombe en vertu des mêmes lois que la pluie qui féconde la terre. La diversité des effets ne change rien à l'essence des phénomènes.

Lorsque vous déclarez telles actions *meilleures* que telles autres, ce ne peut être qu'en attribuant à l'une quelque chose de plus qu'à l'autre, en découvrant à celle-là quelque caractère qui manque à celle-ci ; mais si tout se réduit à des combinaisons physiques ou chimiques, en quoi consiste le caractère privilégié de certaines actions, qui nous les fait déclarer d'un ordre supérieur ? On pourra bien trouver que telle action est utile, telle autre nuisible ; mais, en soi, vertu et vice ne se distingueront par aucun caractère intrinsèque, et même, le cas échéant, le vice paraîtra plus utile et par conséquent meilleur que la vertu.

On le voit, la seule morale qui soit intelligible dans une telle hypothèse, c'est la morale du plaisir. Mais si la morale du plaisir est insuffisante, s'il y a au-dessus du plaisir quelque élément qui ne se réduit pas au plaisir, et qui est le bien, c'est cet élément qui manque dans cette philosophie physico-chimique : et c'est cet élément qui constitue la morale.

Les défenseurs de la philosophie physico-chimique [1] essaient d'expliquer l'échelle de la nature et l'évolution progressive des formes et des facultés par des combinaisons de plus en plus compliquées des phénomènes élémentaires. Mais la complication n'est nullement un équivalent de la perfection. Un imbroglio compliqué n'est pas par là même supérieur à une belle tragédie grecque. Le système du monde, quoique très-simple, est une admirable chose ; et Copernic a été conduit précisément à découvrir le vrai système par cette pensée que celui de Ptolémée était trop compliqué. Sans doute, à mesure que l'on s'é-

---

1. Nous appelons ainsi ce que l'on appelle d'ordinaire le matérialisme.

lève dans l'échelle des êtres, on trouve plus d'éléments composants; mais on y trouve aussi, nous l'avons vu, plus d'unité : ce n'est pas la diversité toute simple (qui ne serait que le désordre), c'est la diversité ramenée à un plan qui fait la perfection des œuvres de la nature, comme celle des œuvres d'art. C'est donc à mesure que nous trouvons plus d'art dans la nature que nous y trouvons plus de perfection; et ce qui fait que l'homme nous paraît supérieur à tout le reste, c'est qu'en lui nous trouvons non-seulement plus d'art que dans les autres créatures, mais le principe même de l'art : la volonté, le sentiment et la pensée, en un mot l'esprit.

Si la complexité n'est pas la perfection; si le nombre et la complication des éléments ne suffisent pas pour assigner à telle combinaison plus de valeur qu'à telle autre; si, relativement aux lois primitives de la matière, toutes les combinaisons ne sont jamais que des résultantes n'ayant entre elles aucun rapport d'excellence et de dignité; — comment la philosophie physico-chimique serait-elle capable d'expliquer l'idée du bien? Réciproquement, s'il y a une idée du bien dans la conscience humaine, s'il y a des degrés entre les choses et entre les actions, au point de vue de la beauté, de la noblesse, de la dignité, si d'ailleurs ces biens doivent s'évaluer d'après leur prix intrinsèque, et non pas d'après le plaisir ressenti, n'y a-t-il pas là une preuve manifeste, quoique indirecte, que la nature est tout autre chose qu'un mécanisme physico-chimique, un produit fortuit des éléments, en un mot une matière brute?

Les physiciens nous apprennent qu'il y a toujours dans l'univers même quantité de force et même quantité de matière ; mais s'il a toujours possédé la même quantité de réalité physique, a-t-il toujours eu le même degré de perfection? Les changements d'état par lesquels il a passé, et qui, physiquement parlant, ne sont que des combinaisons d'une même matière, des déplacements d'une même force, ne sont-ils donc que de simples changements? Ne sont-ils pas aussi un progrès vers le mieux? Et si vous vous élevez jusqu'à l'humanité, faut-il dire que la science, le génie, l'héroïsme, l'art, la liberté, la pensée enfin, ne sont que des déplacements de matière et de force? Et en fût-il ainsi, de telles combinaisons, quand même elles ne contiendraient substantiellement rien de plus qu'une éruption de volcan ou une pluie de pierres, n'auraient-elles pas cependant un prix *idéal* bien supérieur? Or d'où pourrait venir ce prix, ce surcroît de valeur, dans un univers où n'agiraient exactement que des forces physico-chimiques? Si l'on dit que c'est notre propre pensée qui met ce prix dans les choses, où notre pensée elle-même prendrait-elle cette mesure qui ne peut se ramener aux mesures mathématiques, au poids, au niveau, au compas? La pensée, qui pourrait créer ainsi une telle mesure, prouverait bien par là qu'elle est d'un autre ordre et d'un autre prix que ce qu'elle mesurerait.

Des objections analogue peuvent être faites à une autre doctrine qui ne se confond pas avec le matérialisme, mais qui veut retrancher tout lien de la moral avec la métaphysique ou avec la religion. C'est la doctrine de la morale indépendante. Si, par morale indépendante, on entend une science qui, comme toutes les autres, à ses *principes propres,* suivant l'expression d'Aristote, principes qu'elle puise immédiatement dans la conscience humaine sans les déduire d'une science antérieure ; si l'on se contente d'affirmer que ces principes, tels que la distinction du bien et du mal, la loi du devoir, le principe du mérite et du démérite, etc., ne dérivent ni de l'idée d'un pouvoir supérieur ni de l'idée de sanction, mais qu'ils ont une valeur en eux-mêmes, avant même que nous sachions qu'ils émanent d'une volonté toute-puissante et qu'ils sont garantis par cette même volonté ; nous admettons entièrement en ce sens l'idée d'une morale indépendante. Mais nous ne pensons pas pour cela qu'elle puisse se séparer entièrement (comme la physique ou la chimie) de la métaphysique ou de la religion.

La morale, en effet, n'a pas seulement pour but, comme celles-ci, de constater des faits et d'établir des lois générales : elle établit des *principes*. Elle ne se contente même pas, comme la géométrie, de poser ces principes comme évidents par eux-mêmes, et d'en tirer les conséquences. Son objet est précisément d'établir ces principes : ce qu'elle fait par l'analyse des idées, qui lui sont fournies par l'instinct naturel et par le sens commun. Or, à mesure qu'elle pénètre davantage par l'analyse dans le véritable sens de ces idées fondamentales qui la constituent, elle pénètre en même temps dans la métaphysique elle-même, et, quoi qu'elle en pense, ses fondements sont toujours métaphysiques. Lorsqu'on dit, avec Spinoza, que le bien consiste à passer d'une *réalité* moindre à une *réalité* plus grande, avec Aristote que le bien d'un être est dans son *acte* propre, avec Wolf que le bien consiste dans la *perfection*, avec Kant que la personne humaine est *sacrée*, c'est-à-dire qu'elle a une *valeur absolue*, qu'elle est une *fin en soi* et non pas un *moyen;* toutes ces idées, *réalité, acte, perfection, absolu, fin,* etc., sont des idées métaphysiques. Sans doute il ne faut pas confondre les deux sciences; mais la morale ne peut se passer de ces idées, et elles en constituent le fond.

On dira que ce n'est pas la morale qui emprunte ces idées à la métaphysique, mais que c'est elle, au contraire, qui les lui fournit. De même que les sciences de la nature fournissent à la métaphysique l'idée d'espace, l'idée de loi, l'idée de substance; de même que la psychologie lui fournit l'idée de cause, l'idée de temps; de même la morale fournit l'idée de perfection, l'idée de fin. Chacune de ces sciences implique certaines idées élémentaires dont elles n'étudient ni la nature, ni l'origine, ni la portée. Ceux qui veulent suivre le problème jusqu'au bout peuvent essayer, s'ils le veulent, de remonter le courant jusqu'à sa source ; mais les sciences qui fournissent ces données premières n'ont pas besoin de remonter si haut; elles portent leur propre lumière en elles-mêmes, et ne peuvent que se compromettre en s'engageant dans les aventures de la science la plus contestée.

Il nous paraît assez peu important de savoir si la morale fournit ou emprunte ses idées fondamentales à la métaphysique. Nous sommes assez disposés à croire historiquement que c'est à mesure que les hommes ont eu de leur âme une idée de plus en plus haute qu'ils se sont fait de la cause suprême un modèle plus parfait; en Grèce, c'est la morale qui a tué le polythéisme; c'est aussi à mesure qu'ils ont vu sans cesse reculer devant eux la fin de leurs désirs, poursuivant un bonheur de plus en plus noble et de plus en plus éloigné, qu'ils ont conçu une fin suprême, identifiée avec la première cause. Je crois volontiers, avec Kant, qu'il faut aller de la morale à la théodicée, et que le plus sûr chemin qui conduit à Dieu est encore, avec le spectacle du monde, le sentiment de cette perfection idéale qui s'impose à la conscience humaine. Mais, suivant nous, il y a un retour de la vérité suprême à la vérité morale. Si l'analyse conduit de l'idée morale à l'idée religieuse, la synthèse redescend de l'idée religieuse à l'idée morale. Dieu est le garant de la moralité, mais pas en ce sens grossier et vulgaire, qu'il serait là pour nous assurer le prix et la récompense, comme si nous craignions de faire un marché de dupes, en étant gratuitement vertueux; mais en ce sens supérieur et vrai qu'il est là pour nous attester que nous ne consacrons pas notre vie à une chimère, à un rêve de notre imagination.

Le fait primitif sur lequel s'appuient les partisans de la morale indépendante est, disent-ils, celui de l'*inviolabilité de la personne humaine*, comme ils s'expriment. Mais ce n'est pas là un fait comme un autre; car il contient le droit et le devoir, c'est-à-dire *ce qui n'est pas*, mais *ce qui doit être!* Comment *ce qui doit être* serait-il un fait? Si tout se réduisait à un enchaînement de causes physiques, comment pourrait-il y avoir une autre loi que la loi de ce qui est? Dans l'ordre physique, ce qui est doit être, et tout ce qui peut être est. La morale suppose donc évidemment un autre ordre que l'ordre physique, un ordre idéal et intellectuel, mêlé à l'ordre physique, contrarié et sans cesse opprimé par cet ordre physique et mécanique, et que la volonté libre essaye de dégager et de délivrer. Mais n'est-ce pas le témoignage évident que l'homme appartient à deux ordres, à deux règnes, et que si par les pieds il plonge dans l'ordre physique, par la tête, au contraire, il participe à l'ordre intelligible et divin !

Eh quoi ! dans ce monde physique et nécessaire, voilà une personnalité libre et inviolable qui apparaît tout à coup : qu'est-ce cela, sinon un miracle, miracle du hasard et de l'aveugle fatalité, si cette personnalité libre n'est pas l'expression, l'émanation, l'image anticipée d'un autre règne, que Kant appelle admirablement le *règne des fins* et qui a ses lois tout comme l'autre? Où plonge cette *noble tige* du devoir, dont parle encore Kant ; d'où sort-elle ? De quoi se nourrit-elle, puisqu'elle n'a rien de commun avec les penchants, les passions, les appétits, tout ce qui nous vient du dehors? Cet homme du dedans, cet homme inviolable participe donc en quelque chose à *l'absolu*, puisqu'il est *absolument* interdit d'y toucher.

La conception d'un *idéal*, c'est-à-dire de quelque chose d'infiniment supérieur à tout ce qui est, est donc nécessaire à la morale. La morale suppose que dans chaque cas particulier, au-dessus de l'action à laquelle nous entraîne la nature, il y en a une autre possible et meilleure, plus conforme à l'essence de l'homme, et que nous commande la raison. La vraie science humaine n'est donc pas adéquate à la nature humaine. L'homme vrai ne se confond pas avec l'homme réel. Celui-ci, par exemple, aime la vie et sacrifie tout pour vivre ; celui-là, au contraire, sacrifiera tout, même sa vie, à quelque autre chose que lui-même, et c'est lui qui aura raison.

Que l'on nous explique maintenant d'où peut venir cette pensée d'un type, d'un modèle, d'un idéal auquel nous comparons nos actions, et d'après lequel nous les jugeons. Ne faut-il pas admettre au moins que dans ce tout dont nous faisons partie, dans cet univers qui nous enveloppe, il y a une tendance vers le mieux, une évolution qui le conduit de degré en degré jusqu'à l'être où cette tendance prend conscience d'elle-même et devient obligatoire ? Au-dessus de la nature et de ses lois nécessaires et brutales, il y aura donc au moins l'*Idée*, qui la guide, qui l'anime, qui lui donne sa valeur. Un tas de pierres n'est qu'un tas de pierres; mais que ces pierres soient disposées en arc de triomphe, en portail, en piédestal, etc,. elles prennent dès lors une signification et une excellence qu'elles n'avaient pas. Quel est donc ce quelque chose qui n'est ni matière ni force, et qui transfigure la matière et la force en les transformant en instruments ? C'est la pensée ou l'idée. Il faut donc admettre dans la nature une pensée, une idée, de quelque nom qu'on l'appelle. De même que l'homme a son idée, c'est-à-dire son essence, son modèle, sa vérité qui seule donne du prix à la vie, de la valeur à ses actions, une espérance et une consolation à ses misères, de même ne faut-il pas que la nature aussi tout entière (l'homme y compris) ait son Idée, son Essence, sa vérité (immanente ou transcendante, laissons ce débat aux métaphysiciens), en un mot sa raison, qui ne peut être encore une fois la matière brute avec ses propriétés élémentaires?

Que l'on dise tant qu'on voudra que l'idéal est une conception de l'esprit humain ; de deux choses l'une : — ou l'on entend par là une conception purement chimérique et arbitraire, créée par l'imagination et par un vague désir, semblable au mirage des passions; et nous serions insensés de sacrifier à un tel rêve le bonheur imparfait, mais palpable que peut nous procurer l'intérêt bien entendu; — ou bien nous sommes véritablement tenus à un tel sacrifice; mais alors il faut que cet idéal ait son fondement dans notre essence, qu'il soit plus vrai que la réalité même; et dans ce cas, c'est cette vérité-là qui est précisément la vraie réalité; en un mot, il faut qu'au delà de la réalité apparente et phénoménale, au delà de l'être visible et manifesté, il y ait l'être véritable, auquel nous avons conscience de participer, et auquel nous devons ressembler autant qu'il nous est possible. Sans doute l'*homme idéal*, l'*homme en soi* de Platon, le *sage* stoïcien ne sont que des modèles abstraits créés par notre esprit et qui n'ont point de réalité objective; mais ces conceptions se forment par la combinaison que nous faisons entre l'idée de l'homme réel et l'idée de l'Être absolu. L'homme idéal sera donc la plus haute participation possible de l'homme réel à l'Être absolu. Mais s'il n'y avait rien autre chose dans l'univers que la matière et ses lois, où prendrait-on l'étoffe nécessaire pour former l'idée de ce modèle et de ce type, dont nous nous reconnaissons comme les tributaires?

Un éminent penseur de nos jours a fait remarquer qu'il était impossible de nier l'existence d'un Être infini, absolu, universel, en un mot d'un Être premier; mais qu'en appelant cet Être un Être parfait, comme le font d'ordinaire les philosophes spiritualistes, on le transforme par là même en une sorte de modèle idéal, qui n'a pas plus de réalité effective que le cercle parfait, le sage parfait, l'état parfait, etc. Mais le savant auteur n'a peut-être pas remarqué que le mot de perfection peut se prendre dans deux sens : tantôt comme un modèle idéal, comme une sorte d'épreuve *à priori*, par laquelle on se représente les choses, abstraction faite de leurs conditions concrètes d'existence ; et c'est là le sens dans lequel l'auteur a pris ce mot : c'est en ce sens qu'il dit avec raison que l'Être parfait est un modèle imaginaire au même titre que les autres. Mais, dans un autre sens que ce philosophe n'a pas assez remarqué, et qui était le sens cartésien, le mot de perfection exprime toute qualité effective des choses : par exemple, l'intelligence est une perfection, la liberté est une perfection ; à un moindre degré, l'amour, le désir, la sensation, sont des perfections ; même l'étendue, en tant qu'elle a une réalité, est appelée une perfection dans le langage cartésien. Nous-même, en établissant pour principe de la morale l'excellence ou la perfection, nous n'avons pas entendu seulement par là un modèle idéal, mais une qualité effective des objets, inégalement répartie entre eux : nous avons donc admis qu'il y a des perfections relatives, et que tel degré de perfection est supérieur à tel autre. Et lorsqu'on parle de l'évolution progressive des êtres, ce qui est une des doctrines chères à l'auteur que nous examinons, on suppose par là que la nature va sans cesse se perfectionnant, qu'elle marche, selon l'expression de Leibniz, de perfection en perfection dans un progrès sans fin. La perfection ainsi connue nous est donnée comme réalité, et non pas seulement comme idéal ; elle ne s'oppose pas à la réalité par une antithèse nécessaire; mais elle est la réalité même ; et, comme le dit Spinoza, réalité et perfection sont une seule et même chose.

Les êtres ne se distinguent donc les uns des autres que par leur degré de perfection, et ils ont rigoureusement autant d'être que de perfection. La perfection est même le seul contenu effectif que renferme l'idée d'être. Retranchez-la, il reste l'idée vide d'existence, ou l'idée morte de substance. Ce n'est ni l'existence, ni la substance qui constitue la chose : ce sont ses attributs, et c'est là ce qu'on appelle perfection. Plus vous vous approchez de l'absolu, plus la notion de l'Être s'enrichit et se complète. L'Être absolu n'est pas le *vide*, mais le *plein*. Il est donc la perfection même, et le perfectionnement moral n'est autre chose qu'une participation progressive de la nature humaine à l'universelle et souveraine perfection.

C'est ainsi que, partis de la morale, nous arrivons avec Platon à ces sommets lumineux où le premier il a conduit les hommes, et que l'on ne perdra jamais de vue sans perdre en même temps ce qui fait la joie et l'éclat de la vie, ce qui donne raison à la vertu, non-seulement parce qu'elle y trouve un solide espoir, mais parce qu'elle se sent délivrée du doute impie qui pèse sur elle tant qu'elle se demande si elle ne serait pas elle-même, aussi bien que les passions, une folie d'un autre ordre, et si entre ceux qui cherchent le bien et ceux qui cherchent le plaisir, la sagesse ne serait pas chez ceux-là qui cherchent l'utilité.

« Aux dernières limites du monde intelligible, dit Platon, est l'idée du bien, idée que l'on aperçoit avec peine, mais qu'on ne peut apercevoir sans conclure qu'elle est la cause première de tout ce qu'il y a de beau et de bon dans l'univers ; que, dans le monde visible, elle produit la lumière, et l'astre de qui elle vient directement ; que, dans le monde invisible, elle engendre la vérité et l'intelligence ; qu'il faut enfin avoir les yeux fixés sur cette idée, si l'on veut se conduire sagement dans la vie publique et privée [1]. »

Résumons brièvement les résultats de notre analyse sur l'idée du bien.

Nous avons distingué le bien *naturel* ou bien *essentiel* du bien *moral*. Celui-ci ne peut être, comme l'a montré Kant, que la conséquence de l'obligation morale ou du devoir ; celui-là en est le fondement.

Il ne s'agit donc ici, dans ce premier livre, que de ce qui est naturellement, essentiellement bon, bon en soi.

Pour découvrir la nature du bien en soi, nous sommes partis de l'analyse du plaisir ; le plaisir nous a conduit au concept de l'excellence ou de la perfection, et celui-ci au concept du bonheur ; et nous avons défini le bien *l'identité du bonheur et de la perfection :* principe qui contient tous les autres, le principe de la personnalité humaine, celui de la fraternité, celui de l'ordre universel, celui de l'imitation de Dieu.

En effet, Dieu étant la source de toute excellence et de toute béatitude, accroître en soi-même ou dans les autres la somme des biens excellents, c'est se rapprocher de Dieu, c'est l'*imiter*, ce qui est impossible sans l'*aimer*. C'est en effet l'amour du bien absolu qui nous rend aimables tous les biens relatifs.

C'est en même temps se *conformer à l'ordre universel*,

---

[1]. Platon, *Républ.*, t. VII.

car, sans rien savoir de cet ordre, nous sommes assurés qu'il ne peut consister que dans l'accroissement illimité du *bien*. C'est aussi se conformer à la *volonté divine*, qui ne peut être autre que l'amour du bien. C'est travailler à l'*intérêt général*, car la vraie perfection et le vrai bonheur de chacun sont dans la perfection et dans le bonheur de tous.

C'est enfin développer la personne morale, car ce qu'il y a de plus excellent en nous-mêmes et dans autrui, c'est la *personnalité*, et là est le fondement de notre vrai *bonheur*, car le bonheur, nous l'avons vu, consiste précisément dans notre excellence personnelle, laquelle est inséparable de notre union avec l'humanité et avec Dieu.

Notre principe satisfait donc à toutes les données du problème moral, et il concilie toutes les doctrines. Mais il reste encore à le vérifier et à l'éprouver par ses conséquences. Ce sera l'objet des recherches qui vont suivre.

LIVRE II

LA LOI OU LE DEVOIR

LIVRE II

LA LOI OU LE DEVOIR

CHAPITRE PREMIER

NATURE ET FONDEMENT DE LA LOI MORALE

De l'idée de *bien* qui est l'objet, le but, la fin des actions humaines, nous passons maintenant à l'idée de *devoir*, qui est la loi, la règle, et, comme s'exprime Kant, la *forme* de ces mêmes actions; de cette partie de la morale que nous avons appelée, pour fixer les idées, morale *objective*, nous passons à cette autre partie que, dans le même but, nous appellerons morale *formelle*, réservant pour une troisième partie de ce traité l'étude des conditions *subjectives* de la moralité. Sans doute ces distinctions sont artificielles et ne reposent que sur des abstractions; mais ces abstractions sont utiles pour la précision des idées.

Par exemple, la loi du devoir suppose nécessairement un agent capable de la connaître et de l'appliquer, et doué par conséquent de conscience et de liberté : sans de telles conditions subjectives, pas de devoir; mais cependant on peut considérer la règle de nos actions abstraction faite de ces conditions. L'idée de la règle a encore quelque chose d'objectif; car on peut la contempler en soi, dans son caractère universel et absolu, avant de l'étudier dans la conscience humaine où elle se modifie suivant l'état des lumières et des sentiments. Le *formel* devra donc précéder le *subjectif* dans l'analyse des principes de la moralité. Or, au dire de tous les hommes, cette forme ou règle de toutes nos actions est ce que l'on appelle le devoir.

Nous avons ici plusieurs questions à examiner : 1° y a-t-il une telle règle? 2° en quoi consiste-t-elle? quelle est son essence, sa définition? 3° sur quel fondement repose-t-elle? quel est le principe de ce que l'on appelle généralement l'obligation morale?

§ I

EXISTENCE DE LA LOI DU DEVOIR

Le philosophe Schopenhauer prétend que l'idée du *devoir* doit disparaître de la morale, que c'est là un principe superficiel et tout populaire, lequel ne se recommande par aucune raison vraiment philosophique. La morale, suivant lui, n'est pas une science *pratique*, comme on le dit : c'est une science *théorique*. Comme toute science, elle étudie ce qui est et non ce qui doit être. Ce qui est, c'est qu'il y a des hommes bons et des hommes méchants. Le principe du bien, c'est la *pitié* que les hommes ont les uns pour les autres : le principe du mal, c'est l'insensibilité, la dureté de cœur, la cruauté. Parmi les hommes, les uns naissent avec des sentiments humains, les autres avec des sentiments égoïstes. La morale décrit les mœurs des hommes, comme l'histoire naturelle celle des animaux ; il y a des bons et des méchants, comme il y a des agneaux et des tigres ; en même temps elle détermine le principe d'approbation ou de désapprobation, qui n'est autre que la sympathie. Mais elle ne commande pas, elle n'ordonne pas : car l'idée d'un ordre, d'un commandement, suppose l'existence d'un libre arbitre impossible. La loi morale n'est autre chose en réalité qu'une transformation métaphysique du principe théologique de la volonté divine. Au lieu d'un Dieu qui commande, vous avez une loi abstraite, une règle formelle, à laquelle on prête une sorte de volonté, et à laquelle on fait dire, tout comme au législateur tout-puissant : *Sic volo, sic jubeo*. Mais, si tant est que l'on admette un ordre venu d'en haut, il serait encore plus rationnel de faire venir cet ordre d'une volonté personnelle et souveraine que de supposer une loi sans législateur, « suspendue, selon l'expression même de Kant, entre le ciel et la terre, » n'ayant son origine ni dans la nature de l'homme, puisque l'on ne veut pas qu'elle soit tirée de nos instincts, ni en Dieu, puisque l'on a laissé en suspens le problème de son existence [1].

---

1. Schopenhauer, *Die beiden Grundprobleme der Ethik*, Leipsick, 1860. Le même philosophe critique également et même raille avec

Nous avons fait remarquer nous-même, dans notre critique de la morale de Kant, que cette morale, à certains égards, semble en effet, sous une autre forme, la doctrine théologique du *décret absolu*. Mais cette critique n'atteint que la forme particulière sous laquelle Kant a exposé la doctrine du devoir : elle n'atteint pas l'idée du devoir en elle-même. Dès que l'on admet l'existence du bien (de quelque manière qu'on le définisse), on ne peut se refuser à admettre en même temps que ce bien, en tant que reconnu par la conscience humaine, est obligatoire et s'impose comme un devoir. Supposons, par exemple, avec Schopenhauer, que la pitié soit le principe de la morale ; supposons que tous les hommes n'ayant, comme il le veut, qu'une seule et même essence, le bien d'autrui soit notre propre bien : je dis que nous nous sentons obligés à procurer le bien des autres hommes, ou tout au moins à les empêcher de souffrir, lors même que nos passions nous entraîneraient dans un sens opposé à celui de la pitié. Le philosophe n'est pas plus qu'un autre à l'abri des passions, par exemple celle de la vengeance, de l'envie ou de toute autre. Que si telle passion vient à s'éveiller en lui, le sentiment de la pitié étant endormi ou oblitéré, il subsistera cependant en lui l'*idée* de ce qui pour lui est le bien, lorsqu'il est sans passion : or, cette idée subsistant, quelque faible que soit sa pitié, quelque forte que soit sa colère, il est impossible qu'il considère comme permis de se livrer à sa passion la *plus forte*, dans l'engour-

---

amertume l'idée de la *dignité* (die Würde), qui joue un si grand rôle dans la morale de Kant, comme une idée sentimentale et anti-philosophique.

dissement de celle que sa conscience lui déclare la *meilleure*. Mais dire que cela ne lui est pas permis, c'est dire en d'autres termes que cela lui est défendu, ce qui implique que le contraire lui est ordonné, commandé, non par une volonté arbitraire, mais par sa propre raison qui lui impose de choisir ce qui lui paraît bon de préférence au pire, que cela lui plaise ou non, et qu'il éprouve ou non les sentiments qui sont d'accord avec cette obligation.

Toute morale qui n'est pas utilitaire ne peut échapper à l'idée de l'obligation morale. Car, lors même que le bien nous serait primitivement révélé par un sentiment, comme tout le monde en définitive reconnaît que le sentiment n'est pas toujours égal à lui-même, qu'il a des intermittences, des langueurs, et surtout qu'il est facilement opprimé par la passion, il reste dans l'absence du sentiment vif une idée qui le remplace et le rappelle, et qui, malgré la passion, s'impose et commande : et qu'est-ce autre chose que le devoir ? Je veux bien que primitivement les hommes aient donné le nom de bonnes aux actions déterminées par la sympathie, et qu'ils se soient formé ainsi cette idée générale et abstraite : que le bien consiste en général à sympathiser avec la souffrance d'autrui. Mais de ce principe général je déduis nécessairement cette règle : Agis de manière à sympathiser le plus possible avec les autres hommes. Lorsqu'une passion contraire se présente en moi, cette règle ne laisse pas que d'être présente ; elle combat en moi les prétentions de la passion contraire : elle la condamne, et par là même elle m'*ordonne* de la repousser. C'est un *impératif catégorique*.

Rejeter l'idée du devoir sous prétexte que le libre arbitre est impossible, c'est mal raisonner; car nous ne savons pas si le libre arbitre est possible ou impossible : mais nous savons très-bien qu'en présence d'une bonne action (en tant que nous la connaissons comme telle), nous nous sentons tenus de la réaliser, et qu'en présence d'une mauvaise action, nous nous sentons tenus de la fuir. Que si cette nécessité implique le libre arbitre, ce sera là une raison en faveur du libre arbitre; mais on ne doit pas raisonner en sens inverse, et, pour éviter une conséquence métaphysiquement désagréable, rejeter une vérité immédiatement évidente.

Une autre école, qui s'est occupée de philosophie sociale plutôt que de morale proprement dite, l'école de Ch. Fourier, a également rejeté l'idée du devoir comme irrationnelle, et même comme contraire à la sagesse et à la bonté divines. Quelle étrange idée, nous dit Fourier, de soutenir que Dieu a mis en nous des passions pour que nous ayons à les réprimer, comme un père, par exemple, qui développerait des vices chez son enfant pour qu'il eût plus tard la gloire de les vaincre ! Quoi de moins conforme à l'économie de la sagesse divine, qui partout cherche les voies les plus simples, que de créer un être contradictoire, composé de deux natures, dont l'une est chargée de réduire l'autre en esclavage, tandis que partout dans l'univers nous rencontrons l'unité de ressort et l'unité d'action? Encore si Dieu, en nous donnant les passions à combattre, nous avait donné en même temps un moyen efficace de lutter contre elles ! Mais il n'en est rien. On sait combien la raison est faible devant la passion; et comment ceux qui prêchent les autres sont les premiers vaincus dans cette lutte contre eux-mêmes. Le plus grand mal n'est pas leur faiblesse, qui vient de la nature, et dont ils ne sont pas responsables, mais l'hypocrisie universelle qui résulte de ce combat entre la théorie et la pratique, tous ayant sans cesse à la bouche des maximes de morale qu'ils sacrifient sans scrupules lorsqu'il s'agit de satisfaire leurs passions. Qu'il puisse y avoir par exception quelques hommes vertueux sur la terre, Fourier ne va pas jusqu'à le nier. Mais la rareté de ces exceptions prouve que ce n'est pas là la vraie destinée de l'espèce humaine : car tant de millions d'hommes auraient-ils été créés pour qu'un nombre imperceptible arrivât au but? Fourier conclut de ces considérations que la destinée humaine n'est pas le devoir, mais le bonheur, et que le bonheur est dans l'entière satisfaction des passions. Seulement, pour que l'homme puisse atteindre à ce libre essor sans se nuire à lui-même ni aux autres, il faut savoir découvrir le vrai mécanisme du jeu des passions, et c'est à découvrir ce mécanisme que Fourier s'est appliqué. Ce mécanisme une fois découvert et mis en pratique, l'homme n'aurait plus qu'à s'abandonner à la nature pour être d'accord avec soi-même et avec les autres.

On voit que le nœud du problème consiste précisément dans la question de savoir s'il y a un mécanisme passionnel tel que les hommes, en s'abandonnant librement à toutes leurs passions, puissent rester cependant en harmonie avec eux-mêmes et avec la société. Ce serait à l'expérience à faire voir qu'un tel mécanisme existe véritablement, et, jusqu'à preuve démonstrative, nul n'est tenu d'y croire. Si maintenant on examine le mécanisme passionnel que Fourier croit avoir découvert, on voit que ce mécanisme consiste exclusivement dans ce qu'il appelle « la série rivalisée, engrenée et exaltée, » en un mot dans la distribution des travaux industriels, suivant les vocations, en groupes affiliés, rivalisant entre eux par l'analogie des fonctions, se succédant par travaux de courte durée et échangeant réciproquement leurs membres suivant la diversité des opérations, animés enfin au travail par l'attrait combiné des sens et de l'âme. Mais, sans insister sur ce qu'il y a d'utopique et d'artificiel dans de telles combinaisons, ce qui nous frappe surtout, c'est la disproportion des moyens et du but. Comment espérer en effet qu'une simple disposition mécanique de groupes puisse suffire pour ôter aux passions tout leur aiguillon, pour empêcher l'un de désirer plus que les autres et plus que sa propre part, et pour empêcher les passions sensuelles de prédominer sur les penchants de l'âme et de faire descendre l'homme au-dessous de lui-même. Il est notamment une passion, celle de l'amour, dont il semble impossible de comprendre la liberté absolue sans produire la guerre de tous contre tous et sans porter atteinte aux plus doux et aux plus nobles sentiments de la nature humaine. Sans doute il sera toujours sage de placer l'homme, autant que possible, dans un milieu tel que ses sentiments et ses intérêts soient d'accord avec ses devoirs, et le mérite de la difficulté vaincue ne doit pas être recherché en morale inutilement; il restera toujours assez de difficultés pour éprouver nos forces; mais qu'un mécanisme extérieur puisse suffire pour dispenser l'homme de tout effort et pour qu'il n'ait plus qu'à jouir de sa nature et de ses facultés, comme l'arbre qui pousse et l'eau qui coule, c'est ce qui paraît contraire a toute expérience, et, jusqu'à démonstration du contraire, doit être considéré comme une pure chimère.

Dès lors, et jusqu'à ce qu'un tel état paradisiaque soit atteint, que reste-t-il à l'homme, si ce n'est de distinguer en lui-même ce qu'il a de commun avec les bêtes et ce qui l'en distingue, les appétits sensuels et les affections du cœur ou les hautes aspirations vers les biens impersonnels du vrai et du beau. Fourier lui-même, pour le combattre par un argument *ad hominem*, obéissait-il à un instinct purement animal, lorsqu'il consacrait sa vie modeste et pauvre à nourrir le rêve qui devait, suivant lui, sauver l'humanité ? Tout n'a donc pas dans l'homme la même valeur; toutes les passions ne doivent pas être placées au même rang : il y en a de plus ou moins nobles : les unes sont meilleures que les autres. Cela étant, et jusqu'à ce qu'existe le mécanisme social qui me dispenserait par hypothèse de toute responsabilité (en supposant qu'un tel état fût désirable, ce que je n'examine pas), c'est à moi qu'il appartient de faire prédominer en moi-même les sentiments les meilleurs sur les pires, et lors même que les premiers seraient chez moi, soit accidentellement, soit habituellement, moins vifs que les seconds, je ne m'en sens pas moins tenu de faire tous mes efforts pour mettre ma conduite d'accord avec les uns plutôt qu'avec les autres : en d'autres termes, l'idée du bien, à défaut de la passion, s'impose à ma volonté comme un modèle dont je ne puis m'affranchir, et cette nécessité d'un genre particulier est précisément ce que l'on appelle le devoir, et ce qui nous ordonne de reconnaître cette nécessité est la raison. Or quelle contradiction y a-t-il à ce qu'un être intelligent ait été chargé par le Créateur, non pas de tarir en lui les sources mêmes de l'action, c'est-à-dire les passions, ce qu'aucun moraliste raisonnable n'a jamais soutenu, mais de s'élever d'un état inférieur à un état plus élevé, par son effort personnel, comme un homme qui prend son élan pour gravir une montagne difficile ? Et qu'il y en ait parmi nous peu ou beaucoup qui atteignent le but, cela ne fait rien à la nature du but, qui reste le même pour tous, et sans la connaissance duquel on ne ferait aucun effort pour s'en rapprocher; et quant à la responsabilité de chacun, elle se mesure, non au succès obtenu, mais à l'effort tenté : or, de cet effort, nous n'avons aucune mesure pour ce qui est des autres hommes ; nous n'en avons pas même pour ce qui nous concerne. Nous ne pouvons donc pas mesurer combien il y a de vertu dans l'humanité; et cela importe peu, n'étant pas chargés du jugement, mais de l'action.

Il n'est donc pas difficile de démontrer que, dans l'état actuel de la conscience humaine, il y a quelque chose que l'on appelle le devoir, c'est-à-dire une règle obligatoire d'action; mais ce qui est moins simple et moins évident, c'est que l'idée du devoir soit une idée primitive et essentielle de la nature humaine, fondée objectivement sur la nature des choses; et non pas une idée acquise née de la civilisation et successivement transmise et accrue par l'habitude et par l'autorité de la tradition.

On essaie en effet d'expliquer ainsi qu'il suit, d'une manière tout historique, l'origine de l'idée du devoir [1].

---

1. Telle est la theorie de l'école psychologique anglaise, Mill, Bain, etc., ainsi que des naturalistes qui trouvent l'origine de la

Les hommes, dit-on, ont commencé par obéir à leurs sens et à leurs appétits ; mais il n'a pas fallu beaucoup de temps pour que l'expérience leur apprît, comme elle le fait même aux animaux, que certaines choses sont nuisibles, qui cependant sont agréables aux sens, que d'autres cependant sont utiles, qui leur sont pénibles et fâcheuses. De plus, les hommes ont une sympathie naturelle qui les porte les uns vers les autres, et ils obéissent spontanément à l'instinct de la bienveillance et de la pitié. De cette double source, l'intérêt et la sympathie, est née la morale. On s'est habitué à s'abstenir de certaines actions, à rechercher les autres, à approuver et à blâmer suivant que ces actions étaient conformes ou contraires à la sympathie ou à l'intérêt. Comme les hommes sont doués de la faculté d'abstraire et de généraliser, et de fixer leurs abstractions dans le langage, ils se sont fait certaines maximes générales, certaines règles auxquelles ils ont pris l'habitude d'obéir ; et comme tous les hommes ou la plupart d'entre eux avaient fait, ou à peu près, les mêmes expériences, ils se communiquaient les uns aux autres les mêmes pratiques ; ils formaient ainsi des maximes de plus en plus générales et abstraites ; et ces règles, perdant de plus en plus le caractère personnel et individuel qu'elles avaient eu à l'origine, prenaient la forme de lois, de principes universels et impersonnels [1]. Ces principes se trans-

---

morale dans l'histoire naturelle, Darwin *(Origine de l'homme)*, Lubbock *(Origine de la civilisation)*, enfin de tous les biologistes plus ou moins engagés dans les idées du positivisme. Voir aussi le remarquable travail de M. Ribot *sur l'hérédité psychologique*, Paris, 1873.

1. Les *maximes* les plus anciennement conservées, par exemple celles des sages de la Grèce, des poètes gnomiques, les sentences

mettaient par la tradition, comme des vérités évidentes; et, comme les générations nouvelles n'avaient pas conscience d'avoir formé elles-mêmes ces sortes de maximes par leur expérience personnelle, elles les considéraient comme des vérités absolues et nécessaires, inhérentes à la nature humaine, en un mot comme des vérités innées, parce que l'origine historique s'en perdait dans la nuit des temps.

Voilà comment s'expliquerait le caractère *universel* de la notion de devoir : voyons maintenant comment s'explique son caractère *obligatoire*.

En même temps que les hommes avaient formé les règles générales dont nous parlons pour leur intérêt personnel, ils étaient portés à s'en faire part les uns aux autres; car on sait que les hommes transforment aisément en lois leurs dispositions personnelles. Or les hommes sont égaux ou inégaux : en tant qu'égaux, ils se donnaient des *conseils*; mais en tant qu'inégaux, ils se donnaient des *ordres*. C'est ainsi, par exemple, que les parents voulant éviter à leurs enfants toutes les épreuves et les misères par lesquelles ils avaient passé eux-mêmes, leur résumaient d'avance les règles de l'expérience, et les leur présentaient sous forme d'ordres, comme expression d'une nécessité impérative, à laquelle on ne peut échapper. De même les chefs des peuples, législateurs, prêtres ou guerriers, ayant intérêt à conserver la société dont ils étaient les maîtres, soit par calcul personnel, soit par humanité, prescrivaient sous forme d'ordres et de lois tout ce que l'expérience

contenues dans les poèmes d'Homère et d'Hésiode (pour ne parler que de l'antiquité grecque), sont de ce genre.

avait pu leur apprendre et apprendre à leurs pères sur les moyens de se conserver et de vivre heureux. Sans doute à ces maximes d'un intérêt général les princes des peuples ont bien pu en ajouter d'autres qui ne concernaient que leur intérêt particulier, et qui même étaient entièrement contraires à l'intérêt des sujets; c'est ce qui est très-probable, et même évident par ce qui nous reste de ces législations primitives; et les philosophes du dix-huitième siècle ont tiré de là occasion de ne voir dans ces premiers fondateurs des sociétés que des hypocrites et des tyrans; mais quelle que soit la part de l'égoïsme et de l'oppression dans les premières législations humaines, ce qui prouve que le plus grand nombre de ces lois primitives étaient en définitive utiles aux peuples, c'est que ces sociétés ont duré; elles n'ont pu durer que par le moyen de certains principes conservateurs; et ce sont ces principes qui ont depuis formé le fonds de toute morale. Enfin, en même temps que ces règles de sagesse s'imposaient dans la famille par l'autorité domestique, dans l'État par l'autorité politique, elles s'imposaient aussi par l'autorité religieuse, qui dans ces premiers temps ne se séparait pas du pouvoir public; de telle sorte que tout ce qu'il y a de plus sacré pour l'homme, père, prince, prêtre et Dieu, commandait en même temps les mêmes choses; les sages répandaient et communiquaient ces règles par la parole, par la poésie, par l'enseignement. Les règles morales ne se présentaient donc pas seulement comme des vérités générales et spéculatives, mais comme des *ordres;* et elles émanaient toujours de quelque volonté profane ou sacrée. Or on sait assez aujourd'hui quel est l'empire de l'association des impressions et des idées sur les croyances humaines. Ces règles, toujours accompagnées d'ordres, ont pris le caractère de lois nécessaires et obligatoires. Maintenant que nous avons oublié les volontés qui les ont primitivement ordonnées, nous continuons à les considérer comme des ordres, et comme, en définitive, elles sont très-conformes à la raison, puisqu'elles sont le résultat d'une longue et unanime expérience, il est tout naturel que nous les considérions comme dictées *à priori* par la raison elle-même, comme l'œuvre d'une législation interne, sans législateur [1].

Il est inutile de rappeler, à l'appui de cette interprétation, l'histoire des idées morales, l'argument si souvent invoqué de leur mobilité, de leur diversité et même de leurs contradictions de siècle à siècle, de peuple à peuple. Il va de soi que ces faits, si souvent invoqués par les scep-

---

[1]. Cette explication est à peu près celle que donne M. Kirchmann (*die Grundbegriffe des Rechts und der Moral*, 1869). Suivant cet auteur, la morale a son origine dans le sentiment de *respect (achtung)* que l'homme éprouve en présence d'une puissance qu'il sent démesurément plus forte que lui. Cette puissance devient pour lui une *autorité* dont les commandements constituent la morale. Les autorités peuvent se réduire à quatre : celle de Dieu, celle du prince, celle du peuple, et celle du père de famille. Toute la morale est positive, et ne repose que sur la volonté d'une autorité. Ces idées ne sont pas bien neuves. Elles échouent, comme toutes les théories de ce genre, contre l'écueil de détruire la morale en voulant l'expliquer. Car, ou ce respect de l'autorité est un instinct d'un ordre supérieur aux autres instincts, et c'est cette supériorité même, cette excellence intrinsèque qui est le fondement de la morale : elle ne dérive donc pas de l'autorité; ou cet instinct n'est qu'une passion comme les autres, et pourquoi lui sacrifierais-je celles-ci? Pourquoi subordonnerais-je mon intérêt et mon plaisir à la volonté des autres? Il n'y a à cela nulle raison. Le progrès des lumières doit donc nous débarrasser des servitudes et des préjugés de la morale.

tiques pour nier toute loi morale, peuvent et doivent être signalés également à l'appui de toute théorie qui, pour une raison ou pour une autre, affirme l'origine empirique des notions morales.

Cette théorie historique du devoir aurait sans doute l'avantage, précieux surtout pour l'école utilitaire, d'expliquer comment l'origine empirique de nos maximes morales est dissimulée et effacée aujourd'hui dans la conscience des hommes, et comment des principes qui n'ont été primitivement que des règles relatives et conditionnelles sont devenus avec le temps universels et absolus. Une telle transformation n'a rien d'impossible. Seulement, il faut reconnaître qu'aussitôt qu'une telle origine serait dévoilée, ces maximes traditionnelles devraient reprendre leur caractère primitif de vérités relatives et individuelles, n'ayant de valeur pour chacun que dans la mesure où il le juge à propos. La transmission héréditaire et autoritaire de l'idée du bien et du mal peut expliquer l'habitude de l'obéissance, mais elle n'en explique pas la nécessité actuelle. Le commandement traditionnel de tous ceux qui nous ont précédés n'est nullement pour nous un motif décisif d'agir. C'est sans doute une règle de prudence de ne pas aller contre des idées depuis longtemps reçues, et il sera toujours sage de prendre des précautions avant de s'en affranchir. Mais, en définitive, j'ai le droit d'examiner et de rejeter après examen ces règles qui ne reposent que sur la tradition et sur l'habitude. Je devrais donc pouvoir me dégager de la loi morale et de l'autorité du devoir, comme on s'est dégagé en politique du droit divin, et en philosophie de l'autorité d'Aristote.

Or, voici le fort de la doctrine du devoir : c'est qu'avec la meilleure volonté du monde, on ne s'en dégage pas ; c'est qu'on continue à reconnaître une vérité morale ; c'est qu'on impose aux autres des devoirs et qu'on s'en reconnaît à soi-même ; c'est qu'on ne voudrait pas être suspect d'une injustice, d'une cruauté, d'une déloyauté. Ainsi l'autorité du devoir subsiste encore, lors même que son origine mystique a été dénoncée et écartée : c'est ce qui ne devrait pas être ; la notion du devoir devrait disparaître comme celle du phlogistique. Chacun agit comme il l'entend : telle devrait être la seule règle. C'est ce qu'on n'admet pas cependant. On veut rester d'accord avec la conscience morale des hommes, avec sa propre conscience ; or cet accord ne s'explique pas, si le devoir n'est qu'un résultat de l'éducation et de l'habitude.

L'expérience, dit-on, nous a appris qu'il y a des hommes bons et des hommes méchants ; nous approuvons les uns parce qu'ils nous font du bien, et nous désapprouvons les autres parce qu'ils nous font du mal. On peut expliquer ainsi, si l'on veut, pourquoi nous ne voulons pas que les autres soient méchants ; mais on n'explique pas pourquoi nous ne voudrions pas l'être nous-mêmes. Sans doute je dois avoir horreur des scélérats, parce qu'ils peuvent me nuire ; mais pourquoi aurais-je horreur moi-même d'être un scélérat ? J'ai en moi, je le veux bien, un instinct d'aversion profonde pour répandre le sang humain ; et c'est pourquoi l'idée de répandre le sang m'est épouvantable ; mais si j'ai en même temps le désir et un désir ardent de posséder la richesse, pourquoi est-ce que je déclare le premier de ces instincts d'un ordre supérieur au second et si je le déclare une fois tel, ne s'ensuit-il pas immédiatement que je *dois* le préférer? la notion du devoir se trouve ainsi justifiée sans aucune hypothèse historique. Si, au contraire, je prétends qu'il n'y a pas de devoir primitif et essentiel, n'est-ce pas comme si je disais par là même qu'il n'y a pas en moi d'instinct supérieur à d'autres instincts, que l'amour de la vérité, ou du beau, ou de la patrie, ou des parents, ou des enfants, n'a rien de supérieur aux appétits des sens? Dès lors, la seule règle possible est celle-ci : Livre-toi à l'appétit le plus fort, en prenant tes précautions contre les conséquences; ou, si ces conséquences te sont indifférentes, fais ce qu'il te plaira.

On peut très-bien concevoir un état de société où, par le progrès des arts et la complexité croissante de la vie civilisée, on arriverait à combiner les avantages du vice avec ceux de la sécurité et de l'ordre extérieur. Par exemple, il est certain que, dans une grande ville, les infidélités conjugales ont mille moyens de se dissimuler qu'elles n'ont pas dans une petite; on peut donc se représenter une société où le mariage conservant tous ses avantages matériels et extérieurs, une très-grande licence de mœurs se produirait sans dangers. De même, dans une telle société, il y a mille moyens de faire passer l'argent des uns dans la poche des autres, sans avoir recours aux procédés grossiers des filous vulgaires. De même enfin, il peut y avoir des moyens de régler et de diriger la volupté, de manière à ce qu'elle ne cesse pas d'être la volupté, et que cependant elle ne porte pas atteinte à la santé, comme le font les débauches grossières. Si donc on arrivait, peu à peu, par l'art et l'expérience de la vie, à éviter la plupart des inconvénients que la vieille sagesse des nations avait attachés à ce que l'on appelle le vice, quel critérium resterait-il aux utilitaires pour distinguer le vice de la vertu?

Ainsi, lors même que l'école empirique aurait une explication historique de l'idée d'obligation, elle échouerait toujours contre la vraie difficulté, qui est de l'expliquer aujourd'hui. Ramener cette idée à la seule autorité de l'éducation et de l'habitude, c'est la supprimer. La supprimer, c'est détruire toute règle, et détruire n'est pas expliquer.

L'évolution historique de l'idée du devoir ne prouve rien d'ailleurs contre la réalité de cette idée. Il n'est nul besoin de recourir à l'histoire naturelle et à l'archéologie zoologique pour être assuré que l'humanité n'a pas commencé par avoir l'idée du devoir telle que nous l'avons aujourd'hui. Il suffit de considérer l'homme individuel, l'éclosion, la germination, le développement des idées morales dans l'enfant. On sait bien que c'est par l'instinct que tout commence; on sait bien que l'habitude et l'éducation se mêlent à l'instinct pour former et développer toutes nos idées. Mais, de ce qu'une idée est assujettie à une certaine évolution empirique, il ne s'ensuit nullement qu'elle ne soit qu'une pure résultante, sans réalité propre. On peut donc accorder que les premiers instincts de l'homme, à l'état primitif, comme on le voit encore aujourd'hui chez les peuples sauvages, ne sont pas très-différents des instincts de l'animal; mais ce qui caractérise l'espèce humaine, c'est précisément de s'élever au-dessus de cet état si voisin de l'animalité jusqu'à un niveau supérieur, et, une fois arrivé à ce niveau, de reconnaître qu'il ne lui est plus permis de retomber au-dessous : or, cela, c'est le devoir. Plus on cherchera par conséquent à rapprocher les origines humaines de l'état des sociétés animales, plus on fera ressortir ce qui nous élève aujourd'hui au-dessus de cet état, plus on mettra en relief la loi qui nous interdit d'y retomber.

Il est à remarquer d'ailleurs que cette théorie zoologique de la morale est plutôt contraire que favorable à la morale utilitaire; car on signale dans les animaux eux-mêmes des instincts d'affection et de dévouement et des sentiments de sociabilité par lesquels l'individu semble déjà subordonner son intérêt particulier au bien d'autrui ou au bien général. Or, s'il en est ainsi chez l'animal, combien, à plus forte raison, dans l'homme, qui est capable de comprendre la beauté et l'excellence des instincts sociaux et leur supériorité sur les instincts égoïstes! C'est le propre de l'homme d'arriver à comprendre cette supériorité; et, une fois qu'il l'a comprise, il ne peut plus, sans se faire de reproches à lui-même, préférer son intérêt propre à celui des siens, de ses amis, de sa patrie, des autres hommes. Que signifient ces reproches? C'est qu'il a eu tort d'écouter l'égoïsme. Pourquoi a-t-il eu tort? Parce que le dévouement est meilleur. Mais cette explication ne suffit pas; car la santé aussi est meilleure que la maladie; et on ne se fait point de reproches d'être malade. Je ne me fais de reproches que de ce que j'ai pu éviter. Cela même ne suffit pas encore; car de ce que je puis sortir d'une chambre par le pied droit ou par le pied gauche, il ne s'ensuit pas que je me reproche d'avoir fait l'un plutôt que l'autre. Je ne me reproche en réalité que ce que *j'aurais pu* et en même temps ce que *j'aurais dû* éviter. Le devoir est la loi qui s'impose à moi, aussitôt que, par la raison, j'ai conçu la supériorité de tel sentiment sur tel autre, du bien général sur le bien individuel, des biens de l'âme sur les biens du corps, etc. On n'a donc rien prouvé contre l'existence de la loi du devoir, en montrant par hypothèse que les germes de nos instincts moraux sont déjà dans l'animalité, ce qui d'ailleurs ne nous paraît nullement démontré; mais, lors même que l'humanité aurait eu sa vie d'incubation, semblable à celle de l'enfant dans le sein de la mère, ou de l'enfant au berceau, il n'en résulterait pas que cette vie primitive ou rudimentaire fût le type de la vie humaine émancipée et développée. C'est de l'homme tel qu'il est et non tel qu'il a pu être que la morale s'occupe; et, dans cet homme tel qu'il est, nous trouvons le germe et l'idée de ce qu'il doit être.

Quelles que soient donc les origines historiques de la moralité humaine, reconnaissons que, dans la conscience actuelle de l'humanité, ou tout au moins des groupes les plus élevés de l'humanité, il y a l'idée d'une *forme* générale et universelle de nos actions, d'une *loi* qui s'impose à la raison, qui commande à la volonté. Examinons d'un peu plus près la *nature* de cette loi, ses *fondements* et ses *caractères*.

§ II

DE LA NATURE DU DEVOIR

Le devoir, dit Kant, est « la nécessité d'obéir à la loi par respect pour la loi. » Cette belle définition doit rester dans la science, comme l'expression la plus précise que l'on ait donnée de la règle morale. Cherchons à la bien faire comprendre.

J'appelle *loi* une règle constante suivant laquelle les actions ou les phénomènes se produisent, ou doivent se produire; le premier cas a lieu si l'agent n'est pas libre, le second s'il est libre et peut, par conséquent, violer la loi. Du premier genre sont toutes les lois physiques et naturelles. L'homme, comme être physique, est soumis à un grand nombre de lois de ce genre; de plus, comme membre de la société, il est soumis à des lois civiles et politiques; comme être intellectuel, il est soumis à des lois psychologiques et logiques; enfin, comme agent libre et volontaire, il est soumis à la loi de l'intérêt bien entendu et à la loi morale; voilà bien des lois distinctes. Or, si nous cherchons en quoi une loi morale se distingue de toutes les autres que nous avons signalées, et pourquoi nous ne pouvons la confondre avec aucune autre (fait primitif donné dans la conscience), nous trouvons que ce qui caractérise cette loi, c'est la nécessité où nous sommes, quand nous agissons d'après elle, de n'avoir d'autre motif que la loi elle-même; tandis qu'il n'en est pas ainsi pour les autres lois : ce caractère particulier et original de la loi morale ou loi du devoir est ce que l'on appelle *obligation*.

Si nous considérons en effet les lois physiques, nous verrons qu'elles s'accomplissent nécessairement, sans que l'agent soit tenu de les connaître, ni par conséquent de les respecter. Si les corps tombent, ce n'est certainement point par respect pour la loi de la gravitation; car cette loi, ils ne la connaissent pas : même, viendraient-ils à la connaître (ce qui est le cas de l'homme), ils continueraient à tomber avec une vitesse uniformément accélérée, sans tenir compte de cette connaissance. La loi, à proprement parler, n'est pas la raison de l'action, elle n'en est que l'expression. Les corps sont ce qu'ils sont, et ils agissent selon ce qu'ils sont : nous appelons loi le mode constant de cette action.

L'homme, en tant qu'être physique, est soumis à toutes les lois de la nature, comme les autres êtres de l'univers : il y obéit comme eux fatalement, mais non par respect pour ces lois qu'il ne peut pas enfreindre. Il en est de même des lois psychologiques. Ces lois n'expriment que l'essence de l'âme, et ne sont pas des commandements imposés à la volonté. Elles s'accomplissent donc spontanément et fatalement; elles expriment un ordre nécessaire et inviolable (au moins tant que la liberté n'intervient pas) : elles n'ont que faire du respect de la loi. Quant aux lois logiques, ou bien elles sont des lois *idéales* de l'intelligence, considérée en soi et affranchie des accidents de la sensibilité et de la passion, et, à ce titre, elles valent comme les lois géométriques; — ou bien elles sont des préceptes, à l'aide desquels la volonté se dirige vers le but idéal de l'intelligence ; ce sont alors des lois *techniques*, ou des raisons d'agir. Ici la question se pose de nouveau : quand nous obéissons aux lois logiques, c'est-à-dire aux règles de la méthode, leur obéissons-nous par respect pour la loi ? En aucune façon. Si nous suivons les règles de la méthode, c'est qu'elles sont le moyen nécessaire d'atteindre la vérité. C'est comme moyens et non comme fins que nous les cultivons. Mais, dira-t-on, je dois obéir aux lois de la logique pour elles-mêmes, quand même je n'atteindrais pas mon but. Soit [1] ; mais nous passons alors du domaine logique au domaine moral. C'est la morale qui m'ordonne de suivre les règles de la logique : c'est à ce point de vue que je dois faire tous mes efforts pour ne pas me tromper, quels que soient les résultats. Mais, au point de vue logique, c'est eu égard à ces résultats que je dois employer les meilleurs moyens. Autrement, pratiquer la méthode pour elle-même serait une opération stérile et contradictoire [2].

Si des lois psychologiques et logiques nous passons aux lois extérieures, lois civiles et positives, nous rencontrons encore ici des règles d'action ; ce ne sont pas seulement des nécessités logiques ou physiques : ce sont des ordres, et par conséquent des règles qui peuvent être exécutées ou violées, qui commandent impérieusement à la volonté. La question est maintenant de savoir si ces sortes de lois nous commandent de leur obéir par respect pour elles-mêmes, ou par toute autre raison. Il est évident que, pour la loi civile et pour ceux qui la représentent, il est parfaitement indifférent que l'on obéisse à la loi par tel ou tel motif, pourvu qu'on y obéisse. Que ce soit la crainte du châtiment, la crainte de la honte, l'amour de la sécurité, l'amour de nos semblables, peu importe ; le for intérieur

---

1. Encore, avec quelque restriction : car il est permis de passer par-dessus ces règles quand on le peut. La plupart des savants trouvent par inspiration, beaucoup plus que par règles. Ici, le formalisme rigoriste serait tout à fait ridicule. Ainsi des règles de la médecine. On aime mieux être guéri contre les règles que de mourir dans les règles. De même, enfin, pour les règles de la poétique ou de la rhétorique.
2. J'excepte le cas, bien entendu, où ce que je cherche, c'est précisément la découverte d'une méthode.

est fermé à la loi civile. Que tous les citoyens obéissent à la loi, et que la paix règne parmi eux : elle ne demande que cela.

Cependant ne doit-on pas obéir même aux lois civiles, en considération d'elles-mêmes ; et n'est-ce pas être un mauvais citoyen que de ne voir dans la loi qu'un moyen matériel de s'affranchir du mal ? Oui, sans doute, mais ici encore, comme pour ces lois logiques, ce point de vue est précisément le point de vue moral ; c'est la morale qui nous ordonne d'obéir aux lois civiles, indépendamment de leurs résultats, en tant que ce sont des lois : c'est la morale qui ordonne au citoyen d'être autre chose que l'esclave obéissant de la loi, et d'en être le représentant libre et éclairé ; c'est donc la loi morale qui communique à la loi civile sa majestueuse autorité.

Reste maintenant à distinguer la règle morale des autres règles intérieures d'action, et qui toutes viennent se confondre dans la règle de l'intérêt bien entendu. Or, si l'on fait cette comparaison, on voit précisément, comme l'a démontré péremptoirement Kant, que les unes (à savoir celles de la prudence, de l'habileté, de l'intérêt bien entendu) ne sont jamais obéies pour elles-mêmes, mais toujours pour quelque autre but qu'elles cherchent à réaliser ; tandis que la loi morale commande par elle-même, indépendamment de tout but étranger. De là la célèbre distinction établie par Kant entre les impératifs *hypothétiques* ou conditionnels, c'est-à-dire les règles qui ne prescrivent une action que par rapport à un but, et l'impératif *catégorique*, qui commande absolument, sans égard à aucun but.

Ici toutefois nous rencontrons une grave difficulté. Nous avons combattu dans la première partie ce que l'on a appelé le formalisme de Kant, à savoir cette proposition fondamentale de sa morale, « que le principe de la moralité commande par sa forme et non par sa matière. » Mais ce principe, qu'est-il autre chose que la formule même de l'impératif catégorique ? Dire par exemple : « Fais ce que dois, advienne que pourra, » n'est-ce pas faire abstraction de tout but et prendre la loi elle-même pour but ? Dire qu'il faut obéir à la loi par respect pour la loi, n'est-ce pas précisément obéir à la forme de la loi et non à sa matière ? Supposez en effet que le motif de votre action soit tiré de la chose même que vous réalisez par cette action, n'est-il pas vrai que la loi n'est plus alors qu'un moyen pour atteindre à ce but, quel qu'il soit, personnel ou impersonnel, rationnel ou empirique ? Prenez, si vous voulez, le concept de la perfection : si c'est ce concept qui est le vrai motif de votre action, la formule ne sera plus : *Fais ton devoir*, d'une manière absolue et catégorique, mais fais ton devoir, *si tu veux être parfait*. Dès lors l'impératif n'est plus catégorique, il devient *hypothétique;* et je peux m'affranchir du précepte en m'affranchissant de la condition. La loi n'est plus un but, elle n'est qu'un moyen; et le caractère essentiel du devoir semble s'évanouir devant nous. A plus forte raison, si, au lieu de la perfection, nous plaçons le concept du bonheur même dans son sens le plus élevé, par exemple le bonheur céleste : dans cette hypothèse, le devoir ne sera encore qu'un moyen, tout comme l'intérêt, ou plutôt il se confondra avec l'intérêt.

Ces considérations, quelque fortes qu'elles puissent paraître, ne le sont cependant pas assez pour contre-balancer à nos yeux celles que nous avons émises plus haut contre l'impossibilité du formalisme absolu en morale. Rappelons d'abord, comme nous l'avons dit déjà, que Kant, quoi qu'il en dise, ne s'en tient pas lui-même à cet absolu formalisme; car, après avoir considéré l'impératif dans sa forme, il le considère à son tour dans sa matière : il admet des fins subjectives (empiriques) et des fins objectives. Il admet que l'impératif catégorique suppose « qu'il y a quelque chose dont l'existence en soi a une valeur absolue, et qui est une fin en soi : c'est là qu'il faut chercher le fondement de l'impératif catégorique [1]. » Il découvre que l'humanité et en général tout être raisonnable est une fin en soi. Et il tire de là cette seconde formule : « Agis de telle sorte que tu traites toujours l'humanité, soit dans ta personne, soit dans la personne d'autrui, comme une fin, et que tu ne t'en serves jamais comme d'un moyen. » Or, quelque tour dialectique que l'on puisse employer, il est impossible de considérer comme identiques les deux formules de Kant, l'une affirmant l'universalité de la loi, et l'autre, l'humanité comme fin en soi. La première est purement *formelle* et la seconde est *matérielle*. Sans doute Kant est parti de cette idée qu'il n'y a d'*absolument* bon que la bonne volonté, c'est-à-dire la volonté d'agir par respect pour la loi, et il a conclu de là qu'une telle volonté, ayant une valeur absolue, est une fin en soi. Mais la bonne volonté qui obéit à la loi n'est pas la

---

1. *Fondement de la métaphysique des mœurs*, 2ᵉ section.

même que cette bonne volonté idéale qui serait identifiée à la loi même, et qui est l'essence de l'être raisonnable, et par là même fin en soi. Cette seconde bonne volonté est un objet, un idéal que la première est chargée de réaliser. La bonne volonté a donc un but qui n'est pas elle-même, qui est, si l'on veut, sa propre essence, mais son essence idéale, qu'on ne doit pas confondre avec elle.

Mais laissons de côté cet argument *ad hominem;* nous disons que la doctrine du devoir n'exige nullement, comme l'a cru Kant, une loi sans matière et sans but. Au fond, si l'on y regarde de près, on verra que tout *impératif catégorique* est en effet un *impératif hypothétique,* aussi bien que les règles de l'intérêt et de la prudence. « Tu ne dois pas mentir, » me dit la loi morale. C'est là, dit-on, un commandement sans condition. En aucune façon ; il y en a une sous-entendue : Tu ne dois pas mentir, « si tu veux agir comme il convient à une créature humaine. » — Tu ne dois pas t'enivrer, « si tu ne veux pas être une brute. » Enfin, la condition sous-entendue dans tout impératif catégorique, c'est l'excellence de la personnalité humaine, considérée comme fin en soi. Supposez en effet quelqu'un à qui cette fin soit indifférente, qui ne tienne point à la dignité humaine, qui ne répugne point à la vie des brutes : l'impératif catégorique n'a plus sur lui aucun pouvoir ; et je n'ai aucun moyen de lui faire comprendre la nécessité de pratiquer le bien.

C'est ce que Fénelon semble avoir voulu montrer dans son ingénieux et profond dialogue entre Ulysse et Gryllus ; celui-ci, que Circé avait changé en pourceau, ne pouvait se résoudre à reprendre sa forme première. Ulysse lui parle ainsi : « Si peu que vous ayez du cœur, vous vous trouverez trop heureux de redevenir homme. » — Gryllus : « Je n'en ferai rien. Le métier de cochon est bien plus joli. » — Ulysse : « Cette lâcheté ne vous fait-elle point horreur? Vous ne vivez que d'ordure. » — Gryllus : « Qu'importe? Tout dépend du goût. »—Ulysse :« Est-il possible que vous ayez si tôt oublié tout ce que l'humanité a de noble et d'avantageux? » — Gryllus : « Ne me parlez pas de l'humanité; sa noblesse n'est qu'imaginaire. » — Ulysse : « Mais vous ne comptez donc pour rien l'éloquence, la poésie, la musique, la science, etc.? » — Gryllus : « Mon tempérament de cochon est si heureux qu'il me met au-dessus de toutes ces belles choses. J'aime mieux grogner que d'être éloquent comme vous. » Ulysse : « J'avoue que je ne puis assez m'étonner de votre stupidité. » — Gryllus : « Belle merveille qu'un cochon soit stupide! Chacun doit garder son caractère. » On le voit, un tel dialogue peut se poursuivre indéfiniment : nulle loi morale n'est possible pour celui qui ne tient pas à la dignité humaine, et qui en fait volontairement le sacrifice. On peut le punir et l'écraser, mais non le persuader.

La différence des deux classes d'impératifs reconnus par Kant ne vient donc pas, comme il l'a cru, de ce que, d'un côté, il y aurait une condition, et de ce que, de l'autre, il n'y en aurait pas. Non, tout impératif doit avoir une raison, et par conséquent une condition. Seulement, dans l'un des deux cas, la condition est telle que l'on peut toujours s'en affranchir; dans l'autre, au contraire, elle est telle qu'on ne le peut pas. « Fais ceci, si tu veux être riche. »

Mais je puis vouloir ne pas être riche; et, supprimant la fin, je supprime en même temps le moyen. Au contraire : « Fais ceci, si tu veux être homme. » Je ne puis pas ne pas vouloir être homme. Sans doute ma volonté inférieure, ma passion, mon caprice, peuvent s'affranchir de cette condition; ma volonté supérieure, ma vraie volonté, ce que l'on appelle ma conscience, ne le peuvent pas. Or un commandement subordonné à une condition dont on ne peut pas s'affranchir équivaut évidemment à un commandement sans condition. Kant a donc eu profondément raison en distinguant les deux classes d'impératifs, et il est très-vrai que les uns sont catégoriques : ceux-ci sont donc relatifs et les autres absolus.

Dans notre théorie, cette distinction subsiste, mais nous l'expliquons autrement. Il y a deux classes d'objets : les uns, les biens extérieurs ou corporels, ne valent que par rapport au plaisir qu'ils nous procurent et au désir qu'ils provoquent; les autres, les biens de l'âme, valent par eux-mêmes, et ont une excellence intrinsèque indépendante de nos désirs. Cette distinction était familière aux anciens : Aristote en particulier distingue partout ce qui doit être recherché pour autre chose (ἕνεκα ἑτέρου τινός), et ce qui doit être recherché pour soi-même (αὐτοῦ ἕνεκα). Les uns ne sont que des *moyens* de satisfaire nos désirs; les autres sont des *fins en soi*.

Or ces deux sortes d'objets pourront s'appeler des biens : les uns seront des biens relatifs, les autres seront des biens absolus. Quant aux premiers, il dépend de moi de décider si je les rechercherai ou non; car, d'une part, ils sont relatifs à ma sensibilité qui est tout individuelle;

de l'autre, je puis toujours me priver d'un certain plaisir, si bon me semble. C'est à ce point de vue qu'aucune maxime d'intérêt n'a le caractère du commandement ; car, de ce que vous aimez une chose, il ne s'ensuit pas que je l'aime moi-même ; et, d'ailleurs, je suis toujours libre de renoncer à quelque chose que j'aime, ne fût-ce que pour me prouver à moi-même que je fais mes volontés.

Il n'en est pas de même des objets que je considère comme excellents en eux-mêmes, indépendamment de mon plaisir. La véracité, la pudeur, la dignité, la bienfaisance, la liberté, sont des biens qu'il ne dépend pas de moi de sacrifier à mon plaisir individuel : ils sont tels que je ne puis me dispenser de les vouloir, quand même ils seraient pénibles à mes passions. Ceux-là sont donc désirables pour eux-mêmes, *propter sese expetenda*.

La définition de Kant : « le devoir est la nécessité d'obéir à la loi par respect pour la loi, » subsiste donc entièrement. Seulement, par loi morale, nous n'entendons pas seulement un commandement abstrait et sans raison, semblable à un commandement militaire, mais un commandement accompagné de son motif, de sa raison, de sa condition exprimée ou sous-entendue : « Sois sincère, si tu veux respecter en toi l'intelligence, qui est faite pour la vérité. » —« Sois sobre, si tu veux être un homme et non une brute. » — C'est à cette loi tout entière, y compris la condition, que le devoir nous impose d'obéir, sans avoir besoin d'autre motif que le motif exprimé dans la loi. Si, au contraire, nous faisons les mêmes actions par crainte ou par espérance, nous ne les faisons plus par respect pour la loi, et dès lors elles perdent le caractère de la moralité.

D'après ces considérations, il faut conclure que le proverbe populaire : Fais ton devoir, advienne que pourra, signifie simplement : « Fais ton devoir, sans tenir compte des conséquences agréables ou désagréables de l'action ; » car, si on l'entendait autrement et dans un sens trop absolu, on pourrait être conduit à faire son devoir, sans même se demander si c'est bien son devoir : la volonté ou l'intention morale étant le seul élément de la moralité, et tout but interne ou externe étant écarté, il serait indifférent que l'on accomplît une action plutôt qu'une autre, et tout critérium moral disparaîtrait. Le formalisme en morale conduirait donc au fanatisme ou au quiétisme. La maxime : *fiat justitia, pereat mundus*, est la réfutation par l'absurde du formalisme moral.

De la nature du devoir découlent ses caractères essentiels. On peut les ramener avec Kant à deux principaux : le devoir est *absolu*, c'est-à-dire qu'il commande sans restriction et n'admet aucune exception tirée de l'intérêt de l'agent ; il est *universel*, c'est-à-dire qu'il commande la même chose à tous les hommes dans les mêmes circonstances.

Le premier de ces caractères se déduit immédiatement de l'idée même du devoir : car il n'y a de devoir que s'il y a quelque chose de supérieur à l'individu, lui servant de modèle et de but : or, ce n'est pas ce modèle qui doit se plier aux dispositions de l'individu, c'est l'individu qui doit se plier à l'imitation du modèle. Qui dit modèle dit quelque chose de fixe, qui ne change pas selon l'état de celui qui l'imite : la loi qui nous commande de l'imiter participe donc à la fixité et à l'immobilité du modèle lui-même; elle est par conséquent absolue. Si elle se modifiait en effet selon les dispositions subjectives de l'agent, c'est-à-dire suivant ses passions et ses caprices, elle n'exprimerait plus le rapport précis d'un agent à un type idéal supérieur à lui; elle ne serait plus qu'un moyen de subordonner l'idéal aux différents buts de l'individu : c'est en ce sens qu'il est vrai de dire avec Kant que l'essence de la loi morale consiste dans la *forme* et non dans la *matière*, en entendant par matière ce que Kant lui-même appelle des buts *subjectifs*, c'est-à-dire des motifs intéressés.

De ce premier caractère se déduit nécessairement le second. La loi morale, faisant abstraction des buts subjectifs de l'individu, ou de sa sensibilité, ne s'adresse par conséquent qu'à la volonté et à la raison, en d'autres termes à ce qu'il y a d'essentiellement identique chez tous les hommes; elle doit donc être la même pour tous. De plus, elle tient son caractère fondamental de la nature du modèle qu'elle ordonne d'imiter : or, ce modèle, c'est l'essence humaine dans sa plénitude, dans sa perfection, chaque homme se devant à lui-même d'être homme; mais l'essence humaine est identique chez tous les hommes : la loi doit donc être la même pour tous.

Maintenant, ces deux caractères, l'universalité et l'absolu, semblent en contradiction avec ce que l'expérience nous atteste, et avec ce que la raison exige de l'humanité; car, d'une part, l'expérience nous atteste que la loi morale n'est pas la même chez tous les hommes; et de l'autre, la raison exige que la loi morale participe à la loi essentielle de l'humanité, qui est le développement et le progrès. Ainsi, deux questions : comment une loi universelle peut-elle varier suivant les temps et les lieux, ainsi que l'expérience nous l'atteste? comment une loi absolue peut-elle se transformer et se purifier, ainsi que la raison le réclame?

La réponse à cette double difficulté est dans une distinction bien simple.

Il faut distinguer l'universalité du devoir pris en soi, et l'universalité des interprétations données au devoir par la conscience des différents hommes, des différents peuples, des différents siècles, c'est-à-dire l'universalité *objective* et l'universalité *subjective* de la notion du devoir. Dans ce second sens, on peut très-bien reconnaître que l'idée de devoir n'est pas la même chez tous les hommes, dans tous les temps, dans tous les lieux. On peut même aller jusqu'à dire que cette idée manque dans certaines consciences : les enfants, par exemple, ne l'ont qu'assez tard; et peut-être les peuples enfants en sont-ils totalement privés. Pendant longtemps, l'instinct remplace l'idée de devoir; et le discernement du bien et du mal n'est peut-être lui-même qu'un instinct. Mais il n'en est pas moins vrai que le devoir est objectivement universel et que partout où cette idée est présente à la conscience, elle s'y présente comme universelle, c'est-à-dire comme s'imposant avec autorité à toute conscience placée dans les mêmes conditions. Il appartient à la *morale subjective* de suivre et d'expliquer les variations dont l'idée du devoir est susceptible dans la conscience humaine. Mais la *morale formelle*, qui traite du devoir pris en lui-même, doit reconnaître son caractère universel et absolu.

Il n'est en effet nullement contradictoire que, la loi

restant absolue en soi, aussi bien que le type dont elle est issue, nous n'en prenions cependant connaissance que relativement et progressivement, à mesure que nous réfléchissons et que nous comprenons mieux l'essence de la nature humaine : c'est ainsi, par exemple, que ce qu'il y a de commun entre tous les hommes, ce qui les fait membres d'une même famille, concitoyens d'une même cité, a dû être longtemps masqué par les oppositions de race, de tribu, de langage, de religion, etc.; il a donc fallu bien du temps pour faire entrer dans la loi morale l'idée de la confraternité universelle : de même aussi la dignité humaine, qui exige qu'aucun homme n'obéisse à autre chose qu'à la loi, a été longtemps obscurcie par les habitudes de servile obéissance qui s'étaient établies entre les forts et les faibles. Ainsi la morale se modifie et se perfectionne à mesure que nous faisons de nouvelles découvertes dans l'étude de la nature humaine : il n'en résulte pas que la loi morale soit en elle-même susceptible de changement et de progrès.

Bien plus, au contraire, on ne s'expliquerait pas ce que pourrait être le progrès moral, s'il n'y avait pas idéalement un type absolu, vers lequel nous approchons indéfiniment sans l'atteindre jamais.

Peut-être un tel type ne sera-t-il jamais connu entièrement par l'humanité; mais il n'est pas nécessaire que nous l'embrassions tel qu'il est en soi ; il suffit que nous en ayons l'*idée* : or, cette idée, en tant qu'elle nous commande, ne nous permet pas d'y rien changer : elle est donc absolue. Elle s'impose sans condition, sans exception, sans accommodement. Elle n'est pas sévère pour ceux-ci, accommodante pour ceux-là ; facile aujourd'hui, impérieuse demain. Elle ne nous connaît pas et ne fait point acception de personnes. Sans doute la *responsabilité* de chacun est déterminée par le degré de connaissances qu'il a de la loi ; mais la loi n'est loi qu'en tant qu'elle commande sans faveur et sans privilége.

Il ne faut pas non plus entendre par l'universalité du devoir une sorte d'universalité abstraite dans laquelle on ferait abstraction de toute condition et de toute circonstance particulière ; car on tomberait bientôt dans l'absurde et dans l'impossible. Par exemple, si vous dites : Il faut faire du bien aux hommes, sans rien ajouter, et si vous faites de cette règle abstraite un principe absolu sans aucune détermination et circonscription particulière, il s'ensuivrait que vous devez faire du bien à tel homme, sans considérer s'il est malade ou bien portant, s'il est riche ou pauvre, vicieux ou honnête ; si c'est un enfant, une femme, un homme ou un vieillard ; s'il vous a rendu service ou s'il vous est entièrement indifférent ; s'il est votre concitoyen ou un étranger, etc., etc. Or, à chacune de ces circonstances correspond un devoir précis et distinct ; et à mesure que vous multipliez les circonstances, vous voyez le même devoir se modifier, ou du moins se déterminer d'une manière particulière. Il n'est donc pas vrai de dire d'une manière absolue que le devoir est indépendant des circonstances ; ce serait dire que l'on a les mêmes devoirs envers un bienfaiteur, lorsqu'il est malheureux ou lorsqu'il est heureux, ce qui n'est pas ; car, dans le premier cas, vous lui devez des secours effectifs ; et dans le second, vous ne lui devez que votre affection. Ce serait dire encore que le devoir, à l'égard des pays étrangers, est le même, qu'ils soient en guerre ou en paix avec le nôtre : ce qui n'est pas ; car, en temps de paix, il n'y a rien de criminel à prendre du service dans les armées étrangères, en exceptant le cas de guerre contre notre pays ; mais en temps de guerre cette exception devient impossible. Aristote exprime cette vérité, en disant que la loi morale n'est pas une règle de fer, mais une règle *lesbienne*, c'est-à-dire une règle mobile, et s'appliquant diversement à des cas différents : « On ne demande pas, dit-il, le même courage à un enfant qu'à un homme, ni envers un lion qu'envers un loup. » Sans doute ces principes sont susceptibles de mauvaises interprétations ; mais l'abus qu'on en peut faire n'empêche pas qu'ils ne soient évidents de toute évidence, et les méconnaître serait renverser toute la morale. La complication des circonstances modifie donc profondément les devoirs, et quelquefois même jette l'âme dans un trouble profond. C'est ce qui a fait dire, par exemple, que dans les troubles civils la plus grande difficulté n'est pas de faire son devoir, mais de le connaître.

L'immutabilité et l'universalité de la loi du devoir ne doivent donc s'entendre que dans un sens : c'est que le devoir ne change pas avec nos passions et nos intérêts. Mais il change avec les conditions diverses où les hommes sont placés ; ou plutôt il ne change pas, mais il se détermine d'une manière particulière, selon les cas que l'on considère. De même qu'il n'y a pas deux feuilles semblables dans la nature, il n'y a pas non plus deux actions absolument semblables ; et, par conséquent, le devoir n'est jamais rigoureusement le même dans deux actions diverses.

De là vient que les règles de la morale ne pouvant tout prévoir d'avance, il y a, dans bien des cas, une part légitime à faire à l'inspiration. Mais, si individuel que soit le devoir dans telle circonstance donnée, il n'en est pas moins universel, en ce sens que je l'imposerais également comme maxime et comme règle à tout autre homme placé dans les mêmes conditions.

§ III

FONDEMENT DE L'OBLIGATION MORALE

Nous venons d'étudier : 1° l'existence du devoir ; 2° sa nature et ses caractères. Il nous reste à examiner son fondement.

On dit généralement, et nous avons dit nous-même qu'il est de l'essence du bien d'être obligatoire, que nous ne pouvons pas concevoir une bonne action sans sentir immédiatement que nous sommes tenus de l'accomplir. Le bien entraîne l'obligation, et il est aussi essentiel d'être obligatoire au bien qu'à la ligne droite d'être le plus court chemin d'un point à un autre[1]. Mais pour beaucoup d'esprits cette liaison n'est pas immédiate et pourrait être supprimée par l'esprit. De ce que mon intelligence conçoit une chose comme bonne, il ne s'ensuit nullement que je sois chargé et tenu de l'exécuter. C'est ce que l'on

---

1. Il ne s'agit pas de savoir ici si le domaine du bien est plus étendu que celui du devoir, ce que nous discuterons dans le chapitre suivant, mais, si le bien en général est obligatoire, et pourquoi il l'est.

reconnaîtra en examinant les diverses idées que les philosophes se sont faites du bien.

Dit-on, par exemple, que le bien, c'est la conformité à l'ordre universel, j'accorde que l'ordre universel est bon, et qu'il serait très-bien que cet ordre fût réalisé. Mais pourquoi serait-ce à moi de le réaliser? Que cet ordre se réalise tout seul, je le veux bien; mais en quoi et pourquoi suis-je chargé de son exécution? Ce n'est pas moi qui l'ai fait : je n'en suis pas responsable. Je m'y conformerai en tant qu'il sera conforme à mes propres intérêts; mais s'il me contrarie, s'il m'opprime, de quel droit serais-je tenu de me sacrifier à lui?

Fait-on consister le bien, comme Clarke ou Wollaston, dans certaines relations éternelles et nécessaires, résultant de la nature des choses comme les vérités géométriques : que l'on m'explique pourquoi je suis tenu de réaliser les unes et non les autres? Est-ce un devoir pour moi, lorsque je trace un triangle, de le faire tel qu'il ait ses trois angles égaux à deux droits, ou de faire un carré sur la base d'un rectangle égal à la somme des deux autres carrés élevés sur ses côtés? Nullement. Pourquoi donc y a-t-il certaines relations qui s'imposent à ma volonté, les autres non? Et quel devoir ai-je envers la nature des choses?

Il en est de même du principe de l'intérêt général. Pourquoi, parce que je fais partie d'une société, serais-je tenu de sacrifier mon bien propre au bien de la communauté? Que la communauté s'arrange comme elle voudra! Je ne suis point chargé de son salut.

On voit par ces exemples que nous sommes capables de comprendre l'idée du bien, et en même temps de la séparer de l'idée d'obligation ; et c'est ce que nous faisons tous les jours pour les actions très-élevées, très-nobles, très-difficiles. L'obligation ne paraît donc pas tout d'abord la conséquence immédiate du bien : le jugement qui unit l'obligation au bien est donc un jugement synthétique et non analytique ; l'obligation s'ajoute au bien ; elle ne s'en déduit pas.

C'est pour résoudre cette difficulté fondamentale que plusieurs philosophes croient pouvoir invoquer le principe de la volonté divine.

On peut entendre dans deux sens le principe de la volonté divine. Ou bien, c'est la volonté divine qui fait la distinction même du bien et du mal, du juste et de l'injuste : elle est la doctrine de Hobbes et de Crusius. Ou bien la volonté divine n'est pas la cause du bien lui-même ; mais seulement celle de l'obligation. Le bien n'est pas tel, dira-t-on, parce que Dieu le veut ; il l'est par son essence ; mais le bien devient obligatoire par l'ordre et la volonté de Dieu : telle est la doctrine de Puffendorf[1].

La différence des deux théories est facile à saisir. Dans la première, la distinction du bien et du mal est arbitraire et dépend exclusivement du libre arbitre d'un être tout-puissant, qui aurait pu faire que le bien fût le mal et que le mal fût le bien. C'est ce qui est expressément avoué par quelques théologiens, même par le pieux et sage Gerson : « Dieu, dit-il, ne veut pas certaines actions parce qu'elles sont bonnes ; mais elles sont bonnes parce qu'il les veut ;

---

[1]. M. Émile Beaussire, dans un travail sur le *Fondement de l'obligation morale* (Paris, 1853), a défendu avec force et sagacité l'opinion de Puffendorf.

de même que d'autres sont mauvaises parce qu'il les défend [1]. »

Dans la seconde opinion, au contraire, on ne prétend point que le bien soit arbitraire et dépende entièrement de la volonté divine. Mais on soutient que, sans un commandement de Dieu, l'idée absolue du bien ne suffirait pas pour nous obliger. « Le bien seul, dit-on, est obligatoire, mais il y a des actions, et des meilleures, que l'on n'est pas tenu d'accomplir et qui ne sauraient être l'objet d'une prescription universelle... Le bien comprend à la fois le devoir et le dévouement, la probité de l'honnête homme et les vertus sublimes des héros et des saints. Il est pour l'obligation comme un champ sans limites, où elle doit se renfermer pour y tracer les devoirs des hommes, mais qu'elle n'embrasse pas tout entier. On peut donc fonder le devoir sur un décret de la volonté divine, sans s'associer à ces théories sensualistes ou mystiques pour lesquelles il n'y a en morale aucune idée absolue, aucune vérité nécessaire. Le bien est immuable pour Dieu comme pour l'homme ; mais Dieu fixe au sein du bien ce qu'on ne peut négliger sans crime, ce qui implique obligation [2]. »

On ne peut méconnaître la différence des deux théories; et il faut avouer que les objections qui portent contre la première ne portent pas nécessairement contre la seconde. La première a été suffisamment réfutée. Il est établi qu'elle détruit l'essence même de la loi morale, qu'elle met l'arbitraire et la tyrannie en Dieu, enfin qu'elle est, sous une

---

1. *Dictionnaire des sciences philosophiques*, art. Gerson.
2. Em. Beaussire. *Du fondement de l'obligation morale*, p. 17.

autre forme, la doctrine antique du *fatum*; mais en est-il de même de la seconde opinion, celle de Puffendorf et de Barbeyrac, et qui fait de la volonté divine, non le principe du bien, mais le principe de l'obligation?

Il nous semble que ces deux théories, quelque différentes qu'elles paraissent, quant au principe, aboutissent cependant aux mêmes conséquences, et la seconde d'une manière peut-être plus étrange encore que la première. En effet, il paraît bien résulter de cette théorie de l'obligation que c'est Dieu qui a voulu, non pas que telle action fût bonne, mais que telle action bonne fût obligatoire, d'où il suit réciproquement que s'il n'eût pas voulu qu'elle fût obligatoire, elle ne l'aurait pas été. Dieu aurait donc pu faire une créature humaine douée de raison, connaissant parfaitement que le mensonge est mauvais, que la sincérité est bonne, et qui cependant n'eût pas été assujettie à l'obligation de la sincérité, à qui il eût pu être permis de mentir. Dieu aurait pu créer un bienfaiteur et un obligé tels que l'obligé eût été dispensé de toute reconnaissance envers son bienfaiteur, un fils qui aurait pu ne pas respecter son père, une mère qui aurait pu ne pas aimer ses enfants, des amis à qui il eût été permis de se calomnier, etc. Si l'on dit que de telles conséquences sont impossibles à cause de la sagesse divine, on entend par là que le bien pris en lui-même est inséparable de l'obligation, que ce n'est pas le décret divin qui a établi le lien entre l'un et l'autre. Que si l'on accepte ces conséquences, on admet précisément tout ce qui fait l'odieux de la première théorie, celle qui fait de Dieu le principe créateur du bien et du mal, c'est-à-dire qui rabaisse la sainteté au-dessous de la puissance. Ces conséquences paraissent même plus odieuses dans la seconde théorie que dans la première. Car on comprend encore à la rigueur que Dieu crée la distinction du bien et du mal ; mais cette distinction existant éternellement et essentiellement, que Dieu puisse nous dispenser du bien et nous autoriser au mal, c'est ce qui semble absolument inadmissible.

En outre, cette théorie, comme l'a dit Dugald Stewart, repose sur un cercle vicieux, car elle implique qu'il est obligatoire d'obéir à une autorité supérieure, c'est-à-dire que l'obligation est antérieure logiquement à l'acte de porter la loi : cet acte ne peut donc pas être le fondement de l'obligation. Supposez en effet qu'il n'y ait pas déjà une loi morale qui me dise : Tu dois obéir à la volonté d'un supérieur, celle-ci, si puissante qu'elle soit, peut me *contraindre*, mais je ne vois pas pourquoi elle m'*obligerait*. Or il n'est pas de philosophe qui ne sache la différence qu'il y a entre la contrainte et l'obligation.

On répond à cette objection qu'elle n'est elle-même qu'un cercle vicieux : « Demander en effet la raison d'un principe, c'est lui contester d'avance son titre de principe ; c'est supposer ce qui est en question. Quelque fondement qu'on donne à l'obligation, on s'expose au même reproche. Soit qu'il s'agisse du bien, du juste, de l'ordre universel, de la nature humaine, si l'on demande comment ces idées imposent à l'homme des devoirs, il faudra nécessairement répondre qu'il est moralement obligatoire de se conformer au bien, au juste, à l'ordre universel; en un mot, il faut toujours remonter à une obligation primitive, au delà de laquelle on ne peut plus chercher aucun principe sans tourner dans un cercle [1]. »

Cela est très-vrai, pourvu que le principe satisfasse à la demande posée et ne permette plus le doute; mais si au contraire il laisse subsister la question, c'est qu'il n'est pas encore le vrai principe. Si la volonté divine était vraiment le principe de l'obligation, je n'aurais plus besoin de me demander pourquoi la volonté divine est obligatoire. Puisqu'il faut s'arrêter à un dernier parce que, j'aimerais encore mieux dire que l'obligation est immédiatement et implicitement liée à l'idée de bien, sans que je puisse en donner plus de raison que je n'en donne de la liaison de la cause et de l'effet. Si vous ne voulez pas admettre ce lien immédiat, c'est que vous allez me donner une raison qui me fera comprendre plus clairement qu'auparavant le pourquoi de l'obligation. C'est ce qui n'a pas lieu; car je ne vois pas du tout clairement pourquoi je dois me soumettre à une volonté plus puissante que la mienne, fût-elle infinie, si cette volonté me commande sans raison, et si elle n'a quelque titre pour me commander. C'est ce titre qui est le principe de l'obligation et non la volonté seule, qui n'est qu'une force : or, quoi qu'on fasse, la force ne peut jamais être qu'un principe de contrainte et non d'obligation.

Mais, dira-t-on, le Tout-Puissant, qui nous donne la vie et l'être, n'a-t-il pas le droit de nous soumettre à telle épreuve qu'il lui plaira de choisir, avant de nous faire goûter le bonheur auquel il nous appelle après cette vie? Le bien et le mal ne seraient donc que l'ensemble des actes

---

[1]. Beaussire, p. 149.

imposés ou défendus à l'homme pour gagner les récompenses éternelles et éviter les peines futures! Un tel système n'est plus alors qu'un cas particulier de la doctrine utilitaire. C'est d'ailleurs se représenter l'ordre moral sur le modèle de l'ordre légal et matériel. Si, au contraire, on fait abstraction de la récompense et du châtiment, et que l'on suppose le décret divin fondé d'une manière quelconque sur l'essence des choses, on renonce au principe invoqué.

La raison la plus plausible que l'on donne en faveur de la doctrine précédente, c'est la distinction signalée plus haut entre le bien et le devoir. Le bien est, dit-on, un domaine plus étendu et plus large que le devoir. Tout ce qui est bien n'est pas obligatoire. Il est bien de sacrifier toute sa fortune à soulager les misérables : ce n'est pas un devoir; et l'on n'est pas un malhonnête homme en ne l'accomplissant pas. Cette objection sera l'objet d'un examen spécial dans le chapitre suivant. Nous pouvons donc la négliger quant à présent, et de la critique passer à la théorie.

Selon nous, le fondement de l'obligation morale est dans le principe suivant :

« Tout être se doit à lui-même d'atteindre au plus haut degré d'excellence et de perfection dont sa nature est susceptible. »

Étant donné qu'il y a dans tout être un élément d'excellence ou de perfection qui est précisément proportionné à son degré d'être, ou plutôt qui est la mesure de ce degré d'être;

Étant donné qu'il y a des êtres d'inégale perfection, et

dont l'essence a plus ou moins d'excellence et de dignité (par exemple, minéraux, végétaux, animaux, hommes);

Étant donné que l'essence de chaque être consiste dans ce qui lui est propre, et non dans ce qui lui est commun avec les êtres inférieurs à lui;

Étant donné que l'homme a une excellence qui lui est propre et qui consiste dans les facultés qu'il ne partage pas avec l'animalité, ou qu'il possède en commun avec elle, mais à un degré éminemment supérieur;

Etant donné que le bien de l'homme consiste précisément dans cette essence qui lui est propre, et par laquelle il s'élève au-dessus des bêtes;

Étant donné que cette essence est susceptible de progrès et de développement, et que l'homme peut sans cesse ajouter des connaissances nouvelles à son esprit, des sentiments nouveaux à son cœur, une force plus grande à son activité, etc.;

Étant donné que l'essence de l'homme et son excellence ne consistent pas seulement dans son rôle d'individu séparé, mais que cette excellence s'augmente encore et s'agrandit en tant que l'homme est lié à l'humanité par les liens de la sympathie, de l'amour et du respect;

Étant donné que cette essence idéale de l'humanité est en quelque sorte le symbole et l'image de l'Être absolu et parfait, c'est-à-dire de Dieu;

Étant donné que chaque homme trouve au fond de soi-même, mêlée à toutes les misères de la vie sensible, cette essence idéale de l'humanité, qui est l'homme vrai;

Étant données toutes ces prémisses, nous concluons que. pour nous, l'homme ne peut concevoir ainsi sa propre essence idéale, sans *vouloir* en même temps réaliser cette essence autant qu'il est en lui. La nécessité morale, comme l'a reconnu Kant, n'est que la *volonté supérieure* de l'homme, commandant à sa *volonté inférieure*. L'homme ne peut pas vouloir autre chose que d'être vraiment homme, complétement homme, c'est-à-dire être réellement ce qu'il est virtuellement. Cette volonté raisonnable se trouve en conflit avec la volonté sensible. La volonté supérieure, en tant qu'elle s'impose à l'inférieure, s'appelle *obligation*.

Kant a fait observer avec raison qu'une volonté *pure*, parfaitement bonne, serait tout aussi bien qu'une autre soumise à des lois, et à la loi du bien; mais on ne pourrait se la représenter comme *contrainte* par ces lois à faire le bien, puisque, en vertu de sa nature, elle s'y conformerait d'elle-même. Ainsi, pour la volonté divine, et en général pour une volonté sainte, il n'y a point d'*impératifs* ni d'*ordres;* le devoir est un mot qui ne convient plus, puisque le *vouloir* est déjà et nécessairement conforme à la loi. Le devoir, au contraire, se présente toujours avec un certain caractère de *contrainte*. C'est une loi qui s'oppose aux penchants et suppose par conséquent une certaine rébellion de la nature. Seulement cette contrainte se distingue de la contrainte de la force en ce que celle-ci est une violence, l'autre un acte de raison : l'une est une nécessité physique, l'autre une nécessité idéale.

L'opposition dans l'homme de la volonté pure, qui veut le bien, et de la volonté sensible et passionnée, qui veut le plaisir, est un fait si frappant de la nature humaine qu'il a été remarqué par tous les moralistes. C'est cette lutte que les moralistes chrétiens appellent la lutte de la chair et de l'esprit. « La loi qui est dans mes membres lutte contre la loi qui est dans mon esprit, » disait saint Paul. Cette loi de l'esprit, c'est la loi dictée par la volonté pure, celle qui veut infailliblement le bien, s'opposant à la volonté indocile et rebelle, celle qui ne veut que le plaisir.

C'est là le sens de l'admirable théorie de Kant sur l'*autonomie de la volonté :* ce qui ne doit signifier autre chose que le consentement infaillible d'une volonté éclairée à son propre bien, et non pas le caprice aveugle d'une volonté arbitraire. Il ne faudrait pas transporter de Dieu à l'homme cette fatalité aveugle qui fait d'une volonté indéterminée le principe du devoir : en Dieu, ce serait tyrannie ; dans l'homme, ce serait anarchie. Non, ce n'est pas arbitrairement, au gré de ses caprices, que l'homme s'impose une loi. Le caprice ne veut pas de loi. Mais c'est l'homme, en tant qu'il comprend sa vraie essence, qui ne peut pas vouloir autre chose que cette essence : c'est cette volonté irrésistible et naturelle vers le plus grand bien qui prend la forme d'une loi, quand elle se trouve aux prises avec une volonté inférieure. C'est en ce sens que la volonté s'impose à elle-même sa loi, se fait à elle-même sa loi, et que dans *le règne des fins* l'homme est à la fois sujet et législateur.

Ceux qui ont fait reposer l'obligation morale sur la volonté divine n'ont peut-être pas voulu dire autre chose que ce que nous venons de dire, à savoir que c'est la volonté pure, idéale, et par conséquent divine qui nous impose la loi. Mais leur erreur est de se représenter cette volonté comme quelque chose d'extérieur. Rien d'extérieur ne peut fonder la moralité. Ce n'est pas parce qu'une puissance supérieure *veut* notre bien qu'il nous est obligatoire, c'est parce que nous le voulons inévitablement nous-mêmes. C'est donc du dedans, et non du dehors, que nous vient l'obligation.

Fichte a admirablement défendu ce principe de l'intériorité de l'obligation : « Il n'y a absolument, dit-il, aucun fondement extérieur, aucun critérium extérieur de l'obligation d'une loi morale. Aucune loi, aucun commandement (fût-il donné pour un commandement divin), n'est obligatoire sans condition ; il ne l'est que sous la condition d'être confirmé par notre propre conscience, et seulement par cette raison que notre conscience le confirme : c'est un devoir absolu de ne pas recevoir ce commandement sans examen personnel, mais de le contrôler par notre propre conscience, et négliger un tel examen est absolument contraire à la conscience. Tout ce qui ne vient pas de la croyance à notre propre conscience est un péché absolu. »

Il y a deux écoles qui sont toujours d'accord pour nier dans l'homme ce que j'appellerai le *principe intérieur*, ce que les stoïciens appelaient τὸ ἡγεμονικὸν, le principe dirigeant, et qui expliquent tout par des causes extérieures : c'est l'école de la sensation et l'école autoritaire. Les idées viennent des sens, selon les uns ; de la tradition, selon les autres. Pour les premiers, la loi morale est une invention des législateurs ; pour les seconds, l'ordre d'une volonté toute-puissante. La conscience est une habitude ; la conscience est une soumission. Conformez-vous aux lois sociales, disent les uns ; obéissez aux sages, disent les autres

L'un des plus grands, parmi ceux-ci, a écrit ces mots : Abêtissez-vous; qu'avez-vous à perdre?

Oui, sans doute ma conscience me dit qu'il faut se laisser éclairer par de plus sages; mais c'est *ma propre* conscience qui me le dit; et c'est encore à elle que j'obéis en consultant les plus éclairés. Ma raison m'ordonne d'obéir à la volonté divine se manifestant à moi par la loi du devoir; mais c'est *ma* raison qui me l'ordonne, et c'est parce que cette loi est conforme à ma raison que je m'y soumets. La moralité est un acte essentiellement personnel; et cet abêtissement dont parle Pascal est le contraire absolu de la moralité. C'est une discipline matérielle et machinale substituée à la vraie discipline, celle de notre propre raison et de notre propre volonté. Dans l'ordre moral, aussi bien que dans l'ordre politique, l'homme n'est ni un esclave, ni même un sujet : il est un *citoyen*.

CHAPITRE II

LE BIEN ET LE DEVOIR

Nous venons de voir, dans le chapitre précédent, que l'un des fondements sur lesquels on a essayé d'établir la doctrine de la volonté divine est la distinction de deux domaines dans l'ordre moral : l'un où règne le principe d'obligation, l'autre qui s'élève au-dessus de l'obligation, — le domaine du devoir et celui du bien. C'est une opinion généralement reçue que l'extension du bien est plus grande que celle du devoir. Tout ce qui est un devoir est bien, dit-on ; mais la réciproque n'est pas vraie : le bien n'est pas toujours un devoir. Ces deux idées ne correspondent pas exactement l'une à l'autre. L'idée du bien embrasse plus que l'idée du devoir. Au-dessus du devoir, il y a un certain degré de perfection qui confère à celui qui s'y élève un mérite particulier et lui vaut un prix de faveur et de choix. « Le bien et le devoir, dit un moraliste, peuvent être représentés sous la figure de deux cercles concentriques qui, ayant le même centre, diffèrent par leurs circonférences. Le devoir, c'est la limite au-dessous de laquelle il ne nous est pas permis de descendre sans perdre dans l'ordre moral notre qualité d'homme. Le bien, c'est le but le plus élevé que puissent se proposer les efforts réunis de toutes nos facultés; c'est l'ordre éternel, l'ordre suprême auquel nous sommes appelés à concourir dans la mesure de notre intelligence et de nos forces : c'est la perfection même, dont il est en notre pouvoir d'approcher de plus en plus sans l'atteindre jamais [1]. »

Cette doctrine paraît d'abord fondée sur le sens commun. On reconnaît généralement, en effet, que certaines actions, certaines qualités morales sont belles et honorables; on en louera les auteurs; mais l'on ne blâmera pas celui qui s'en abstiendra : ce qui n'aurait pas lieu si ces actions étaient rigoureusement obligatoires. Par exemple, un homme opulent sera loué d'employer sa fortune à favoriser le développement des arts et des sciences: cela est évidemment bon et louable; et cependant on ne peut pas dire que ce soit un devoir pour tout homme riche de faire un pareil emploi de sa fortune. On louera, on admirera un homme qui, dans une aisance médiocre, prendra la charge de secourir et d'élever une famille qui n'est pas la sienne; cependant celui qui n'agit pas ainsi n'est pas coupable; et comment pourrait-il ne pas être coupable, si ce genre d'actions était rigoureusement obligatoire?

Il semble même que dans l'opinion vulgaire l'idée de *mérite* dépasse celle de devoir, bien loin de lui correspondre exactement; car rien de plus fréquent que d'entendre dire à un homme qui aura accompli un acte rigoureux de probité : « Je n'ai aucun mérite, je n'ai fait que mon devoir. » D'où il suivrait qu'une action ne serait méritoire que lorsqu'elle dépasserait le devoir, lorsque l'a-

---

[1]. Ad Franck. *Morale pour tous*, c. III, p. 23.

gent, en quelque sorte, y mettrait quelque chose du sien.

La même distinction se retrouve dans la morale religieuse, où l'on distingue d'ordinaire le précepte et le conseil, l'un qui nous impose ce qui est rigoureusement nécessaire pour être sauvés; l'autre qui nous avertit de ce que nous pourrions faire si nous voulions atteindre à la perfection. C'est ainsi que saint Paul nous dit : « Se marier est bien ; ne pas se marier est encore mieux. » D'où il suit que le célibat est un état plus parfait que le mariage, mais il n'est point obligatoire, tout parfait qu'il est ; il est même évident que cet état ne peut être choisi par quelques-uns qu'à la condition de ne pas l'être par tous : autrement l'humanité périrait. De même ces paroles de Jésus-Christ dans l'Évangile au jeune riche qui vient le consulter : « Vendez tous vos biens et donnez-les aux pauvres, » ont été entendues par les Pères de l'Église dans un sens de conseil et non de précepte : car, si tout le monde donnait ses biens, tous deviendraient pauvres et auraient besoin qu'on leur rendît ce qu'ils viennent de donner. On a aussi expliqué la communauté des biens, chez les premiers chrétiens, dans le sens d'une communauté libre, mais non obligatoire; et enfin la pauvreté de certains ordres religieux, qui a été considérée par quelques-uns comme une vertu, ne l'a jamais été comme une obligation absolue pour tous.

Si l'on considère donc soit la morale sacrée, soit la morale profane, il semble qu'il y ait pour l'une ou pour l'autre un état qui, dépassant la moyenne des forces humaines, soit laissé au libre choix de l'individu, et lui constitue par là même un titre à part : c'est la *sainteté* pour les uns, l'*héroïsme* pour les autres. Il semble reçu d'un commun accord que nul n'est tenu d'être soit un saint, soit un héros (quel que soit d'ailleurs celui de ces deux états que l'on considère comme son idéal). Il y a donc un large domaine au-dessus du strict nécessaire; et c'est en cela que l'idée du bien dépasse l'idée du devoir.

Enfin une dernière considération que l'on fait valoir en faveur de cette distinction, c'est que réduire la morale au pur devoir, sans admettre un domaine supérieur et libre, c'est réduire la morale à une discipline et à une consigne, faire de l'homme un agent toujours soumis à une loi, remplacer la moralité par la légalité, et ôter au libre arbitre toute son initiative et son individualité. C'est enfin, comme on l'a dit, appliquer à la morale une sorte de régime militaire, analogue à celui que Frédéric le Grand avait établi dans ses États [1].

Toutes ces raisons sont spécieuses, et cependant elles ne peuvent nous persuader.

Si l'on entend seulement ceci, à savoir qu'une chose qui est bonne en soi n'est pas rigoureusement obligatoire pour tous, cela est incontestable. Par exemple, que tout le monde ne soit pas tenu de s'embarquer pour aller découvrir le passage du pôle nord, quoique cela soit cependant une chose belle et bonne, c'est ce qui est évident; mais on ne fait pas attention que l'on compare ici ce qui est bien en général

---

1. M. Em. Grucker, dans son *Étude sur Hemsterhuys* (Paris, 1866, p. 135), fait ce rapprochement entre la morale de Wolf et la discipline prussienne : on peut le faire également pour la morale de Kant. Le même auteur ajoute à ce sujet quelques pages très-heureuses sur le rôle de l'individualité en morale.

avec ce qui est obligatoire pour certaines personnes particulières, et en effet ces deux idées ne sont pas adéquates, car, d'une part, on considère le bien d'une manière indéterminée et de l'autre le devoir d'une manière déterminée, ce qui est une faute de raisonnement. Il faut comparer ce qui est bien pour certaines personnes avec ce qui est obligatoire pour ces mêmes personnes ; or c'est là, ce me semble, que les deux idées sont inséparables. Pourquoi tel voyage, par exemple, n'est-il pas obligatoire pour moi ? parce que ce voyage ne serait pas pour moi une action raisonnable et par conséquent une action bonne ; supposez en effet quelqu'un ignorant en navigation et n'étant pas préparé par des fatigues antérieures, n'ayant aucunes connaissances géographiques, et qui, par exaltation puérile, quitterait une position où il rend des services pour accomplir une expédition dont il est incapable de tirer parti ; il est évident que telle action ne serait pas bonne pour lui, et c'est pourquoi elle n'est pas obligatoire. Supposez au contraire un marin qui serait dans toutes les conditions désirables pour accomplir un tel voyage, de telle sorte qu'il y a tout à penser qu'il pût réussir ; supposez en outre qu'en ce moment-là il n'ait pas d'autre action meilleure à accomplir, je dis que cette action devient obligatoire pour lui ou du moins qu'elle a précisément le même degré d'obligation que de bonté morale, et que s'il lui est permis de s'en affranchir, c'est qu'il peut accomplir une autre action aussi bonne ou meilleure que celle-là, par exemple, servir sa patrie dans une guerre juste [1], rendre des ser-

---

[1]. Ces lignes, écrites il y a quelques années, avant la guerre de 1870, se sont trouvées singulièrement prophétiques à l'égard de

vices plus positifs par une expédition commerciale fructueuse, etc. De même, pourquoi n'est-il pas obligatoire à telle femme de se faire sœur de charité? ce sera, par exemple, parce qu'étant mariée et ayant des enfants, il serait absurde et injuste de quitter sa famille, et ainsi l'action ne serait pas obligatoire, précisément parce qu'elle ne serait pas bonne. Si on suppose au contraire une situation telle que l'action de devenir sœur de charité soit absolument la meilleure possible, je dis que cette action devient alors rigoureusement obligatoire, et si elle n'est jamais telle, c'est qu'il n'est jamais démontré que ce soit là absolument la meilleure action possible, et qu'entre plusieurs actions également bonnes (ou qui me paraissent telles), il m'est permis de choisir.

La distinction de deux domaines, le domaine du bien et le domaine du devoir, conduirait à cette supposition inadmissible, c'est qu'entre deux actions à faire, dont l'une serait manifestement meilleure que l'autre, il serait permis à l'individu de choisir la moins bonne. Où pourrait-il prendre ce privilége? N'est-ce pas sous une autre forme cette opinion des casuistes si sévèrement condamnée par Pascal et par Bossuet, à savoir qu'entre deux opinions probables il est permis de choisir *la moins probable?*

D'ailleurs, au nom de quel principe pourrait-on prétendre que, dans le domaine du bien, l'obligation ne s'étend

---

M. Gustave Lambert, qui, après avoir pendant plusieurs années courageusement lutté pour préparer son expédition, et au moment même où les fonds venaient d'être votés par le Corps législatif, a dû ajourner son entreprise pour servir la patrie d'une autre manière, et a été **tué à Buzenval pendant le siége de Paris.**

que jusqu'à un certain point et qu'au delà commence un domaine large et libre qui serait le domaine du mérite, mais non plus du devoir? A quel critérium reconnaître ce qui est obligatoire et ce qui est méritoire, ce qui est de précepte ou de défense absolue, et ce qui est de conseil? Une telle distinction se comprend dans la morale religieuse fondée sur les livres saints; car on s'explique qu'un législateur divin ou humain prescrive certaines règles fixes, puis, au delà de ces règles, recommande sans les exiger certaines choses plus difficiles pour lesquelles il réserve des prix de faveur; car ici le critérium, c'est la parole même du législateur ou de ceux qui sont chargés de l'interprétation des textes. Mais, dans la morale naturelle fondée sur la pure raison, où trouver la raison d'une telle distinction? Pourquoi le devoir s'arrêterait-t-il ici? Pourquoi là commencerait le domaine du bien?

Dira-t-on que le domaine du devoir proprement dit comprend ce qu'on appelle communément les devoirs stricts, et que le bien correspond à ce qu'on appelle les devoirs larges (distinction sur laquelle d'ailleurs nous nous expliquerons dans le chapitre suivant)? Mais, en raisonnant ainsi, on abandonnerait le principe même de la distinction du devoir et du bien; car le devoir, même large, est un devoir. Le bien serait donc alors accompagné du devoir, mais d'un devoir plus ou moins large suivant les circonstances. Kant, par exemple, qui nie expressément que le domaine du bien soit plus étendu que celui du devoir, admet cependant, comme tout le monde, des devoirs stricts et des devoirs larges. Ces deux doctrines ne reviennent donc pas l'une à l'autre. Ce que l'on appelle devoir large est un devoir que l'on ne peut pas appliquer d'avance à telle ou à telle action déterminée ; mais c'est néanmoins un devoir.

On insiste surtout sur le dévouement, que l'on prétend être d'un ordre supérieur au devoir. Mais, d'abord, n'est-il pas évident que le dévouement lui-même, dans certains cas, est obligatoire et même strictement obligatoire ? Par exemple, dans une bataille, n'est-ce pas le devoir du soldat de se dévouer pour son pays, et celui des chefs de se dévouer pour leurs soldats ? En cas d'épidémie, n'est-ce pas le devoir du médecin de se dévouer pour ses malades ? En cas de péril pressant, le devoir rigoureux du père de famille n'est-il pas de donner sa vie pour ses enfants ? Personne osera-t-il soutenir que le soldat à la guerre, le médecin dans les hôpitaux, le magistrat en face de l'arbitraire et de la violence, fassent plus que leur devoir en se dévouant ?

Il faudrait donc au moins distinguer un **dévouement** qui serait obligatoire et un dévouement qui ne le serait pas, et la limite entre ces deux espèces de dévouement, le critérium pour la reconnaître et la démêler, ne serait pas facile à trouver. En tout cas, l'hypothèse d'une morale de dévouement supérieure à la morale du devoir fléchit dans les cas les plus nombreux et les plus ordinaires.

On triomphe dans les exemples particuliers, qu'il semble difficile de ramener à la loi commune : « Ce n'était pas un devoir pour saint Vincent de Paul d'ouvrir un asile à tous les orphelins abandonnés. Ce n'était pas un devoir pour lord Byron de voler au secours de la Grèce opprimée et de sacrifier sa vie à la délivrance d'un pays qui n'était pas le sien [1]. » Je réponds sans hésiter que si l'action accomplie par saint Vincent de Paul ou lord Byron était pour eux la meilleure possible au moment où ils l'ont choisie et accomplie, elle était précisément pour eux rigoureusement obligatoire. Malgré l'universalité de la notion de devoir, tout le monde n'est pas obligé à la même chose. Le magistrat qui rend la justice n'est pas tenu de soigner les malades, et le soldat qui combat pour son pays n'est pas obligé d'étudier les sciences et les lettres. Il y a donc pour chacun de nous un domaine de bien déterminé et approprié à son rôle dans la société : or, dans ce domaine, le devoir se mesure rigoureusement à la bonté même des actions.

Sans doute, dans tel cas particulier, une action peut paraître belle sans être obligatoire; mais c'est qu'alors il n'est nullement prouvé que cette action, si belle qu'elle soit, fût rigoureusement la meilleure et la plus juste. Par exemple, que Byron, après une vie de désordres et de dissipation, las de la vie et de lui-même, ait été, sous l'empire d'un sentiment exalté, se faire tuer pour un pays qui ne lui était rien, et auquel sa mort était fort peu utile, c'est là une action belle, j'en conviens; mais je ne suis nullement persuadé que ce fût une action bonne, car ce n'est là qu'un brillant suicide. Que Byron, au lieu de rechercher cette bruyante gloire, se fût au contraire imposé de rendre à sa vie la dignité, à son foyer domestique la paix, à son génie la sérénité, et par suite la fécondité; il aurait fait une action infiniment meilleure et aurait donné aux hommes un exemple plus sérieusement

---

1. Ad. Franck. *Morale pour tous*, c. III.

utile. J'avoue donc que l'action de Byron n'était pas commandée par le devoir; mais c'est qu'elle ne l'était pas par le bien. Tout ce qui est beau n'est pas toujours bon, quoi qu'en dise Platon.

Prenons un exemple d'une tout autre nature dans l'histoire contemporaine. Soit, par exemple, le noble et héroïque dévouement de l'archevêque de Paris, mort sur les barricades de juin 1848. Pourriez-vous considérer, nous dira-t-on, un tel acte comme l'accomplissement d'un devoir, d'une loi, de quelque chose d'ordonné? N'est-ce pas l'acte libre d'une âme inspirée? N'est-ce pas la liberté même de cet acte qui en fait la beauté? Sans doute le soldat à la guerre doit donner sa vie; cela est implicitement contenu dans l'idée même de la profession; mais dans la condition d'un ministre de paix, comme est un prêtre, n'est pas contenue l'obligation d'aller braver en face la mort et la cruauté. Celui qui s'y expose fait sans doute une action noble et belle, mais non rigoureusement obligatoire.

Qui ne voit, au contraire, que dans l'idée d'un ministre évangélique est contenue plus que dans celle d'aucun autre état l'obligation du dévouement? Sans doute nul ne peut prévoir d'avance comment et où ce dévouement pourra s'exercer; et comme, grâce à Dieu, les guerres civiles sont très-rares, ce genre de dévouement particulier qu'a inspiré à l'archevêque de Paris la terrible épreuve où était plongée la patrie ne pouvait pas être prévu à priori. Il n'y a donc pas de règle pour cette circonstance; or, habitués à n'appliquer ce mot de devoir qu'à des actions qui se présentent fréquemment, nous croyons qu'il n'y a plus de devoir lorsqu'il s'agit d'une action exceptionnelle.

J'ajoute que tous les hommes n'ayant pas la même conscience morale, ou du moins ne l'ayant pas tous au même niveau de délicatesse et d'élévation, il ne viendra point à tous la même idée dans les mêmes circonstances, et il faut faire une large part en morale au principe de l'initiative individuelle. Or, tant que l'idée d'une action à faire ne s'est pas présentée à notre esprit, il est évident qu'elle ne peut pas être pour nous obligatoire : il n'en est pas de même aussitôt que cette idée a été conçue par notre conscience. Cette action, une fois représentée dans l'esprit, se présente à nous avec tous les caractères du devoir; et nous ne pouvons plus l'écarter sans remords. L'archevêque de Paris aurait pu, il est vrai, ne pas concevoir l'idée de l'action héroïque qu'il devait accomplir. Mais, après avoir conçu cette pensée, supposez qu'il eût reculé devant l'exécution, il en eût sans doute éprouvé les mêmes remords que nous avons l'habitude d'éprouver, lorsque nous manquons aux devoirs les plus stricts. Il eût éprouvé le sentiment d'une humiliation intérieure, d'une diminution morale; et comment aurait-il pu en être ainsi s'il n'avait pas eu la conscience de manquer à un devoir?

Essayons cependant d'expliquer comment a pu se former cette idée de deux domaines inégaux dans l'ordre moral.

1° Cette distinction est passée de la morale religieuse dans la morale profane. Les anciens ne l'ont pas connue. Nous avons vu que la distinction du précepte et du conseil a sa raison d'être dans la loi positive religieuse; cette raison, c'est la volonté même du législateur. Mais, dans la morale philosophique, la raison de cette distinction n'existe plus.

2° Les hommes sont toujours disposés à s'accommoder avec la morale au meilleur marché possible. Ils ont donc considéré comme strictement obligatoires les actions sans lesquelles l'ordre social est impossible et la sécurité de tous est troublée : par exemple, ne pas tuer, ne pas voler, etc. Quant au reste, ils sont assez disposés à le regarder comme un luxe, fort beau, sans doute, mais dont on peut se passer. Cela est si vrai qu'à mesure que l'on passe d'un âge à l'autre de la civilisation, ou d'un étage à l'autre de la société, on voit s'augmenter le domaine du strictement obligatoire, et par conséquent le domaine du mal moral rétréci d'autant. C'est ainsi que les gros mots, les coups, l'ivrognerie, sont des bagatelles dans certaines classes, et des choses honteuses dans les classes plus éclairées.

3° Enfin, dans cette théorie, on confond les diverses applications du devoir avec le devoir lui-même. Par exemple, c'est un devoir pour l'homme de se dévouer à ses semblables, mais non pas de se dévouer d'une certaine manière plutôt que d'une autre. Le choix dépend des circonstances : l'un se dévouera comme soldat, l'autre comme savant, l'autre comme ouvrier, etc. Si donc l'on prend un certain genre d'actions particulières, on peut dire que ces actions sont bonnes sans être obligatoires, parce que tous les hommes ne peuvent pas accomplir la même action, et, pourvu qu'ils se dévouent d'une certaine manière et dans les circonstances déterminées par leur situation sociale, ils ont accompli le devoir. Ainsi le dévouement en soi est obligatoire, parce qu'il est bon; et chacun n'est en particulier obligé qu'au genre de dévouement qui est bon relativement à lui. D'où l'on voit que les idées de bien et d'obligation sont toujours corrélatives et inséparables.

Vous admettrez donc, me dira-t-on, contre le sens commun, que la sainteté ou l'héroïsme sont obligatoires? Je n'hésite pas à répondre oui, pourvu qu'on ne réduise pas le sens de ces mots à certains actes déterminés. Par exemple, dans l'usage, un saint est presque toujours un religieux, et un héros un soldat. Or il est évident que tout homme n'est pas tenu d'être un moine ou un soldat. Mais si vous entendez par sainteté le plus haut degré de pureté possible, et par héroïsme le plus haut degré de courage possible, et si la perfection morale consiste à la fois dans l'un et l'autre, je dis que chacun de nous, dans la limite des circonstances, et selon les conditions diverses où il est placé, est tenu de s'élever au plus haut degré possible de perfection, et d'être saint et héros, selon ce que le demandera la nature des choses. Or, cette limite fixée par la nature des choses, chacun de nous, par une molle complaisance, la fixe aussi bas que possible, et même reste encore la plupart du temps au-dessous d'elle. Le devoir, au contraire, consiste à reculer cette limite le plus loin possible, et à faire tous ses efforts pour y atteindre. Le vrai principe est celui-ci : nul n'est tenu de faire ce qui n'est pas possible; mais tous sont tenus de faire ce qui est possible. Il serait absurde de soutenir qu'un certain degré de perfection étant possible pour moi, j'ai le droit de me contenter d'un moindre; et de même il serait absurde d'exiger de moi un degré de perfection auquel ne m'appelle pas ma nature (par exemple, de découvrir le système du monde comme Newton). Seulement la limite du possible et de l'impossible n'étant pas déterminée *à priori*, c'est mon devoir, je le répète, de porter cette limite aussi loin que possible, et cela même est ce que j'appelle le bien.

Il y a donc un bien en soi et un devoir en soi, adéquats l'un à l'autre ; il y a aussi un bien déterminé et un devoir déterminé suivant les circonstances et les individus ; et ici encore le devoir est adéquat au bien. Il n'y a inégalité entre les deux notions que lorsqu'on les prend à deux points de vue différents. Par exemple, ce qui est bien en soi (ce qui est pour une créature possible) peut ne pas être un devoir pour une créature donnée ; mais le devoir abstrait est toujours adéquat au bien abstrait ; et le bien concret l'est également au devoir concret.

Kant a donc eu raison de dire, dans une des pages les plus sublimes de la *Critique de la raison pratique :* « Il ne faut pas que, semblables à des soldats volontaires, nous ayons l'orgueil de nous placer au-dessus de l'idée du devoir, et de prétendre agir de notre mouvement, sans avoir besoin pour cela d'aucun ordre. Nous sommes soumis à la discipline de la raison, et, dans nos maximes, nous ne devons jamais oublier cette soumission, ni en rien retrancher. Il ne faut pas diminuer, par notre présomption, l'autorité qui appartient à la loi, en plaçant ailleurs que dans la loi même et dans le respect que nous lui devons le principe déterminant de notre volonté, celle-ci fût-elle d'ailleurs conforme à la loi. Devoir et obligation, voilà les seuls mots qui expriment notre rapport à la loi morale. Nous sommes il est vrai, des membres législateurs d'un royaume moral que notre liberté rend possible; mais en même temps nous en sommes les sujets et non les chefs.

« C'est jeter les esprits dans un fanatisme moral et exalter leur présomption que de leur présenter les actions auxquelles on veut les engager comme belles, sublimes, magnanimes; car on leur fait croire que le principe qui doit déterminer leur conduite n'est pas le devoir, mais qu'on attend ces actions d'eux comme un pur mérite. »

Nous admettons avec Kant que l'homme ne peut pas s'élever au-dessus du devoir, qu'il ne peut pas avoir un luxe de vertu dans lequel il mettrait du sien, et où il ferait en quelque sorte crédit à la loi morale. Le devoir s'élève au-dessus de tout ce que nous pouvons faire de bien, loin que nos actions bonnes puissent s'élever au-dessus du devoir.

Est-ce à dire qu'il faille se représenter le devoir comme Kant nous le représente, comme une consigne, comme une discipline matérielle et toute militaire qui s'imposerait à nous, ainsi qu'à des soldats? Sans doute, nous ne sommes pas des volontaires dans le combat moral; nous sommes gouvernés par une loi; mais cette loi n'est-elle qu'une loi de contrainte et n'est-elle pas aussi une loi d'amour? Est-il interdit à l'homme, comme le veut Kant, d'agir par amour de la loi; et faut-il n'avoir pour elle que de l'obéissance? De plus, cette loi est-elle formulée à l'avance pour toutes les circonstances possibles? Et dans le sein même du devoir, si rigoureux qu'il soit, n'y a-t-il pas une part à faire à l'initiative, à la volonté individuelle? C'est sur ce point que nous

nous séparons de Kant ; ce n'est pas au-dessus du devoir, c'est dans l'enceinte même du devoir que l'homme trouve le mérite par la liberté. L'homme n'est pas seulement, comme le veut Kant, un employé esclave de son règlement, un soldat obéissant à une discipline inflexible, un géomètre armé de règles et de compas. Non, sans doute. Au delà de la loi, l'homme ne doit rien et ne peut rien. Mais, dans le sein de la loi même, il peut, il doit mettre du sien. C'est à lui à interpréter la loi, selon les mille circonstances imprévues qui se présentent, et qu'aucune formule ne peut prévoir. C'est à lui de trouver les moyens d'appliquer la loi. Là est la part de l'initiative individuelle et de ce que j'appellerai l'*invention* morale.

Il y a de l'invention en morale, aussi bien que dans les arts ; et les grands hommes en morale sont ceux qui ont inventé de grandes et belles manières d'interpréter et d'appliquer des lois connues. On doit se dévouer pour sa patrie. Voilà une loi générale et abstraite, qui suffit *à priori*. C'est aux hommes à en trouver l'application. Par exemple, aucune loi ne peut dire d'avance : Tu mettras ta main dans un réchaud ardent et la laisseras brûler, afin que l'ennemi sache quels hommes il doit combattre. C'est Mucius qui a inventé cette manière particulière de prouver son courage et son dévouement. Personne ne pouvait ni prévoir ni prescrire une telle action, pas plus qu'une belle image de Virgile. « Aime ton prochain comme toi-même, » dit la loi. Saint Vincent de Paul invente d'ouvrir un asile aux enfants abandonnés. L'abbé de L'Épée invente d'instruire les sourds-muets. Ce sont des applications nouvelles et inattendues d'un principe parfaitement connu.

Que dira-t-on des beaux mots, des grandes paroles qui nous sont transmises par l'histoire ? Les retranchera-t-on du domaine moral, pour les renvoyer à l'esthétique? Non, sans doute; et cependant quelle loi morale pourrait nous imposer le précepte suivant : « Tu diras un beau mot en mourant ? » On doit montrer du courage dans la mort; voilà la règle. Mais chacun montrera le courage comme il lui conviendra et selon son génie ; l'un en se taisant, l'autre en parlant.

Pendant des siècles, les publicistes ont enseigné que la politique ne peut pas se soumettre aux lois de la morale, et qu'il faut pour les souverains une morale à part. Il suffira d'une grande âme, d'une grande volonté, pour renverser cette prétendue règle et nous apprendre qu'on peut concilier toute une vie politique avec la plus inflexible honnêteté.

Avoir, dans une carrière de vingt années, prouvé que la sagacité politique, l'héroïsme militaire, le maniement des plus grandes affaires, une responsabilité écrasante, n'avaient rien de contraire avec la moralité publique et privée, avoir eu la tentation de mettre fin à l'anarchie en s'emparant du pouvoir et s'y être refusé, ne s'être jamais servi de l'armée que pour les lois et non contre les lois, et bien loin d'en exciter les mécontentements naturels, les avoir au contraire fait taire devant le bien public, c'est là un fait si extraordinaire dans l'histoire, qu'on ne le croirait pas possible si Washington n'était là pour nous prouver qu'il a eu lieu.

En un mot, la vertu est en quelque sorte un acte créateur, et, dans ce qu'elle a de plus sublime, un acte libre et individuel, qui donne naissance à des formes inattendues de grandeur et de générosité. La forme inférieure de la vertu est la forme légale, à savoir celle d'une activité obéissante, qui, sans aucune spontanéité, suit fidèlement une règle donnée, soit la règle civile (ce qui est le plus bas degré), soit une certaine règle morale reçue et transmise par la tradition. Mais la vraie vertu, comme le génie, échappe à la règle ou plutôt crée la règle ; et cela est aussi vrai des devoirs que l'on rapporte à la justice que des devoirs de charité. Un jour la vertu découvrira qu'il faut pardonner à ses ennemis; un autre jour, qu'il ne faut pas opprimer la conscience des hommes; un autre jour, que l'innocence de l'enfant doit être respectée, *debetur puero reverentia*, ou encore qu'il faut savoir défendre ses droits, etc. Chacune de ces découvertes ne se fait pas sans péril, et la sagesse traditionnelle se révolte contre ces divinations d'un monde meilleur. Ainsi la vertu, comme l'art, est créatrice, et on peut faire l'histoire de ses découvertes et de ses inventions. Si même on la considère dans ses actes de tous les jours, on verra que la vertu crée : car aucune loi, aucune règle n'est assez précise pour déclarer comment il faut agir dans chaque circonstance : c'est la vertu qui le trouve et qui le devine; c'est elle qui combine le sévère et le doux, le gai et le triste, l'héroïque et le simple, de manière à donner, dans chaque cas particulier, une solution différente; de là vient qu'en morale l'exemple est plus que la loi. Le héros ou le saint, voilà les vrais livres de morale. Aussitôt que de tels exemples ont été donnés, ils deviennent *devoirs* à l'égard des autres hommes. Ce qui a été d'abord l'œuvre de l'initiative individuelle devient une règle et une loi. Il n'est donc pas nécessaire de supposer deux domaines, l'un du bien, l'autre du devoir, l'un où règne la liberté, l'autre où domine une inflexible discipline. Partout, à tous les degrés, il y a à la fois règle et liberté : règle, en ce sens que partout où il y a quelque bien à faire, il est obligatoire de le faire ; liberté, en ce que c'est la vertu elle-même qui, par son initiative libre et créatrice, dégage la vérité morale du chaos confus où nos instincts et nos préjugés la tiennent primitivement étouffée.

CHAPITRE III

DEVOIRS STRICTS ET DEVOIRS LARGES.

Outre la distinction précédente du devoir et du bien, on admet encore, dans les écoles, une autre distinction et deux espèces de devoirs, que, depuis Wolf, on appelle les devoirs *stricts* et les devoirs *larges*. Les premiers, dit-on, sont précis et rigoureux, et s'imposent à l'agent d'une manière absolue, sans laisser aucune latitude à l'interprétation : par exemple, payer une dette, rendre un dépôt, ne pas tuer. Les autres, au contraire, quoique obligatoires comme les premiers, sont obligés de laisser à l'agent une grande liberté d'interprétation et une certaine latitude d'exécution. Par exemple, cultiver son intelligence est certainement un devoir ; mais comment, sous quelle forme, jusqu'à quel point ? Est-ce en étudiant le sanscrit, ou l'arithmétique ? Est-ce en négligeant le soin de notre santé, l'administration de nos affaires, le service de nos fonctions ? Non, sans doute ; on ne peut donc pas fixer avec précision de quelle manière on devra remplir ce genre de devoirs : c'est à l'agent libre à choisir et à mesurer sa culture intellectuelle. De même on commandera de donner aux pauvres ce que l'on appelle le superflu. Mais qui décidera ce que c'est que le superflu, cette chose si nécessaire? Qui fixera la limite du luxe permis à chacun? Donc, point de mesure rigoureuse. C'est à la conscience de chacun de prendre parti ; et la loi ne peut être autre chose que celle-ci : faire le mieux possible.

Telles sont les raisons que l'on donne en faveur de la distinction reçue : et on ajoute que les devoirs stricts (que l'on appelle aussi devoirs parfaits) sont en général les devoirs *négatifs*, ceux qui consistent à ne pas faire le mal. Les devoirs larges sont les devoirs *positifs*, ceux qui consistent à faire le bien. Les premiers, dira-t-on, sont stricts ; car il est absolument interdit de faire du mal (soit à soi-même, soit aux autres). Les autres sont larges ; car, le domaine du bien s'étendant à l'infini, il n'y a aucun critérium qui permette de fixer les limites ici ou là. Dans ce cas, par conséquent, la règle est : *le plus possible*. Dans le premier, au contraire, la règle est : *jamais, nullement, à aucun degré*. Ici elle est absolue, là elle est relative ; cela tient, comme on voit, à la nature des choses.

Cette distinction est certainement importante, et a été un progrès dans l'analyse philosophique des devoirs ; mais, si l'on y regarde de plus près, on s'aperçoit qu'elle va s'évanouir devant une analyse plus exacte et plus précise.

Reconnaissons d'abord l'inconvenance des expressions adoptées. Certainement l'expression de devoirs larges est malheureuse, ne serait-ce qu'à cause de sa parenté avec cette autre expression : « une conscience large. » Il semble d'ailleurs qu'il y ait contradiction à dire qu'un devoir peut être large. Le devoir entraîne par lui-même l'idée de rigueur et de stricte obligation. Un devoir dont on peut se dispenser quand on le veut et dont on remet l'application au moment où il nous plaît, un devoir que l'on exécute à son idée, à son heure, dans la mesure qui vous convient; tout cela, au moins en apparence, semble contraire à l'idée de devoir, telle qu'on se la représente généralement.

J'en dirai autant de l'expression reçue de devoirs *parfaits* et devoirs *imparfaits*. N'est-il pas fâcheux de représenter par cette dernière expression les plus beaux, les plus nobles, les plus généreux de nos devoirs? Les devoirs de soulager la misère, de consoler les affligés, de soigner les malades, d'instruire les enfants, ne sont dans la langue pédantesque de l'école que des devoirs imparfaits; et, au contraire, le devoir (si sacré d'ailleurs), mais si prosaïque de payer ses dettes semble être le type des devoirs parfaits.

Je ne suis pas non plus satisfait de l'expression de devoirs *positifs* et de devoirs *négatifs*, les uns qui consistent à ne pas faire le mal, les autres à faire le bien; cette distinction est beaucoup plus dans la forme que dans le fond. La plupart des devoirs peuvent se formuler indifféremment d'une manière positive ou négative. La justice, par exemple, était exprimée par les anciens à l'aide de ces deux formules: *neminem lædere, suum cuique reddere*. La première est négative et la seconde est positive; et celle-ci est la plus précise des deux. La justice, en effet, ne défend pas seulement certaines actions; elle en commande d'autres. Par exemple, elle défend de ne pas voler le bien d'autrui, et elle ordonne de rendre un dépôt[1]. Si l'on tient compte, en outre, de la distinction d'Aristote entre la justice *commutative* et la justice *distributive*, on se convaincra que cette vertu, dans ce second cas, prend encore plus le caractère de devoir positif. De même le devoir de ne pas mentir pourra s'exprimer ainsi : « Dis toujours la vérité, lorsque tu es forcé de parler. » Le devoir de ne pas se tuer équivaut au devoir de conserver sa vie. Celui qui se tue en refusant de manger se tue en s'abstenant d'une action : le précepte qui lui ordonne de manger pour ne pas mourir est donc positif. Réciproquement, les devoirs dits positifs pourront s'exprimer sous forme négative ; par exemple, au lieu de dire : « Sois reconnaissant, » on pourra dire : « Ne sois pas ingrat. » Au lieu de : « Sois charitable, » on dira : « Ne sois pas égoïste. » Le devoir « de ne pas rendre le mal pour le mal » est un devoir de charité, non de justice ; et cependant il est négatif dans la forme. Le pardon des injures, la clémence, l'humanité envers les animaux, consistent à s'abstenir de certaines actions ; et cependant ce sont des devoirs d'humanité et de bienveillance, c'est-à-dire des devoirs généralement appelés *positifs*.

On voit que les distinctions reçues, quoique assez utiles au point de vue de la classification des devoirs, sont cepen-

---

[1]. On dira peut-être qu'ici *rendre* est synonyme de *ne pas voler*, et par conséquent que le précepte est toujours négatif. Je réponds qu'il y a toujours cette différence que, dans certains cas pour voler, il faut *prendre;* que, dans d'autres (dans le cas de dépôt), il suffit de *garder*. Dans le premier cas, le vol consiste à agir (prendre). Dans le second, à s'abstenir (ne pas rendre). — Inversement, la justice dans le premier cas consiste à s'abstenir (ne pas prendre), et dans le second à agir (rendre). — Le devoir est donc à la fois négatif et positif.

dant des distinctions superficielles et insuffisantes, et que la terminologie en est généralement assez malheureuse.

Mais il est temps de laisser les mots pour les choses. Revenons à la distinction des devoirs stricts et des devoirs larges, et voyons si cette distinction peut se maintenir dans l'état actuel de la science.

L'erreur fondamentale que nous croyons démêler dans cette distinction est d'attribuer à l'essence même du devoir, c'est-à-dire à sa forme, ce qui tient uniquement à sa matière, c'est-à-dire à la nature de la chose qui est l'objet du devoir. Par exemple, l'objet du devoir est-il une chose matérielle, précise, facile à distinguer de toute autre, ayant une identité permanente, ou une valeur nominale rigoureuse, une chose enfin susceptible de mesure, de définition, de détermination, on comprend alors facilement que le devoir prenne un caractère de précision et de rigueur qui donne l'illusion d'une classe particulière de devoirs opposés aux autres.

C'est pour cette raison que, lorsqu'on veut donner un exemple de devoir strict, on choisira l'exemple du dépôt que l'on est tenu de rendre. C'est là sans doute un devoir absolument strict : mais à quoi tient cette espèce de raideur de la loi morale dans cette circonstance, qui ne laisse à l'agent aucune latitude d'interprétation? Cela tient uniquement à la nature matérielle de la chose, qui ne permet rien à la liberté de l'agent. Je vous confie mon coffre-fort avec ce qu'il contient. Que devez-vous me rendre? Mon coffre-fort. Ici point de débat, pas de plus ou de moins. La chose est ce qu'elle est ; elle ne se confond avec aucune autre. Elle doit revenir entre mes mains, et celle-là seulement, mais pas une autre [1]. Il en est de même du prêt. Je vous prête cent francs. Que devez-vous me rendre? Cent francs; l'identité matérielle est inutile; l'égalité de valeur est seule exigible ; mais comme cette égalité est rigoureuse, le devoir est lui-même rigoureux.

Encore ne tenons-nous pas compte de la question d'intérêt. Ici le devoir cesse d'être strict. Car en quoi consiste l'intérêt légitime ? C'est ce que personne ne peut dire d'une manière absolue. Tantôt ce sera de l'usure de prêter à cinq pour cent; tantôt cinquante pour cent seront un intérêt légitime. Tant qu'il y a des lois sur l'intérêt, on aura sans doute un critérium ; et un usurier sera celui qui prêtera au-dessus de l'intérêt légal ; mais comme les variations et les fluctuations du commerce ne permettent pas ces fixations arbitraires, on dépasse les taxes légales à l'aide de subterfuges acceptés par l'opinion ; et les banques publiques le font publiquement, avec le consentement et l'approbation de tous. Ce n'est pas à dire qu'il n'y ait pas d'usure, mais seulement que l'intérêt étant une chose essentiellement fluctuante et variable, dépendant de mille

---

[1]. Encore ici y a-t-il quelque latitude. Vous me confiez un dépôt, votre bibliothèque, avec autorisation de la lire. Si je vous gâte un de vos livres par mégarde, ne puis-je pas me contenter de vous en fournir un autre exemplaire? Dans la plupart des cas, rien de plus légitime. Dans le cas seulement où il s'agirait d'un exemplaire rare et unique, le remplacement n'équivaudrait pas à la restitution. C'est toujours, comme on voit, la nature de l'objet qui fait la rigueur absolue du devoir. — Dans ces derniers temps, il s'est élevé devant les tribunaux la question de savoir si des obligations déposées chez un banquier doivent être rendues exactement les mêmes (c'est-à-dire les mêmes numéros). De très-bons jurisconsultes ont pensé que les règles ordinaires du droit civil sur le dépôt ne s'appliquent point à ce cas.

circonstances, il n'y a pas d'usure absolue. Le devoir perd ici de sa rigueur, non en soi, mais dans l'application.

On remarquera que presque toujours on emprunte les exemples de devoirs stricts aux devoirs relatifs à la propriété. Cela tient à ce que la propriété consiste en général en choses matérielles, par conséquent divisibles, séparables, susceptibles de limites, de barrières, d'étiquette précise et rigoureuse (et encore pas toujours, lorsqu'il s'agit, par exemple, des eaux courantes ou de gibier, c'est-à-dire de choses mobiles). En second lieu, la propriété est garantie et fixée par la loi qui, là où la précision matérielle ferait défaut, introduit la précision morale et établit des conventions rigoureuses. Grâce à ces deux raisons, le *tien* et le *mien* sont fixés avec une assez grande rigueur dans la société civile ; et on comprend que le *reddere suum* ait paru aux moralistes se distinguer des autres devoirs par une apparence de contrainte rigoureuse et d'obligation inflexible que n'auraient pas les autres devoirs.

Mais sans sortir des questions relatives à la justice, on verra que les devoirs deviennent de plus en plus indéterminés à mesure que la chose qui en est l'objet devient moins déterminable. Nous venons de le montrer pour l'usure; il en est de même de la vente. La justice veut sans doute que l'on ne vende pas trop cher, et que l'on n'achète pas trop bon marché. Mais qu'est-ce que vendre trop cher ou acheter trop bon marché? C'est ce qu'on ne sait pas. Une école socialiste célèbre définissait le commerce « l'art d'acheter trois sous ce qui en vaut six, et de vendre six sous ce qui en vaut trois. » Mais une chose vaut-elle absolument six sous ou trois sous? L'économie politique ne nous enseigne-t-elle pas que la valeur est chose toute relative ; que ce que vous achetez six sous vaut six sous pour vous, sans quoi vous ne l'achèteriez pas ; que ce que vous vendez trois sous ne vaut que trois sous pour vous, sans quoi vous ne le vendriez pas. La valeur d'une chose n'est que la dernière limite de prix à laquelle arrivent d'un commun accord le vendeur et l'acheteur après un libre débat. Voilà la rigueur de la loi économique. Cependant on sent très-bien que celui qui abuse du besoin du vendeur ou du besoin de l'acheteur, pour avoir à plus bas prix ou vendre à plus haut prix un objet, n'agit pas d'une manière rigoureusement juste au point de vue moral, quoique ce soit juste au point de vue légal. Mais où est la mesure ici? Jusqu'à quel point sera-t-il permis de profiter du besoin de ses semblables? C'est ce qu'aucune loi rigoureuse ne peut fixer.

Si telle est l'indétermination des devoirs de justice, même lorsqu'il s'agit d'échange, cela est plus visible encore à un point de vue plus élevé. Le *suum cuique* ne s'applique pas seulement aux choses matérielles, mais encore aux choses morales. Ici les devoirs de justice ne sont certainement pas moins rigoureux que dans le premier cas. Cependant il est facile de voir qu'en raison même de leur objet ils ressemblent déjà, par leur indétermination, par la latitude de l'application, aux devoirs que l'on appelle larges.

Considérons en effet les devoirs de la justice distributive, dont la formule est : A chacun suivant ses œuvres. Comment fixer avec précision le rapport de la rémunération au mérite? Par exemple, si on demande : Qui faut-il nommer à telle fonction, publique ou privée? Tout le monde répondra : Le plus digne. Mais la question est précisément de savoir quel est le plus digne. Tiendra-t-on compte de l'âge ou du mérite? Dans le premier cas, vous découragez le talent; dans le second, vous découragez le travail : or travail et talent sont les deux conditions du mérite. Prenons maintenant le talent : que faut-il le plus estimer, le solide ou le brillant, la rapidité de conception ou la profondeur de l'exécution? Évidemment, aucune formule ne peut ici nous faire distinguer le *tien* et le *mien*. C'est au discernement de chacun à faire un composé de tous ces éléments, à en tirer une résultante, qui variera nécessairement avec les personnes. Telles sont les difficultés que rencontrent tous ceux qui disposent de la carrière des hommes et du choix des individus. Les mêmes difficultés se rencontrent pour ceux qui font des examens, qui donnent des prix, qui ont des élections à faire, littéraires ou politiques, etc. Dans tous ces cas, qui sont innombrables, le *suum cuique* est essentiellement indéterminé. Le devoir laisse par conséquent beaucoup à l'initiative et à la responsabilité individuelle.

Parmi les devoirs de justice se trouve encore le devoir de reconnaissance. La reconnaissance est certainement un devoir strict au même titre que la justice légale. Mais combien l'application en est vague et indéterminée! Je vous ai vendu une maison. Que me devez-vous? Le prix convenu. Je vous ai prêté une charrue. Que devez-vous me rendre? Une charrue. Mais je vous ai rendu un service. Que devez-vous me rendre? C'est là la question. Vous me devez sans doute de la reconnaissance : mais de quelle manière? c'est ce qui est abandonné entièrement au tact et à la conscience de chacun. Ici la rigueur précise, bien loin d'être conforme à l'idée de ce genre de devoir, y est absolument contraire. Il est presque interdit de payer en argent comptant. Celui qui, par exemple, ayant reçu un service de vous, s'ingénierait pour vous rendre le lendemain le même service, ferait preuve par là d'un cœur indélicat et vaniteux, qui craint de rester un instant sous le joug d'un bienfait : ce qui est déjà une sorte d'ingratitude[1]. C'est encore une indélicatesse que de payer sous une forme matérielle un service moral. Que faut-il donc faire pour se montrer reconnaissant? Tantôt ce sera par un service effectif, lorsque l'occasion naturelle s'en présentera; tantôt ce sera par des soins délicats, par des témoignages d'affection, par des actes qui échappent à toute mesure et à toute règle. Mêmes difficultés pour la durée de la reconnaissance. Il est sans doute des services dont on doit être reconnaissant toute sa vie. En est-il de même de tous? Un seul service suffit-il à vous lier éternellement, à vous désarmer de vos droits, à exiger de vous une dépendance sans limites? Que de questions qui ne peuvent être résolues que par le cœur! Pourquoi cela? Cela ne tient en aucune façon à la nature du devoir pris en soi, mais seulement à la nature de son objet. Ici, il ne s'agit plus de *choses*, mais de *sentiments*. Or si les choses sont pondérables, mesurables, déterminées, le sentiment

---

1. De même que rendre un dîner immédiatement après l'avoir reçu est une politesse impolie par son empressement même.

échappe à tout poids et à toute mesure. Ainsi le devoir ne cesse pas d'être strict : mais l'application en est indéterminée.

Parmi les devoirs les plus stricts, Kant cite à plusieurs reprises celui de traiter l'homme comme une personne et non comme une chose, de le respecter comme une *fin en soi* et de ne pas s'en servir comme d'un *moyen*, en un mot de ne pas faire des autres hommes nos esclaves. Rien de plus clair et de plus précis que ce principe, tant que l'on considère l'esclavage soit sous sa forme matérielle, soit sous sa forme légale, c'est-à-dire tant qu'on s'en fait un type déterminé et saisissable ; mais, au delà de ces limites, le devoir devient indéterminé, tout aussi bien que les devoirs larges. Par exemple, je me représente très-nettement l'esclavage sous la forme d'un homme chargé de chaînes ou enfermé dans un cachot ; je me le représente encore attaché à la glèbe, c'est-à-dire ne pouvant pas sortir d'un certain territoire donné ; je me le représente vendu ou acheté, et ayant un prix sur le marché, ou n'ayant pas le droit de propriété, ou ne pouvant se marier, etc. Voilà des traits précis et fermes, à l'aide desquels il m'est très-facile de donner un corps au devoir cité plus haut de ne pas traiter l'homme comme une chose. Mais si, au lieu de l'esclavage physique et légal, je passe à l'esclavage moral, qui n'est pas moins condamnable, à quels signes le reconnaître ? Si j'exerce une influence telle sur un homme que j'arrive à détruire sa volonté, à en faire l'instrument aveugle de mes passions ou de mes desseins, n'est-ce pas là aussi traiter l'homme comme une chose, et s'en servir comme d'un moyen ? Cependant n'y a-t-il point une influence naturelle des hommes les uns sur les autres? Cette influence n'est-elle pas le meilleur effet de la sociabilité? Réprouvera-t-on l'autorité des plus éclairés sur l'ignorant, de l'homme sur la femme, de l'âge sur la jeunesse? Où donc finit la limite naturelle de cette autorité légitime? C'est ce qu'aucune formule ne peut indiquer d'avance, par la raison qu'il s'agit ici d'un état de l'âme, et non plus d'un état physique ou d'un état légal. L'état physique ou légal est une chose fixe et précise; l'état intérieur de l'âme est une chose flottante et infinie, que l'on ne peut ramener à un type absolu, et où l'on ne trouve aucune limite rigoureuse entre la liberté et la servitude. De là l'indétermination du devoir, appliqué à ce nouveau domaine.

Il en est de même des devoirs envers nous-mêmes. On verra toujours que la détermination des devoirs vient de la détermination de l'objet, et que les plus stricts deviennent indéterminés à mesure que l'objet le devient lui-même. Par exemple, c'est un devoir strict de ne pas se tuer, et rien n'est plus déterminé [1]. Mais pourquoi? C'est qu'il y a une différence rigoureuse et précise entre la vie et la mort. Entre ces deux états, il n'y a pas de plus ou moins. Quiconque n'est pas mort est vivant à quelque degré, et on ne peut pas mourir sans mourir tout à fait. Voilà une désignation nette et rigoureuse, qui donne à cette sorte de devoir une précision absolue. Mais prenez maintenant le

---

1. Encore ne faut-il pas tenir compte des difficultés qui naissent de la collision des devoirs, dont nous parlerons plus loin (voyez ch. VII). Par exemple, celui qui se jette volontairement dans un gouffre pour sauver sa patrie ne commet-il pas un suicide, et un tel suicide n'est-il pas légitime?

devoir de ne pas nuire à sa santé, devoir qui est évidemment aussi strict que le précédent, puisqu'il en est le corollaire. Qui ne voit que ce devoir devient indéterminé, parce que l'idée de santé est elle-même indéterminée? Qui peut dire exactement ce que c'est que la santé? Il n'y a pas de santé absolue. Tout le monde souffre plus ou moins par quelque endroit. Celui qui voudrait appliquer à la rigueur le devoir de se bien porter sera donc perpétuellement préoccupé de son état, et par là sacrifiera des devoirs plus sérieux, et nuira à sa santé même par le souci qu'il en aura. De plus, que faut-il faire exactement pour se bien porter? Pèsera-t-on sa nourriture comme Cornaro? Règlera-t-on sa vie comme une horloge? S'imposera-t-on, comme Kant, de ne pas parler en plein air, afin de ne pas respirer par la bouche, ce qui selon lui était mauvais pour la poitrine? Qui ne voit que toutes ces précautions minutieuses sont indignes de l'homme, et que souvent même elles vont contre le but qu'on se propose? On fera donc comme on pourra et comme on voudra, pourvu qu'on évite les imprudences inutiles et déraisonnables, et qu'on emploie des précautions viriles avec sobriété. Mais n'est-ce pas là précisément transformer le devoir strict en devoir large? c'est un résultat nécessaire, non du devoir lui-même, mais de la matière du devoir.

De tous les devoirs envers nous-mêmes, celui qui semble présenter le caractère le plus strict, c'est le devoir de ne pas mentir. Ici encore, c'est la matière du devoir qui est la cause de la rigueur absolue qu'il affecte. En effet, quelle est la matière de ce devoir? C'est la parole, et la parole dans son rapport avec la pensée. Or la parole ou son articulé est un phénomène matériel, saisissable et limité. Un mot se distingue nettement d'un autre mot, en raison de l'articulation. C'est donc une chose précise. De plus, chaque mot correspond à une idée; et, pour qui n'examine pas les choses avec trop de rigueur, on peut croire qu'il y a là un rapport rigoureux et constant. Au moins ce rapport est-il suffisamment déterminé pour l'usage pratique de la vie. Par exemple, si l'on vous demande : Avez-vous vu un tel commettre telle action? le rapport des mots aux idées est assez précis pour que la question n'ait pas deux sens, et les mots qui peuvent y répondre n'en auront également qu'un. De là l'obligation rigoureuse de n'employer la parole qu'à l'expression de la pensée [1]. Mais lorsqu'on représente cette sorte de devoir comme absolument strict et sans aucune indétermination dans l'application, on ne pense jamais qu'à l'expression de la pensée par la parole. Or il s'en faut de beaucoup que ce soit la seule manifestation de la pensée. De plus, on ne voit dans la parole que l'expression de la pensée, tandis qu'elle est tout aussi bien l'expression des sentiments. Or, si l'expression

---

1. Encore remarquera-t-on qu'à prendre la chose à la rigueur, une morale pédantesque pourrait trouver que toutes les figures de rhétorique sont des violations du devoir de sincérité. « Achille est un lion, » dites-vous. Non : ce n'est pas un lion; mais il est seulement semblable à un lion. Vous ne dites pas exactement la vérité. Au lieu de dire : Il est mort, *mortuus est*, les Latins disaient : *Fuit*, il a été. Ce n'est pas là toute la vérité. Pourquoi détournez-vous mon esprit de la chose même, pour le porter sur une autre idée qui l'affaiblit? Toutes les délicatesses de langage ne sont que des atténuations de la vérité crue, et par conséquent des demi-mensonges. Alceste lui-même, malgré son excès de rigorisme, ment avec son *je ne dis pas cela*, lorsque c'est précisément cela qu'il veut dire.

de la pensée peut être l'objet d'une loi fixe et rigoureuse, en est-il de même de l'expression des sentiments? Et si la parole, comme moyen d'expression, est susceptible de loi, en est-il de même de la physionomie ou de tout autre moyen d'expression?

Ainsi, tantôt les choses exprimées sont de nature indéterminée, tantôt le moyen d'expression est lui-même indéterminé. De là, le rapport du signe à la chose signifiée devient de plus en plus lâche, et finit par n'être plus assujetti à aucune règle précise. Qui pourrait être tenu d'exprimer avec toute rigueur l'état intérieur de son âme, puisque cela même est impossible? Qui pourrait être tenu de tenir note de toutes les expressions possibles de physionomie, de manière à appliquer chacune d'elles à chacun des états de l'âme auquel elle correspond naturellement? Aucune morale n'a jamais été jusque-là, parce que c'est absurde. Bien plus, on a toujours affranchi le langage de la physionomie de la loi qui pèse sur celui de la parole. Par exemple, on ordonne au sage de cacher sa douleur sous le masque de la sérénité ; on admirera l'homme qui peut conserver un sourire dans l'anxiété et les angoisses de l'âme. Mais conserver un visage serein lorsque le cœur est dans les larmes, n'est-ce pas en définitive changer le rapport du signe et de la chose signifiée? Quelle différence y a-t-il entre le médecin qui trompe son malade par des paroles et un ami qui vous trompe par ses regards et par ses sourires? Dira-t-on que la femme qui éprouve malgré elle une passion qu'elle combat doit, pour être sincère, exprimer cette passion par les regards et la physionomie? Non, sans doute. Pourquoi toutes ces différences? C'est que la physionomie étant une suite de signes mobiles et indéterminés, dont on ne peut donner l'alphabet rigoureux, on a été amené à laisser à cette sorte de langage une certaine latitude, dont ne jouit pas le langage articulé [1].

Nous venons de voir que la plupart des devoirs appelés stricts deviennent larges lorsque l'on varie les circonstances. — Réciproquement, les devoirs larges deviennent rigoureusement stricts en variant les circonstances. Par exemple, on dira que le devoir de faire du bien aux hommes est un devoir large, parce que nul ne peut fixer à priori le quand, le comment et le combien (*quando, quomodo, quantum.*)

Mais supposez un homme riche en présence d'un homme qui meurt de faim : quelqu'un pourrait-il dire que le devoir de secourir celui-ci est pour le premier un devoir large, qui lui laisse la moindre liberté d'ajourner son accomplissement? Non, sans doute; la précision des circonstances rend le devoir aussi strict, plus strict peut-être qu'aucun devoir de justice, quel qu'il soit. Tous les devoirs élémentaires de charité sont de ce genre. Tels sont ceux qu'a reconnus l'antiquité même la plus ignorante, et que Cicéron rapporte : « Donner du feu à celui qui en demande, montrer son chemin à celui qui s'égare, conseiller de bonne foi celui qui délibère, etc. » Ces devoirs élémentaires sont compris dans les devoirs de bienveillance et d'humanité. Ce sont

---

[1]. Je suis loin de dire qu'on ne puisse pas mentir par la physionomie : par exemple, montrer un visage ami à celui dont on médite la ruine.

J'embrasse mon rival, mais c'est pour l'étouffer.

Mais je dis que le devoir devient plus large, à mesure que les signes deviennent moins précis.

cependant des devoirs stricts. Mais variez et multipliez les circonstances, le devoir d'humanité devient alors de plus en plus large, à mesure qu'il s'agit de situations plus complexes, ou de biens d'une nature plus délicate, tels que consolations, instruction, travail, etc.

Une théorie plus profonde des devoirs stricts et des devoirs larges est celle qui fait reposer les premiers sur l'idée du droit. Un devoir strict est celui qui correspond au droit (lequel ne peut jamais être violé sous aucun prétexte). Le devoir large est celui auquel ne correspond aucun droit. Ainsi, dit-on, la justice est un devoir strict, parce qu'elle est le respect des droits d'autrui (ne pas prendre le bien, ou la vie, ou l'honneur des citoyens). La charité est un devoir large, parce que nul homme n'a droit à la charité d'autrui; et, comme corollaire de cette théorie, on ajoute que le droit implique la faculté de contraindre : c'est pourquoi on peut vous contraindre à la justice, mais non à la charité.

Rien de plus vrai que cette théorie dans une certaine mesure; et il faut craindre de l'ébranler en voulant la perfectionner. Il est certain qu'il faut d'abord assurer le respect des droits, et, pour cela, admettre qu'il y a quelque chose d'inviolable à quoi correspond le devoir strict. Je l'accorderai volontiers, pourvu que l'on admette que ce n'est là qu'un minimum, et que le domaine du droit est beaucoup plus large que celui qui peut s'exercer par contrainte.

Il en est du droit comme du devoir. Tantôt il est déterminé, tantôt il est indéterminé. Il est déterminé tant qu'on peut se le figurer sous une forme matérielle, s'exerçant dans le temps et dans l'espace, dans des actions concrètes et définissables. C'est là, c'est dans ce domaine, que la contrainte est un moyen d'action légitime et possible. Mais en dehors et au delà de ce domaine, il y en a un autre tout moral, dont le droit n'est pas absent, où il devient indéterminé comme le devoir lui-même, et où la contrainte est inapplicable. Par exemple, la liberté de penser est un droit, et c'est par conséquent un devoir de stricte justice de ne pas nuire à la liberté de penser des autres hommes, en tant qu'elle-même ne nuit pas à autrui. Fort bien; mais quand on se représente ce droit comme quelque chose d'inviolable et d'absolu, on sous-entend toujours qu'il s'agit de l'expression extérieure de la pensée, par exemple de la publication du livre ou de la parole publique. C'est à la condition de donner à ce droit cette forme ou symbole matériel et extérieur qu'on y trouve quelque chose de déterminé et de fixe devant lequel toute contrainte doit s'arrêter. Mais en laissant ici de côté la question si complexe du conflit des droits, comme nous avons fait tout à l'heure du conflit des devoirs, on doit dire que le droit dépasse de beaucoup la limite fixée ici. En effet, ce n'est pas seulement extérieurement, c'est intérieurement que les hommes ont le droit de penser librement. La liberté de la presse n'intéresse ou ne paraît intéresser après tout que les écrivains [1]; mais la liberté intérieure de la pensée est le droit de chacun de nous. Or cette liberté intérieure ne peut pas être atteinte par l'action de l'État

---

[1]. C'est ce qui fait que cette cause n'a jamais passionné la multitude, si ce n'est comme prétexte. Il n'en est pas de même de la liberté de conscience, du droit de propriété, etc.

(si ce n'est indirectement par la compression de l'autre); mais elle peut être atteinte et violée à chaque instant par chacun de nous dans ses rapports avec autrui. Elle peut l'être par exemple dans l'éducation, si on abuse de la méthode d'autorité, si on impose des maximes, sans permettre ni apprendre à l'esprit à les trouver de lui-même. Elle peut l'être dans les rapports des esprits éclairés avec ceux qui ne le sont pas, par exemple en ne leur présentant qu'un côté des choses, sachant qu'ils sont par eux-mêmes incapables d'apercevoir l'autre. Il y a donc là une source d'oppression qui n'a pas de mesure matérielle et fixe, et qui poussée à l'extrême serait un véritable anéantissement de la liberté individuelle. Et cependant, qui pourrait fixer ici avec précision la limite et le degré? Comment, par exemple, déterminer dans quelle mesure la méthode d'autorité doit intervenir dans l'éducation[1]? On peut bien dire d'une manière générale que le devoir de l'éducation est de tendre à la plus grande liberté possible du disciple. Mais le *quantum* de cette liberté n'est pas fixé : car il dépend de la force d'esprit de l'élève; et de plus, si fort qu'il soit, encore faut-il lui fournir des matériaux de pensée avant qu'il sache en faire usage, et par conséquent la mé-

---

1. On sait que la méthode analytique, qui force l'esprit du disciple à trouver de lui-même une solution cherchée, est plus propre à développer la liberté de l'esprit que la méthode synthétique, qui déduit cette solution de principes préalablement posés. Mais ne serait-ce pas ridicule de faire un devoir strict de préférer l'analyse à la synthèse? Ne sait-on pas que cela dépend de mille circonstances et particulièrement de la capacité du maître? car l'analyse dans l'enseignement est très-difficile à manier. On a dit mille fois que le maître doit pratiquer la méthode socratique : mais cela est plus facile à dire qu'à faire. Il n'y a jamais eu qu'un Socrate.

thode d'autorité a sa part nécessaire et inévitable. Il en est de même du rapport entre les sages et les simples. Tout dire à ceux-ci serait peut être les mettre dans l'incapacité absolue de choisir : car c'est là souvent qu'aboutit la sagesse elle-même. Il s'ensuit que le droit de penser par soi-même (si vous en exceptez le symbole matériel de la parole ou du livre) est essentiellement indéterminé, et que les devoirs qui y correspondent le sont également.

On peut en dire autant de la liberté de conscience que de la liberté de penser. Tant qu'on se la représente dans des symboles matériels (par exemple le droit de se réunir dans un temple, d'écrire et de parler librement, de prier de telle manière, d'avoir telle ou telle cérémonie, etc.), le droit est parfaitement déterminé ; et le devoir qui correspond à un tel droit est strict. Mais je dis que le droit va bien au delà : car ce n'est pas tout d'être respecté matériellement, j'ai droit à l'être moralement. Celui qui insulte ma croyance ou mon opinion non-seulement me blesse et m'afflige (ce qui pourrait n'être contraire qu'à la charité), mais il tend à m'interdire l'expression publique de ma croyance, et il porte par là atteinte à mon droit et à ma liberté. Par exemple, les individus ont parfaitement le droit de dire que l'on porte atteinte à leur liberté en représentant leurs opinions comme honteuses, odieuses, subversives ; car par là même on répand un préjugé contre elles, qui fait que ceux-là qui ont ces opinions intérieurement auraient honte ou crainte de les professer. Mais ces mêmes incrédules, qui se plaignent d'être calomniés, ne se font pas faute d'employer un procédé tout à fait semblable, lorsqu'ils accusent les opinions contraires aux leurs d'être des superstitions folles, aveugles, avilissantes, etc., car par là ils répandent également un préjugé contre ces mêmes doctrines, préjugé qui fait qu'il faut un certain courage pour braver le respect humain[1]. Et cependant jusqu'où doit aller ce respect de la croyance d'autrui? Qui pourrait le dire? Doit-il aller jusqu'à ne pas même s'en occuper, à ne pas la combattre ou la réfuter? Mais il faudrait d'abord pour cela une trêve préalable entre toutes les opinions ; car il est bien juste que celui qui est attaqué se défende : or une trêve semblable est une pure chimère. De plus, mon droit n'est pas seulement de professer la vérité, mais de la répandre. Je ne puis croire que je possède le vrai qu'à la condition de croire que les autres sont dans le faux : or comment ne serait-ce pas mon devoir de détromper les hommes? Et si c'est mon devoir, c'est évidemment mon droit. On ne peut donc interdire la critique, la discussion, la polémique. Mais, en y regardant de près, on verra que ce qu'il y a de plus déplaisant à dire à un homme, c'est de lui dire qu'il se trompe. De quelque manière qu'on s'y prenne pour le lui dire, il trouvera toujours qu'on s'y est mal pris, et se tiendra pour offensé. Tous ceux qui ont manié la controverse savent qu'il n'y a qu'une seule manière de satis-

---

[1] Il est très-vrai que dans la société actuelle (à part les cercles déterminés) il faut autant de courage pour être très-croyant que pour être très-incrédule. Il n'y a guère que les opinions moyennes, et mieux encore le silence, qui soient bien reçus. On voit par là combien le système d'injures réciproques est contraire à la liberté de penser : car il tend à produire une moyenne négative et plate, qui n'est pas exempte d'hypocrisie ; et ceux qui attaquent le plus violemment la foi comme suspecte d'hypocrisie ne voient pas qu'ils contribuent pour leur part à ce résultat, comme les autres également.

faire un adversaire contre lequel on discute, c'est de lui dire qu'il a raison. Je suis tenu de respecter votre droit, mais non vos susceptibilités; je dois du respect à votre caractère, mais non à vos erreurs; et l'excès de politesse peut être une trahison envers la vérité. Il y a plus : si une opinion n'est pas immorale, je ne dois pas sans doute la considérer comme telle; mais si elle l'est, pourquoi ne le dirais-je pas? Je ne dois pas appeler basse superstition ce qui est une croyance noble et généreuse; mais s'il y a quelque part une basse superstition, pourquoi ne le dirais-je pas? On voit par toutes ces raisons combien il est délicat et difficile de fixer la limite qui sépare la critique de l'injure. L'injure viole la liberté d'autrui; mais le renoncement à toute critique viole la mienne propre. Il faut une moyenne entre les deux, qu'aucune règle absolue ne peut fixer. Le devoir est donc indéterminé, parce que le droit l'est lui-même[1].

On a donné comme critérium des devoirs stricts et des devoirs larges que les premiers, correspondant à des droits, peuvent être imposés par la contrainte, que les seconds ne le peuvent pas. Par exemple, on peut contraindre un homme à payer ses dettes; on ne peut le contraindre à faire l'aumône. C'est là un critérium tout à fait insuffisant. En effet :

1° Il ne s'applique pas à tous les cas, par exemple aux devoirs envers nous-mêmes : car un homme ne peut se

---

1. Sur le devoir en matière de controverse philosophique, on trouvera d'excellentes observations dans le livre de Thurot : *La Raison et l'Entendement* (Paris, 1833), t. I, p. 328.

contraindre lui-même par la force à accomplir ses obligations envers soi. Le devoir de dire la vérité n'est pas susceptible d'être imposé par la contrainte, — si ce n'est en tant que devoir social. — Même pour les devoirs sociaux, il est des devoirs stricts qui ne sont pas susceptibles de contrainte : par exemple, la justice distributive, la reconnaissance, les devoirs des fils envers leurs parents sont stricts; mais la contrainte ne peut s'appliquer qu'à ce qu'ils ont de matériel : par exemple, la loi forcera un fils à donner des aliments à son père; mais elle ne le forcera pas à l'aimer, et à le respecter intérieurement [1]. Faut-il donc considérer les devoirs de famille comme des devoirs larges?

2° Le droit de contrainte ne peut servir à faire reconnaître le droit; car il n'est lui-même qu'une conséquence de ce droit, et ne peut être employé qu'à la condition que le droit à protéger soit préalablement fixé. Ce n'est pas le droit de contrainte qui fonde le droit, c'est le droit qui entraîne comme son corollaire le droit de contrainte [2]. Ainsi, pour savoir jusqu'à quel point je dois employer la contrainte (celle de la loi) pour faire respecter ma conscience et ma croyance, il faut que je sache d'abord jusqu'où va mon droit. Ce n'est qu'après avoir déterminé la vraie limite de l'injure et de la critique que je pourrais (ou la loi à ma place) contraindre l'injure à se taire. Et c'est précisément

---

[1]. Ici encore le devoir n'est strictement déterminé qu'au point de vue matériel : on ne doit jamais manquer de respect matériellement à ses parents; mais quant au respect intérieur, il ne dépend pas de la volonté; car aucun effort ne pourrait me faire vouloir respecter celui que je saurais et que je verrais dans un état méprisable.

[2]. Voir cette déduction dans Kant, *Doctrine du droit*.

la difficulté presque insoluble de ce problème qui fait que les bons esprits tendent de plus en plus à s'accorder pour demander que la contrainte ne soit pas employée dans ce cas, pensant que l'accord des libertés se fera beaucoup mieux par l'usage et par des concessions réciproques que par une intervention extérieure et grossière qui menace toujours de frapper le droit en frappant l'abus.

3° Dans certains cas, pour user de la liberté, il suffit de le vouloir ; la violation du droit consiste précisément à endormir ou à aveugler le vouloir : c'est le cas de la tyrannie morale ou intellectuelle. Dans ce cas le droit de contraindre est impossible, tant que le droit ne se sait pas violé ; et il devient inutile aussitôt qu'il le sait. Par exemple, vous voulez me maintenir dans la servitude intellectuelle, mais aussitôt que je m'en aperçois, je n'ai qu'à le vouloir pour que cette servitude cesse. Vous me donnez de mauvaises raisons ; je n'ai qu'à vous faire des objections pour vous forcer à m'en donner de bonnes. Si au contraire je ne m'aperçois de rien, à quoi me servirait le droit de vous contraindre à respecter ma raison ?

En définitive, pour résumer toute cette discussion, si vous considérez un devoir en lui-même, quant à sa forme, vous trouverez qu'il n'y a pas de devoir large. Un devoir est un devoir : s'il n'était pas tout à fait un devoir, il ne le serait pas du tout. Admettre que le devoir en lui-même et dans son essence peut être large, c'est admettre qu'il n'est pas tout à fait un devoir, qu'il l'est plus ou moins : ce qui est une contradiction. En ce sens, tout devoir est strict.

D'un autre côté, si l'on considère le devoir, quant à sa

matière, quant à la chose ordonnée, on voit que le devoir n'est absolument strict que lorsque sa matière est un objet physique, limité, mesurable, reconnaissable à des signes précis, mais qu'à mesure que le devoir s'élève, qu'il s'applique à des choses plus délicates, à l'âme, au sentiment, et en général à un objet, quel qu'il soit, dont la nature est indéterminée, le devoir devient à son tour indéterminé : c'est ce que l'on entend par l'expression de devoirs larges, qui, bien loin de signifier les moindres de nos devoirs, en exprime au contraire les plus nobles, les plus purs, les plus délicats.

CHAPITRE IV

LE DROIT ET LE DEVOIR.

Jusqu'ici nous avons recherché la nature et le fondement du devoir, sans nous préoccuper d'une idée qui en est en quelque sorte le corrélatif et qui s'en sépare rarement, à savoir l'idée de droit : ce n'est qu'incidemment, dans le chapitre précédent, que nous avons eu à faire intervenir cette notion. Cependant, suivant certaines écoles, le devoir aurait précisément pour principe et pour base le droit : c'est parce qu'il y a des droits qu'il y a des devoirs. La notion du droit devrait donc précéder celle du devoir; et c'est en établissant d'abord la première qu'on fondera solidement la seconde. Suivant d'autres philosophes, au contraire, c'est le droit qui se fonde sur le devoir. Il est nécessaire d'examiner cette question. Essayons d'abord de nous rendre compte de ce qu'il faut entendre par le mot droit.

Leibniz nous donne du droit une définition qui peut nous servir de point de départ : « Le droit, dit-il, est un *pouvoir moral*, comme le devoir est une nécessité morale.» Pour bien comprendre cette définition, il faut d'abord démêler les différents sens du mot.

On donne d'abord le nom de *droit* à la science qui s'occupe de déterminer les droits des hommes, soit dans l'ordre civil, soit dans l'ordre naturel, soit dans l'ordre international. De là ce que l'on appelle le *droit* civil, le *droit* des gens, le *droit* naturel, le *droit* pénal, etc.; toutes ces sciences spéciales étant enveloppées dans une plus générale, que l'on appellera le *Droit*.

Si de la science du droit nous passons à son objet, qui porte le même nom qu'elle-même, nous trouverons encore au mot droit deux sens : 1° on l'entend, par abstraction, de la loi ou civile ou naturelle qui règle les rapports des hommes et des citoyens, et qui leur déclare ce qui leur est permis et leur est défendu. De là vient que les anciens jurisconsultes, par une étymologie assez douteuse, faisaient dériver le mot *droit* (*jus, justum*) de *jussum*, ce qui est ordonné). C'est dans ce sens qu'Alceste, dans le Misanthrope, emploie le mot *droit*, lorsqu'il dit :

> Quand j'ai pour moi le *droit*, le bon sens, l'équité.

Il entend évidemment que la justice ou droit abstrait lui donne raison contre son adversaire. Le droit est pris ici pour la loi elle-même.

2° Mais le droit a encore un autre sens ; et c'est là même qu'il en faut chercher le sens propre et rigoureux. Le droit est une faculté appartenant aux hommes, et qu'ils peuvent exercer si bon leur semble. Ainsi, avoir le droit de posséder, c'est avoir la faculté et le pouvoir de posséder; avoir le droit de se marier, c'est avoir la faculté et le pouvoir de se marier; et c'est dans ce sens, qui est le vrai sens du mot, que Leibniz a pu dire que le droit est un « pouvoir moral. »

De ce dernier sens, nous pouvons remonter facilement

aux précédents et nous orienter ainsi dans les équivoques ordinaires auxquelles donne lieu cette expression.

Ainsi l'homme reçoit de la nature ou de la société certaines *aptitudes* ou *pouvoirs* : ce sont ses *droits*. La loi (naturelle ou civile) qui règle ces pouvoirs et en détermine les rapports est le *droit* : et la science qui étudie cette loi est encore le *droit*. Ainsi, la science, la loi, le pouvoir, portent le même nom; et l'on peut dire qu'un jurisconsulte est celui qui a pour étude la science (appelée *droit*) qui a pour objet la loi (appelée *droit*) qui règle les rapports des facultés ou aptitudes (appelées *droits*) des hommes ou des citoyens.

Ces équivoques une fois écartées, cherchons à nous bien rendre compte du sens de la définition de Leibniz : le droit est un pouvoir moral.

On appelle en général *pouvoir* ou *force* toute cause capable de produire ou d'arrêter une action. Ainsi, en mécanique, toute cause de mouvement ou de repos est appelée *force*. Or tout ce qui est capable d'arrêter l'action d'une force ou d'un pouvoir peut être appelé également force et pouvoir, de quelque nature d'ailleurs que soit cette force ou ce pouvoir. Si, par exemple, je suppose que j'aie entre les mains un marteau et devant moi un enfant endormi, il n'est pas douteux qu'avec ce marteau je puis, si je veux, briser la tête de cet enfant : cependant je ne le ferai pas; quelque supériorité de force dont je dispose, il y a là devant moi quelque chose qui m'arrête, un obstacle invisible, idéal, plus fort que toute ma force, un pouvoir plus puissant que tout mon pouvoir, qui suffit pour désarmer le mien. Ce pouvoir dont cet enfant n'a pas même conscience, ce pouvoir est le droit qu'a une créature vivante de mon espèce de conserver la vie, tant qu'elle n'attaque pas celle des autres.

Dira-t-on que ce qui m'arrête ici, c'est ma sympathie, ma sensibilité pour une créature faible et innocente plutôt qu'un droit auquel je ne pense guère en ce moment? Un autre exemple rendra la même idée également sensible. Je rencontre un trésor dont je connais le maître, mais dont nul que moi ne sait l'existence : il est riche et je suis pauvre. Ainsi tout motif de sympathie pourra être écarté. J'ai le pouvoir physique de m'approprier ce trésor; mais je suis arrêté devant la pensée qu'il n'est pas à moi, mais à autrui. Ce quelque chose qui m'arrête, qui fait équilibre au pouvoir physique que je pourrais si facilement exercer, c'est le droit.

Le droit est donc un pouvoir, une force, puisqu'il arrête la force et le pouvoir d'autrui. Cependant ce n'est pas une force physique de même ordre que celle qui est arrêtée. Il n'y a rien dans l'objet du droit, rien dans la personne qui est le sujet du droit, qui soit de nature à faire obstacle à ma force. La mécanique ne peut ici trouver l'équivalent de la force perdue ou latente qui pourrait s'exercer et ne s'exerce pas. C'est un pouvoir, mais c'est un pouvoir moral.

Peut-être serait-il plus juste d'appeler ce pouvoir pouvoir idéal, plutôt que pouvoir moral. Le pouvoir moral est une force qui s'exerce avec réflexion et conscience, une énergie, une activité véritable, telle qu'est la vertu. Mais le droit peut exister sans être exercé; il peut exister dans celui qui l'ignore (comme le propriétaire inconnu d'un héritage sans maître, comme l'enfant endormi) : il y a là un pouvoir qui n'est accompagné ni d'énergie, ni d'effort, ni d'action, et qui cependant m'arrête tout aussi bien que pourrait le faire une force physique égale à la mienne. Ce pouvoir ne consiste qu'en une *idée*, l'idée que tel objet n'est pas à moi, que tel homme est mon semblable : c'est là un pouvoir idéal, et ce pouvoir idéal, je l'appelle le droit.

Appliquons cette idée à tous les cas où se manifeste pour nous ce que nous appelons le droit; nous verrons que partout nous pourrons l'appliquer avec juste raison.

Il y a trois cas principaux : ou bien j'ai la force sans avoir le droit; ou j'ai le droit sans avoir la force; ou j'ai à la fois la force et le droit. Dans le premier cas, ma force déborde mon droit; dans le second, elle est en deçà; dans le troisième, ils sont égaux. Lorsque ma force dépasse le droit, il y a un pouvoir qui absorbe l'autre; mais celui-ci ne cesse pas d'exister, et, quoique destitué de force, il n'en est pas moins un pouvoir : c'est ce qu'on voit dans le second cas; car, lorsque j'ai le droit sans avoir la force, je contrains celui qui m'opprime à un déploiement de force plus grand qu'il n'eût été nécessaire sans cela : par exemple, un peuple opprimé contraint un oppresseur à plus d'effort et à plus de violence que si le peuple était librement soumis; et par là on voit bien que le droit est un pouvoir qui fait équilibre à la force. Enfin, lorsque la force est égale au droit, on peut dire qu'il y a un double pouvoir, comme dans le cas du pouvoir paternel, qui est à la fois un pouvoir physique et un pouvoir de raison.

Sans doute il y a des cas où le droit semble destitué de

tout pouvoir; par exemple, lorsque celui qui en est investi l'ignore et ne fait aucun effort pour le défendre ou le recouvrer, comme dans le cas cité plus haut d'un trésor trouvé, le vrai propriétaire n'en ayant pas même connaissance. Mais il en est ici du droit comme du devoir. Le devoir est une nécessité qui ne nécessite pas, et le droit est un pouvoir qui ne peut rien. C'est pourquoi l'un est une nécessité morale et l'autre un pouvoir moral ou idéal. En d'autres termes, le droit, comme le devoir, n'est qu'une *idée*. Une idée par elle-même n'agit pas. Il faut toujours que l'activité humaine prenne l'initiative. La force physique peut donc toujours passer par-dessus l'idée, et quelquefois même sans avoir besoin pour cela d'aucun effort surérogatoire. Cependant l'idée subsiste et elle exerce son pouvoir soit par la conscience, soit dans le souvenir des hommes ; et enfin même, lorsque tous ces moyens d'action lui sont interdits, elle survit encore; et opprimée, dépouillée, vaincue, elle est encore plus noble que ce qui la brave **et** plus souveraine que ce qui là foule aux pieds.

La notion de droit étant éclaircie par les explications précédentes, demandons-nous maintenant quel est le fondement du droit, et conséquemment si c'est le droit qui repose sur le devoir ou le devoir sur le droit.

Si le droit est antérieur au devoir, il faut admettre qu'il a son fondement dans la nature même de l'homme et qu'il est antérieur à toute loi morale. Mais on peut l'entendre de plusieurs manières. On peut dire avec Spinoza, Hobbes et Proudhon que le droit se fonde sur la force; ou bien, avec certains socialistes, sur le besoin ; ou enfin, avec Kant et surtout Fichte, sur la liberté humaine.

La première opinion, qui fonde le droit sur la force, n'est autre chose que la suppression même du droit. Si l'on équivoque sur le mot de force ou de puissance, et si l'on distingue avec Spinoza deux sortes d'état, l'état de nature et l'état de raison, et si l'on fonde le droit sur la puissance de la raison, on ne fait qu'exprimer sous une autre forme l'idée que nous avons déjà émise, à savoir que le droit est un pouvoir idéal; mais il reste à expliquer comment ce pouvoir n'est pas toujours le plus fort. L'antinomie de la force et du droit montre bien qu'il y a dans le droit quelque chose d'idéal qui, pour ne pas passer dans les faits, n'en est pas moins sacré. Or, ce qu'il faut expliquer, c'est comment il se peut faire qu'une idée arrête la force, ou, quand elle ne l'arrête pas, qu'elle puisse la proscrire et la juger. S'il n'y a pas quelque chose qu'on appelle devoir, pourquoi la force s'arrêterait-elle devant quoi que ce soit? Supprimez l'idée de devoir : les phénomènes n'ont plus d'autres règles que les lois physiques ; tout ce qui est doit être, et, comme le dit Hobbes, tout ce qui est nécessaire est légitime.

La théorie qui fonde le droit sur le besoin, plus généreuse en apparence que la précédente, s'y ramène cependant en dernière analyse. En effet, le besoin est quelque chose d'indéterminé et de vague ; on a besoin de tout ce qu'on désire. Fonder le droit sur le besoin, c'est dire avec Hobbes que tout homme a droit à tout ce qu'il désire; mais, comme il peut désirer toutes choses, c'est dire qu'il a droit à tout ; et tous les hommes ayant en même temps droit à tout, c'est la guerre de tous contre tous ; et, dans une telle guerre, qui fera le partage, si ce n'est la force, ou, si l'on veut éviter la force, une convention qui elle-même ne pourra être garantie que par la force ? Si par besoin on ne veut pas entendre toute espèce de désir en général, mais seulement ce qu'on appellera les désirs légitimes et nécessaires, qui fixera la part du légitime et du nécessaire ? Bornera-t-on le droit au strict besoin, c'est-à-dire au besoin de vivre ? Dès lors, tous les plus nobles et les plus charmants dons de l'imagination seront proscrits comme corrupteurs et illicites. Admettra-t-on au-dessus du nécessaire le superflu ? A quel superflu bornera-t-on le droit de chacun ? Entendra-t-on enfin par besoin l'exercice naturel et libre de nos facultés ? C'est passer sans le savoir à la troisième opinion, celle qui fonde le droit non sur la sensibilité et le besoin, mais sur la liberté.

Cette troisième doctrine est la plus solide et la plus noble. Elle part de la liberté humaine comme d'un fait. L'homme est libre, et cette liberté fait de lui une personne morale ; or, dit-on, il est de l'essence de la liberté d'être inviolable : car qui dit libre dit une puissance dont l'essence est de choisir entre deux actions, et par conséquent d'être la cause de l'action choisie. Quiconque empêche notre liberté va donc contre la nature des choses ; c'est détruire l'essence même de l'homme, c'est transformer la personne en chose que contraindre ou violenter la liberté. Ainsi la liberté est sacrée : là est le fondement du droit ; et le droit étant donné, le devoir en découle naturellement. En un mot, la formule de cette théorie, c'est que la liberté est nécessairement libre, et qu'il est contradictoire qu'elle ne le soit pas. Le droit ne serait autre chose que la liberté de la liberté. Cette proposition : la personne humaine est inviolable, est donc, pour employer la langue de Kant, une proposition analytique, c'est-à-dire que l'attribut de la proposition est implicitement contenu dans le sujet.

Rien de plus simple dans cette doctrine que la question de l'obligation morale. Le devoir est la conséquence évidente du droit, et le droit la conséquence de la liberté. Inutile par conséquent d'invoquer un principe supérieur pour fonder l'obligation. Rien de plus simple, sans doute, mais rien de moins évident.

Lorsque l'on donne comme une proposition évidente que « la personne humaine est inviolable, » qu'entend-on par là? Est-ce inviolable en fait, ou inviolable en droit? En fait? évidemment non, puisque chaque jour le droit proteste contre la force; en droit? c'est ce qui est à démontrer. Inviolable peut signifier deux choses : ce qui ne *peut* pas être violé et ce qui ne *doit* pas être violé. Or la personnalité n'est pas inviolable dans le premier sens : elle peut sans doute être violée, puisqu'elle l'est si souvent. C'est donc dans le second seul qu'elle est inviolable; mais dire qu'elle ne *doit* pas être violée, c'est dire que c'est un devoir pour autrui de ne pas la violer. Mais pourquoi ce devoir? c'est ce qu'il faut expliquer. Admettre comme évident par soi-même que la personne morale ne peut être violée dans le second sens, c'est admettre un devoir primitif évident par soi-même : ce n'est pas fonder le devoir sur le droit. Supposez qu'il n'y ait pas encore de devoir, je ne vois aucune raison pour que la personne humaine soit plus sacrée qu'aucune autre chose. D'où viendrait ce caractère sacré que je lui imputerais arbitrairement? Abstraction faite de l'idée de devoir, la liberté n'a rien de plus précieux à mes yeux qu'aucune autre force de la nature. Si je détourne un ruisseau de son lit, je ne vois pas pourquoi je ne détournerais pas la liberté d'autrui de son cours naturel pour l'accommoder à mes intérêts.

On peut dire qu'il est de l'essence de la liberté d'être libre, et que par conséquent contraindre la liberté d'autrui, c'est violer la nature des choses, c'est une contradiction évidente. L'injustice, dans cette hypothèse, serait donc une absurdité. Mais je réponds que l'absurde, dans le sens rigoureux du terme, est absolument impossible; le contradictoire répugne à toute existence. Par cela seul qu'une chose est absurde, contraire à la nature des choses, il est évident qu'elle n'est pas et ne peut pas être : donc, si je viole la liberté, je puis sans doute faire en cela une chose injuste, mauvaise, moralement absurde, mais non logiquement; une telle action ne peut contredire la nature des choses, puisqu'elle est. Sans doute le libre arbitre ne peut pas ne pas être le libre arbitre ; mais aussi, dans ces termes, je ne puis absolument rien contre lui ; je ne puis rien contre la volonté intérieure de celui qui voudra résister à ma contrainte. Mais que le libre arbitre, nécessairement libre en soi, le soit aussi dans ses manifestations, dans l'exercice de ses pouvoirs; qu'il le soit dans la parole, dans le travail, dans les choses acquises, etc., c'est ce qui n'est nullement nécessaire, et ce qui n'est pas contenu logiquement dans l'idée de libre arbitre; c'est donc une affirmation gratuite de passer de l'inviolabilité du libre arbitre pris en soi à l'inviolabilité de son exercice externe : car c'est passer du premier sens du mot au second, de ce qui ne *peut* pas être violé à ce qui ne *doit* pas être violé. Le libre arbitre pris en soi ne peut pas être violé ; et par conséquent il est bien inutile de dire qu'il ne doit pas l'être ; pris dans ses manifestations, il ne doit pas sans doute être violé ; mais il peut l'être, et il faut démontrer pourquoi il ne le doit pas. En un mot, la proposition : « La personne humaine est inviolable, » est bien analytique dans le premier sens, mais alors elle est inutile et tautologique ; dans le second sens, elle est vraie et instructive, mais elle est synthétique et a besoin d'être démontrée : elle n'est pas un principe évident par lui-même et ne sert pas de fondement à la morale.

Nous ne croyons donc pas que le devoir se fonde sur le droit. Est-il vrai maintenant que le droit se fonde sur le devoir ? Pas davantage. Voici, par exemple, comme s'exprime un moraliste éminent : « La loi du devoir imprime à tout mon être, à toutes mes facultés, et avant tout à ma liberté le caractère auguste dont elle est elle-même revêtue, car qui veut la fin veut les moyens. C'est elle qui fait de moi un objet de respect pour mes semblables et de mes semblables pour moi. C'est elle qui fait de moi une personne, c'est-à-dire un être qui n'appartient qu'à soi ; c'est elle enfin qui constitue le droit : le droit ne subsiste que par le devoir [1]. »

Nous ne pouvons partager cette manière de voir qui rentre dans ce que nous avons appelé plus haut la morale purement formelle, laquelle fait du devoir un principe au lieu d'en faire ce qu'il est véritablement : une conséquence. C'est le devoir, dites-vous, qui imprime à mes facultés

---

1. Ad. Franck, *Morale pour tous*.

leur dignité; elles n'ont donc aucune dignité en soi, si l'on fait abstraction de la loi du devoir. Mais, s'il en est ainsi, d'où vient le devoir lui-même? Est-ce que parmi les devoirs ne se trouvent pas les devoirs envers moi-même, par exemple la tempérance? Que m'imposent ces devoirs, sinon de respecter mes propres facultés? Et si ces facultés n'ont par elles-mêmes aucune dignité, aucun caractère auguste et sacré, pourquoi serais-je tenu de les respecter, de ne pas les abaisser? par exemple, pourquoi devrais-je préférer les biens de l'âme à ceux du corps, et dans l'âme les biens de l'esprit et du cœur aux biens des passions? Et de même, si la nature humaine n'a pas déjà par elle-même, chez mes semblables, un caractère auguste et sacré (*homo res sacra homini*), pourquoi serais-je tenu de respecter chez eux ce qui n'aurait aucune valeur par soi-même? N'est-ce pas faire un cercle vicieux que d'expliquer le devoir par le respect dû à la nature humaine et ce respect lui-même par la loi du devoir? S'il n'y avait pas de différence entre l'homme et la bête, il n'y aurait pas de raison pour que l'homme ne se traitât pas lui-même et ne traitât pas ses semblables comme des bêtes. Si l'homme n'était composé d'âme et de corps, nulle raison pour qu'il dût préférer en lui-même et chez les autres l'âme au corps. S'il n'y avait pas entre les hommes un lien commun d'identité et de communauté de nature, nulle raison pour qu'il fût tenu de traiter ses semblables comme des frères. Ainsi ce n'est donc pas le devoir qui fonde la dignité de la nature humaine; c'est la dignité de la nature humaine, laquelle est la même chez les autres que chez nous-mêmes, qui fonde le devoir.

Nous n'admettons donc ni que le devoir soit la conséquence du droit, ni que le droit soit la conséquence du devoir. Mais le devoir et le droit se fondent en même temps, dans un même acte, sur un même principe, le principe de la perfection essentielle de l'être humain ; en un mot, sur la dignité de l'homme, à laquelle il ne m'est permis de porter atteinte ni en moi-même, ni en autrui.

Rappelons quelques-uns des principes émis précédemment, et nous verrons comment de ces mêmes principes peuvent sortir deux séries de conséquences, dont les unes constituent la philosophie du devoir, et les autres la philosophie du droit.

Je ne puis concevoir la perfection de mon être, avons-nous dit, sans la vouloir. Cette volonté supérieure, en tant qu'elle commande à l'inférieure, c'est le *devoir*.

Mais cette perfection que me commande le devoir, et qui est l'objet de la vertu, a cela de propre qu'elle doit être atteinte par les efforts de chacun. L'un des caractères de la perfection essentielle de l'homme, c'est que l'individu lui-même, sous sa responsabilité propre, puisse acquérir sans cesse une perfection plus grande. Nous sentons en effet qu'une perfection atteinte par nos propres efforts est supérieure à celle que nous acquérons par le moyen d'autrui. Cette responsabilité de l'individu dans son perfectionnement propre est ce que j'appelle le *droit*.

Supposez que la nature morale de l'homme n'eût aucune excellence propre, aucune valeur intrinsèque, et que les biens ne se mesurassent que par le plaisir, il n'y aurait pas de droit ; car en quoi mon plaisir ou ma douleur pourrait-il faire obstacle aux désirs d'autrui ? Le plaisir de l'un vaut bien le plaisir de l'autre ; si vous jouissez d'un objet, je ne vois pas pourquoi je n'en jouirais pas aussi. De là des conflits nécessaires, et le droit de la force. Si je m'arrête devant la vie, le travail, l'honneur, la liberté de mes semblables, si je fais taire mes propres appétits, si je me désarme de ma force devant ce qui n'est pas moi, c'est que j'ai devant moi un objet idéal qui arrête mon pouvoir physique et lui fait obstacle dans ma conscience ; et cet objet idéal est le même objet que je sens en moi-même et qui m'impose le devoir envers moi-même : c'est la dignité humaine, c'est la perfection essentielle de l'être humain. Tous les biens humains que je viens d'énumérer n'ont de valeur que par leur rapport à cette perfection idéale, à cette essence pure dont ils sont les conditions, les éléments ou les moyens d'action. La vie, par exemple, est le *substratum* même de la personne humaine ; les biens matériels en sont les appendices et les auxiliaires ; l'honneur, la conscience, la liberté, en sont les parties constituantes ; la famille, la patrie, en sont le complément. De même que ce sont là pour moi les premiers biens, ce sont aussi les premiers biens pour autrui ; et ma conscience me dit que je ne dois pas plus les léser en autrui qu'en moi-même.

Mais de même que je puis nuire à autrui en lui faisant du mal, je puis lui nuire encore en lui faisant trop de bien, ou du moins un bien mal entendu ; et c'est ici que la responsabilité individuelle est une partie essentielle du droit. Si en effet, bien loin de porter atteinte à la vie de mes semblables, je me charge à moi seul du soin de soutenir leur vie, si, bien loin de les dépouiller de leur travail, je trouve moyen de les dispenser de tout travail, si je fais de leur famille la mienne, si je leur donne ma patrie, ma religion, ma volonté, non pour les opprimer, et au contraire, à ce que je crois, pour les rendre heureux, mais, dans un cas comme dans l'autre, en les dépouillant de tout effort individuel, de toute responsabilité, de toute activité propre, je ne porte pas moins atteinte au droit dans un cas que dans l'autre. Un esclave heureux est plus opprimé qu'un homme libre misérable : c'est ce que n'ont jamais compris ceux qui opposaient le sort fortuné des noirs d'Amérique à l'existence précaire et anxieuse des ouvriers européens. C'est la supériorité de l'homme de sentir qu'il n'est lui-même que dans l'indépendance et la liberté, et que c'est à lui-même à se procurer son propre bonheur.

On voit que le droit est la conséquence de la responsabilité que chaque homme a de lui-même : c'est la faculté de concourir soi-même à sa propre destinée.

C'est en ce sens qu'il est parfaitement vrai de dire que la personnalité humaine est inviolable, que l'homme est une fin en soi. En ce sens, on peut accorder que le devoir repose sur le droit; car c'est bien parce que l'homme est une fin en soi que le devoir défend de porter atteinte à ses facultés. Mais, réciproquement, il sera aussi vrai de dire que le droit repose sur le devoir ; car c'est parce que je suis *tenu* de concourir moi-même à ma propre destinée que je suis une fin en soi. Dans la vérité, comme nous l'avons vu, ni l'un ni l'autre ne reposent réciproquement l'un sur l'autre, mais sur un même fondement : la perfection de l'être humain, principe dont la condition essentielle est que chaque homme soit responsable de sa propre destinée.

Pousser plus loin ces considérations serait sortir de notre cadre. Qu'il nous suffise d'avoir montré comment la philosophie du devoir se rattache à la philosophie du **droit, et comment** en même temps elle en est indépendante.

CHAPITRE V

DIVISION DES DEVOIRS.

La question de la division des devoirs est réservée d'ordinaire à la morale pratique. On se contente d'établir en général, dans la morale théorique, l'idée *du* devoir; on réserve à la seconde partie de la science l'examen *des* devoirs. Et, en effet, si cette question n'était qu'une question de classification et un arrangement commode pour exposer et étudier les devoirs en particulier, on pourrait accorder qu'elle est le préambule naturel de la morale pratique. Mais la question est de plus haute importance et touche à l'essence même du devoir, car il s'agit de savoir quel en est le domaine, jusqu'où il s'étend, si l'humanité en est le seul objet, ou si, au contraire, il faut étendre au-dessus ou au-dessous de nous le cercle de nos obligations.

En effet, l'homme peut se considérer comme en rapport soit avec lui-même ou avec ses semblables, soit avec les êtres qui lui sont inférieurs (animaux, et même plantes et éléments), soit avec ce qui lui est supérieur, les esprits, s'il en reconnaît de tels, et Dieu enfin, l'auteur de toutes choses. Or c'est une question de savoir si l'homme a des devoirs au-dessus ou au-dessous de lui; de plus, si l'on restreint à l'humanité le cercle de nos devoirs, il reste encore à savoir si les devoirs envers soi-même se ramènent aux devoirs envers autrui, et réciproquement, ou si ces deux classes de devoirs sont irréductibles. Telle est la série des questions toutes théoriques que soulève le problème de la division des devoirs.

Kant circonscrit le domaine du devoir à l'humanité seule ; il écarte les devoirs envers les êtres qui nous sont inférieurs et envers ceux qui nous sont supérieurs. Nous ne devons rien, dit-il, aux êtres qui n'ont envers nous ni devoirs, ni droits, comme les êtres inférieurs. Nous ne devons rien non plus aux êtres qui n'ont envers nous que des droits sans devoirs, comme les êtres supérieurs à nous. Du premier genre sont les animaux, qui évidemment n'ont aucun devoir envers nous, et par là même n'ont aucun droit ; du second genre, nous ne connaissons philosophiquement qu'un seul être, qui est Dieu. Or Dieu ou l'être tout puissant a sur nous toute espèce de droit, mais aucun devoir. Nous ne devons donc rien ni aux animaux, ni à Dieu.

Ces raisons nous paraissent tout à fait insuffisantes. On dit que les animaux n'ayant pas de droits, nous n'avons point de devoirs envers eux. Mais ceux qui parlent ainsi reconnaissent en général qu'il est des devoirs qui ne correspondent à aucun droit [1]. Par exemple, c'est un devoir d'assister nos semblables ; et cependant il est des

---

1. Kant n'a pas traité spécialement cette question de la corrélation du devoir et du droit. Mais il est évident pour quiconque a lu la *Théorie du droit* et la *Théorie de la vertu* qu'il ne confond pas le domaine de l'un avec celui de l'autre.

philosophes et des publicistes qui se refusent à admettre le droit à l'assistance. Ainsi, lors même qu'on ne reconnaîtrait pas chez les animaux de droits d'aucune espèce, il ne s'ensuivrait point que nous n'eussions pas de devoirs envers eux. Il suffit qu'il y ait entre eux et nous une certaine affinité de nature, une certaine sympathie, une sorte de fraternité, pour que nous puissions dire que ce qui les fait souffrir nous fait souffrir nous-mêmes, et que nous leur devons au moins de la pitié.

D'ailleurs, est-il bien vrai de dire que l'animal n'ait aucun droit? Si, comme nous l'avons dit plus haut, le droit est un pouvoir idéal qui s'oppose à la force physique, je vois un tel pouvoir dans l'animal; car, si j'ai la force de le meurtrir et de le blesser et que je m'en abstienne sans vue d'intérêt personnel, mais par sympathie pour lui, ce quelque chose qui arrête mon bras est aussi un pouvoir; c'est le pouvoir d'une idée. Il y a donc, dans la nature de l'animal, un élément idéal qui s'oppose à ma force brutale. Pourquoi ne l'appellerais-je pas un droit? Toute théorie mise à part, je dis qu'un être doué de sensibilité a le droit de ne pas souffrir; que si l'animal frappé par une main grossière acquérait tout à coup la parole, il pourrait dire à son persécuteur : « Que t'ai-je fait? Pourquoi me frappes-tu? pourquoi me traites-tu comme une chose inerte? Je suis semblable à toi; car je sens, je souffre et je meurs comme toi. » Quelle réponse faire à ce discours? Je n'en vois pas. Or l'être qui pourrait parler ainsi et faire valoir ainsi son droit a donc un droit virtuel, même quand il ne peut pas l'exprimer.

A la vérité, dans une telle hypothèse, il devient trèsembarrassant d'expliquer le droit que l'homme s'attribue sans aucun remords de tuer les animaux pour sa nourriture ou de les asservir pour son utilité: et, en effet, ce double droit est bien loin d'être aussi évident, au moins en théorie, qu'il paraît nécessaire dans la pratique.

Lorsque je vois attelé à nos voitures, accablé sous la charge, stimulé par le fouet, conduit souvent par des créatures à peine plus éclairées que lui, le noble animal décrit si éloquemment par Buffon, je me demande si réellement nous avons le droit d'enlever à leurs forêts, à leurs courses sauvages, à leurs sociétés naturelles, tant d'animaux que leur énergie, leur souplesse, leur bonté, semblent rendre dignes de la liberté. N'y a-t-il pas pour la bête aussi bien que pour l'homme un droit de jouir de ses facultés sans contrainte, sans discipline, à ses risques et périls? et si, malgré ces protestations de la nature, nous n'avons pas hésité à les asservir, qui pourrait voir là un autre droit que le droit du plus fort? Ce ne sont point des *personnes*, dira-t-on? Donc elles n'ont pas de droits. — Soit; mais ce ne sont pas davantage des *choses*. Eh quoi! le vieux cheval qui vous a porté enfant, le chien qui vous a sauvé de la mort, ces vieux compagnons de vos chasses, de vos courses, de vos batailles, ce seraient des *choses*, et ils seraient malléables comme des choses! Non, sans doute; le jurisconsulte est bien forcé de compter les animaux parmi les choses : car c'est le résultat même de l'esclavage; mais, aux yeux du philosophe, l'animal, quoi qu'on en dise, est un intermédiaire entre la chose et la personne; il est le passage de l'un à l'autre; il est une demi-personne et il **a des** demi-droits [1].

La seule justification théorique que je trouve de l'empire que l'homme s'est arrogé sur l'animal, c'est le droit de défense. En effet, si l'homme avait laissé les espèces animales en toute liberté, elles lui auraient disputé le sol et auraient bientôt fini par l'envahir tout entier. Entre lui et elles, il y a combat pour la vie. Il pourrait donc les détruire; au lieu de cela, quand elles ne menacent pas directement sa propre vie, il les asservit, ce qui est pour elles un moindre mal. L'explication que les anciens jurisconsultes donnaient de l'esclavage (*servus à servando*) peut s'appliquer beaucoup plus légitimement aux animaux : servir vaut mieux que mourir, pourrait-on dire, en modifiant légèrement la moralité du bon La Fontaine.

Quant au droit de se nourrir de la chair des animaux, on peut encore, sans être pythagoricien, trouver qu'il est loin d'être évident, sinon au point de vue de la pratique (qui laisse la conscience de tous, même du philosophe, parfaitement en repos), au moins au point de vue théorique; car on remarquera que les animaux dont nous nous nourrissons sont principalement des herbivores ou des poissons, qui par conséquent ne menacent pas directement notre propre vie; de sorte que leur mort n'est pas la conséquence immédiate du droit de défense; mais si, comme nous venons de le dire, ils nous menacent indi-

---

[1]. Les stoïciens disaient de l'homme qu'il était un *demi-esclave*, ἡμίδουλος, voulant faire entendre par là qu'il n'est pas absolument asservi à la nécessité. Cette expression représente assez bien, selon nous, l'état de l'animal. (OEnomaüs ap. Euseb. *Præper. evang.* v. vi.)

rectement en nous disputant la subsistance, nous avons le droit de les détruire ; quant à l'usage que nous en faisons après leur mort, cela est parfaitement indifférent [1].

Quoiqu'il en soit, on voit que la difficulté pour nous ne consiste pas tant à prouver les devoirs que nous avons envers les animaux qu'à prouver au contraire les droits que nous nous sommes arrogés sur eux.

Quant à la nature inférieure, c'est-à-dire quant aux choses destituées de toute sensibilité et de toute conscience, il est évident qu'il n'y a plus ici aucune question de morale : car les choses inorganiques étant, suivant les lois universelles de la matière, dans une circulation perpétuelle et dans un mouvement incessant de transformation, aucun de ces états n'est plus conforme à la nature qu'aucun autre ; et, comme nous ne pouvons rien contre les lois naturelles, tout ce que nous faisons ou pouvons faire restera dans l'ordre des choses, et ne peut avoir plus ou moins de valeur qu'au point de vue des besoins de la société humaine, par conséquent par rapport à nos devoirs sociaux. Tout au plus pourrait-on soulever la question de savoir s'il est permis d'interrompre inutilement la vie dans les êtres vivants ; par exemple, couper une fleur [2], casser une

---

1. On peut encore, comme nous l'avons fait dans nos *Éléments de morale* (chap. xi, § 2), invoquer ici le principe des causes finales : car la nature, ayant fait l'homme carnivore, semble l'avoir destiné à manger de la chair, et l'avoir par là justifié d'avance d'user d'un tel droit. Mais la nature ou la Providence aurait-elle elle-même le droit de nous dispenser du droit ? Il resterait donc toujours à prouver que les bêtes n'ont pas de droit à opposer à l'usage plus ou moins nécessaire pour nous que nous faisons d'elles.

2. Un grand écrivain a été jusqu'à défendre en termes éloquents et presque persuasifs de faire des bouquets : « Vous me saignez le cœur

branche. Au point de vue de ceux qui placent le principe de la morale dans le respect des fins de la création, on devrait dire que tout ce qui interrompt la vie est un péché; et il faudrait, comme le brahmane, s'interdire de couper un brin d'herbe avec les ongles. Mais un tel raffinement irait jusqu'au ridicule et à l'impossible. Cependant on peut dire d'une manière générale que la tendance destructive, comme celle des hordes barbares, qui, si elle était sans frein, finirait par détruire toute vie dans l'univers, est une sorte de péché envers la nature, et, même intérêt humain mis à part, n'est pas un acte absolument indifférent.

Si, des êtres qui sont au-dessous de nous, nous nous élevons jusqu'aux êtres supérieurs à nous, la seule question qui se présente est celle de savoir si nous avons des devoirs envers Dieu : car il peut bien sans doute y avoir un nombre infini de créatures entre Dieu et l'homme, et l'existence d'êtres supérieurs n'a absolument rien de contradictoire ni d'impossible; mais nous n'en connaissons par l'expérience aucun de ce genre; et si la révélation ordonne de

---

quand vous dévastez une prairie émaillée pour faire une botte d'anémones de toutes nuances qui se flétrit dans vos mains au bout d'un instant. Non, cette fleur cueillie n'a plus d'intérêt pour moi. C'est un cadavre qui perd son attitude, sa grâce, son milieu... Si vous l'aimiez pour elle-même, vous sentiriez qu'elle est l'ornement de la terre et que là où elle est dans sa splendeur vraie, c'est quand elle se dresse élégante au sein de son feuillage, ou quand elle se penche gracieusement sur son gazon... Quand vous me l'apportez écourtée, froissée et mutilée, ce n'est plus qu'une fleur; vous avez détruit la plante... (Sans doute) l'étude est chose sacrée, et il faut que la nature nous sacrifie quelques individus : c'est une raison de plus pour ne pas la profaner ensuite par des massacres inutiles. » *(Lettres d'un voyageur à propos de botanique. Revue des Deux-Mondes,* 1er juin 1868.)

croire à de tels êtres, les devoirs qui résultent de cette croyance appartiennent à ce que la théologie morale appelle la loi divine positive, et non à la loi naturelle. Sans doute nous pouvons bien croire que les hommes morts avant nous revêtent après leur mort un état de sainteté supérieur au nôtre, et grandissent par là même dans l'échelle des êtres; mais ils ne cessent pas pour cela d'être des hommes; et, par conséquent, les devoirs envers les morts, même envers les saints, rentrent dans la classe de nos devoirs envers nos semblables. Reste donc, comme je l'ai dit, la question de nos devoirs envers Dieu.

Bien entendu, ceux qui n'admettent point un tel être sont autorisés par là même à soutenir qu'il n'y a point de devoirs envers lui; car on ne doit rien à ce qui n'existe pas : la question n'est ouverte que pour ceux qui admettent l'existence de Dieu, et qui entendent par là un être non-seulement infini, mais encore parfait, doué de tous les attributs de la Providence. Un tel être, dit Kant, n'a que des droits et n'a pas de devoirs; or le devoir est nécessairement réciproque; et à qui ne nous doit rien, nous ne devons rien non plus.

Mais comment soutiendrait-on que Dieu n'a que des droits, et point de devoirs à l'égard de l'homme, à moins d'admettre la doctrine de Hobbes, à savoir que Dieu n'est qu'une puissance, et qu'il est la puissance absolue? Dans ce cas, mais dans ce cas seulement, Dieu n'aurait que des droits, si l'on peut appeler droit ce qui ne serait que l'exercice illimité de la force. Si Dieu au contraire n'est pas seulement puissance, mais sagesse, justice et bonté, à quel titre affirmer qu'il n'a pas des devoirs envers ses créa-

17

tures? Sans doute il ne leur doit pas l'être, et c'est pour lui un droit absolu de créer ou de ne pas créer; mais les créatures une fois produites, il leur doit sinon le bonheur gratuit, au moins la juste rémunération de leurs efforts; et il serait tout à fait contraire à l'idée d'une loi morale éternelle, nécessaire, absolue, que Dieu pût tout se permettre à l'égard des créatures. Même sa bonté divine semblerait exiger que le mal n'existât pas pour elles; et, quelque raison que l'on puisse en donner, toujours est-il que le mal gratuit serait indigne de la nature divine, et que soutenir une telle doctrine est à peu près comme si on niait l'existence même de Dieu. Sans doute l'expression de devoir est impropre pour exprimer une loi que la nature divine suit spontanément, sans aucune contrainte, puisque Dieu ne peut vouloir que le bien. Mais si, du côté de Dieu, il est inutile de dire qu'il *doive* quelque chose, il n'est pas inexact de dire, du côté de la créature, que quelque chose *est dû à celle-ci*. Si on entend le mot devoir dans le sens strict, à savoir comme une *contrainte* morale qui commande à une volonté rebelle, il n'y a pas en Dieu de devoir en ce sens; mais si l'on entend par là les rapports nécessaires commandés par la loi du bien, il est certain qu'entre la volonté divine et la volonté humaine il y a de tels rapports; et de ce que la volonté divine se conforme spontanément à cette loi, au lieu d'y obéir en résistant, on ne peut rien conclure de cette différence, quant aux devoirs réciproques de la créature. De cela seul que la créature est, par hypothèse, l'objet de la bonté et de la justice divines, il résulte des devoirs d'amour, de reconnaissance et de respect; car on ne voit pas que la grandeur du bienfaiteur diminue en rien les devoirs de l'obligé.

D'un autre côté, lorsque l'on dit que Dieu n'a pas de devoirs envers sa créature, mais qu'il n'a que des droits, ou ce mot de droit ne signifie absolument rien et n'exprime que les exigences de la force, ce qui, dans la pensée de Kant, est inadmissible, ou bien il signifie que Dieu peut légitimement exiger de ses créatures tout ce qui lui plaît. Or, s'il en est ainsi (ce qui serait revenir à la doctrine théologique de la volonté divine), non-seulement il ne serait pas juste de dire que l'homme n'a pas de devoirs envers Dieu, mais il faudrait dire, au contraire, qu'il n'a que des devoirs envers Dieu, que tout est devoir envers Dieu, et qu'il doit à Dieu tout ce que celui-ci voudra bien exiger.

On objectera encore qu'il n'y a aucun devoir envers un être à qui l'on ne peut faire ni bien ni mal. Or, Dieu étant parfait et souverainement heureux, nous ne pouvons rien ajouter à sa perfection et à son bonheur ; nous ne pouvons non plus rien lui enlever ni de l'un, ni de l'autre. Nous ne sommes donc tenus envers lui à aucune obligation. Mais la question est précisément de savoir si nous n'avons de devoirs qu'envers ceux auxquels nous pouvons faire du bien et du mal. Ainsi, par exemple, nous avons des devoirs de justice, d'amour et de respect envers les morts, quoique nous ne puissions leur faire ni bien ni mal, puisqu'ils sont morts ; et quoiqu'on ait lieu de penser qu'ils subsistent encore sous une autre forme, les devoirs que nous avons envers eux sont indépendants de cette considération ; car ces devoirs resteraient les mêmes, quand on douterait de la permanence des âmes ou de leurs relations avec les vivants : ces âmes pourraient être tellement heureuses et dans des conditions si étrangères à notre vie d'ici-bas, qu'elles deviendraient absolument indifférentes au moins pour le mal. Un historien, par exemple, ne serait pas justifié d'avoir calomnié les héros, sous prétexte que ne croyant pas à l'immortalité de l'âme, il savait bien qu'il ne pouvait leur faire aucun mal. Même en cette vie, l'homme peut s'élever par la patience de la mansuétude au-dessus de toutes les injures, et y devenir absolument indifférent : ce qui ne rendrait pas innocentes les injures qu'on pourrait lui adresser. Le même homme pourrait être d'une telle modestie qu'il n'éprouverait le besoin d'aucun hommage : ce qui n'empêcherait pas que ce fût un devoir de justice de lui rendre ce qui lui est dû. Les sentiments tout intérieurs que nous avons pour les autres hommes, et qui ne se manifestent par aucun acte, ne peuvent faire aucun bien ni aucun mal à celui qui en est l'objet. Cependant nul ne conteste que ce ne soient des devoirs. On voit bien que le devoir ne se règle pas sur le bien ou le mal qui peuvent être faits au dehors, mais sur l'ordre des choses, qui veut que chaque être soit aimé et respecté selon son mérite. Or, à ce point de vue, nul doute que Dieu, qui est la perfection souveraine et le principe de tout ordre et de toute justice, ne soit l'objet légitime du plus haut respect et du plus grand amour.

Les devoirs envers Dieu sont donc évidents, si l'on admet la doctrine de la personnalité divine : or on admet par hypothèse cette doctrine, en disant avec Kant que Dieu a des droits et n'a pas de devoirs ;

car un être purement impersonnel n'a pas plus de droits que de devoirs, et la première expression serait alors aussi impropre que la seconde. Mais, à mesure que l'on s'éloigne de cette doctrine, il faut reconnaître que les devoirs envers Dieu semblent de plus en plus se relâcher. Encore n'est-il pas évident qu'il n'y ait pas de devoir suprême à l'égard de Dieu, même entendu comme la substance unique et immanente de toutes choses. Ainsi l'on voit Spinoza combattre énergiquement la doctrine de la personnalité divine et cependant faire de l'amour de Dieu le principe dernier de sa morale, et il ne semble pas qu'il y ait là une véritable contradiction. Nous voyons les stoïciens et les Alexandrins, malgré leur panthéisme, introduire dans leur doctrine les devoirs de la piété; et il ne s'agit pas de rechercher dans quel sens ils l'entendent; car on sait que toute religion considère comme une impiété tout ce qui n'est pas son propre culte; il suffit que, sous une forme ou sous une autre, on admette un ordre de vertus ou de devoirs qui ont pour objet ce qui est au-dessus de l'homme, pour qu'il y ait là un principe de religion et de piété.

A notre point de vue, la religion n'est pas le fondement de la morale; mais elle est une partie, et la plus haute, de la vie morale. La moralité ne consiste pas seulement pour nous dans l'obéissance ou la conformité à une loi abstraite : cette loi elle-même n'a de sens qu'en tant qu'elle nous commande de donner à notre nature tout le développement dont elle est susceptible, c'est-à-dire de vivre de la manière la plus complète, la plus riche et la plus haute. Or la communication de l'âme avec Dieu, c'est-à-dire avec l'Éternel, l'Immuable, le Parfait, est ce qu'il y a de plus élevé dans l'homme ; c'est le centre de toute notre vie spirituelle ; c'est de là que tout part et c'est là que tout rentre : c'est en ce sens que la vie religieuse, sous une forme ou sous une autre, est un des éléments nécessaires, et même le plus élevé, de la vie morale.

Nous avons suffisamment établi que le cercle de la vie morale, quant à ses objets, ne se renferme pas dans l'humanité, mais qu'il s'étend au-dessus et au-dessous. Reste à savoir ce qu'il comprend dans le sein de l'humanité elle-même. Ici, nul ne conteste les devoirs envers les autres hommes ; mais l'on a contesté les devoirs de l'homme envers sa propre personne.

Si l'on pouvait mettre en doute la beauté de la doctrine morale de Kant et de Fichte (réserves faites des objections toutes spéculatives que nous avons dirigées contre cette morale), il suffirait, pour la faire comprendre, de rappeler l'importance qu'a prise dans la science depuis ces deux penseurs la doctrine des devoirs envers nous-mêmes. Dans les moralistes antérieurs, sauf les stoïciens, les devoirs de l'homme envers lui-même ne se distinguent jamais bien des maximes de l'intérêt bien entendu. Kant est, on peut le dire, le premier moraliste qui ait mis en pleine lumière le principe que l'homme se doit à lui-même ce qu'il doit aux autres hommes, à savoir le respect [1] ; qu'il ne doit pas plus

---

[1]. Mais, dira-t-on, il se doit donc aussi le bonheur, car il le doit aux autres hommes? Sans aucun doute ; et Kant se trompe quand il ne veut pas admettre cette conséquence. Seulement, ce qu'il se doit à lui-même, c'est le vrai bonheur, qui n'est pas celui des utilitaires : et c'est aussi dans le même sens qu'il doit le bonheur aux autres hom-

attenter en lui-même que dans les autres hommes à la dignité de la personne humaine. On a vu reparaître dans la morale ces maximes de noble fierté et de hauteur d'âme qui en avaient été bannies sous prétexte de faux orgueil, et remplacées par les principes de cette vertu douteuse et suspecte que l'on appelle l'humilité. Sans doute la morale de Kant, aussi bien que celle des stoïciens, a reconnu le devoir de la modestie, de la simplicité, de la juste estime de soi-même ; mais elle y joint des principes de grandeur d'âme confondus à tort, dans une banale accusation, avec le faux orgueil. Qui reprocherait à Kant d'avoir ramené en morale ces belles maximes : « Ne soyez pas esclaves des hommes. — Ne souffrez pas que vos droits soient impunément foulés aux pieds. — Ne recevez point de bienfaits dont vous puissiez vous passer. — Ne soyez ni parasites, ni flatteurs, ni mendiants. — Celui qui se fait ver peut-il se plaindre d'être écrasé, etc.? » Sans doute la morale chrétienne bien entendue n'a rien d'absolument contraire à ces principes [1]. Le devoir religieux a quelque-

---

mes ; car nous ne leur devons pas de plaisirs, mais seulement ce qui leur est utile pour conserver ou développer en eux la nature humaine.

1. On ne peut pas dire, comme l'a fait remarquer avec raison M. de Rémusat, que le christianisme se soit fait une faible idée de l'âme humaine, puisqu'il l'a jugée digne d'être rachetée par le sang d'un Dieu. Néanmoins certaines de ses maximes tendent à l'affaiblissement des vertus personnelles. M. de Tocqueville a fait aussi remarquer avec étonnement que le christianisme n'a pas encouragé les vertus civiques. Or, quoiqu'il s'agisse ici de morale *publique*, cependant c'est évidemment dans la crainte que la personne humaine ne s'élève trop haut que le christianisme a été conduit à amortir l'énergie politique : c'est donc pour n'avoir pas reconnu dans toute leur plénitude les devoirs de l'homme envers lui-même qu'il a également affaibli les devoirs de l'homme public.

fois exalté d'une manière sublime le sentiment de la dignité humaine ; mais, dans la pratique journalière, le christianisme a plutôt affaibli que fortifié ce genre de vertu. Sans doute aussi, pour ce qui est de la pureté que l'homme se doit à lui-même, et qui est une partie du devoir de se respecter soi-même, la morale chrétienne demande plutôt trop que trop peu [1] ; mais quant à ces vertus profanes que l'on appelle l'honneur, l'indépendance, la juste fierté, l'énergique défense de ses droits, ces sortes de vertus sont généralement considérées par les moralistes chrétiens comme des vices splendides, peu conciliables avec l'état de bassesse d'une créature déchue.

Quoiqu'il en soit de ce débat entre l'esprit stoïcien et l'esprit chrétien, ce qui est incontestable à tous les points de vue, c'est que l'homme ne s'appartient pas à lui-même, comme une chose à son maître, qu'il y a en lui quelque chose qui n'est pas lui, et dont il ne peut disposer comme d'un bien propre, à savoir l'humanité, l'essence humaine, l'homme en soi. S'il en est ainsi, il y a des devoirs de l'homme envers soi-même : et fussions-nous réduits à vivre dans une île déserte, nous ne serions pas par là affranchis de toute obligation.

Nous admettons donc la division généralement reçue de quatre classes de devoirs. Mais cette division une fois admise, une nouvelle question se présente à nous : ces quatre classes de devoirs sont-elles irréductibles, et

---

[1]. C'est, par exemple, demander trop que de considérer l'état de célibat ou de virginité comme un état de perfection par rapport à l'état de mariage.

correspondent-elles à quatre sortes de relations essentiellement distinctes? ou au contraire ne peuvent-elles se réduire les unes aux autres, selon l'ordre d'importance de ces devoirs? Par exemple, ne pourrait-on pas soutenir que les devoirs envers les animaux se réduisent aux devoirs de l'homme envers lui-même (car l'homme se doit à lui-même de ne pas être cruel); que les devoirs envers nous-mêmes se réduisent aux devoirs envers les autres hommes (car nous devons respecter et développer en nous-mêmes les facultés utiles à nos semblables); et enfin que les devoirs des autres hommes se réduisent à nos devoirs envers Dieu (car c'est Dieu lui-même, notre père commun, que nous devons aimer et respecter en eux)? Dans cette hypothèse, la morale religieuse absorberait la morale sociale, qui absorberait à son tour la morale individuelle. Ne pourrait-on pas au contraire, en sens inverse, ramener la morale religieuse, et même la morale sociale, à la morale individuelle?

Négligeons d'abord comme de trop peu d'importance pour y insister longuement la question des devoirs envers les animaux; et tout en admettant la réalité de ces devoirs, comme nous l'avons montré, accordons, si l'on veut, que cette partie de la morale rentre soit dans la morale personnelle (l'homme se doit à lui-même de n'être pas cruel); — soit dans la morale sociale (chacun de nous doit aux autres hommes de ne pas détruire sans nécessité ce qui peut être utile à la société tout entière); — soit dans la morale religieuse (l'homme ne doit pas sans nécessité détruire l'œuvre du Créateur). Réduisons la question à ces trois termes : l'individu la société et Dieu.

La première opinion que nous rencontrons est celle qui ramène tous nos devoirs à nos devoirs envers Dieu : c'est la tendance générale du sacerdoce chrétien (toute théorie mise à part) de ramener tous les devoirs à des devoirs religieux : faire son devoir en général parce que c'est la volonté divine ; faire du bien aux autres par amour de Dieu ; secourir les pauvres, comme étant des membres de Jésus-Christ ; confondre en un mot dans un seul sentiment la charité humaine et la charité divine, tel est l'esprit de la morale religieuse.

L'opinion vulgaire a très-bien saisi ce qu'il y a d'exagéré et de pratiquement insuffisant dans la maxime qui ramène les devoirs sociaux aux devoirs religieux, lorsqu'elle dit, dans un sens ironique, que l'on fait telle chose *pour l'amour de Dieu ;* on sait que, dans l'usage vulgaire, cette expression indique en général une action parcimonieuse et triste, qui se borne au plus strict nécesssaire, et qui réduit l'esprit de sacrifice à son *minimum* possible. Faire l'aumône pour l'amour de Dieu, c'est ne la pas faire ; faire son devoir pour l'amour de Dieu, c'est ne pas le faire. Sans doute c'est là un abus qui ne rejaillit pas, si l'on veut, sur le principe ; et de ce qu'une fausse dévotion nuirait à la vertu, on ne devrait pas imputer les mêmes conséquences à la vraie piété. Néanmoins, cette critique irrévérencieuse semble indiquer au moins une tendance vérifiée par l'expérience ; et il est certain que l'habitude de tout faire converger vers Dieu peut détourner l'âme de ses affections légitimes pour les hommes, les lui rendre indifférents, et même conduire quelques âmes exaltées à considérer ces affections comme des crimes, comme des spoliations de ce qui est dû à Dieu. C'est ainsi que Pascal considérait le mariage comme un *déicide*, et, pour éviter les molles complaisances, traitait sa sœur avec une pieuse dureté. Ce sont là, sans doute, de vrais accès de folie; mais ces folies sont les conséquences du principe : car, s'il ne faut aimer les hommes que pour Dieu, toute affection purement humaine et profane est un vol fait à Dieu ; et pour détruire en nous ces affections profanes et charnelles, il faut user de violence, la nature et la chair étant toujours plus fortes que nos résolutions.

La doctrine mystique qui défend l'attachement aux créatures pour tout réduire à l'amour de Dieu conduit donc logiquement à une sorte d'égoïsme pieux, et même à la cruauté; et ces conséquences extravagantes sont d'autant plus à craindre que l'on exagère davantage le principe. Sans doute il est très-vrai et très-beau de dire avec les chrétiens que les âmes de nos semblables sont les temples de Dieu ; avec les stoïciens, qu'il y a un Dieu dans l'homme. C'est relever la nature humaine ; c'est aussi relever les faibles et les petits, les pauvres et les misérables, et apprendre aux grands de la terre qu'ils sont de même souche qu'eux, et de quelle souche? une souche divine. Ces grandes paroles ont consolé bien des âmes souffrantes et humilié bien des âmes farouches et insolentes. Mais, s'il est vrai de dire non-seulement avec les chrétiens et les stoïciens, mais encore avec les platoniciens, que les créatures ne tiennent leur être et leur essence que de Dieu, qu'elles n'ont quelque chose de solide et d'effectif, que par leur participation avec Dieu; cependant il faut admettre aussi que la créature a un être propre, une activité propre, une personnalité qui ne se confond point avec l'être du Créateur, et que pour cette raison elle est en elle-même un objet d'amour et de respect ; que nous ne devons ni nous absorber nous-mêmes dans le sein de la divinité par une sorte de suicide mental, que l'on appelle l'extase, ni détruire en nous toutes les affections humaines par une dévotion ascétique et farouche

Nous n'admettons pas davantage une seconde opinion, qui subordonne les devoirs envers soi-même aux devoirs envers les autres. Mais cette opinion est elle-même susceptible de deux degrés : ou l'on nie absolument tout devoir envers soi-même, et l'on explique les devoirs de ce genre comme n'étant que des cas particuliers du devoir envers autrui, opinion que nous venons de réfuter tout à l'heure [1] ; ou bien, reconnaissant l'existence de tels devoirs, on les subordonne cependant aux autres, on les considère comme des devoirs *relatifs*, et les devoirs envers les autres comme des devoirs *absolus* [2].

On a lieu de s'étonner que Fichte, le philosophe de la liberté, de la personnalité, celui qui pose pour principe de la morale l'obligation d'être soi-même (*die Selbstaendigkeit, die Persoenlichkeit*) ait cependant considéré les devoirs envers nous-mêmes comme conditionnels et subordonnés aux devoirs envers autrui. La raison de Fichte est

---

1. Voir plus haut, p. 294.
2. Cette distinction est celle que fait Fichte dans sa morale. Il considère les devoirs envers soi-même comme des devoirs médiats conditionnés, *mittelbare, bedingte* Pflichten, et les devoirs envers autrui comme des devoirs immédiats et inconditionnés, *unmittelbare, unbedingte* Pflichten, *System der Sittenlehre*, p. 254-259, Fichtes Werke, Bonn, 1834.

à peu près de la même nature que celle qui fait sacrifier à Malebranche tous nos devoirs aux devoirs religieux. De même que, pour celui-ci, Dieu est la cause universelle, la seule cause efficace, et par conséquent le seul principe effectif et substantiel, et que, par conséquent, tout ce qu'il y a de réel, de solide, d'estimable dans les créatures ne vient que de Dieu;—de même, pour Fichte, toute la réalité substantielle de l'individu lui vient de l'humanité en général, de sa participation à l'essence humaine prise en soi. Ce qu'il appelle le *moi* n'est pas le moi individuel, le moi déterminé et circonscrit dans le temps et dans l'espace : c'est le moi humain; c'est la conscience, la personnalité, c'est-à-dire ce qui est commun et identique entre tous les hommes. C'est donc à l'humanité en général, et non à ma propre individualité, que je dois quelque chose : les devoirs de l'individu envers lui-même ne sont donc que conditionnels, et relatifs au devoir absolu qui a pour objet l'humanité en général.

Mais il est évident que par devoirs envers soi-même nul n'entend les devoirs à l'égard de l'individu considéré comme tel : ce ne sont pas les devoirs de Pierre envers Pierre, considéré comme Pierre, mais envers l'individu considéré comme homme, en tant qu'il contient et exprime l'humanité en général. Sans doute on peut admettre certains devoirs envers l'individu proprement dit : les devoirs de Caton ne sont pas les mêmes que ceux de Cicéron; et à ce point de vue les devoirs individuels sont différents [1]; tandis que les devoirs personnels sont les mêmes

---

1. Cicéron dit, à ce sujet, que Caton a dû se tuer, mais que tout autre que Caton n'aurait pas dû le faire. L'exemple est peut-être

chez tous les hommes. Tous les hommes doivent être tempérants, courageux, prudents, etc.; et ce que l'on appelle devoirs envers soi-même, ce sont précisément nos devoirs envers cette partie de nous-mêmes qui n'est pas individuelle, et qui fait notre dignité et notre personnalité, à savoir la raison, la liberté, la conscience de soi. Il ne résulte pas de là que les devoirs envers soi-même se ramènent aux devoirs envers les autres hommes : car les autres hommes, comme individus, ne sont pas plus que nous-mêmes l'objet direct des devoirs : ils ne le sont qu'en tant qu'hommes; ils le sont au même point de vue et par les mêmes raisons que nous-mêmes. Il faut donc que nous soyons d'abord à nous-mêmes un objet de devoir pour comprendre que les autres le sont également. L'humanité, considérée comme *corps*, doit être distinguée de l'humanité considérée comme *idée*. L'humanité, comme idée, est tout entière dans chacun de nous; elle est ce qui constitue la personne humaine; je suis déjà un homme, abstraction faite des rapports que j'ai avec le *corps* de l'humanité. Que si je me considère ensuite dans ce corps, en rapport avec les autres membres qui le composent avec moi, il en résulte de nouveaux devoirs, mais qui ne priment pas, n'absorbent pas les précédents; ils sont sacrés au même titre, mais pas plus. Ce ne serait qu'au point de vue d'une sorte de panthéisme humanitaire que l'on pourrait sacrifier les devoirs personnels aux devoirs sociaux; de même que ce n'est qu'au point de vue d'un panthéisme

---

contestable; mais il est certain qu'il y a une certaine part à faire à l'individualité en morale. Schleiermacher, dans sa *Morale*, a beaucoup insist sur ce point de vue.

mystique que l'on peut sacrifier les uns et les autres aux devoirs religieux.

Si l'on voulait absolument réduire toutes les classes de devoirs à une seule, la seule réduction rationnelle serait celle qui les ramènerait tous aux devoirs envers soi-même. Nous avons vu, en effet, que le principe fondamental de la morale est d'élever en nous la personne humaine au plus haut degré d'excellence dont elle est capable. Nous n'avons pas d'autre devoir, en définitive, que d'accomplir aussi pleinement que possible l'idée de l'humanité dans notre personne; et, à ce point de vue fondamental, tous les devoirs, même les plus élevés, ne sont des devoirs que parce qu'ils rentrent dans l'idée de l'homme parfait, vers lequel nous devons tendre dans toutes nos actions. Que si, en effet, la vertu religieuse, ou la vertu sociale, comme nous l'avons montré plus haut, ne rentraient pas dans l'idée de notre propre bien (non pas de notre bien comme individu, mais de notre bien comme homme), ces vertus, nous étant absolument étrangères, et ne nous touchant par aucun endroit, ne sauraient être obligatoires, car ce qui ne me concerne pas ne peut m'obliger. Mais l'idée religieuse et la sociabilité faisant partie essentielle de la nature humaine, je ne pourrais être tout à fait homme, c'est-à-dire atteindre toute ma destinée, accomplir tout le bien dont je suis capable, si je renonçais aux actions qui se lient à ces deux sentiments. C'est donc à mon propre perfectionnement que se rapportent en définitive tous mes devoirs.

Cependant ce serait très-mal entendre ce principe, et tomber dans une sorte d'égoïsme individualiste, aussi erroné que le mysticisme de Malebranche et le socialisme de Fichte, que de confondre absolument les trois classes de devoirs, et de réduire les deux dernières à la première. La vérité est que le principe posé plus haut les enveloppe toutes les trois, mais qu'elles restent néanmoins distinctes et irréductibles.

En effet, comme nous l'avons montré dans notre première partie, il serait tout à fait contraire à l'idée de nos devoirs envers l'humanité de ne considérer les autres hommes que comme des *moyens* de travailler à notre propre perfection, de même que les mystiques finissent par ne plus voir dans les autres hommes que des moyens de faire leur salut, au point qu'ils seraient presque fâchés qu'il n'y eût plus de misérables sur la terre, car alors on n'aurait que faire de la charité. Tandis que la charité, n'ayant pour but que l'intérêt des hommes, tend essentiellement à la destruction du mal, le faux mysticisme et la fausse dévotion seraient tentés de l'éterniser dans l'intérêt de la charité. L'individualisme mal entendu pourrait tendre à des conséquences analogues : car, ne voyant dans les rapports avec les hommes qu'un moyen de nous grandir moralement, nous pourrions désirer le mal uniquement pour avoir la gloire et le mérite de nous sacrifier (comme un général qui désirerait la guerre pour y succomber avec gloire). De plus, comme le faux dévot n'aime les hommes que pour l'amour de Dieu, ce qui est une manière de ne point les aimer, de même l'individualiste n'aimerait les hommes que pour se donner à lui-même la satisfaction de se dire qu'il les aime. Combien de fois, par exemple, en politique, n'arrive-t-il pas qu'on choisisse la doctrine la plus humanitaire, uniquement pour se rendre ce témoignage très-égoïste qu'on a de plus belles et de plus nobles idées que ses adversaires ! Enfin, en général, faire le bien à cause du mérite qu'on en retirera, n'est-ce pas tomber dans ce péché d'orgueil, si souvent reproché aux stoïciens? Les vertus, ainsi comprises, ne seraient vraiment, comme le dit saint Augustin, que des vices splendides, *vitia splendida*. Mais nous avons vu que le principe de l'excellence personnelle n'entraîne point de telles conséquences : car dans l'idée de l'excellence humaine entre le dévouement aux autres hommes, sans esprit de réflexion sur soi-même. La vraie idée de l'homme parfait implique que nous devons aimer et respecter les hommes pour eux et non pour nous ; nous devons, dans certains cas, sacrifier au bien d'autrui même notre propre mérite moral : par exemple, si nous pensons être plus utiles à un homme en lui prêtant qu'en lui donnant, nous devons préférer le prêt au don, quoique le don, coûtant plus à l'intérêt personnel, soit par cela même plus méritoire. Nous devons aimer nos enfants et nos amis parce qu'ils sont nos enfants et nos amis, et non parce qu'il est beau d'aimer ses enfants et ses amis.

En un mot, il est très-vrai que le principe de tous nos devoirs est le principe de l'excellence personnelle ; et, en un sens large, on peut dire que tous nos devoirs se ramènent aux devoirs de la personne envers elle-même. Mais en même temps l'excellence de la nature humaine se détermine d'après les rapports nécessaires dans lesquels cette nature se trouve placée, et d'après les différents éléments de la vie spirituelle de l'homme. Or l'homme soutient trois sortes de rapports distincts et irréductibles : soit avec lui-même, n'y eût-il aucun autre individu dans le monde ; soit avec les autres hommes ; soit avec Dieu. De là trois éléments de la vie spirituelle de l'homme : vie intérieure, vie sociale, vie religieuse. Pour que la perfection humaine soit complète, il faut que ces trois modes de la vie se développent complétement, sans être sacrifiés l'un à l'autre ; et ainsi dans l'unité du principe subsiste la triple division généralement acceptée.

CHAPITRE VI

CONFLIT DES DEVOIRS

Nous arrivons à une des questions les plus difficiles de la morale, et il est vraisemblable que c'est la difficulté même qui explique que la plupart des moralistes l'aient trop souvent négligée. Si vous ouvrez, en effet, tous les grands traités de morale anciens et modernes, vous ne trouverez presque nulle part discuté le problème dont nous parlons [1]. Les philosophes ont abandonné ce problème aux théologiens : Ceux-ci en ont formé une science spéciale, la science des *cas de conscience* ou casuistique, qui a été fort déconsidérée auprès des mondains (toujours très-rigoristes à l'égard de ceux qui les prêchent), à cause de la réputation de relâchement que l'on a faite à ceux qui cultivaient cette science. Il a dû arriver, en effet, qu'à force d'examiner si subtilement et d'une manière trop abstraite des hypothèses

---

1. Il faut excepter, chez les anciens, Cicéron, dans son *De Officiis*, liv. III. Les stoïciens s'étaient beaucoup occupés de casuistique. Chez les modernes, Wolf, dans sa *Philosophia practica universalis*, §§ 210 et 211, a essayé de donner quelques règles pour les cas de collision, mais très-insuffisantes ; par exemple, les suivantes :

Article 1er, c. 2, § 210. *Si lex præceptiva et prohibitiva colliduntur, prohibitiva vincit.* § 2. *Si lex præceptiva et prohibitiva cum permissiva colliduntur, permissiva cedit*, etc.

arbitraires et difficiles, le sens moral se soit quelquefois émoussé, et qu'il ait trop donné à la complaisance. Il est certain aussi que les casuistes ont trop insisté (beaucoup plus qu'il n'était nécessaire) sur certains cas honteux qu'une morale délicate ne mentionne même pas [1]. De là le discrédit de la casuistique; discrédit légitime dans une certaine mesure par l'abus qui en a été fait, mais qui néanmoins a eu ses inconvénients en écartant de la morale pratique précisément toutes les difficultés, pour ne laisser subsister que les choses évidentes, qui n'ont presque pas besoin d'être démontrées. Kant cependant, dont la rare finesse n'a jamais laissé perdre aucune idée utile, n'a pas négligé d'introduire dans la *Doctrine de la vertu* des questions casuistiques; mais il s'est contenté de les présenter comme problèmes, sans nous donner de règles pour les résoudre.

Un éminent moraliste [2] a dit que la morale n'avait que faire de la casuistique, et que c'est à la conscience à se décider dans tous les cas particuliers. Mais, à prendre cette raison à la rigueur, ce n'est pas la casuistique que l'on condamnera, c'est la morale pratique toute entière, car toute question de morale est en définitive un cas de conscience. La discussion du suicide, du duel, de l'homicide par droit de défense, toutes ces questions et mille autres sont

---

1. L'argument tiré des nécessités de la confession est très-mauvais, car il est tout à fait inutile au confesseur d'être prévenu d'avance de toutes les combinaisons ignominieuses que l'appétit sensuel peut inventer; et il faut lui supposer une bien pauvre conscience pour croire qu'en présence de l'un de ces cas il ne saurait pas découvrir lui-même le degré d'immoralité qu'il suppose.

2. J. Simon, *le Devoir*.

des questions de casuistique. Sans doute la conscience, en définitive, doit juger en dernier ressort; et au moment de l'acte il n'est plus temps, en général, de faire appel à la casuistique ; et cependant, même à ce dernier moment, la conscience souvent est partagée, et est obligée de débattre le pour et le contre comme ferait un casuiste[1]. Mais pour qu'elle puisse décider avec autorité et netteté, ne faut-il pas d'abord qu'elle ait été éclairée et préparée à bien juger par une discussion générale et théorique, et par une comparaison critique entre les différents devoirs. Supposez-vous dans l'Inde, en présence de ce préjugé barbare qui fait périr les femmes sur le bûcher de leurs maris morts; vous contenterez-vous de faire appel à leur conscience? La conscience, ici, c'est l'obéissance au préjugé. Il vous faudra combattre ce préjugé directement; mais par quelles armes? Par le raisonnement, c'est-à-dire par un débat casuistique. Tous les progrès moraux de la société n'ont été que les solutions progressives de différents cas de conscience, amenées peu à peu par le progrès de la raison et des relations humaines : abolition de l'esclavage, abolition des sacrifices humains, des auto-da-fé, du droit d'aînesse, etc. Aujourd'hui, que discute-t-on? Le droit de la peine de mort, le divorce, l'instruction obligatoire, l'obligation pour tous de porter les armes, le droit d'insurrection, etc.; autant de cas de conscience.

Sans doute la casuistique théologique a un côté par lequel surtout nous n'avons pas à la considérer ici ; c'est qu'elle est

1. Victor Hugo, dans *les Misérables*, a développé avec beaucoup de vigueur et de profondeur un beau cas de conscience. (Voyez le chapitre : *Une tempête sous un crâne.*)

une médecine pratique, ou plutôt un code. Elle est le code du confesseur, qui, chargé d'absoudre ou de condamner, est obligé d'avoir une balance pour peser avec précision la culpabilité du coupable. De là toute une théorie de circonstances aggravantes ou atténuantes, qui se rapporte plutôt à la responsabilité de l'agent qu'à la nature des obligations. Que l'agent puisse être plus ou moins excusable, suivant les circonstances, c'est ce que les tribunaux légaux reconnaissent aussi bien que les tribunaux de conscience. Mais c'est là une tout autre question que celle des conflits. Quelque rigoureux que soit un précepte, tant qu'il n'est combattu que par l'intérêt personnel ou par les entraînements de la nature, on peut toujours dire : *dura lex, sed lex*. C'est au juge à compatir, s'il le croit convenable, aux faiblesses de la nature; mais il est interdit au moraliste de rien sacrifier de la loi à de telles considérations. A parler rigoureusement, ce ne sont pas là des cas de conscience. La vraie difficulté est de décider *à priori* ce qui doit être fait lorsque deux devoirs sont en présence ; lequel des deux on sacrifiera, lorsqu'on ne peut pas les appliquer à la fois l'un et l'autre. C'est ici qu'il faudrait quelque règle qu'aucun moraliste ne nous donne. La nouveauté et la difficulté de la question feront pardonner l'insuffisance des résultats que nous proposerons. Nous ne faisons qu'indiquer ce que d'autres pourront perfectionner après nous.

Posons d'abord deux principes qui suffiront amplement à la solution d'un grand nombre de cas :

1° Dans une même classe de devoirs, on peut poser en principe que l'importance relative de ces devoirs est en raison de l'importance de leur objet, et, en cas de conflit, les plus excellents doivent l'emporter.

2° Entre plusieurs classes de devoirs (toutes choses égales d'ailleurs), l'importance des devoirs est en raison de l'étendue des groupes auxquels ils s'appliquent. De là ce mot de Fénelon : « Je dois plus à l'humanité qu'à ma patrie, à ma patrie qu'à ma famille, à ma famille qu'à mes amis, à mes amis qu'à moi-même. »

Examinons d'abord les applications de ces deux principes.

Première règle. — Nous avons vu que toute action humaine a toujours pour effet d'augmenter ou de diminuer la somme d'activité ou d'être d'une ou de plusieurs créatures (par exemple, de moi-même). Ce qui augmente mon être est un bien. Ce qui le diminue est un mal. Mais les différents biens (ou accroissements d'être) n'ont pas tous la même importance ni la même excellence, comme nous l'avons vu. Par exemple, si je procure à un enfant un léger plaisir qui dure un instant, ce bien minime (dont il ne faut pas nier la réalité) est loin de valoir le bien que je lui fais quand j'éclaire son esprit ou que je fortifie sa volonté. Je puis donc, à mesure que je me connais mieux, ou que je connais mieux la nature humaine, me rendre un compte de plus en plus exact des biens dont elle est susceptible, et établir entre ces biens une échelle de degrés. Si je puis à la fois me procurer ces différents biens, rien de mieux; dans ce cas, pas de conflit. Mais il arrive trop souvent que je ne puis me procurer l'un sans en sacrifier d'autres : c'est alors que commence le conflit et que s'applique la règle que nous avons donnée.

Par exemple, nul doute que la vie ne soit un bien. Elle l'est d'abord par elle-même, car elle est très-supérieure à l'existence brute. Elle l'est en outre comme la condition de la personnalité et de la moralité [1]. Elle vaut donc à la fois comme forme et comme matière. D'où il suit que c'est un devoir de la conserver. De là la question de savoir ce que l'on doit faire lorsque ce devoir est en contradiction avec un autre devoir de la même classe. Par exemple, je suis placé dans l'alternative ou de trahir la vérité, de mentir à mes convictions et à ma foi, ou de renoncer à la vie. Tel est le cas des martyrs, que la conscience humaine résout naturellement et unanimement non-seulement par la permission, mais encore par le précepte de sacrifier la vie plutôt que l'honneur, et de mourir plutôt que d'apostasier [2]. La raison en est que la vie ou l'existence est d'un moins grand prix que la puissance de penser ou de croire. Car par celle-ci nous appartenons au monde intelligible, et par celle-là au monde sensible. Que si l'on dit qu'il y a dans la vie deux éléments, l'un physique, l'autre intellectuel et spirituel (à savoir l'âme), et qu'en sacrifiant l'un, la vie physique, je sacrifie peut-être l'autre, la vie morale, je réponds : Ou bien ce second élément, l'âme, est de nature éternelle et impérissable, et par conséquent ne peut être supprimé même par ma volonté; ou il est périssable, et

---

1. Fichte (sur le suicide) remarque que l'on peut dire de la vie ce que Kant a dit de l'existence, qu'elle n'est pas un *prédicat*, mais *la condition de tous les prédicats*. Mais la vie n'est pas seulement une condition, c'est une détermination de l'existence, puisqu'il y a des choses qui ne vivent pas.

2. Je néglige ici le point de vue du devoir envers Dieu ou envers les hommes. Je ne parle que de ce qu'on se doit à soi-même.

est par conséquent d'un moins grand prix que la vérité, qui est évidemment éternelle et absolue. Mais, dira-t-on, la vérité en elle-même n'a rien à craindre de vos faiblesses. Elle est immobile et inviolable en elle-même. De plus, nul ne peut vous priver de la vérité : votre conscience et votre liberté intérieure sont inviolables. Ce n'est donc que l'expression extérieure que vous sacrifiez ; mais cette expression ne peut être d'un prix supérieur à l'existence même, puisque, en perdant cette existence, vous ne savez pas si vous ne perdez pas par là même la vérité à laquelle vous la sacrifiez.

Ce sophisme peut être résolu de la manière suivante. L'homme envers lequel j'ai des devoirs, c'est l'homme tout entier, âme et corps. Je dois non-seulement conserver mon âme pure, laissant le corps suivre sa loi, mais je dois faire du corps un usage incorporel. Par exemple, le corps sert d'organe à la pensée, et la loi de la pensée est la vérité : je me dois donc à moi-même d'être tout entier (âme et corps) organe de vérité, instrument de vérité. Mais lorsque je sacrifie la vérité à la vie, je sacrifie à la conservation physique le droit qu'a l'âme de faire du corps son instrument. Ce qui fait la dignité de l'âme, c'est justement le pouvoir de transformer le corps en instrument de vérité, et, comme dit Kant, d'intellectualiser le monde sensible. En sacrifiant ce droit et ce pouvoir au plaisir de vivre, je réduis au contraire, autant qu'il est en moi, l'élément intellectuel à l'élément sensible. L'âme qui continue à subsister dans cette hypothèse ne mérite donc plus à proprement parler le nom d'âme, puisqu'elle a sacrifié à la vie tout ce qui fait la valeur de la vie.

Et propter vitam vivendi perdere causas

Prenons un autre exemple plus délicat. Supposez l'âme placée entre la conscience et la chasteté. Telle est par exemple la vierge Théodore dans la tragédie de Corneille : ou trahir sa foi, ou perdre l'honneur avec la virginité. Ici il s'agit de deux biens qui, l'un et l'autre, sont préférables à la vie [1], puisqu'ils contribuent à la fois à la pureté et à la dignité de l'âme. Il ne servirait de rien de dire que subir la violence sans consentement, ce n'est pas y participer ; car, par la même raison, on pourrait soutenir que nier sa foi par contrainte, ce n'est pas un vrai consentement, ni une vraie apostasie ; et si vous dites que dans ce second cas il y aurait consentement, puisque je pourrais écarter cette alternative en choisissant l'autre, on doit en dire autant réciproquement de l'autre terme de l'alternative, auquel on peut également échapper en choisissant le premier. On ne peut évidemment résoudre la difficulté qu'en déclarant que la virginité est d'un prix moindre que la sincérité, ce qui est évident ; car, en changeant les conditions (par exemple, dans l'état de mariage), la perte de la virginité est un fait très-innocent, très-légitime, et tout à fait conforme aux lois de la nature ; tandis que la trahison de la foi et de la conscience est universellement criminelle : ce qui est en outre justifié par l'opinion générale des hommes, qui pardonnent plus aux faiblesses des sens qu'aux lâchetés de l'apostasie et de l'hypocrisie.

1. Il y aurait encore là un cas de conflit à examiner. Le devoir de chasteté doit-il l'emporter sur le devoir de conserver la vie ? Oui, par les raisons précédentes ; sans doute, humainement parlant, succomber à la violence par crainte de la mort est excusable ; mais le devoir de ne se donner qu'à certaines conditions est supérieur au devoir de vivre.

Mais s'il peut être légitime et même obligatoire, dans un cas donné, de sacrifier la pudeur à la vérité, il ne le sera pas de la sacrifier à l'amour-propre et à la réputation ; car c'est préférer l'honneur externe à l'honneur vrai. Par exemple, il ne sera pas permis de voler pour éviter l'accusation de voleur, même en essayant de réparer sa faute par le suicide. Il en doit être de même pour la chasteté. Telles sont les deux erreurs qui se rencontrent dans l'histoire de Lucrèce [1]. Elle s'est trompée en préférant une violation effective (quoique contrainte) de la fidélité conjugale à une honte imméritée. Il serait bien dur de dire que Lucrèce fut adultère ; mais il serait difficile de dire qu'elle ne l'a pas été. Saint Augustin lui-même, qui condamne le suicide, semble ne pas condamner l'adultère ; mais elle pouvait y échapper en acceptant l'alternative que lui offrait Sextus, c'est-à-dire la mort et la honte extérieure. Elle s'est donc doublement trompée : d'abord en consentant, et ensuite en se tuant. Ici la solution de la difficulté est que l'honneur extérieur, la réputation, est un fait extrinsèque qui n'appartient en rien à la personne, tandis que le consentement, même contraint, même involontaire et accompagné de regrets et de honte, est un acte de la personne. La pureté intérieure et la fidélité effective sont donc un plus grand bien.

Un cas de conflit plus grave encore que les précédents,

---

[1]. L'action de Lucrèce n'en reste pas moins *subjectivement* une belle action, c'est-à-dire au point de vue de ses idées et de son temps, et comme expression énergique de la dignité du lien conjugal. Mais nous parlons ici de l'action en elle-même. Le fait de Lucrèce est fort discuté chez les anciens. « Chose admirable, disait un rhéteur, ils étaient deux, et un seul fut adultère. » Saint Augustin approuve cette parole.

c'est lorsque deux biens en apparence égaux sont en présence, ou, ce qui est plus difficile encore, le même bien considéré sous deux points de vue différents. Par exemple, je ne puis exprimer ma pensée librement, c'est-à-dire répandre ce que je crois la vérité parmi les hommes, qu'à la condition d'employer certains subterfuges qui font supposer que je crois ce que je ne crois pas. Tel était le cas des sceptiques dans les siècles précédents. Ils ne pouvaient exprimer leur pensée qu'à la condition de la trahir dans une certaine mesure. Ici, comme on le voit, le devoir de dire la vérité est en contradiction avec lui-même. Si j'emploie les subterfuges reçus, je trahis la vérité; mais si je me tais, je trahis aussi la vérité; et se taire est déjà une espèce de subterfuge. Il semble donc que la vérité s'oppose à elle-même.

On dira sans doute que le devoir d'exprimer toute sa pensée est un devoir large, tandis que le devoir de ne rien dire contre sa pensée est un devoir strict, et par conséquent qu'il est obligatoire de ne pas parler, lorsque l'on ne le peut sans faire violence à la vérité. Mais nous avons vu combien est artificielle et fragile la théorie des devoirs stricts et des devoirs larges; et d'ailleurs, c'est résoudre ici la question par la question même : car le problème est précisément ici de savoir lequel des deux devoirs est strict, et lequel est large; en d'autres termes, lequel doit être sacrifié à l'autre. Il n'y a pas non plus, à ce qu'il semble, à comparer un bien avec un autre, puisque c'est le même bien dont il s'agit de part et d'autre.

Mais si l'on y regarde de près, on verra qu'en réalité ce n'est pas le même bien que je compare de part et d'autre :

en effet, il n'y a pas parité entre le mensonge et le silence. Par le silence, je me contente de ne pas augmenter la somme de vérité (ou que je crois telle) qui est parmi les hommes. Par le mensonge, au contraire, je tends à détruire la somme de vérité qui existe, et par là même la vérité future, de telle sorte que je détruis mon œuvre même; car, si je trompe par mes subterfuges, qui prouve que je ne trompe pas aussi dans le reste, et que tout le monde ne trompe pas également? La première condition pour travailler au progrès de la vérité est de ne pas détruire la foi en la vérité. Or celui qui se tait (par nécessité) se contente de ne rien changer à l'état des choses; il ne détruit pas la possibilité d'un meilleur état. Celui qui trompe au contraire, même dans l'intérêt de la vérité, met en péril par là même le principe qu'il prétend sauver.

Un conflit s'élève entre les devoirs du sentiment et les devoirs de l'intelligence dans la question si controversée de nos jours des vivisections. Je me dois à moi-même aussi de cultiver et de développer la science si je suis un savant. D'un autre côté, je me dois à moi-même, en tant qu'homme, de sympathiser avec tout ce qui souffre, et tout au moins de ne pas faire souffrir. La cruauté et l'indifférence à la souffrance sont certainement un état de bassesse pour l'âme; car par là l'homme se rapproche des animaux. Que faire donc? Faut-il sacrifier la science à la pitié, ou la pitié à la science? Sans doute la question est plus complexe que nous ne le pensons ici; car il y a à comparer aussi ce que nous devons à l'humanité, et ce que nous devons aux animaux. Mais pour nous resserrer dans le problème que nous avons posé, c'est-à-dire dans le conflit entre deux devoirs personnels, nous ferons remarquer que la cruauté effective implique l'idée de maltraiter pour nuire, et même de trouver un certain plaisir dans la souffrance d'autrui. Le fait de causer de la douleur n'est pas toujours de la cruauté, comme le prouvent les opérations des chirurgiens. A la vérité, celles-ci ont pour objet le bien du patient, ce qu'on ne peut pas dire des vivisections. Mais ici, au moins, lo naturaliste peut se dire que ce n'est pas la douleur de l'animal qu'il a en vue, et que ce n'est pas pour le faire souffrir qu'il le torture, et même qu'il allége ses souffrances toutes les fois qu'il le peut, et dans la mesure où il le peut. Cependant cette réponse est encore loin d'être satisfaisante ; car si le dernier degré de la cruauté ou de la vengeance est de jouir du mal d'autrui, un degré moindre, mais non moins certain, est l'indifférence aux souffrances d'autrui. Celui qui va droit à son but (comme un Robespierre ou un Saint-Just), sans s'inquiéter des souffrances des hommes, quoique sans y prendre plaisir, n'en est pas moins un homme cruel. On n'imputera donc pas au physiologiste la cruauté absurde et monstrueuse de ouer avec la souffrance des bêtes ; mais il semble que l'indifférence elle-même soit déjà un desséchement de l'âme, un amoindrissement de ses facultés sympathiques ; et par conséquent l'homme ne grandit d'un côté qu'en se diminuant d'un autre. On pourrait résoudre la difficulté en disant avec Spinoza que la pitié est un mal, mais c'est ce qu'il est bien difficile d'admettre ; ou encore que la pitié, et en général le cœur, est d'un ordre inférieur à l'intelligence, ce qui peut être vrai, mais en ce sens seulement que la pitié soit subordonnée, non sacrifiée à l'intelligence. Régler le cœur par la raison, ce n'est point anéantir le cœur au profit de la raison. Il semble donc qu'il serait impossible de résoudre la question proposée, si on se bornait au point de vue précédent; ou plutôt la seule solution possible serait que toute cruauté volontaire, même utile, même envers des êtres inférieurs, est illégitime, sauf le cas de légitime défense. Mais, si nous considérons les intérêts de l'humanité, liés ici aux intérêts de la science, la question prend une autre face, et le droit des vivisections n'est plus qu'un cas particulier du droit plus général que nous a concédé la nature de nous servir des animaux pour notre utilité, en leur épargnant toute souffrance inutile.

Seconde règle. — Suivant cette règle, l'importance des devoirs est en raison de l'étendue des groupes auxquels ils s'appliquent.

En effet, il y a d'abord un principe évident, c'est que, toutes choses égales d'ailleurs, le bien est d'autant plus grand et plus excellent que le nombre des individus qui en jouissent est plus grand. Par exemple, il vaut mieux que toute une famille soit heureuse qu'un seul individu, que toutes les familles d'un état soient heureuses qu'une seule famille, que tous les peuples soient heureux qu'un seul peuple. Et en général, en tant que le bonheur de plusieurs ne nuit pas au bonheur d'un seul, mais se concilie avec lui, il est évidemment préférable.

Ainsi, dans le cas où le bien d'un seul se concilie avec le bien de plusieurs ou de tous, il n'y a nulle difficulté. Le conflit n'a véritablement lieu que lorsque le bien du grand nombre ne peut être obtenu que par quelque sacrifice du bien individuel. L'agent moral est alors appelé à choisir entre son bien particulier et le bien de la communauté. Ici le principe est que le plus grand bien est celui de la communauté la plus étendue, et que les biens des différents groupes se subordonnent en raison de l'étendue de ces groupes. Mais, pour que ces principes soient vrais, il ne faut pas oublier qu'il s'agit de comparer les mêmes biens ou le même genre de biens de part et d'autres, ce que nous exprimons en disant : *toutes choses égales d'ailleurs.*

Cependant, même dans ce premier cas, la règle n'est pas absolument vraie sans restriction ; au moins doit-elle être interprétée. Si, par exemple, on admet sans réserve que le bien de l'individu doit être sacrifié au bien de l'ensemble, ne s'ensuivrait-il pas que la vie d'un seul peut être sacrifiée pour la conservation de tous, que la liberté d'un seul ou de quelques-uns peut être sacrifiée à la liberté de tous, que la fortune et le bien des individus peuvent être sacrifiés ou absorbés au profit de la communauté ? Les plus graves erreurs de ce que l'on appelle le socialisme et quelques-uns des plus grands excès du despotisme peuvent se couvrir de cette règle, que le bien de quelques-uns peut et doit être subordonné au bien de tous. Et cependant, en un autre sens, si on n'admettait pas ce principe, il s'ensuivrait qu'on aurait le droit de préférer sa patrie à l'humanité, sa famille à sa patrie, et soi-même à tout le reste.

La maxime de Fénelon reste très-vraie ; seulement il ne faut pas mal l'interpréter. Lorsque nous disons qu'on doit préférer le bien des groupes les plus étendus à celui des groupes plus restreints, il est bien entendu qu'il s'agit toujours de biens qui me soient personnels, et dont je puis jusqu'à un certain point disposer. Par exemple, j'ai le droit de subordonner *mon* bien propre à celui de *ma* famille ; car j'ai en quelque sorte la responsabilité de l'un et de l'autre. Mais il ne faudrait pas en conclure que j'ai le droit de sacrifier le bien d'un autre individu à celui de ma famille, sous prétexte qu'une famille est plus qu'un individu ; je n'ai pas le droit davantage de sacrifier une autre famille à la mienne, sous prétexte que la mienne serait plus nombreuse, et que le bien du plus grand nombre doit l'emporter. Ce n'est donc pas le bien d'un individu en général, d'une famille en général que je dois subordonner au bien de ma famille ou au bien de ma patrie : c'est mon bien propre que je dois sacrifier au bien de ma famille ; c'est le bien de ma famille que je dois subordonner au bien de ma patrie. Quant au bien des autres individus ou des autres familles, je n'ai aucun droit d'en disposer, si ce n'est dans les cas déterminés par la loi. Les principes posés ne contiennent donc nullement les conséquences que l'on pourrait craindre, et ne doivent pas s'entendre dans le sens du fameux adage : *Salus populi suprema lex*. Au contraire, ils en sont la condamnation. Que veut-on dire, en effet, en disant que le bien de la patrie doit être subordonné à celui de l'humanité ? On entend par là que les devoirs envers les hommes en général sont d'un ordre supérieur aux devoirs envers l'État, et que l'on ne doit point sacrifier les premiers aux seconds, etc. L'exécution d'un innocent est la violation d'un devoir d'humanité ; la confiscation des biens est la violation du devoir envers la propriété ; toute injustice, en un mot, est la violation d'un devoir général supérieur à ces devoirs plus particuliers qui ont pour objet la patrie ou l'État. Le mot célèbre : « Périssent les colonies plutôt qu'un principe ! » a pu paraître une exagération déclamatoire ; mais ce mot n'en était pas moins vrai en principe ; car une institution qui, par hypothèse, ne reposerait que sur l'injustice, n'aurait aucun droit à subsister.

Mais autre chose est ne pas violer la justice ou l'humanité dans l'intérêt de ma patrie ou de ma famille, autre chose est sacrifier ma famille à ma patrie, ma patrie à l'humanité

Dois-je par exemple, comme Brutus et Torquatus, mettre moi-même mon fils à mort pour sauver l'État ? Ces grands exemples de férocité patriotique sont-ils la loi de des nations chrétiennes, et ne révoltent-ils pas notre conscience ? Oui, sans doute; la conscience moderne est devenue plus délicate, et elle ordonne ou permet à l'individu d'éviter ces conflits odieux du cœur et de la raison d'État. Ainsi, elle ne permettra pas que Brutus condamne lui-même son fils à mort; elle usera d'indulgence envers le jeune Torquatus, parce que l'idée de la discipline militaire n'a plus le même caractère sacré qu'elle a eu chez les Romains. Mais, à part les délicatesses nouvelles d'une conscience éclairée et attendrie par le christianisme, le principe reste le même, et il reste toujours vrai que la famille doit s'oublier devant l'État : c'est là, à la vérité, dans certains cas, un sacrifice héroïque très-difficile; mais ce qui est difficile, et au-dessus des forces communes, n'en est pas moins un devoir.

Mais si la conscience humaine est habituée à admirer et à ordonner dans des cas extrêmes le sacrifice de la famille à la patrie, elle ne comprend pas aussi bien le sacrifice de la patrie à l'humanité. Supposez, par impossible, un empereur de Russie qui en viendrait à comprendre l'injustice et l'odieux de l'oppression de la Pologne, et qui, sous l'empire de ce scrupule de conscience, consentirait à rendre à l'ancienne Pologne son indépendance et sa liberté. Nul doute que ce ne fût là une conduite très-conforme au devoir; et cependant il est très-vraisemblable que le patriotisme russe considérerait un tel acte comme une trahison. Il en est de même du cas où un pays est entraîné dans une guerre injuste. On est tenté de considérer comme traîtres à la patrie tous ceux qui disent que cette guerre est injuste, et qui plaident contre elle. Cependant c'est un devoir manifeste de préférer la justice à sa patrie. Mais, dira-t-on, s'il en est ainsi, on aura donc le droit non-seulement de se refuser à concourir à une guerre injuste, mais même de se porter en faveur de l'opprimé contre la patrie elle-même. Ceux, par exemple, qui croyaient que les guerres de l'Empire contre l'Europe étaient des guerres injustes, auraient donc eu le droit, comme l'a cru Moreau, de porter les armes contre leur patrie. Cette conséquence n'est pas contenue dans le principe. En effet, le droit de critiquer une guerre injuste ne peut aller jusqu'au droit de coopérer avec les ennemis de la patrie; mais il peut aller jusqu'au droit de se refuser à la coopération de l'injustice. Tout soldat, par exemple, qui n'est pas lié par l'obligation légale (ce qui le dispense du droit d'examen) peut et doit renoncer à combattre pour une cause notoirement injuste, comme serait, par exemple, une guerre qui aurait pour objet le rétablissement de l'esclavage, ou, sans faire d'hypothèse, comme la guerre odieuse de l'Angleterre contre la Chine pour la vente de l'opium. Ce qui fait que cette sorte de devoir est loin d'être strict, c'est qu'il est bien difficile de déterminer avec précision jusqu'à quel point une guerre est juste ou injuste. De plus, c'est un autre principe, conservateur et garant de la liberté des peuples, que l'armée ne doit pas délibérer sur les actes qu'elle exécute. En effet, une armée qui délibère est une armée qui décide; une armée qui décide est une armée qui commande, qui gouverne et qui fait la loi. Il n'en est pas moins vrai que nul homme n'est tenu individuellement de concourir à une action notoirement barbare ou injuste; mais alors le devoir consiste à rentrer de la vie militaire dans la vie civile, et, renonçant aux devoirs, à renoncer aux droits; car l'un ne va pas sans l'autre.

Nous avons jusqu'ici supposé deux cas relativement simples : le premier, où il s'agit de biens inégaux dans un même groupe de devoirs; la règle est alors de préférer les meilleurs aux moindres; le second, où il s'agit d'une seule et même espèce de biens dans des groupes inégaux, et ici nous avons admis le principe que le groupe le plus général doit l'emporter sur le moins général.

Mais il peut se présenter un troisième cas plus compliqué; à savoir, lorsqu'il s'agit, d'un côté, d'un bien plus excellent, et de l'autre, d'un groupe plus étendu. Par exemple, de mon honneur, d'une part, et de l'autre de la sécurité de ma famille ou de ma patrie. Le conflit, ici, ne consiste pas dans la comparaison des biens; il ne consiste pas non plus dans la comparaison des groupes; il consiste dans l'opposition composée des biens et des groupes à la fois. Comme individu, je dois préférer les biens les plus excellents aux biens inférieurs; comme membre de l'humanité, je dois préférer le bien universel au bien particulier; l'existence de la société ou de la famille à mon existence personnelle, la fortune publique ou domestique à ma fortune privée, la liberté de tous à ma propre liberté. En un mot, quand il s'agit de biens homogènes, le bien de tous est toujours supérieur au bien particulier; mais si mon propre bien est d'un ordre supérieur au bien que je peux procurer à autrui, sera-t-il vrai alors sans restriction que je dois préférer le bien d'autrui au bien propre? Ici une nouvelle règle est nécessaire.

3° Lorsque l'*ordre des biens* est en conflit avec l'*ordre des devoirs*, celui-ci doit être subordonné à l'autre.

J'appelle *ordre des biens* l'échelle des biens, suivant laquelle nous les évaluons, et leur reconnaissons des prix différents. C'est ainsi que les biens de l'âme sont supérieurs aux biens du corps, les biens du corps aux biens extérieurs. J'appelle *ordre des devoirs* l'échelle des devoirs, en tant qu'ils s'appliquent à des groupes de plus en plus étendus : l'individu, la famille, la patrie, l'humanité.

Or, lorsque ces deux ordres ne correspondent pas, nous disons que l'ordre des biens l'emporte sur l'ordre des devoirs; en d'autres termes, que les devoirs envers soi-même l'emportent sur les devoirs envers autrui.

Remarquons qu'il ne s'agit que du cas où l'on compare des biens hétérogènes, à savoir un bien plus excellent à un bien moindre. Dans ce cas, et dans ce cas seulement, ce n'est pas l'étendue plus ou moins grande du groupe qu'il faut considérer, mais la valeur intrinsèque du bien. Par exemple, je dois subordonner mon propre bonheur au bonheur de ma famille, ma vie à la vie des miens, etc.; mais je ne dois pas subordonner mon honneur à leur plaisir, ma conscience à leur repos ; je ne dois pas, par exemple, mentir pour leur procurer du bien-être, car mentir est porter atteinte à la dignité et à l'excellence de mon intelligence, qui est d'un ordre supérieur au bonheur des sens et au simple bien-être corporel.

La famille n'a donc pas le droit d'exiger que son chef devienne flatteur, intrigant, rapace, pour la faire vivre. De même, le devoir envers les autres hommes ne doit jamais aller jusqu'à leur sacrifier notre honneur et notre dignité. S'il en est ainsi, dira-t-on, la police et la guerre seraient impossibles, car l'une et l'autre ont absolument besoin de l'espionnage ; et l'espionnage est généralement considéré comme un rôle bas et humiliant. Je réponds que l'espionnage, en tant qu'il est accompagné de trahison, est en effet indigne de toute conscience honnête ; mais s'il n'est qu'une investigation hardie et périlleuse des projets de l'ennemi, il n'a rien de contraire aux lois de l'honneur. On accordera en effet qu'un officier qui fait une reconnaissance à la tête de ses soldats ne fait rien que de conforme aux lois de la guerre. S'il la fait seul, en s'approchant de plus près, ou même en entrant dans les lignes ennemies, son action, pour être plus dangereuse, serait-elle donc plus condamnable ? Évidemment non. En suivant cette idée, on verra qu'il n'y a d'espionnage honteux que celui qui est accompagné de perfidie et de trahison : par exemple, celui qui feint l'amitié pour mieux trahir, ou encore celui du traître qui se ferait passer pour voleur afin de mieux faire prendre les voleurs. C'est ce genre d'espionnage qui est honteux, quoiqu'il puisse être utile, et même, si l'on veut, nécessaire. Mais de ce qu'il est nécessaire de se servir des vices humains, ces vices n'en sont pas moins des vices; et nul ne peut être autorisé à avoir des vices, parce qu'ils peuvent être utiles à l'État. Il est rare, d'ailleurs, qu'il se rencontre effectivement des cas où il y ait un vrai conflit entre la conscience de l'individu et les devoirs du citoyen. Un homme politique passera d'un gouvernement à un autre, sous prétexte qu'il se doit à son pays. Mais le pays a bien plus besoin d'hommes fidèles à leurs opinions et à leurs principes que de fonctionnaires publics : ce n'est pas là un cas de conflit. Un pays faible se fait vassal d'un pays plus puissant dans la crainte d'être absorbé par lui; mais c'est aller au-devant du mal pour l'éviter. Dans ce cas, la dignité est encore la meilleure politique. Un politique viole un serment sous prétexte de sauver l'État; mais il est douteux qu'il sauve l'État; et il est certain de se déshonorer en se parjurant. On verra que dans la plupart des cas semblables le bien est très-incertain, et le mal est incontestable. Le conflit est donc très-facile à éviter, au moins théoriquement; car le choix, dans la pratique, demande souvent de grands sacrifices. Quoiqu'il en soit, là où il y aurait véritablement conflit, le principe de l'honneur et de la dignité personnelle doit l'emporter sur le principe de l'intérêt du plus grand nombre.

Nous sommes loin de penser que les observations précédentes soient suffisantes pour le sujet que nous traitons ici. Nous avons voulu seulement poser des jalons sur une route sinon nouvelle, au moins abandonnée par les moralistes profanes. Il y aurait lieu à tout un livre sur un tel sujet[1]. Contentons-nous d'une préface.

---

1. Nous reviendrons encore, dans la troisième partie (chap. I, II et III), mais à un autre point de vue, sur la question des conflits moraux.

LIVRE III

LA MORALITÉ OU L'AGENT MORAL

LIVRE III

LA MORALITÉ OU L'AGENT MORAL

CHAPITRE PREMIER

LA CONSCIENCE MORALE

La philosophie morale ne s'occupe guère en général que de la loi en elle-même, de ce qu'on pourrait appeler la loi *objective*, telle qu'elle serait en soi pour une raison absolue capable de la connaître tout entière. Elle a un peu trop négligé peut-être la morale *subjective*, c'est-à-dire la *loi*, en tant qu'elle est jugée, connue, interprétée, appliquée par l'agent moral. Elle a laissé à la théologie morale l'étude de ces sortes de questions, et celle-ci s'en est surtout préoccupée au point de vue pratique.

Il y a cependant ici un problème philosophique d'une extrême difficulté. On me dit que la loi morale est absolument obligatoire. Mais de quelle loi morale parle-t-on? Est-ce de celle qui existe en elle-même, indépendante de moi, de mes lumières, de mon jugement personnel? ou bien de la loi morale, telle que je la connais et la comprends? Dans le premier cas, à quel signe reconnaître cette loi? Où est-elle? Comment la découvrir, si ce n'est dans ma propre conscience? A moins d'être cette loi elle-même, je ne puis lui obéir qu'en tant que je la connais, et je ne puis la connaître qu'avec ma propre pensée, mon propre jugement! — Dans le second cas, si je prends pour juge ma propre conscience, qui m'assure que c'est bien à la loi elle-même que j'obéis, et non à une loi de mon invention, à une fiction de mon esprit? En un mot, il semble que toute loi, pour être obligatoire, doive être *objective*, c'est-à-dire indépendante de la manière de sentir et de penser de chaque individu ; et d'un autre côté, la loi devient nécessairement *subjective* en tant qu'elle est connue et pratiquée par un agent particulier. Je ne suis donc jamais sûr d'obéir à la véritable loi, à la loi absolue, laquelle seule, cependant, semble avoir droit à mon obéissance.

Un grand moraliste allemand, Fichte, a vu ce problème (qui avait échappé à Kant lui-même) dans toute sa profondeur, et il l'a tranché hardiment : « La loi formelle de la morale, dit-il, est celle-ci : Agis toujours conformément à la conviction de ton devoir (en d'autres termes : Agis toujours suivant ta conscience). Cette règle en comprend deux autres: Cherche d'abord à te convaincre de ce qui est ton devoir dans chaque circonstance ; une fois en possession de ce que tu crois ton devoir, fais-le, par cette seule raison que tu es convaincu que c'est ton devoir.[1] »

Le seul critérium pratique possible de la moralité est donc la conviction actuelle, ou la conscience actuelle. Si l'on nous oppose que cette conscience doit s'éclairer en consultant la conscience des autres hommes, on répondra que c'est ce qui est déjà compris dans la règle, car c'est ma propre conscience qui me dit qu'il faut consulter la conscience des autres. Et d'ailleurs, il peut se présenter tel cas où la conscience d'un homme se sentant moralement supérieure à celle de tous les autres (Socrate par exemple) il ne peut pas, il ne doit pas la leur sacrifier. Dira-t-on que nous devons subordonner notre conscience à la parole de Dieu ou à celle de ses ministres? Je répète que je ne me soumets à la parole de Dieu que parce que je suis convaincu que c'est mon devoir; et c'est encore ici ma conviction personnelle qui reste le dernier critérium de la loi morale.

Le principe de la conviction personnelle comme règle suprême du devoir n'exclut nullement cette pratique si recommandée par la religion, et que les philosophes eux-mêmes n'ont pas ignorée, à savoir la *direction de conscience*[1]. Cette pratique est parfaitement conforme à l'expérience et au bon sens. Quoi de plus naturel que les plus sages guident et éclairent ceux qui le sont moins? De plus, nous l'avons vu, chacun de nous est naturellement disposé à se faire illusion à soi-même sur l'état de sa conscience; entraîné et plus ou moins aveuglé par ses passions, il a

---

1. *System der Sittenlehre*, p. 142, 147.
1. Voyez dans les *Moralistes sous l'empire romain* de M. C. Martha, l'intéressant chapitre intitulé : Sénèque *directeur de conscience*.

besoin de se mettre en face d'un spectateur impartial, et de généraliser les motifs de ses actions, pour en apercevoir la valeur morale. Mais ce spectateur abstrait et invisible est bien froid ; il est bien difficile à évoquer ; il faut déjà être supérieur à ses passions et voir clair en soi-même pour être capable de sortir de soi et de se contempler avec un œil désintéressé. N'est-il pas plus efficace de se choisir un spectateur et un juge vivant et parlant, dont la conscience réveille la nôtre, dont l'autorité nous impose, et devant lequel nous craignons de rougir ?

Tout cela est vrai ; mais la direction de conscience ne doit être, ni chez celui qui l'entreprend, ni chez celui qui la recherche, un moyen de débarrasser l'individu de sa propre conscience, en y substituant la conscience d'autrui. Toute direction doit avoir pour objet de rendre celui qui y consent capable de se diriger lui-même. De même que vous ne vous confiez aux soins d'un médecin que pour apprendre à vous passer de lui, de même vous ne devez vous mettre entre les mains d'un médecin moral que pour conquérir la force et la santé, qui résident dans le gouvernement de soi-même par soi-même.

Du principe posé plus haut, Fichte tire cette conséquence qui paraît paradoxale : c'est qu'il n'y a pas de conscience *erronée*. Kant avait déjà soutenu la même doctrine, mais sans y attacher une grande importance ; elle est au contraire un des principes de la morale de Fichte. « La conscience, dit-il, ne se trompe jamais, et ne peut jamais se tromper... Elle décide en dernière instance, et sans appel. Vouloir s'élever au-dessus de sa conscience, c'est vouloir sortir de soi-même, se séparer de soi-même. »

Ce principe semble inacceptable au sens commun, et même dangereux dans ses conséquences. Il justifie, à ce qu'il semble, tous les fanatismes, toutes les aberrations du sens moral, toutes les illusions de l'imagination exaltée. On peut bien aller jusqu'à s'écrier comme Jacobi dans un accès d'enthousiasme : « Oui, je suis cet impie qui voudrait mentir, comme mentit Desdémone mourante ; tromper, comme Pylade se donnant pour Oreste afin de mourir pour lui ; tuer comme Timoléon ; violer son serment et la loi comme Épaminondas et Jean de Witt.... parce que la loi est faite pour l'homme, et non l'homme pour la loi [1]. »

Ce cri éloquent peut être accepté comme l'expression vive et pathétique d'une vérité reconnue par tous les hommes, c'est que, dans tel cas particulier, telle violation du devoir a pu avoir une apparence d'héroïsme. On peut excuser ou admirer même de telles erreurs ! Mais faire de cela un principe, et déclarer d'une manière absolue la souveraineté de la conscience, n'est-ce pas supprimer toute loi et tout principe ? On peut bien admettre enfin avec les théologiens que la conscience égarée *excuse*, mais non qu'elle ne s'égare jamais.

Il me semble qu'il est assez facile de démêler cette difficulté. Le jugement prononcé par la conscience dans chaque cas particulier se compose en réalité de deux jugements : 1° Telle action est ton devoir. 2° Fais cette action, parce qu'elle est ton devoir. Or, dans le premier de ces juge-

---

[1]. Jacobi, *Brief an Fichte*, p. 23. Il est curieux que ce passage, qui n'est que l'exagération du principe de Fichte, soit cependant écrit par Jacobi, en opposition avec la morale de Fichte, tant les philosophes sont peu disposés à se comprendre les uns les autres !

ments, la conscience peut se tromper, car il peut se faire que telle action, que je crois mon devoir, ne le soit pas ; mais elle ne se trompe pas dans le second, car il est certain que si telle action est mon devoir, je dois la faire. Si donc on convient de réserver le nom de conscience au second de ces deux jugements, à l'acte par lequel je déclare que, telle action étant mon devoir, je dois la faire, il est évident qu'un tel jugement n'est jamais erroné. En d'autres termes, si dans un jugement de conscience on fait abstraction de la *matière* même de l'acte pour n'en considérer que la forme, il ne reste évidemment que la volonté de faire son devoir, laquelle est nécessairement infaillible. Où donc est l'erreur ? Elle est dans le jugement qui décide que telle action est un devoir ; or, sur ce point, Kant reconnaît que nous pouvons nous tromper, et il recommande d'éclairer notre intelligence sur ce qui est ou n'est pas de notre devoir : il distingue donc l'intelligence de la conscience. C'est la première qui nous dit : Telle chose est un devoir ; c'est la seconde qui nous dit : Fais telle chose parce qu'elle est ton devoir. Tout paradoxe a disparu.

On peut dire d'une manière générale que vouloir faire son devoir, c'est faire son devoir, et qu'il n'y a même d'autre devoir que celui-là. Mais ici le mot devoir est amphibologique : il peut s'entendre au point de vue objectif ou au point de vue subjectif. Subjectivement et à mes propres yeux, je ne puis avoir d'autre devoir que celui que je considère comme tel[1] ; mais objectivement et en soi,

---

[1]. C'est dans ce sens que Hemsterhuys a pu dire : « Brutus, en tuant César, commit peut-être un crime contre les lois de la société ;

pour une intelligence absolue qui connaîtrait mes rapports avec toutes choses, il pourrait y avoir pour moi des devoirs tout différents de ceux que je me reconnais. Le devoir *en soi* n'est donc pas le même que le devoir *relativement à nous*. Je ne puis, à la vérité, m'élever jamais jusqu'à cet état idéal d'une intelligence absolue ; mais je puis pénétrer de plus en plus dans la connaissance de ma nature, et, de mes rapports avec les autres hommes, je puis arriver à me connaître moi-même mieux que je ne me connaissais auparavant, et découvrir ainsi certains devoirs dont je n'avais pas l'idée, et qui sont supérieurs à ceux que je m'imposais jusque-là. Je reconnais, par exemple, que je me permettais, étant jeune homme, beaucoup de choses qu'une connaissance plus profonde de mon vrai rôle ici-bas m'eût interdites ; je reconnais, étant père, beaucoup de choses que je n'ai pas comprises comme fils. Je transporte en quelque sorte dans mon passé ces devoirs nouveaux dont je n'avais pas conscience ; je les compare et je les oppose aux devoirs insuffisants que ma conscience m'inspirait alors. C'est ainsi que je me forme l'idée du devoir relatif et du devoir en soi. Sans doute, s'il s'agit de me *juger* dans le passé, je sais que je ne dois prendre pour critérium que ma conscience d'alors ; mais s'il s'agit de me juger d'une manière absolue, je prends pour critérium ma conscience d'aujourd'hui, et je conçois un état idéal où, connaissant le dernier fond des choses, je me jugerais d'une manière infaillible et absolue. Mais, sans arriver

---

mais, dans l'âme de Brutus, cette action était sans doute conforme à l'ordre éternel. » Voyez Em. Grucker, *Hemsterhuys*, p. 139.

jamais à cette conscience idéale, il me suffit de mon expérience personnelle comme de l'expérience de l'humanité pour savoir qu'il peut y avoir un devoir en soi, dont mon devoir actuel n'est autre chose, comme dirait Kant, que le schème et l'image anticipée.

Le principe de Fichte : « Obéis à ta conscience, » a été combattu comme ôtant à la morale tout caractère scientifique. Si la conscience, a-t-on dit, est le seul juge, le dernier juge des actions humaines ; si, pour distinguer le bien du mal, il suffit de s'en rapporter à cette sorte d'instinct, plus ou moins trompeur, que chacun de nous porte en soi, à cette voix divine qui s'impose à nous avec une mystérieuse autorité, la science morale devient inutile ; il ne sert de rien de nous apprendre quels sont nos devoirs, puisque nous le savons déjà. La morale est achevée, quand elle s'est résumée dans cette formule : Obéis à ta conviction, obéis à ta conscience.

Cette objection repose sur une confusion d'idées facile à démêler. Autre chose est la science, autre chose est l'action. Le problème que Fichte a voulu résoudre est celui-ci : Comment doit-on agir au moment même où se présente la nécessité de l'action ? C'est alors, c'est seulement alors que la seule règle possible, c'est d'obéir à sa conscience : que l'on en donne une autre, si on le peut. On verra que cela est impossible. Si je n'obéis pas à ma conscience, ce sera donc à la conscience d'un autre que j'obéirai ? Mais pourquoi aurais-je plus confiance en la conscience d'autrui qu'en la mienne ? Obéissez, dira-t-on, à la parole de Dieu. Mais n'est-ce pas ma conscience qui me dit que je dois obéir à la parole de Dieu ? Obéissez aux traditions de vos pères. Mais le puis-je, et le dois-je, si elles paraissent injustes et fausses à ma conscience actuelle? Et d'ailleurs, n'est-ce pas encore ma conscience qui me dit que je dois respecter la sagesse de mes pères, les souvenirs d'honneur de ma famille et de ma race, les exhortations sacrées de la religion ou les enseignements de mes maîtres? Quoi que l'on fasse, et quelle que soit l'autorité qu'on invoque, il arrivera toujours un dernier moment où je me déciderai selon ma conscience.

Mais cette règle toute pratique de n'obéir qu'à sa conscience n'exclut nullement la recherche scientifique et abstraite des principes et des conséquences, dont se compose la science morale. Cette science se fait, comme toutes les autres, par l'analyse et par le raisonnement. C'est elle qui cherche à déterminer les devoirs dans chaque cas particulier, en les rapportant aux lois générales préalablement reconnues. Ces lois elles-mêmes, elle les établit par l'étude de la nature humaine; et quoiqu'elle parte du fait de la conscience morale, c'est-à-dire de la distinction du bien et du mal, comme d'un fait primitif, cependant elle ne se borne pas à constater ce fait; mais elle l'interprète, et souvent elle le corrige et l'éclaircit. De même que la physique, partant des données des sens, s'élève bientôt au-dessus de la sensation, et nous apprend à la dépasser, de même la morale, partant du sens moral, nous apprend à en faire l'éducation et à substituer la conscience éclairée à la conscience aveugle. Mais la conscience éclairée n'en est pas moins la conscience. D'ailleurs, quand il s'agit d'agir, chacun ne peut avoir recours qu'à la conscience qu'il a au moment même où il agit.

Même au point de vue pratique, la règle : « Obéis à ta conscience, » ne signifie nullement qu'il faille agir à l'aveugle et sans raison ; et il est obligatoire pour chacun de faire tous ses efforts pour connaître et choisir son véritable devoir, et le distinguer du devoir apparent. Mais si loin et si profondément que soit porté cet examen, il faut qu'il finisse, car la nécessité de l'action est là : or, à ce dernier moment, l'examen étant épuisé, la réflexion ayant tout dit, quelle peut être, je le demande, la règle d'action ? «Fais *ce que dois*, » dira-t-on. Soit ; mais que dois-je ? voilà le problème. Que l'on y réfléchisse ; on verra qu'il n'y a pas d'autre règle que celle-ci : « Fais ce que tu *crois devoir* faire. » Ce qui revient à dire : « Obéis à la voix de ta conscience. »

D'ailleurs, sans exclure la réflexion de la conduite humaine, et sans prétendre que l'homme doive attendre, comme Socrate, la voix d'un démon familier, il ne faut pas oublier cependant qu'au point de vue de la pratique il n'est pas bon de trop raisonner. Une analyse trop subtile des difficultés morales, une recherche trop curieuse du pour et du contre, a plus souvent pour effet d'obscurcir la conscience que de l'éclairer ; les sophismes latents de la passion et de l'intérêt personnel savent se cacher sous l'apparente impartialité d'un examen trop prolongé ; et la raison, en croyant plaider la cause de la sagesse, n'est souvent, sans le savoir, que l'avocat de nos faiblesses cachées. Un autre danger, résultat trop fréquent de l'examen en matière morale, est de décourager la volonté, de la laisser en suspens entre deux partis, incapable de choisir entre l'un et l'autre. Sans doute il faut faire tous ses efforts pour ne pas se tromper en agissant; mais enfin il y a une règle supérieure encore, c'est qu'il faut agir. La société a des tribunaux qui jugent en dernier ressort et dont on n'appelle plus. Il faut également, pour la pratique, un juge en dernier ressort, que l'on suppose infaillible. Quelque embarrassée que soit une cause, il faut en finir. En toutes choses, il faut un dernier mot.

Mais de ce que la conscience individuelle est le seul et le dernier juge quand il faut agir, s'ensuit-il, comme le veut l'école anglaise contemporaine, qu'il n'y ait point de vérité morale en dehors et au delà de la conscience individuelle? Faut-il croire qu'il n'y ait d'autre mesure du bien et du mal que l'état de conscience des individus? On sait que cette question est celle qui s'agitait entre Platon et Protagoras, qu'elle est le grand débat sur lequel les sceptiques et les dogmatiques, les partisans et les adversaires de la métaphysique se rencontrent et se combattent. Nous nous bornerons ici à considérer ce problème au point de vue de la morale.

Un philosophe anglais de l'école positiviste, M. Al. Bain, combat dans un livre récent [1] la doctrine des idées morales universelles, et l'hypothèse d'une conscience absolue, règle et type des consciences individuelles : il s'attaque particulièrement sur ce point au docteur Whewell, organe de l'opinion opposée.

Le docteur Whewell s'était exprimé ainsi : « Il est évident, d'après ce qui a été dit, que nous ne pouvons nous

---

1. *The Emotions and the Will*, by Alexander Bain, 2ᵉ édit., Londres, 1865. — M. Bain est aussi l'auteur d'un autre ouvrage remarquable : *The Senses and the Intellect*.

en rapporter à notre conscience individuelle, comme à une dernière et suprême autorité : c'est seulement une autorité subordonnée et intermédiaire interposée entre la suprême loi et nos propres actions... La mesure morale n'est une mesure pour chaque homme que parce qu'elle est supposée représenter la suprême mesure... De même que chaque homme a sa raison par participation à la raison commune de l'humanité, de même chaque homme a sa conscience par participation à la conscience commune de l'humanité. »

M. Bain s'inscrit en faux contre ces paroles. Où est donc cette mesure suprême, demande-t-il ? sur quoi est-elle fondée ? Qu'on la produise. Est-ce une conscience modèle, semblable à « l'homme vertueux » d'Aristote [1] ? Est-ce la décision d'un corps public, chargé de décider pour la communauté ? Nous réglons nos montres, dit encore le philosophe anglais, à l'observatoire de Greenwich ; où est le type, la mesure, l'étalon d'après lequel chacun pourrait régler sa montre en morale ? C'est un abus de langage que de se représenter comme quelque chose de réel la vérité en soi, la loi en soi, abstraction faite d'esprits individuels, approuvant et jugeant. Il devrait y avoir quelques personnes, quelques esprits privilégiés possédant cette forme typique de l'idéal moral, cette mesure absolue. Qu'on le nomme, qu'on nous le montre, ce mortel privilégié ; mais qu'on ne nous parle pas d'une conscience

---

[1]. Aristote dit dans sa *Morale*, en modifiant la formule de Protagoras, « que c'est l'homme vertueux qui est la mesure du bien et du mal. »

en l'air, suspendue dans le vide, sans sujet d'inhérence, et que nul n'a jamais rencontrée.

Ce n'est pas le lien de discuter ici le problème philosophique de l'objectivité de nos connaissances et de l'union de l'universel et de l'individuel dans la raison humaine. Sans toucher à ce débat, admettons, si on le veut, que tout jugement (y compris les jugements moraux) est toujours l'acte d'un esprit individuel affirmant ou niant, approuvant ou blâmant; que ce qu'on appelle la vérité et que l'on impose comme une règle, une loi, une mesure à la croyance individuelle, n'est jamais que l'abstraction de ce qui est universellement ou quasi universellement pensé par des raisons individuelles, la mienne comprise; que lors même que l'on a des raisons de croire que c'est à la parole de Dieu qu'on adhère et qu'on obéit, c'est encore la raison individuelle qui reconnaît cette parole de Dieu à certains signes (miracles, prophéties, durée, morale, etc.); que la raison dite impersonnelle n'exprime autre chose que ce qu'il y a de commun entre toutes les raisons individuelles; que l'on ne peut admettre et à peine comprendre la doctrine averroïste de l'unité de l'intellect [1]; que même allât-on jusqu'à soutenir avec Malebranche que nous voyons tout en Dieu, ce serait encore chacun de nous qui, individuellement, lirait à livre ouvert dans la pensée divine; enfin que, dans toute hypothèse, la raison universelle, la conscience universelle est la résultante de ce qu'il y a de commun entre toutes les raisons, toutes les consciences individuelles.

1. Averroès disait qu'il n'y avait qu'une seule intelligence pour tous les hommes. Voyez Renan, *Averroès et l'Averroïsme.*

Mais lors même qu'on consentirait à ces prémisses, nous ne voyons pas en quoi elles contrediraient la doctrine d'une vérité en soi, d'une morale en soi, aperçue plus ou moins bien par toutes ces raisons individuelles, qui se rapprochent les unes des autres à mesure qu'elles s'approchent du but commun.

Chaque homme, pris en particulier, ne peut et ne doit être jugé que sur sa conscience actuelle, et même il ne doit agir que suivant cette conscience ; et, en ce sens, il est permis de dire que la moralité est subjective. Mais cette permission n'est accordée à la conscience actuelle que parce qu'on suppose qu'elle est comme l'anticipation et la représentation approximative et provisoire d'une conscience absolue qui connaîtrait immédiatement la vraie loi, telle qu'elle est en soi. C'est parce que l'agent, tout en suivant la conscience du moment, faute de mieux, a dans le fond l'intention d'agir suivant la conscience absolue (ce qu'il ferait s'il la connaissait), c'est pour cela, dis-je, que cette intention est réputée pour le fait. C'est en ce sens que Fichte a raison de dire que le seul devoir, c'est de vouloir agir conformément à son devoir.

Mais il est évident que cette assimilation permise de la conscience relative et individuelle avec la conscience absolue n'est légitime qu'à la condition que l'agent, tout en obéissant à la conscience actuelle, fasse continuellement tous ses efforts pour éclairer cette conscience et se rapprocher de la conscience absolue, sans jamais assimiler entièrement l'une avec l'autre. Car si l'on admettait en principe qu'il n'y a rien autre chose que des consciences individuelles, on ne verrait pas pourquoi l'une serait préférable à l'autre ; et même on ne verrait aucune raison de changer l'état moral des sociétés, puisque toutes les consciences se valant, autant garder celle qu'on a que de passerr à une autre. Tout au plus changerait-on de consciences comme on change de goûts.

M. Bain n'admet qu'un seul fait primitif et universel en morale : c'est le fait de l'approbation et de la désapprobation. Mais de cela seul que parmi les actions humaines il en est que j'approuve, d'autres que je désapprouve, ne faut-il pas conclure que j'ai une certaine règle d'après laquelle j'approuve ou je désapprouve ? Or si l'on cherche quelle est cette règle, on verra que cela tient à ce que je compare mon action ou celle des autres hommes à une action idéale, qui a été ou n'a pas été accomplie, mais qui devait l'être. J'ai devant mes yeux, par exemple, un *moi* ayant dit la vérité au lieu d'avoir menti, ayant supporté une injure au lieu de s'être mis en colère. Si je me blâme ou si je blâme les autres, c'est que je me compare ou les compare à cet autre homme que j'ai dans l'esprit, et qu'il y a désaccord entre l'un et l'autre. J'approuve, au contraire, lorsque mes actions ou celles des autres hommes sont d'accord avec cet homme idéal ou en diffèrent peu ; et si l'on réfléchit qu'aucun homme en particulier n'est jamais absolument semblable à cet homme dont j'ai l'idée (ce qui faisait dire aux stoïciens qu'il n'y avait jamais eu un seul sage, pas même Zénon, pas même Socrate), on accordera donc que nous nous faisons l'idée d'un homme en soi, distinct de tout homme individuel, et dont chacun approche ou s'éloigne plus ou moins.

Mais où prenez-vous, me dira-t-on, cet homme en soi,

cet idéal, ce type qui n'a jamais été réalisé et ne le sera jamais? N'est-ce pas là une pure abstraction? Sans aucun doute. Je suis loin de soutenir la doctrine platonicienne de l'homme en soi. C'est évidemment l'expérience qui nous donne les éléments de cette conception; mais il est certain aussi qu'aucune expérience particulière ne nous l'a fournie tout entière. Dans chaque cas particulier, voyant un homme qui agit d'une certaine manière, je m'en représente un autre qui vaudrait mieux. Celui-ci m'étant donné à son tour, j'en conçois un troisième qui vaudrait mieux encore; et bientôt, me familiarisant avec ce mode de raisonnement, je conçois que tout homme, si excellent qu'on le suppose, pourra être toujours conçu comme inférieur à quelque autre que j'imaginerais. A la limite de ce *processus*, je conçois donc un homme tel qu'il ne pourrait pas y en avoir un plus excellent. C'est cette double nécessité d'avoir un type ou modèle moral supérieur à tout homme en particulier, et qui ne soit pas cependant une vide abstraction, qui a donné naissance à la grande conception chrétienne de l'Homme-Dieu. D'une part, il n'y a qu'un Dieu qui puisse être parfait; de l'autre, il n'y a qu'un homme qui puisse servir de modèle à l'homme.

M. Bain nous représente très-bien l'acte moral comme un combat, comme la lutte de deux pouvoirs. Mais qui dit combat dit victoire à atteindre, but à poursuivre. Ce but est la transformation de l'homme; c'est le vieil homme sacrifié à l'homme nouveau, la chair à l'esprit. Sous quelque forme qu'on se représente le combat moral (même ne vît-on dans le bien que la dernière et la plus haute quintessence de l'intérêt personnel), il faut reconnaître qu'il y a toujours un but supérieur à telle ou telle sensation que nous pouvons avoir dans un cas donné. Ce n'est donc pas parce que nous approuvons et que nous désapprouvons qu'il y a du bien et du mal; mais c'est parce qu'il y a du bien et du mal que nous approuvons et que nous désapprouvons. Nous devons donc tâcher d'adapter notre approbation à la nature des choses au lieu de prendre notre approbation elle-même pour mesure suprême; car l'approbation ne peut être à elle-même sa raison [1].

Qu'est-ce donc que la conscience idéale, absolue, infaillible, la conscience du genre humain, comme l'appelle M. Whewell? C'est la conscience qui verrait immédiatement, intuitivement, ce que devrait faire l'homme idéal dans toute circonstance donnée, avec la même clarté et la même certitude que nous le voyons dans certaines circonstances particulières. Par exemple, supposons un ami qui va dénoncer par une calomnie son ami intime, et sans provocation, pour l'envoyer à la mort et s'enrichir de ses dépouilles comme délateur; il n'est pas une conscience qui ne voie clairement ce que ferait l'homme idéal dans une telle conjoncture. Supposons maintenant une conscience telle qu'elle pût saisir avec la même netteté ce que ferait l'homme idéal en toute circonstance, vous aurez la conscience idéale et absolue.

Une telle conscience n'est certainement pas plus réalisable dans la pratique que le type absolu auquel elle répon-

---

[1]. Lors même qu'on adopterait le principe de l'intérêt personnel, ce ne serait pas encore l'approbation individuelle qui serait la mesure, car l'expérience prouve que l'on peut se tromper, même sur son intérêt.

drait. De même qu'il n'y a pas d'homme parfait, il n'y a pas de conscience parfaite. Mais cette conscience, qui n'existe pas à l'état effectif et actuel, existe à l'état de tendance. C'est l'effort que fait l'humanité pour arriver à cet état de conscience parfaite qui sert à la dégager progressivement des égarements et des illusions de la conscience imparfaite ; c'est l'*idée*, comme s'expriment les hégéliens, qui brise sucessivement les formes inférieures pour atteindre à la forme supérieure ; c'est « le but immanent, » suivant une autre formule chère à la même école. Si l'on n'admet pas quelque chose de semblable, nulle conscience ne peut être jugée supérieure à une autre conscience ; et, dès lors, point de progrès moral, non-seulement pour l'espèce, mais même pour l'individu ; car pourquoi préfèrerais-je ma conscience d'aujourd'hui à celle d'hier, et pourquoi faire effort pour atteindre un degré de conscience plus élevé ? En un mot, pourquoi chercher à me perfectionner ? Tout degré de perfectionnement moral est un perfectionnement de conscience : ce n'est pas seulement d'obéir à sa conscience qui est un devoir : c'est encore de rendre sa conscience de plus en plus délicate et exigeante ; c'est ce qui n'aurait pas de sens, si toute conscience avait la même valeur. Or on ne peut établir de degrés entre les consciences que par comparaison à une conscience type, vers lequel on s'élève sans cesse sans l'atteindre jamais, et qui, toute latente qu'elle est, n'en est pas moins le principe moteur de l'activité morale.

CHAPITRE II

L'INTENTION MORALE.

A la théorie de la conscience morale se lie étroitement la théorie de l'*intention*, qui mérite d'être étudiée de près ; car elle donne naissance à de nombreuses et délicates difficultés. Distinguons d'abord les différents sens du mot.

On a *l'intention* de faire une chose ; on la fait *avec intention ;* on la fait enfin *dans* une certaine *intention*. Dans ces trois cas, les mêmes mots expriment des nuances d'idées assez différentes. Par exemple, avoir l'intention de faire une chose, c'est en avoir le projet ou la pensée ; c'est se représenter cette chose comme faite, et vouloir la faire, sans y être cependant entièrement décidé. L'intention ainsi entendue est une demi-résolution, une demi-volonté. Souvent, à la vérité, dans le langage vulgaire, on confond la volonté avec *l'intention* de faire. Je *veux* faire cela, je ne le puis ; je *veux* le bien, et je fais le mal ; mais l'intention n'est pas encore la résolution. Je me propose de prendre plus tard un bon parti ; mais tant que je ne l'ai pas encore pris, il est comme non avenu. C'est pourquoi on dit vulgairement que « l'enfer est pavé de bonnes intentions. » L'intention n'est qu'une volonté incomplète; c'est, comme on dit, une *velléité*, mais non un acte ferme et décisif de volonté. Lorsqu'on dit « que l'intention doit être réputée pour le fait, » cette maxime sera vraie ou fausse, suivant le sens que l'on donne au mot intention; car si par intention on entend simplement une vague velléité qui ne se manifeste jamais par des actes, il est faux que l'intention puisse être réputée pour le fait; si au contraire on entend par intention l'acte volontaire lui-même, à savoir une résolution prise, qui a été seulement trahie par l'événement, la maxime est vraie; mais c'est étendre trop le sens du mot intention.

Dans le second cas, faire une action *avec intention*, c'est accomplir cet acte, en sachant qu'on l'accomplit, et voulant l'accomplir; c'est l'accomplir avec conscience et avec réflexion, en connaissance de cause; c'est, de plus, s'être proposé précisément cet acte à accomplir, l'avoir choisi, lui avoir donné la préférence sur tout autre, y avoir consenti, et l'avoir accepté avec toutes ses conséquences. C'est pourquoi l'intention est une partie essentielle de la responsabilité. Quand nous voulons nous disculper d'un fait qui a eu de fâcheuses conséquences, nous disons que nous ne l'avons pas fait avec intention; familièrement, nous ne l'avons pas fait *exprès*. Celui qui fait le bien sans intention de le faire n'est pas plus louable que celui qui fait le mal sans intention n'est coupable. La loi reconnaît cette distinction; et si elle punit dans quelques cas l'homicide par imprudence, c'est que l'imprudence n'est pas toujours sans quelque intention; et d'ailleurs, même quand il n'y a pas de faute, c'est toujours à celui qui fait le mal de réparer le dommage.

Enfin on peut faire un acte *dans une* certaine *intention;* en ce cas, l'intention est synonyme de but : agir intentionnellement, c'est agir suivant un *but;* c'est se proposer tel ou tel objet. On peut apprendre à faire des armes, soit dans l'intention d'exercer son corps, soit dans l'intention de s'en servir. On peut soigner sa santé dans l'intention de jouir plus agréablement de la vie, ou dans l'intention d'être plus apte à remplir ses devoirs. Ainsi, dans ce dernier cas, l'intention signifie plutôt le *motif* de l'acte ; dans le premier, le *projet* de cet acte ; dans le second, le *consentement* à l'acte. Dans tous les sens, l'intention implique toujours plus ou moins l'idée d'un but (*tendere in*); et c'est la nature de ce but qui assigne à l'acte son caractère moral.

C'est ici que se présente une difficulté morale de la plus grave conséquence. Est-ce l'intention qui fait la moralité de l'acte? Si non, on sera donc responsable d'un acte fait sans intention ; on n'aura donc pas le bénéfice d'une intention bonne, plus ou moins servie par les événements. — Si oui, il suffira d'une bonne intention pour justifier une mauvaise action : il suffira donc, comme on dit, de *diriger* son intention dans un bon sens, pour que le mal devienne le bien ; en d'autres termes, on arrive bien vite à ce principe, dont on sait assez les dangers : *La fin justifie les moyens.*

Il nous semble impossible, d'une part, de renoncer au principe que c'est l'intention qui fait la moralité des actes, et d'autre part, il est impossible d'admettre cet autre principe que la fin justifie les moyens. Il faut donc que ce second principe ne soit pas la conséquence du premier, et la difficulté est de les bien démêler l'un de l'autre.

Nous avons distingué plus haut ces deux expressions : agir *avec* intention; agir *dans* une certaine intention. N'y aurait-il pas là un élément de distinction qui nous aiderait à résoudre le problème posé? Sans doute, pour qu'un acte soit bon ou mauvais, il faut qu'il ait été fait avec intention : ce qui est accompli par hasard, sans le savoir, sans le vouloir, par contrainte, contre notre intention, ne peut nous être imputé. Cela seul nous appartient moralement que nous avons expressément voulu. En ce sens, les actes ne valent moralement que par l'intention.

Mais quand j'accomplis un acte, non-seulement *avec* intention, mais *dans* une certaine intention, il y a quelque chose de plus. Ce n'est pas seulement cet acte que je veux, c'en est un autre; je ne veux-même le premier que *pour* le second, que comme *moyen* d'arriver au second. Le second est la *raison*, le *but* du premier. Je les veux l'un et l'autre avec intention : c'est pourquoi je suis responsable de l'un et de l'autre; mais je ne veux le premier que *dans* l'intention d'arriver à l'autre. J'ai donc là en quelque sorte une double intention, deux intentions subordonnées l'une à l'autre, en quelque sorte deux volontés subordonnées. C'est en ce sens que les théologiens reconnaissaient en Dieu deux sortes de volontés : une volonté *antécédente*, et une volonté *conséquente*.

La question se présente donc maintenant en ces termes : si l'on doit admettre d'une manière générale que tout acte ne devient moral que par l'intention qui l'accompagne, s'ensuit-il que, lorsqu'il y a une double intention, c'est la seconde qui imprime le caractère moral à la première? Que, deux actes étant donnés dont le premier n'est qu'un moyen d'arriver au second, c'est le second qui fait la moralité du premier? Une telle conséquence n'est pas du tout contenue dans le principe.

Dans le premier cas, en effet, il n'est question que d'un seul acte. C'est cet acte qui, pour devenir imputable, doit être accompli avec intention. Mais cette intention ne sort pas de l'acte; c'est l'acte lui-même qui est un but; et c'est en tant que je veux expressément cet acte, et non pas un autre, que je suis vertueux ou coupable. Dans le second cas, au contraire, il y a deux actes. Celui que je veux expressément, c'est le second, mais non le premier ; je ne passe par le premier que parce qu'il est nécessaire pour accomplir le second. La question est de savoir si un acte mauvais par lui-même peut devenir bon, ou du moins indifférent, parce qu'il est le moyen d'accomplir un autre acte que nous jugeons bon. Il est évident que ce second cas n'est nullement assimilable au premier.

On peut insister et nous dire : la distinction signalée est insuffisante. Pour qu'un acte prenne le caractère moral, il ne suffit pas qu'il soit accompli *avec* intention ; il faut qu'il le soit *dans* une certaine intention. Il ne suffit pas, en effet, que je veuille tel acte, mais il faut que je le veuille à titre d'acte bon et obligatoire. Il faut, dit Kant, non-seulement que mon acte soit *conforme au* devoir, mais qu'il soit fait *par* devoir. Le même acte devient bon ou mauvais, suivant qu'il est fait *par* devoir ou *par* intérêt. C'est la *maxime* de l'action, dit encore Kant, en d'autres termes, le *motif*, qui fait la moralité. J'ai beau avoir voulu expressément tel ou tel acte, comme veulent les enfants ou les sauvages, mon acte reste innocent, indifférent, ni moral, ni immoral, tant que je ne suis pas arrivé à l'idée de devoir, de loi, de but à poursuivre. Aussitôt que cette idée s'élève, la moralité naît avec elle; et suivant que je veux ou que je ne veux pas m'y conformer, je suis vertueux ou coupable. D'où il suit que ce qui fait la moralité de mon acte, ce n'est pas l'intention *avec* laquelle je l'accomplis, mais l'intention *dans* laquelle je l'accomplis. En d'autres termes, il y a là, comme dans le second cas précité, deux intentions : l'intention de faire l'acte, et l'intention d'obéir au devoir ou à l'intérêt; et ainsi, le même acte devient bon ou mauvais, selon le but que l'on se propose; d'où il semble résulter que c'est bien la fin qui justifie les moyens.

La difficulté est donc plus grande encore que nous n'avions pensé, puisque, de part et d'autre, c'est le but qui fait la moralité de l'action. Telle action, même intentionnelle, est indifférente, si je n'ai d'autre but qu'elle-même; elle devient bonne si, en l'accomplissant, je me propose le but de faire mon devoir; et elle est mauvaise, si je me propose **un autre** but. Ne pourra-t-on pas dire, par analogie, que telle action, indifférente en soi, devient bonne si je l'accomplis en vue d'un certain devoir; et mauvaise, si je l'accomplis par quelque autre motif ? Par exemple, l'acte de tuer peut être blâmable s'il est accompli par haine, par égoïsme, par esprit de vengeance ou de cupidité ; mais si je l'accomplis pour servir ma patrie (en la délivrant d'un tyran), pour servir Dieu (en défendant la vraie foi), pour rendre service à un ami (en le préservant d'un traître), cette action pourra devenir bonne.

C'est ainsi qu'on arriverait à justifier l'assassinat politique et religieux, et même l'assassinat privé. Et cependant, il semble qu'on ne fasse ici qu'appliquer la règle de Kant, à savoir qu'un acte moralement bon, c'est un acte qui a été fait *par* devoir, c'est-à-dire *en vue* d'un devoir.

Malgré cette instance, nous persistons à trouver la solution de la difficulté dans la distinction que nous avons faite plus haut. En effet, un acte n'est complétement intentionnel que lorsque nous le choisissons et le voulons avec tous ses caractères, c'est-à-dire en pleine connaissance de sa valeur morale; autrement, on pourra toujours dire d'un agent moral ce que J.-C. a dit de ses bourreaux : Il ne sait ce qu'il fait. Pour savoir ce qu'on fait, il faut non-seulement choisir tel acte, mais le choisir sachant qu'il est bon ou mauvais, et l'accomplir en tant qu'on le croit bon, ou quoiqu'on le sache mauvais. Et c'est là précisément ce que nous appelons agir avec intention. Mais dans ce cas, toujours est-il que la bonté de l'acte est un caractère qui lui est intrinsèque; l'acte est bon ou mauvais en lui-même, et non pas comme *moyen* d'arriver à quelque autre chose. Quand je dis que j'accomplis un acte *par* devoir, je n'entends pas que le devoir soit un but extérieur à l'acte, quelque autre acte différent de celui dont il s'agit, une conséquence quelconque de mon action; car ce qui précisément caractérise le devoir, c'est, comme l'a montré Kant, de ne pas être le *moyen* d'arriver à quelque *but*. Une action obligatoire est celle qui est bonne en elle-même et par elle-même. Autre chose est faire une action parce qu'elle est un devoir (et c'est ce que Kant veut dire), autre chose est faire une action en vue d'un autre devoir qu'elle-même.

Suivant la maxime que la fin justifie les moyens, aucun acte, au contraire, ne serait bon ou mauvais par lui-même ; il ne le deviendrait que comme moyen d'arriver à une fin bonne ou mauvaise. Or Kant a expressément fait remarquer, et c'est là le point de vue le plus neuf de son analyse du devoir, que le devoir commande de faire une action pour elle-même, et non pour atteindre tel ou tel but, ce but lui-même fût-il bon et légitime. La maxime que la fin justifie les moyens semble au contraire détruire la notion même du devoir. Car si toute action est indifférente par elle-même, et n'a de valeur qu'autant qu'elle sert à quelque autre action, on peut dire de celle-ci également qu'elle n'est par elle-même ni bonne, ni mauvaise, mais qu'elle ne vaut à son tour que comme moyen pour une autre fin plus éloignée encore; et ainsi, d'action en action, aucune n'étant considérée comme bonne ou mauvaise par elle-même, on ne voit plus sur quoi reposera le principe de la moralité.

A la vérité, si celui qui fait une action mauvaise pour atteindre à un noble but se trompe lui-même en croyant cette action bonne, il peut être excusé dans ce cas, comme dans tous les autres semblables, en vertu de ce principe que l'ignorance invincible excuse; mais ce n'est pas là le cas dont nous parlons. Il s'agit de savoir si, dans le cas où nous savons expressément qu'une action est mauvaise, comme, par exemple, l'action de tuer avec perfidie, nous avons le droit cependant de commettre cette action, par la raison que la fin pour laquelle nous nous la permettrions serait bonne. C'est dans ce cas, bien défini, que nous croyons avec la conscience commune qu'une action, mauvaise en soi, ne change pas de caractère parce qu'elle procure des résultats heureux, non-seulement pour nous, mais même pour nos semblables.

Sans doute il est des cas de conflit entre nos différents devoirs, comme nous l'avons vu, et quelques-uns de ces conflits nous offrent des questions extrêmement difficiles à résoudre. Mais de ce qu'un homme partagé entre deux devoirs rigoureux, et ne pouvant en accomplir qu'un seul, d'ailleurs forcé d'agir et ne pouvant avoir recours à la ressource de l'abstention, de ce que l'homme, dis-je, dans une telle situation, doit obéir à celui des deux devoirs que sa conscience lui déclare être le plus important, faudrait-il conclure qu'en toute circonstance un devoir quelconque devra être sacrifié à tel autre devoir, préjugé supérieur; faudra-t-il accepter, comme règle morale, le principe que la fin justifie les moyens?

Cependant nous ne devons pas éluder cette nouvelle difficulté qui se présente à nous. Il est certain, nous l'avons vu, qu'il y a une échelle entre nos devoirs ; que nous devons, comme l'a dit Fénelon, plus à l'humanité qu'à notre patrie, plus à notre patrie qu'à notre famille, plus à notre famille qu'à nos amis, plus à nos amis qu'à nous-mêmes; et en nous-mêmes, plus à l'âme qu'au corps, et plus au corps tout entier qu'à chacune de ses parties. C'est ainsi qu'une mutilation devient légitime, lorsqu'elle sert à la conservation du corps, que le sacrifice de notre vie est légitime, s'il faut autrement manquer à l'honneur; que nous devons sacrifier, sinon notre dignité morale, au moins notre vie et nos biens pour la famille et la patrie; que nous devons sacrifier les biens et la vie même de nos enfants au salut de la patrie; et si nous ne disons pas qu'il est obligatoire de sacrifier la patrie à l'humanité, c'est qu'il est difficile de se représenter un cas où le salut de la patrie se trouverait en contradiction avec le bien de l'humanité en général; mais ce qui est certain, c'est que nous ne devons pas procurer le bonheur à notre patrie aux dépens de l'humanité.

De quelque manière que l'on entende l'échelle des devoirs, il y a certainement une telle échelle. Mais, dès lors, ne faut-il pas reconnaître que lorsque nous sommes obligés de sacrifier un devoir inférieur à un devoir supérieur, nous invoquons implicitement le principe que « la fin justifie les moyens? » car envoyer son fils à la mort est certainement un crime; mais l'envoyer à la mort pour le salut du pays, c'est certainement une bonne action. C'est cependant la même action de part et d'autre; où est la différence? dans l'intention, dans le but. Compromettre sa santé est une faute; mais la compromettre et même la ruiner pour le bien des hommes est une action héroïque. Où est la différence entre ces actions reconnues et admirées par la conscience publique et ces autres actions justement blâmées : tuer un tyran pour délivrer son pays, flatter et servir pour enrichir sa famille, tromper les hommes pour les rendre heureux?

Nous avons vu dans un des chapitres précédents quelles sont les règles à observer pour établir une échelle et un ordre entre nos devoirs. Il est évident que cet ordre, une fois reconnu, nous oblige de préférer tel devoir à tel autre, et il est impossible d'échapper à cette nécessité. Dans les cas où la conscience publique n'admet pas le sacrifice, c'est qu'elle déclare, à tort ou à raison, le devoir violé plus important et plus sacré que celui auquel on le sacrifie. On ne peut donc absolument pas contester ce principe, qu'en cas de conflit entre deux devoirs, l'un des deux devant nécessairement être sacrifié, c'est le moindre qui doit céder au plus grand : par exemple, qui niera qu'un devoir de politesse ne doive le céder à un devoir d'humanité? Où donc est la limite, et faudra-t-il nous résoudre à reconnaître qu'une bonne intention autorise une action mauvaise, que la fin justifie les moyens?

Il est d'abord un premier cas où il est facile d'écarter et de faire rejeter la maxime précédente : c'est lorsque, entraîné à une certaine action par quelque motif odieux ou méprisable, on cherche à se donner le change à soi-même, en se persuadant qu'on poursuit un but noble et élevé : ce sont là *ces directions d'intention*, approuvées par quelques casuistes, et que Pascal a si justement flétries. Par exemple, Jean sans Peur fait assassiner le duc d'Orléans, évidemment sous l'empire d'une insatiable ambition; il couvrira son crime du prétexte du bien public, et en fera faire l'apologie par un de ses partisans, en s'appuyant sur le principe qu'il est permis de tuer un vassal rebelle. Néron fait assassiner sa mère, entraîné évidemment par une férocité naturelle, qu'aucun sentiment humain n'était capable d'assouplir; il fera justifier cet abominable crime en invoquant la raison d'État. On s'avilira pour s'élever aux grandes places; mais on se dira et on fera dire que c'est pour servir la patrie. On trompera, on s'insinuera dans les familles, ou accaparera leurs biens, par esprit de domination et de cupidité; mais on se persuadera à soi-même, et on cherchera à persuader aux autres que c'est par amour de Dieu. On se livrera à toutes les prodigalités, par amour du plaisir et du luxe, et on fera semblant de croire que c'est par grandeur d'âme, et pour montrer son mépris des richesses. En un mot, l'art de tourner sa conscience vers les biais accommodants, de donner un bon tour aux mauvaises actions, et de purifier l'impureté par de saints calculs ou de belles apologies, est un art odieux, qui ne peut en rien embarrasser le moraliste, et auquel il suffit d'opposer les admirables pages de Pascal [1].

---

[1]. A la théorie des *directions d'intention* se rattache celle des *restrictions mentales*, également ridiculisée et honnie par Pascal. On en distingue de deux sortes :

1º La restriction purement mentale ; — 2º la restriction qui n'est pas purement mentale : *pure mentalis, non pure mentalis*. Celle-ci est celle qui peut se faire reconnaître à certains indices extérieurs. C'est à vous à faire attention à ces indices. D'après ces principes, le P. Ligori admet la restriction mentale dans les cas suivants :

1º Un confesseur, interrogé s'il a connaissance de tel crime, peut affirmer par serment que non, en sous-entendant *comme homme*, et non *comme confesseur*; car on n'a pas le droit de l'interroger comme confesseur. Cela est vrai, même du cas où le juge spécifie précisément la question, et mentionne l'acte de connaître comme ministre de Dieu : car on n'a pas le droit de faire cette question. — 2º Un accusé ou un témoin, interrogé par une autorité illégale, a le droit de nier un crime qu'il connaît réellement, en sous-entendant *crimen de quo legitime possit inquiri*. — 3º Celui qui a reçu un prêt et qui l'a rendu a le droit de nier avoir reçu ce prêt, sous-entendant *ita ut debeat solvere*. — 4º S'il a été forcé par contrainte à contracter mariage, il a le droit de dire qu'il n'a pas contracté, sous-entendant *librement*. — 5º Interrogé par le juge si on a parlé à un accusé, on peut le nier, sous-entendant *ad cooperandum crimini*. — 6º Une adultère, interrogée si elle a eu commerce avec tel homme, peut dire : « Je suis innocente de ce crime, » sous-entendant qu'il a été remis par la confession. — 7º Un serviteur, interrogé si son maître est à la maison, peut dire qu'il n'est pas là, quoiqu'il y soit (sous-enten-

Il est encore un autre cas où l'on abuse évidemment du principe que la moralité d'un acte consiste dans l'intention. C'est lorsque l'on sacrifie un devoir très-simple, très-clair et très-nécessaire à un devoir vague et plus ou moins indéterminé. La conscience humaine se révolte contre cet abus, sans pouvoir bien s'expliquer en quoi il consiste. Le sophisme ici est de croire qu'il suffit de l'amour du bien en général pour faire passer une action notoirement mauvaise. Par exemple, quel devoir plus simple et plus clair que le devoir qui interdit l'assassinat, c'est-à-dire l'homicide avec

---

dant *in hac janua vel fenestra)*, ou qu'il est sorti, sous-entendant *ce matin* ou *hier*. — 8° Est-il permis de jurer quelque chose de faux, en ajoutant à voix basse quelque circonstance vraie? — Oui, disent les uns sans restriction. — Oui, disent aussi les autres, mais de manière à ce qu'on puisse entendre quelque chose, quoiqu'on n'en distingue pas le sens.

Toute cette étrange morale n'est pas tant condamnable à cause du relâchement qu'elle pourrait autoriser; car on sait bien que dans la pratique, il faut faire une grande part à la faiblesse humaine; mais ce qui est ici misérable, et prouve une bien grande pauvreté de conscience, c'est l'effort artificiel de faire rentrer dans la règle, à l'aide de certains procédés mécaniques, ce qui s'en éloigne. Ici, il faut le dire, la morale profane est supérieure, je ne dis pas à la morale chrétienne (car on ne peut appeler cela une morale chrétienne), mais à la morale théologique et monastique, qui, dans la nudité des cloîtres, perd le sentiment de la dignité et de la virilité. Qu'un homme, comme Montaigne ou tel autre homme du siècle, accuse franchement ses faiblesses, et s'y livre hardiment en les confessant, je puis l'excuser tout en le blâmant. Mais ces inventions mesquines, qui essayent de dissimuler le mal, et qui veulent rendre licite ce qui ne l'est pas, indignent avec raison la conscience séculière. Ici le siècle et le cloître sont l'un à l'autre comme un mauvais sujet franc et généreux est à un cauteleux hypocrite, observateur des conventions reçues. Une éducation morale, dirigée par des principes de ce genre, ne pourrait qu'avilir les âmes. En lisant ces pages, on remercie Pascal, et on comprend qu'il ait pu dire à la fin de ses jours, lorsqu'on lui demandait s'il se repentait des *Provinciales :* « Si j'avais à les refaire, je les referais plus fortes. »

perfidie d'un homme sans défense, et qui ne vous a point attaqué? Dans ce cas, dis-je, le devoir de ne pas porter atteinte à la vie humaine est un des plus évidents qui soient au monde. Au contraire, le devoir de sauver son pays, quelque obligatoire qu'il soit, est loin d'avoir la même clarté et la même simplicité. Il y a mille manières de sauver le pays ; rien de plus incertain que le moyen proposé. Un respect inviolable de la vie humaine est un moyen beaucoup plus sûr de servir son pays que de lui donner l'exemple de l'homicide. Sans prendre à la lettre la distinction des devoirs stricts et des devoirs larges, que nous avons combattue plus haut, il faut reconnaître qu'il y a des devoirs qui se présentent sous une forme plus rigoureuse et plus précise que d'autres, et qui sont par là même plus clairs. Sacrifier ces devoirs clairs et précis à d'autres devoirs dont l'application est plus flottante et plus libre, c'est manquer aux règles d'une bonne comptabilité morale.

C'est encore une erreur, et une fausse application d'un vrai principe que de renverser l'ordre d'importance entre nos devoirs. Par exemple, mentir, tromper, flatter, trahir ses serments et ses opinions pour être utile à sa famille, ne peut être justifié en morale, parce que la dignité personnelle, ou ce que l'on appelle en général l'*honneur*, est d'un ordre supérieur aux biens matériels. La famille n'a pas le droit de vouloir son propre bonheur aux dépens de l'honneur de son chef : à plus forte raison, s'il ne s'agit que de grandeur, de luxe, d'éclat extérieur ; car ces choses, sans être rejetées par le sage, ne doivent pas être recherchées par lui, même innocemment, à plus forte raison par de mauvais moyens : tout au plus, s'il s'agissait d'arracher des enfants à la mort ou à la misère, pourrait-il y avoir des causes ou circonstances atténuantes, suivant les cas. Mais le moraliste n'a pas à se préoccuper des excuses, mais des règles ; et la règle est que les biens de l'âme étant supérieurs aux biens du corps ne doivent jamais leur être sacrifiés.

En outre, dans la plupart des cas où l'on a employé abusivement la maxime que la fin justifie les moyens, on remarquera que, sous prétexte de sacrifier un devoir moindre à un devoir plus élevé, on détruit implicitement ce devoir lui-même auquel on sacrifie le premier. Soit, par exemple, l'action de faire des dettes sans les payer, afin d'exercer la charité ; c'est évidemment là une action contradictoire : car, pour soulager les uns, on dépouille les autre ; par conséquent, on tend à produire le mal même que l'on veut alléger. Soit encore le cas si débattu au XVIe siècle du tyrannicide. Celui qui tue le tyran de son autorité privée accomplit un acte qui est précisément de la même nature que ceux qu'il reproche au tyran, à savoir, tuer sans jugement, sous prétexte du bien public ; par là même il autorise le tyran à des actes semblables ; car si le sujet citoyen peut décider de son autorité privée qu'un tel est tyran, le souverain peut aussi de son autorité privée décider qu'un tel peut devenir tyran : c'est donc l'assassinat posé en principe ; et il en est de même, que l'exemple soit donné par le souverain ou par les sujets. L'assassinat du duc de Guise amène à sa suite l'assassinat de Henri III ; et de même l'assassinat du duc d'Orléans par Jean sans Peur a pour conséquence l'assassinat de Jean sans Peur par Tanneguy. Le meurtre de César conduit au meurtre de

Cicéron. De vengeance en vengeance, la société flotte dans un abîme de sang. Pour examiner un cas moins tragique, écoutez cet homme d'affaires sans scrupules, qui passe par-dessus les moyens vulgaires, et qui s'enrichit d'une manière peu conforme aux vieilles lois rigides de l'honneur commercial. Il se justifiera en disant que par ses spéculations, peu régulières à la vérité, il a rendu un grand service à son pays, en provoquant un grand mouvement d'affaires, en stimulant l'activité, l'industrie, et par conséquent en développant la prospérité publique. Mais une telle justification est absurde : car, en manquant aux lois de la probité, on détruit implicitement par là même ce qui est le principe vital de tout commerce sérieux; et en donnant l'essor à l'activité pour un certain temps, on prépare une ruine désastreuse : c'est ainsi que ce n'est pas la fin qui justifie les moyens ; ce sont les moyens qui détruisent la fin elle-même. Autre exemple : sous l'empire du fanatisme religieux, on immole à la vraie religion ceux qui lui sont contraires ; c'est, dit-on, pour la gloire de Dieu. Mais en agissant ainsi, on détruit la religion elle-même : car un Dieu qui pourrait trouver plaisir à ces sacrifices sanglants et qui aimerait le sang répandu ne serait pas le Dieu bon et juste que la religion ordonne d'aimer et d'adorer ; ce serait un Dieu méchant et sanguinaire, qui ne mériterait pas qu'on l'honorât, et auquel le sage ne devrait aucun culte, car il pourrait se dire en son cœur: Je suis meilleur que ce Dieu-là. De plus, employer la contrainte et la mort pour faire pratiquer la religion détruit encore implicitement la religion elle-même par cette raison que la religion doit être avant tout dans le cœur. Le culte forcé n'est plus un culte;

à plus forte raison l'hypocrisie n'en est pas un ; et c'est la conséquence ordinaire de la violence. Autre exemple : quelques hommes illustres, les uns aveuglés par l'ambition, les autres égarés peut-être par quelques faux principes, ont cru qu'il leur était permis de porter les armes contre leur pays; tels le grand Condé, le général Moreau. Ici le sophisme est encore évident ; car, dans cette hypothèse, pour sauver son pays, on met en péril son indépendance, et, par conséquent, on le ruine en le sauvant; en supposant même qu'on lui rende matériellement service, on en flétrit l'honneur, ce qui est une autre manière de le ruiner [1].

Quant aux exemples que l'on cite ou que l'on pourrait citer pour justifier la maxime débattue, on verra qu'ils sont toujours tirés de certains devoirs qui contiennent implicitement certaines conditions et ne sont devoirs que sous ces conditions. Je prends, par exemple, le devoir de l'économie. Il est évident que l'économie n'est pas l'épargne, et ne consiste pas à s'interdire toute dépense : ce qui serait l'avarice. Elle consiste précisément à proportionner ses dépenses au strict nécessaire, ou à un modeste superflu. Mais s'il vient tel cas où la nécessité veut que nous soyons prodigues, cette prodigalité n'a rien de contraire à la maxime de l'économie ; et s'y soustraire serait avarice. Par exemple, le juif Isaac, dans le roman d'Ivanhoé, qui hésite à donner sa fortune pour sauver l'honneur et la vie de sa famille, donne en cela une preuve d'avarice et non d'économie. L'illustre lady

---

1. Un cas plus complexe serait celui où l'on aurait renoncé à sa nationalité, et où l'on serait responsable des destinées d'un autre peuple. Tel est le cas de Bernadotte. Mais l'action, quoique moins coupable dans ce cas, l'est encore ; car personne n'est forcé d'être roi.

Franklin, qui a consumé sa fortune à payer des expéditions pour rechercher son mari perdu dans les glaces du Nord, a usé sagement de cette fortune, qui ne doit jamais être pour nous qu'un moyen et non un but.

Il en est de même du devoir de conservation personnelle. Ce devoir se fonde principalement sur cette raison, qu'il est la *condition* de l'accomplissement de tous nos autres devoirs. Car celui qui renonce à la vie renonce par là même à toute moralité. Or parmi les devoirs de l'homme se trouve celui de se dévouer pour ses semblables. Renoncer à ce devoir, sous prétexte qu'il nous est interdit de nous exposer à la mort, est une sorte de cercle vicieux : c'est sacrifier l'objet même de la vie à la condition sans laquelle on ne pourrait atteindre cet objet ; ainsi fait l'avare qui sacrifie son bien-être à son argent, c'est-à-dire au moyen de se procurer du bien-être, ou comme le malade imaginaire qui sacrifierait sa santé à son régime. Les devoirs conditionnels doivent être sacrifiés aux devoirs absolus : telle est la solution des difficultés proposées.

Il y a en outre des devoirs qui renferment implicitement l'idée d'une certaine restriction et d'une certaine limite. Par exemple, le devoir de tenir la parole contient manifestement l'exception sous-entendue du *cas de force majeure*. La maxime de ne pas faire de mal à autrui contient implicitement l'exception *du cas de légitime défense*. « *Ne noceas alteri nisi lacessitus injuria*, » dit Cicéron [1]. Ces deux ex-

---

[1]. *De Officiis*, liv. I. Peut-être la restriction est-elle exprimée en termes trop vagues qui pourraient justifier toute espèce de vengeance. Aussi saint Ambroise la critique-t-il dans son *De Officiis*. Mais il est évident que Cicéron n'a pas voulu entendre autre chose que le droit de légitime défense.

ceptions sont évidentes ; car, dans le premier cas, il est évident qu'à « l'impossible nul n'est tenu ; » et dans le second la négation du droit de défense équivaut à autoriser tous les crimes ; puisque, les bons ne se défendant pas contre les méchants, ceux-ci devraient inévitablement devenir les maîtres, et rester seuls après la ruine des premiers.

Il en est de même des autres exceptions citées par Cicéron dans son *De Officiis*. « Il ne faut pas, dit-il, rendre son épée à un homme en délire. » En effet, le devoir de rendre un dépôt renferme implicitement cette condition, que le dépositaire soit en état de raison [1]. De même, le devoir de tenir sa parole implique que l'exécution de la promesse ne soit pas fatale à celui à qui on l'a faite. Par exemple, pour citer encore Cicéron, le soleil était-il tenu d'accomplir sa promesse envers Phaéton, Neptune envers Thésée? Non, sans doute, car il est sous-entendu dans toute promesse, que je ne puis pas m'engager à vous faire du mal. De même, le devoir de ne pas user de la propriété d'autrui implique une exception sous-entendue, à savoir le cas de nécessité absolue ; car on doit supposer d'une manière générale que le propriétaire consentirait à un tel usage, s'il pouvait être consulté.

Il est donc impossible de ne pas accepter certaines limites, à savoir le point où l'exécution du devoir deviendrait absurde, et équivaudrait à la négation même de la justice. Mais il est évident que ces restrictions doivent

---

[1] Dans le célèbre roman de Werther, Charlotte était autorisée à ne pas rendre les pistolets à Werther, ayant des raisons de soupçonner quel usage celui-ci pouvait en faire : il y avait lieu de le considérer comme fou.

toujours être entendues dans le sens strict, et non dans le sens large. Doit-on, avec le bienheureux Ligori, admettre que le domestique dont les gages sont insuffisants a le droit de prendre sur son maître ce qui lui est nécessaire à sa subsistance, même lorsqu'il a volontairement accepté de tels gages? Car il y a là, dit-il, un cas de nécessité. Faut-il admettre avec le P. Ventura qu'il est permis de violer un serment, lorsque c'est pour le bien du peuple? Car, dit-il, on ne doit pas tenir un serment qui est contraire à la conscience, et il serait contraire à la conscience de faire le malheur d'un peuple. Faut-il admettre, encore avec le P. Ligori, que le prince a le droit de faire tuer son ennemi sans jugement, lorsque le jugement serait accompagné de scandale? Faut-il admettre enfin, avec les casuistes flétris et accablés par Pascal, qu'il sera permis de tuer pour une pomme? Une telle latitude dans l'interprétation des exceptions morales équivaut à la négation de toute morale et de tout devoir. Le cas de force majeure, qui a pour conséquence la résiliation d'une promesse, ne doit s'entendre évidemment que d'une impossibilité absolue, et non d'un simple changement de circonstances. Le cas de légitime défense doit s'entendre d'une attaque effective, réelle et présente, et non point d'une simple menace, ou d'une hostilité prévue. Le cas de nécessité absolue, qui autorise exceptionnellement l'usage de la chose d'autrui, ne doit s'entendre que d'une nécessité matérielle et absolument inévitable, et non pas du simple besoin. Le cas de nullité pour cause d'immoralité ne peut s'appliquer au serment que lorsqu'il contient manifestement une immoralité ou une injustice, et ne doit pas s'étendre abusivement à d'autres cas. L'exception tirée de la folie, qui autorise à refuser de remettre un dépôt à son propriétaire, doit s'entendre au propre, et non au figuré; car autrement on pourrait toujours s'approprier la chose d'autrui, sous prétexte que le propriétaire en fera un mauvais usage. Ainsi la théorie des *exceptions morales* ne peut servir en rien à autoriser la doctrine des *directions d'intention*.

Est-ce à dire qu'il n'y ait pas telle situation déchirante où l'âme, partagée entre deux devoirs également sacrés, ne sait auquel elle doit obéir, et où elle prend en quelque sorte sur elle-même, par un acte de dictature morale? Faut-il condamner l'héroïne de la *Prison d'Édimbourg*, ne voulant pas, au prix même du salut de sa sœur, se souiller d'un mensonge? Faut-il condamner au contraire Desdémone mourante, sauvant par un mensonge celui qui l'a tuée? Faut-il condamner comme un parricide Brutus jugeant son fils, traître à la patrie? Faut-il l'admirer comme un héros? Dirons-nous avec le philosophe Hemsterhuys, en parlant du second Brutus, « qu'il a commis un crime aux yeux des hommes; mais que dans sa conscience, son acte était conforme à l'ordre éternel.» Avouons qu'il y a un point où toute théorie cesse et où la science n'a plus de formules. Les lâches complaisants des faiblesses humaines abusent de ces cas infiniment rares pour entreprendre sur les lois strictes de la morale. Le moraliste reconnaît seulement qu'il n'est pas en son pouvoir de tout réglementer.

CHAPITRE III

LE PROBABILISME MORAL

Toutes les difficultés que peuvent soulever les différents états de la conscience morale sont en quelque sorte rassemblées dans une théorie célèbre, longtemps fameuse dans les écoles de théologie, et que Pascal a rendue populaire : la doctrine du *probabilisme*.

Il faut distinguer le probabilisme moral du probabilisme logique et philosophique. Ce sont là deux sens très-différents d'une même expression. Le probabilisme logique est cette doctrine qui, comme le scepticisme, nie toute vérité absolue dans les opinions humaines, et affirme que rien ne peut être connu avec certitude ; mais elle se distingue du scepticisme en disant que tout n'est pas également incertain, et qu'il y a des choses plus probables les unes que les autres. Le probabilisme moral ne nie pas en général la certitude de la connaissance humaine, il ne nie même pas la certitude en morale même : il reconnaît deux principes de certitude, la loi naturelle et la loi divine. Mais il soutient qu'en dehors de ce domaine si vaste du certain, il y en a un autre qui ne peut être régi que par la probabilité, et c'est dans ce domaine des opinions probables qu'il cherche une règle et un critérium pour déterminer le choix qui doit être fait.

La théorie du probabilisme a été un des champs de bataille sur lesquels se sont rencontrés au XVII⁰ siècle les jésuites et les jansénistes [1]. Aujourd'hui que les passions des deux partis sont bien loin de nous, nous pourrons peut-être plus aisément qu'on ne l'a pu dans le fort de la lutte démêler le vrai et le faux des deux côtés.

Dans une dissertation très-forte et très-bien déduite sur le probabilisme [2], Nicole ramène cette doctrine aux deux propositions suivantes : 1° toute opinion probable, quoique fausse et contraire à la loi divine, excuse du péché devant Dieu ; — 2° de deux opinions probables, il est permis d'embrasser la moins probable et la moins sûre.

Pour bien comprendre la question, il faut se rendre compte de ce que signifie le mot *probable*. Pour tout le monde, une opinion est probable lorsqu'elle réunit un certain nombre de raisons en sa faveur; d'où il suit qu'elle est d'autant plus probable qu'il y a plus de raisons en sa faveur; d'où il suit encore que de deux opinions, la plus probable est celle pour laquelle militent le plus de raisons.

1. Nous n'entrons pas ici dans la question, tout historique, de savoir jusqu'à quel point les jésuites doivent être considérés comme responsables du probabilisme. Il paraît établi qu'ils ne l'ont pas inventé, et que parmi eux un certain nombre de docteurs l'ont repoussé. Mais il est certain aussi que ce sont principalement les jésuites qui ont défendu le probabilisme contre les jansénistes ; et aussi que les apologistes des jésuites sont en même temps les apologistes du probabilisme. Au reste, comme dans cette doctrine il y a une part de vérité, ce n'est pas faire grand tort aux jésuites que de la leur attribuer.

2. *Les Provinciales*, avec les dissertations de Wendrock traduites en français, t. IV.

Jusqu'ici point de difficulté; mais la question se complique lorsqu'on vient à considérer qu'une opinion peut nous paraître probable de deux manières : soit au point de vue de la raison, soit au point de vue de l'autorité. Ainsi une opinion qui nous paraît appuyée par de bonnes raisons nous paraîtra plus probable encore, quand nous savons qu'elle est appuyée sur de sérieuses autorités; et si nous apprenons au contraire que de grandes autorités la nient, ce sera pour nous une raison de doute, et par conséquent une diminution de probabilité. Il y a donc lieu de distinguer, avec les théologiens, deux sortes de probabilité : la probabilité *interne* et la probabilité *externe*, la première fondée sur la raison, la seconde sur l'autorité. Lorsque ces deux probabilités ne se rencontrent pas ensemble, il y a lieu de se demander laquelle doit céder à l'autre, et s'il ne sera pas permis de suivre une opinion *extrinsèquement* probable, de préférence à une opinion *intrinsèquement* probable; cela accordé et supposé, il reste encore à chercher à quelle condition une opinion peut être déclarée extrinsèquement probable; et c'est ici qu'intervient cette règle, si ridiculisée par Pascal, « qu'un seul docteur grave peut suffire pour rendre une opinion probable. »

Revenons aux deux propositions citées plus haut, et qui résument en effet très-clairement la doctrine probabiliste.

Pour éclairer et guider le lecteur dans cette discussion, nous prévenons d'avance qu'à notre point de vue les probabilistes ont raison quant à la première de ces deux propositions, et qu'ils ont tort quant à la seconde. Réciproquement, les jansénistes ont raison sur la seconde proposition, mais ils ont tort quant à la première. Ici, comme dans tous les autres débats théologiques, on peut dire que les jésuites ont soutenu la cause de la liberté, mais l'ont poussée jusqu'au relâchement; et, réciproquement, que les jansénistes ont soutenu la cause de la vertu chrétienne, mais l'ont portée jusqu'au fanatisme.

La première des deux propositions débattues consiste en ceci : qu'une opinion probable, même fausse, même contraire à la loi divine et à la loi naturelle, excuse du péché.

Cette proposition n'est qu'une conséquence rigoureuse du principe que nous avons posé plus haut : « Obéis à ta conscience. » Si je prends en effet le mot de probable dans son sens naturel et ordinaire (et en laissant de côté la difficulté qui se tire de la probabilité extérieure), une opinion probable sera celle qui se présentera à ma conscience appuyée de plus de raisons que l'opinion contraire. Dès lors, comment pourrai-je obéir à ma conscience en choisissant l'opinion qui lui paraîtrait la moins probable ?

Mais, dit-on, cette opinion est fausse ; elle est contraire à la loi naturelle, à la loi divine. **Je réponds** : De deux choses l'une : ou je le sais, ou je ne le sais pas. Si je le sais, comment une opinion contraire à la loi naturelle ou à la loi divine ? pourrait-elle me paraître probable, puisque j'ai commencé par écarter comme absolument certain tout ce qui est évidemment conforme à la loi naturelle et à la loi divine ? Si donc je juge que cette opinion est probable, c'est précisément parce qu'elle ne me paraît contraire ni à l'une ni à l'autre de ces deux lois, et que je n'aperçois pas cette contrariété.

Sans doute l'homme est absolument obligé de se conformer à la loi naturelle ; mais ce n'est pas à la loi naturelle en soi qu'il doit obéir, c'est à cette loi, telle qu'il a connaît ; car comment pourrait-il être tenu d'obéir à une loi qu'il ignorerait ? A la vérité, dans la société civile, on admet effectivement « que nul n'est censé ignorer la loi, » parce que l'exception de l'ignorance pourrait être toujours apportée sans pouvoir être jamais repoussée, et parce qu'on suppose que chacun prendra ses précautions pour connaître les lois qui l'intéressent ; mais, au point de vue du droit naturel, on ne peut pas avoir recours à une semblable fiction. Comme il s'agit ici du for intérieur, personne ne peut faire semblant d'ignorer ce qu'il n'ignore pas. Si au contraire l'agent ignore véritablement la loi, il est impossible de lui imposer l'obligation d'agir comme s'il la connaissait ; il n'est donc tenu à la loi que dans la mesure de la connaissance qu'il en a ; et, par conséquent, lorsqu'il croit d'une manière probable que telle action est plus conforme que telle autre à la loi naturelle, il est évidemment excusé ; bien plus, il est tenu [1] d'obéir à cette conviction, lors même qu'il se tromperait.

Tous les théologiens ont admis que « l'ignorance invincible excuse, » et même saint Thomas va jusqu'à affirmer que l'on pèche en agissant contre la conscience erronée, toujours lorsqu'il s'agit d'une erreur invincible. Les jansénistes ne pouvaient refuser d'admettre ces principes, qui ne sont que l'expression même du bon sens. Mais ils pré-

---

Excusé, s'il s'agit d'une *permission;* tenu, s'il s'agit d'une *défense* et d'un *devoir*.

tendaient que l'opinion simplement probable ne rentre pas dans le cas de l'ignorance ou de l'erreur invincible. Car, disaient-ils, puisque l'opinion n'est que probable, c'est donc qu'elle n'est pas tout à fait certaine; c'est que l'on reconnaît quelque vraisemblance à l'opinion opposée; c'est que cette opinion (laquelle est la vraie par hypothèse) ne vous est pas inconnue, et que vous en savez même les raisons; il dépend donc de vous de sortir de votre ignorance et de votre erreur. Elles ne sont donc pas invincibles.

Mais qui ne voit que c'est là un sophisme? Car, si je dis que telle opinion est probable pour moi, je suppose par là même que j'ai pris préalablement toutes les mesures nécessaires et possibles pour m'assurer de la vérité, ou que je crois du moins les avoir prises; ce n'est qu'après un tel examen, au moins dans la mesure où il m'a été possible de le faire, que je suis arrivé à trouver telle opinion plus probable que telle autre. Voir plus clair, du moins quant à présent, est hors de mon pouvoir : la préférence que je donne à l'opinion fausse sur l'opinion vraie est donc vraiment un cas d'ignorance ou d'erreur invincible. Sans doute, s'il s'agit d'une action dont je puis ajourner l'exécution, je puis continuer indéfiniment l'examen; mais s'il s'agit d'une action qui doit être accomplie *hic et nunc*, je ne suis tenu qu'au degré d'examen pratiquement possible, et (quelque doute qui puisse subsister spéculativement) par cela seul que j'ai choisi l'opinion la plus probable, j'ai le droit de réclamer le bénéfice des œuvres de bonne foi. Que si enfin le rigorisme janséniste va jusqu'à suspecter toute bonne foi de l'homme à l'égard de lui-même, et à supposer que dans les prétendus cas d'erreur involontaire il y a toujours, ce qui est vrai quelquefois, une complaisance secrète et aveugle pour soi-même, je réponds que tout critérium par là même m'étant enlevé pour distinguer la vraie bonne foi de la fausse, j'ai le droit de me considérer comme étant de bonne foi, lorsque je n'ai nulle conscience de mon mensonge. D'ailleurs, soutenir d'une manière absolue qu'il n'y a aucune erreur de bonne foi, c'est aller bien au delà de ce qui est en question. Au fond, les jansénistes allaient jusque-là ; à ce point de vue, leurs adversaires étaient les vrais défenseurs du bon sens et de l'équité.

Ils l'étaient même de la tolérance, au moins dans une certaine mesure ; et c'est là un des points les plus curieux de cette querelle du probabilisme, qui, sous une forme scolastique, touchait aux plus grands problèmes de la conscience.

Nicole, dans sa dissertation sur la probabilité, voulant réduire à l'absurde ses adversaires, leur imputait comme une conséquence nécessaire que les hérétiques se trouvaient excusés, et par là même innocents : « Non-seulement, dit Nicole, ils retiennent cette maxime si agréable aux impies, *que chacun peut se sauver dans sa religion, quand il la croit probable ;* mais encore il s'en faut de peu qu'ils ne l'enseignent expressément. » Il en cite en effet des textes nombreux et curieux, tirés des jésuites, et qui sont tout à fait conformes aux vrais principes de la tolérance religieuse, tels que nous les entendons aujourd'hui.

On voit, en effet, Thomas Sanchez enseigner « qu'un infidèle, à qui on propose notre foi comme plus croyable que la sienne, n'est pas obligé, hors l'article de la mort, de l'embrasser, pourvu que sa secte lui paraisse encore probablement croyable. » D'autres, tels que Sancius et Diana, vont plus loin, et rejettent même l'exception de l'article de la mort. Ils enseignent, suivant Escobar, « que l'infidèle n'est point obligé d'embrasser la foi, même à l'article de la mort. » Un autre jésuite, Caramuel, très-intelligent dans la dialectique « de la probabilité, » selon Nicole, pose également comme un doute la question de savoir si un luthérien, né luthérien, n'est pas excusable de rester dans sa religion, qui lui paraît probable, quoiqu'il reconnaisse également la probabilité de la doctrine catholique. « Il extrait, dit-il, ses raisons des meilleurs auteurs, pour la consolation de ceux qui demeurent en Allemagne, qui ont de la douleur de voir tant de personnes, d'ailleurs très-gens de bien, infestés de l'hérésie. »

Un autre jésuite, Érard Bile[1], va plus loin encore et enseigne explicitement que l'on peut se sauver hors de l'Église : « Un enfant ne pèche point en croyant une hérésie qu'on lui propose, et que ses parents lui ont enseignée, à moins qu'il n'y ait des raisons convaincantes et qui ôtent toute probabilité à sa secte. Car, tant qu'elle lui est probable, il ne pèche point en la suivant. D'où il arrive qu'on ne peut presque pas considérer comme hérétiques un grand nombre de filles jusqu'à l'âge de vingt ans, quoiqu'elles fassent même la cène. Car qui dira qu'elles n'ont

---

1. Nous empruntons ces textes à la dissertation de Nicole, qui ne pouvait guère se douter qu'il viendrait un temps où ces passages si scandaleux, suivant lui, seraient au contraire cités à l'honneur des jésuites. A la vérité, ces conséquences libérales sont précisément celles que rejettent les partisans modernes du probabilisme. (Voir l'édition des *Provinciales* par l'abbé Maynard, t, I, p. 198.)

point d'argument probable en faveur de leur secte? Or personne ne pèche en suivant une opinon probable. » — « Vous me direz, ajoute-t-il, qu'il y a aussi beaucoup de personnes âgées qui croient bien faire en demeurant dans leur secte. Je réponds que cela ne suffit pas sans doute pour ceux qui vivent parmi les catholiques. Mais en Suède, en Danemark, et dans les provinces de l'Allemagne, où il n'y a aucun exercice de la religion catholique, ces personnes peuvent se sauver dans leur secte, si elles ne pèchent point; ou, supposé qu'elles pèchent, en faisant un acte d'amour ou de contrition. »

Nicole a donc raison de considérer la tolérance religieuse comme une conséquence de la théorie probabiliste; mais il a tort d'en tirer un argument contre cette théorie : car c'est un principe évident de droit naturel que toute erreur de bonne foi est innocente.

« Eh quoi! dira Nicole, même s'il s'agit des mœurs et de la loi morale, il sera permis de pécher sans crime, lorsqu'une religion fausse nous le permet! Par exemple, il est certain que les Turcs croient également que la fornication est permise entre des personnes libres, et que Mahomet est un prophète de Dieu. Ils peuvent, selon les principes des jésuites, suivre cette dernière opinion, pourvu qu'elle leur paraisse probable. Pourquoi ne leur sera-t-il pas permis aussi de suivre la première touchant la fornication? » Nous ne savons ce que répondraient les jésuites ; mais la conséquence nous paraît évidente, et nous n'hésitons pas à l'accepter. Évidemment les Turcs ou tout autre peuple ont le droit de pratiquer la loi qui leur paraît vraie, sauf à nous à essayer de les éclairer si nous le pouvons; mais tant qu'ils restent dans le même état de lumières, ils ne peuvent obéir qu'à leur propre conscience, et non à la nôtre. Il faut toujours en revenir à la distinction d'une loi objective et d'une loi subjective. C'est la première qui est la seule loi véritable ; mais c'est la seconde sur laquelle nous devons être jugés, pourvu qu'il soit certain que nous avons fait tous nos efforts pour nous rapprocher de la première.

Nicole et les jansénistes voulaient que l'homme fût jugé sur la loi telle qu'elle est en soi, et non sur la loi telle qu'elle nous est connue. Par exemple, ils ne craignent point d'affirmer, sur l'autorité de saint Augustin, que les Juifs n'étaient pas excusés de pratiquer la loi du talion, « quoiqu'ils suivissent les termes de la loi et l'interprétation de leurs docteurs. » De même pour la répudiation. « Il n'y avait point de docteur parmi eux qui eût le moindre soupçon que cela fût illicite. Moïse l'avait permis très-expressément. C'était, à la vérité, à cause de la dureté de leurs cœurs, dit Jésus-Christ. Mais d'où pouvaient-ils conjecturer que ce fût seulement pour cette raison ? Cependant la tradition constante des Pères conclut qu'il n'a jamais été permis aux Juifs de répudier leurs femmes [1]. »

Dans cette question, comme toujours, il est évident que les jansénistes amoindrissaient le plus possible la part de la liberté, tout en exagérant la responsabilité personnelle. La doctrine du péché originel leur donnant l'exemple d'une responsabilité qui n'avait point sa source dans la volonté individuelle, ils ne craignaient pas d'appliquer partout le même principe ; et, sans se demander comment un homme

---

[1]. Nicole, *loc. cit.*, p. 97.

peut pratiquer une loi qu'il ne connaît pas, ils exigeaient que l'homme fût jugé, non sur l'état de sa conscience, mais eu égard à la vérité absolue.

En un mot, nous pensons que les jésuites étaient dans le vrai humain et philosophique, lorsqu'ils soutenaient contre les jansénistes que l'agent moral n'est responsable que dans la mesure de ce qu'il connaît ; et ainsi la première des deux propositions condamnées par Nicole n'est qu'une application très-légitime du principe général : nul ne peut obéir qu'à sa propre conscience. En est-il de même de la seconde?

La seconde proposition du probabilisme consiste à soutenir qu'entre deux opinions probables « il est permis de choisir la *moins probable* et la *moins sûre.* » Pour bien comprendre le principe, il faut savoir quelle différence les théologiens qui ont approfondi cette matière font entre le *probable* et le *sûr*. Nous savons ce que c'est qu'une opinion probable (*probabilis*) : voyons ce que c'est qu'une opinion sûre (*tuta*).

Selon la théologie, une opinion est plus *sûre* (*tutior*), quand elle accorde davantage à la loi ; elle est moins sûre, quand elle accorde davantage à la liberté. Toute question morale revient toujours à ceci : que dois-je me permettre, de quoi dois-je m'abstenir? Ce qui permet davantage à l'individu, à l'intérêt personnel, aux plaisirs de la vie, est toujours moins sûr que l'opinion qui nous permet moins. Si j'ai tort, je ne risque pas grand'chose : en m'abstenant, c'est une privation, sans doute; mais une privation est bien peu de chose en comparaison de la sécurité. S'abstenir sera toujours le plus sûr.

Par exemple, un malade a envie d'un fruit, d'une boisson, d'un mets : peut-être la satisfaction de ce désir ne lui fera-t-elle pas de mal ; peut-être lui en fera-t-elle : le plus sûr est donc encore de s'en passer. Par analogie, on appellera en morale une opinion plus sûre celle qui restreindra davantage la liberté, qui fera la part la plus grande à la défense, à la prohibition, à la loi.

Soit, par exemple, la question de savoir s'il est permis d'aller à la comédie. Supposons qu'il y ait autant de raisons *pour* que *contre :* les deux opinions sont également probables, mais elles ne sont pas également sûres ; car si cela est défendu, je risque beaucoup en me le permettant ; si cela est permis, au contraire, je risque peu en m'abstenant. En un mot, une opinion sûre est celle qui nous met en sûreté, quant à ses conséquences ; et comme ici le bien qu'il s'agit de s'assurer est le salut éternel, il est évident que plus une opinion est sévère, plus elle entreprend sur la nature, plus elle est sûre[1] ; car je ne risque jamais en la suivant qu'un plaisir d'un moment ; je risque au contraire, en l'éludant, mon salut éternel. Transportant cette distinction théologique en philosophie, je dirai que plus une opinion accorde à la loi morale, plus elle est sûre ; au contraire, plus elle accorde à l'intérêt personnel, moins elle est sûre.

Une opinion morale pouvant donc être considérée à deux

---

[1]. Il paraît bien que quelques casuistes équivoquaient encore sur le sens du mot *sûr* ; car, suivant Caramuel, cité par Nicole, « une opinion moins probable est aussi la plus sûre, *si elle est la plus douce.*» Ici, le sûr est entendu au point de vue profane et mondain, tandis que la théologie en général l'entend dans le sens que nous avons dit.

points de vue, soit comme probable, soit comme sûre, il faut combiner ces deux éléments dans le choix et la préférence d'une opinion.

De là trois doctrines : 1° il faut toujours préférer l'opinion la plus probable, qu'elle soit plus ou moins sûre : c'est ce qu'on appelle le *probabiliorisme;* 2° il faut toujours préférer la plus sûre, qu'elle soit plus ou moins probable : c'est ce qu'on appelle le *tutiorisme ;* 3° entre deux opinions, il est permis de préférer la moins probable et la moins sûre : c'est là proprement le *probabilisme.* On peut dire qu'en général les jésuites se sont prononcés pour le probabilisme, les jansénistes pour le tutiorisme. Bossuet, qui en théologie a toujours été pour les voies moyennes et pour les décisions de bon sens, a défendu le probabiliorisme, et c'est aussi ce qu'a fait l'Église, en condamnant les excès du probabilisme sans en rejeter toutefois absolument le principe.

Il nous est impossible de trouver une raison qui puisse nous autoriser à choisir le moins probable de préférence au plus probable; sur ce terrain, les jansénistes et en particulier Pascal et Nicole, aussi bien que Bossuet, sont les vrais représentants du bon sens et de la conscience morale; et les apologistes un peu honteux du probabilisme ne donnent pas en sa faveur une seule raison plausible, sinon que le moins probable est cependant probable dans une certaine mesure; mais cette probabilité étant moindre qu'une autre, comment pourrait-on en sûreté de conscience choisir le moins probable ? N'oublions pas qu'il ne s'agit que d'une opinion *moins sûre,* c'est-à-dire qui, par hypothèse, accorde davantage à la nature ou à l'intérêt personnel ; car s'il s'agissait d'une opinion moins probable, mais plus sûre, on pourrait dire qu'en réalité elle est plus probable, puisque la sûreté est elle-même un élément de probabilité. En effet, si l'opinion facile me paraît plus probable que l'opinion sévère, je puis toujours croire que c'est la complaisance naturelle que j'ai pour moi-même qui est la cause de cette illusion et qui me cache mon vrai devoir. Mais une telle illusion n'a pas lieu quand il s'agit d'une opinion moins sûre, c'est-à-dire plus facile : accéder à cette opinion, lorsque l'on voit clairement qu'il y a plus de raisons et de plus fortes pour l'opinion opposée, c'est aller directement contre sa conscience.

Je sais que l'on restreint autant qu'on le peut, au point de vue pratique, ces principes du probabilisme : « On ne doit se contenter, dit-on, ni de la probabilité spéculative, ni de la probabilité probable, c'est-à-dire nullement sérieuse, ni de la probabilité qui ne se soutiendrait pas dans la comparaison avec les motifs des sentiments opposés[1]. » Mais de quelque probabilité qu'il s'agisse, fût-elle pratique, sérieuse et fondée, du moment que notre conscience nous présente plus de raisons et de plus fortes en faveur du parti contraire, c'est ce parti contraire que la conscience nous conseille ; et choisir la solution la plus commode n'est toujours, quoi qu'on fasse, qu'un moyen d'éluder la conscience.

Si le probabilisme en lui-même paraît insoutenable il nous le paraît bien plus encore, lorsqu'on réfléchit à la distinction établie plus haut entre la probabilité interne et la probabilité externe. Jusqu'ici nous avons supposé l'opinion probable appuyée sur des raisons intrinsèques;

---

1. L'abbé Maynard, p. 196.

mais, dans la doctrine probabiliste, une opinion était dite probable, pourvu qu'elle eût été emise par des théologiens recommandables et autorisés. C'est ce qu'on appelait les « docteurs graves, » expression que l'ironie de Pascal a rendue immortelle, et l'on sait que, suivant quelques casuistes, un seul docteur grave suffisait à rendre une opinion probable. A la vérité, on entendait par là une autorité éminente et considérable, telle que serait, par exemple, celle de saint Thomas d'Aquin; mais en laissant de côté les inconvénients pratiques que pouvait avoir une telle latitude donnée à la probabilité externe, c'est le principe même que nous ne pouvons admettre.

Le vrai principe de toute action morale, selon nous, nous l'avons dit souvent, est celui-ci : Obéis à ta conscience. C'est donc à notre propre conscience que nous devons obéir, et non à la conscience d'autrui. Sans doute, nous l'avons vu, ce principe n'exclut pas le droit et le devoir de consulter des consciences plus éclairées que la nôtre ; évidemment les raisons de ces sages sont au nombre des raisons qui constituent la probabilité d'une opinion. Mais ce ne doit jamais être qu'aux raisons, et non pas à l'autorité, que notre conscience doit obéir. Si je suppose un cas incertain, évidemment, je dois chercher à m'éclairer; et chacun s'éclairera à sa manière, celui-ci en consultant son directeur, celui-là en lisant Platon ou Épictète; mais il faut toujours que les raisons aient passé par ma conscience pour que je m'y soumette; et ce n'est pas parce que tel docteur juge telle opinion probable, c'est parce que je la juge probable moi-même, que je la choisis. Ainsi il n'y a et ne peut y avoir qu'une probabilité interne ; et l'autorité n'est pour moi qu'un moyen d'augmenter cette probabilité interne. En cas de conflit entre l'une et l'autre, c'est toujours la probabilité interne qui doit l'emporter. A la vérité, on ne voit pas que les probabilistes aient jamais soutenu expressément que la probabilité fondée sur la raison doit le céder à la probabilité fondée sur l'autorité ; car ni Pascal ni Nicole ne citent de textes de ce genre. Mais il est évident que le principe général du probabilisme implique cette conséquence ; car si je puis préférer l'opinion la moins probable à la plus probable, c'est donc que je puis, à une opinion fondée sur des raisons, préférer une opinion fondée sur l'autorité. Si on entend que l'autorité elle-même ne vaut qu'en tant qu'elle donne de bonnes raisons, qu'est-il besoin de parler d'une probabilité externe ? ce ne sont pas des docteurs graves qu'il nous faut, ce sont de bonnes raisons. Une bonne raison donnée par quelqu'un qui n'est ni docteur ni grave doit suffire pour rendre une opinion probable ; mais la seule autorité d'un Thomas d'Aquin, d'un Augustin, ne suffit pas pour cela.

Si nous rejetons le principe fondamental du probabilisme, ce n'est pas toutefois pour adopter l'opinion contraire des jansénistes, à savoir le *tutiorisme*. Le tutiorisme a raison, lorsqu'il conseille de rechercher le plus sûr, qui est en même temps le plus probable, ou qui au moins est également probable ; il peut être encore accepté, lorsqu'il enseigne que de deux opinions, inégalement probables, il est permis de choisir la moins probable, lorsqu'elle est la plus sûre, ce qui revient à dire qu'il est toujours permis de suivre l'opinion la plus rigoureuse. Mais cette doctrine passe toutes limites, lorsqu'elle va jusqu'à dire non-seulement que cela est permis, mais que cela est obligatoire; en un mot, que l'on est tenu de rechercher toujours le plus sûr au détriment du plus probable ; car cette maxime ne va au fond qu'à sacrifier la raison à la crainte. C'est en vertu de ce principe que les jansénistes ont été jusqu'au rigorisme le plus révoltant. Par exemple, est-il permis de se marier? Évidemment, s'il y a une opinion *probabilis*, *probabilior*, *probabilissima*, c'est bien ici l'affirmation : car dans l'opinion contraire le genre humain périrait. Cependant la négative, quoique moins probable est la plus sûre : car, après tout, le mariage est une atteinte à la pureté, et la virginité vaut mieux ; on court plus de risques pour son salut en se mariant qu'en se faisant religieux, etc. De là l'opinion janséniste acceptée par Pascal, que le mariage est un déicide. En général, tous les rigoristes sont tutioristes. Par exemple, Épictète défend au sage de rire : ce n'est pas que le rire en lui-même soit mauvais; mais c'est qu'en donnant une habitude de frivolité, il nous met en danger de pécher dans beaucoup de circonstances. On voit que ce principe rigoureusement entendu aurait pour effet de ne rien accorder à la nature, de rendre la vie haïssable, et de faire de Dieu un tyran.

On peut expliquer par le principe janséniste du tutiorisme le fameux argument de Pascal en faveur de l'existence de Dieu. Il ne s'agit que de transporter cette interprétation de l'ordre moral à l'ordre philosophique et religieux.

Y a-t-il un Dieu, n'y en a-t-il pas? Laquelle de ces deux opinions est la plus probable? Si on ne considère que la probabilité proprement dite, c'est-à-dire le nombre et le poids des raisons, Pascal n'hésite pas à dire qu'il n'y a pas plus de raisons d'un côté que de l'autre. Il joue volontiers l'existence de Dieu à pile ou face ; peut-être même, tant il aime raisonner à outrance, dirait-il volontiers que l'existence de Dieu est la moins probable des deux hypothèses.

Mais si l'affirmation est ici l'opinion la moins probable, en revanche elle est de beaucoup la plus sûre. En effet, en croyant que Dieu est, ou du moins en agissant comme si l'on croyait (ce qui est la même chose pour Pascal), on ne risque rien, même dans le cas où Dieu ne serait pas. Au contraire, en croyant que Dieu n'est pas, s'il existe, on risque tout. Si donc il faut toujours suivre l'opinion la plus sûre, même lorsqu'elle est la moins probable, il faut croire à Dieu, ce qui est le plus sûr, quelle que soit d'ailleurs la probabilité logique de l'opinion.

Ce qui fait qu'on n'a pas bien compris l'argument de Pascal, c'est qu'on n'y a vu qu'un calcul de probabilités logiques, les chances ou risques comptant comme éléments de cette probabilité, tandis qu'il faut distinguer ces deux éléments, et placer d'un côté la probabilité ou le nombre des raisons, et de l'autre la sûreté, ou les chances et les risques ; distinction familière à tous les théologiens du temps. Si l'on accorde le principe, les conséquences sont très-bien déduites.

A la vérité, on peut contester ces deux principes, à savoir qu'en croyant à Dieu, s'il n'est pas, on ne risque rien ; — et qu'en n'y croyant pas, s'il est, on risque tout.

Contre la première assertion on peut dire, avec

M. E. Havet, que si Dieu n'est pas, ma vie et mon bonheur en ce monde deviennent mon tout, et que c'est pour moi un sacrifice infini de les immoler [1].

Contre la seconde assertion on peut dire qu'un Dieu bon et juste ne peut punir personne de l'avoir méconnu, lorsque par hypothèse son existence serait moins probable que le contraire.

Mais Pascal ne se rendrait ni à l'une ni à l'autre de ces deux objections.

A la première objection il répliquerait que l'homme est misérable, soit qu'il y ait un Dieu, soit qu'il n'y en ait pas. Les plaisirs de la vie ne sont rien ; la raison est impuissante et imbécile dans toute hypothèse : nous n'avons donc rien à perdre. Et en effet, il n'est pas besoin d'être dévot pour reconnaître la vanité des choses humaines. L'auteur de l'*Ecclésiaste* n'était peut-être pas un dévot, et semble bien un épicurien blasé et dégoûté de tout. On a souvent rapproché Lucrèce de Pascal. Chez les modernes, Obermann est aussi mélancolique que René. Sainte-Beuve a terminé son *Port-Royal* en disant qu'il n'était « qu'une illusion particulière au sein de l'illusion infinie. » L'athée Schopenhauer enseigne le nirvâna bouddhique. Ainsi Pascal est autorisé à dire que la vie n'est rien, et qu'en la sacrifiant, avec la raison par-dessus le marché, on ne perd pas grand'chose. Au point de vue du bon sens pratique, de Voltaire par exemple, la thèse de Pascal ne vaudra rien ; mais aux yeux d'une philosophie profonde, aussi bien la sceptique que la mystique, elle est très-soutenable.

1. *Pensées de Pascal* publiées par E. Havet : voir le très-remarquable commentaire de ce passage célèbre.

Quant à la seconde objection, il n'en serait pas plus embarrassé. En effet, au point de vue janséniste, l'erreur, même de bonne foi, est punissable, comme nous l'avons vu plus haut. Ce n'est pas sur la vérité telle qu'elle nous apparaît, c'est sur la vérité telle qu'elle est en soi que nous serons jugés. Pascal, admettant encore ici l'opinion janséniste, devait croire que Dieu damnera tous ceux qui l'auront nié, même lorsqu'ils n'auraient pas assez de lumières pour le reconnaître.

Tout cela étant donné, l'argument de Pascal n'en est pas moins insensé ; mais on n'y voit pas de faute de raisonnement.

On pourra dire que Pascal n'a pas connu toutes ces distinctions scolastiques : cela est probable, car il avait horreur de l'école. Mais il avait beaucoup causé avec ses amis théologiens, s'était imprégné de leurs principes en les dégageant de la forme scolastique ; et il ne fallait pas lui en dire long pour qu'il en tirât tout de suite les conséquences les plus inattendues.

Lui-même, dans la pratique de la vie, appliquait le tutiorisme dans ses conséquences les plus outrées et les plus odieuses. Par exemple, si on proposait cette question, sous forme abstraite : — Est-il permis d'avoir des égards pour une sœur qui vous aime tendrement et vous soigne avec dévouement dans votre dernière maladie ? —Nul ne pourrait hésiter à répondre que l'affirmation est très-probable, *probabilissima*. — Mais, d'un autre côté, toute affection temporelle nous éloigne de Dieu, pour peu que nous y cédions. Il est toujours à craindre que l'on ne dépasse la mesure et que l'on ne tombe dans le péché. Le *plus sûr* (*tutius*) sera donc de refuser à une sœur, dans de telles circonstances, les moindres témoignages de tendresse, et même, pour se garantir contre la nature, de la rudoyer et de la traiter durement. C'est ce que faisait Pascal. Celui qui appliquait ainsi si rigoureusement dans ses conséquences les plus extravagantes le principe tutioriste[1] pouvait bien, en le combinant avec le calcul de probabilités, en tirer le fameux pari que nous connaissons.

Il faut ajouter que dans la pensée de Pascal il ne s'agit pas ici d'une question spéculative à résoudre, mais d'une opinion toute pratique, ou plutôt *d'un parti à prendre*, d'une *conduite à tenir*, et par conséquent il était autorisé à appliquer même à l'existence de Dieu la règle des jansénistes qu'il faut toujours choisir le plus sûr.

Quoiqu'il en soit de l'argument de Pascal, résumons-nous en disant que dans le débat du probabilisme, le bien et le mal nous paraît se partager à peu près également entre les jansénistes et les jésuites ; car si ceux-ci se sont laissé entraîner à des complaisances condamnables, ceux-là, de leur côté, en substituant le principe de la terreur au principe de la conscience et de la raison, n'ont pas moins affaibli le sentiment moral dans son essence. Leurs erreurs sont d'un caractère plus noble parce qu'elles sont plus austères; mais ils sont retournés du christianisme au judaïsme, et d'une loi d'amour et de liberté ils ont fait une loi de servitude et de peur.

---

1. Il ne faut pas confondre avec le tutiorisme ce principe reçu à la fois par le bon sens et par l'orthodoxie, à savoir : *in dubiis tutius;* mais cette règle n'est applicable qu'au cas d'équilibre entre les deux opinions, et non pas lorsque l'une des deux est infiniment plus probable que l'autre.

CHAPITRE IV

UNIVERSALITÉ DES PRINCIPES MORAUX.

Il n'y a pas de plus grand embarras pour le moraliste que celui qui naît de la diversité, de la mobilité et de la contradiction des opinions et des mœurs parmi les hommes. Les sceptiques s'emparent de cet argument pour combattre la doctrine d'une morale absolue ; les dogmatiques persistent, malgré les apparences, à soutenir l'existence d'une telle morale. Les premiers ne voient dans ce qu'on appelle la morale que le résultat complexe des habitudes, des intérêts, des instincts variables et multiples des diverses races humaines; les autres affirment qu'il existe un fonds de morale naturelle, une loi non écrite, plus ou moins connue de tous les hommes, plus ou moins altérée par les penchants et les intérêts, mais qui partout commande le bien et défend le mal avec une autorité irrésistible. Même conflit dans le domaine du droit. L'école sceptique, appuyée cette fois de l'école historique et même de l'école traditionaliste, maintient que le droit n'est, comme la morale, que le résultat des faits, des besoins, des circonstances et des mœurs. L'école philosophique et rationaliste proclame au contraire un droit naturel, éternel, imprescriptible, antérieur et supérieur, comme on dit, aux lois écrites, et duquel celles-ci doivent relever pour être justes. Ce débat n'est pas sans importance, même en politique : on peut dire même qu'il est le fond des grands conflits politiques de notre siècle.

Bornons-nous à la morale. Montaigne est le premier des modernes qui ait développé dans toute sa force l'argument sceptique contre la morale[1]. Tout le monde connaît son admirable chapitre sur Raymond de Sebonde, arsenal vraiment inépuisable d'objections et de difficultés contre la raison humaine. Nos sceptiques modernes n'ont guère eu autre chose à faire qu'à y puiser à pleines mains. « Ils sont plaisants, dit-il, quand, pour donner quelque certitude aux lois, ils disent qu'il y en a aucunes fermes, perpétuelles et immuables qu'ils nomment lois naturelles, qui sont empreintes en l'humain genre par la condition de leur propre essence, et de celles-là, qui en fait le nombre de trois, qui de quatre, qui plus, qui moins ; or ils sont si disfortunés que de ces trois ou quatre lois choisies, il n'y en a une seule qui ne soit contredite et désavouée non par une nation, mais par plusieurs... Il n'est chose en quoi le monde soit si divers qu'en coutumes et en lois. Telle chose est ici abominable, qui apporte recommandation ailleurs, comme en Lacédémone la subtilité de dérober; les mariages entre les proches sont capitalement défendus entre nous, ils sont ailleurs en honneur. Le meurtre, meurtre des pères, communication

---

1. Dans l'antiquité, Carnéade s'était déjà servi de cet argument. Voir Cicéron. *De Revublica.*

des femmes, trafic de volerie, licence à toutes sortes de voluptés, il n'est rien en somme si extrême qui ne se trouve reçu par l'usage de quelque nation [1]. »

Et cependant ce même Montaigne, qui se complaît dans ces sortes de contradictions, a écrit ailleurs cette belle parole, qui est la condamnation des lignes précédentes : « La justice en soi, naturelle et universelle, est autrement réglée et plus noblement que n'est cette autre justice spéciale, nationale, contrainte au besoing, de nos polices [2]. »

Pascal a repris à son tour, comme chacun sait, la thèse de Montaigne, et lui a presque emprunté son langage et ses paroles en y ajoutant ce ton fier, hardi et méprisant qu'il porte partout, et qui est en quelque sorte son signalement : « Si l'homme connoissoit la justice, il n'auroit point établi cette maxime, la plus générale de toutes celles qui sont parmi les hommes : que chacun suive les mœurs de son pays ; l'éclat de la véritable équité auroit assujetti tous les peuples, et les législateurs n'auroient pas pris pour modèle, au lieu de cette justice constante, les caprices des Perses et des Allemands. On la verroit plantée dans tous les États du monde, et dans tous les temps, au lieu qu'on ne voit presque rien de juste ou d'injuste qui ne change de qualité en changeant de climat. Trois degrés d'élévation du pôle renversent toute la jurisprudence. Un méridien décide de la vérité. Le droit a ses époques. L'entrée de Saturne au Lion nous montre l'origine d'un tel crime. Plaisante justice

---

1. Montaigne, *Essais*, l. II, c. XII.
2. *Ibid.*, l. III, c. I.

qu'une rivière borne! Vérité en deçà des Pyrénées, erreur au delà [1]! »

L'école matérialiste contemporaine ne pouvait guère manquer de reprendre à son compte cette sorte de lieu commun, et elle s'est servie, pour le développer, des témoignages des plus récents voyageurs. Selon le Dr Buchner, les peuples sauvages sont dépourvus de tout caractère moral et commettent les plus atroces cruautés sans aucun remords de conscience. L'idée de la propriété n'existe pas pour eux, ou existe à peine. Selon le capitaine Montravel, les Nouveaux-Calédoniens partagent tout ce qu'ils possèdent avec le premier venu [2]. Le vol, l'assassinat, la vengeance, sont leurs divertissements familiers. Il y a aux Indes une association terrible, celle des thugs, qui exerce l'assassinat religieux. Les Damaras, peuplades de l'Afrique méridionale n'ont aucune idée de l'inceste. Suivant Brehm, les nègres du Soudan non-seulement excusent la fraude, le vol et le meurtre, mais considèrent ces actions comme très-dignes de l'humanité. Le mensonge et la fraude leur paraissent le triomphe de la supériorité intellectuelle sur la stupidité. Le capitaine raconte des Somalis (sur le golfe d'Aden) qu'une fourberie bien exécutée leur est plus agréable qu'aucune manière de gagner leur vie. Chez les Tidichés, le meurtre

---

1. *Pensées* de Pascal; éd. Havet, p. 37. Au reste, Pascal lui-même ne niait pas absolument la loi naturelle, car il ajoutait : « Sans doute, il y a des lois naturelles; mais cette belle raison corrompue a tout corrompu. » En d'autres termes, le péché originel a tout gâté. Très-bien ; mais l'école matérialiste prend l'argument comme bon pour elle, et elle laisse le correctif.

2. Voilà un exemple singulièrement choisi pour prouver 'immoralité des sauvages

est une action glorieuse. Werner-Munzig (*Des mœurs et du droit chez les Bogas*) raconte que chez ces peuplades la vengeance, la dissimulation de la haine jusqu'au moment favorable, la politesse, la fierté, la paresse, le mépris pour le travail, la générosité, l'hospitalité, l'amour du faste, la prudence, sont les signes distinctifs de l'homme vertueux. Waitz (*Anthropologie des peuples à l'état de nature*) raconte que tel sauvage, interrogé sur la différence du bien et du mal, répondit : « Le bien, c'est quand nous enlevons aux autres leurs femmes; le mal, quand ils nous enlèvent les nôtres. » Les nègres de Cuba, suivant le comte de Goertz (*Voyage autour du monde*), sont d'un caractère très-vil et n'ont aucun sentiment moral ; un instinct bestial ou une spéculation rusée est le seul mobile de leurs actions. Ils traitent de faiblesse la générosité et l'indulgence des blancs; il n'y a que la force qui leur impose; le fouet est la seule punition efficace... Ils digèrent comme des bêtes fauves. Un autre dit encore : « J'ai souvent essayé de jeter quelques regards dans l'âme des nègres. Ce fut toujours peine perdue. Il est clair que le nègre est doué de peu d'intelligence, et que toutes ses pensées et ses actions portent le cachet du dernier degré de la culture humaine [1]. »

En comparant la fortune de l'argument sceptique depuis Carnéade et Montaigne jusqu'à nos jours, on voit que, s'il n'a pas beaucoup changé quant au fond, il s'est développé dans le détail. Les faits, les exemples, sont bien plus nom-

---

[1]. M. le docteur Buchner oublie de nous dire le nom de cet auteur qui a essayé de jeter des regards dans l'âme des nègres, et qui y a vu de si vilaines choses. — Voir sur la même question le livre récent de Lubbock, *Origines de la civilisation*.

breux, et l'expérience chaque jour en augmente le nombre. Pour parler le langage le l'école, la majeure de l'argument est toujours la même ; mais la mineure est devenue un vaste champ de bataille, qui grandit de jour en jour. En un mot, M. Littré nous dirait que le problème est entré dans sa *phase positive*. Au lieu de se borner à deux ou trois assertions toujours les mêmes, on commence à pouvoir s'appuyer sur les résultats d'une science, nouvelle sans doute et encore très-conjecturale, mais qui tend à se constituer, la science *anthropologique*. D'un autre côté, l'histoire des idées morales, religieuses, philosophiques, a fait de nos jours les plus grands progrès. On peut donc espérer qu'on sera bientôt en mesure de discuter d'une manière vraiment scientifique une aussi grave question. C'est à ces diverses sources que nous aurons recours dans la discussion suivante.

L'objection sceptique contre l'unité morale du genre humain peut se résumer en ces deux propositions : chez les peuples sauvages, point de moralité ; chez les peuples civilisés, moralité contradictoire. Nous examinerons successivement ces deux points. Lorsqu'il s'agit des mœurs des populations sauvages, qui n'ont point d'histoire, qui n'ont pas de monuments écrits, la seule autorité dont il soit possible de se servir pour arriver à quelques résultats, c'est l'autorité des voyageurs ; or, sans vouloir déprécier en aucune façon cette autorité, qui est l'une des bases nécessaires de la science anthropologique, il est légitime et prudent de ne pas s'y fier sans réserve et sans quelques précautions. Si la philosophie a besoin d'emprunter ses matériaux aux sciences naturelles, c'est avec le droit et le devoir d'en faire usage avec discernement, et, quoiqu'elle ne puisse prononcer sans faits, l'interprétation des faits lui appartient toujours en dernier ressort.

I. C'est d'abord un fait certain pour ceux qui ont lu beaucoup de voyages que l'observation des mœurs n'est pas en général ce dont les voyageurs sont le plus préoccupés. La zoologie, la botanique, la géographie physique, trouvent en eux des observateurs sérieux, préparés, exacts, et l'on ne saurait sous ce rapport trop consulter les écrits des voyageurs; mais les observations morales occupent toujours la moindre partie de leurs récits. Ajoutez que les voyageurs sont en général préparés aux observations physiques par des connaissances positives très-étendues; mais bien peu ont les connaissances psychologiques qui seraient nécessaires pour bien observer, et même pour savoir avec précision ce qu'ils doivent observer : aussi, à ce point de vue, obéissent-ils à une sorte d'empirisme, sans méthode rigoureuse et certaine, à peu près comme ferait un homme qui, ignorant en histoire naturelle ou n'en sachant que les éléments, voudrait décrire la faune et la flore des pays qu'il visite. Les voyageurs partent avec des programmes déterminés, avec des problèmes scientifiques bien posés, pour tout ce qui concerne l'état physique des pays qu'ils doivent parcourir. Mais a-t-on jamais donné pour programme à un voyageur de constater avec précision et en détail ce qu'il peut y avoir de commun et de différent entre les peuples primitifs et les peuples civilisés, au point de vue de la moralité et de la religion?

Dans cette disposition d'esprit, n'est-il pas certain que ce qui doit frapper surtout les regards des voyageurs, ce sont les différences beaucoup plus que les analogies? Il ne pensera presque jamais à signaler ce qu'il y a de commun entre les races inférieures et les races supérieures, car ces analogies lui paraissent si naturelles qu'il croit inutile de les remarquer. S'il voit une mère embrasser son enfant, il se gardera bien de signaler ce fait comme intéressant et remarquable, car on lui dirait que ce n'est pas la peine d'aller si loin pour voir cela. L'intérêt de ces voyages exige même qu'il raconte des choses extraordinaires, et en morale il devra être frappé surtout des monstruosités. Ajoutez la difficulté si grande de pénétrer l'état moral de ces peuples, qui ne savent pas s'analyser eux-mêmes, qui n'ont pas ou qui ont peu d'idées abstraites, et chez lesquels le langage même n'est pas arrivé à exprimer cet ordre d'idées. « Par exemple, dit avec raison M. de Quatrefages, les langues australiennes n'ont aucun mot qui traduise ceux d'*honnêteté*, *justice*, *péché*, *crime;* mais ce n'est là qu'une pauvreté de langage qui s'applique aux faits physiques tout aussi bien qu'aux faits moraux. Dans ces mêmes langues, il n'existe pas non plus de mot générique, tels que *arbre*, *oiseau*, *poisson*, et certes personne n'en conclura que l'Australien confond tous ces êtres. »

Il faut remarquer que l'observation des mœurs d'un pays n'est presque jamais impartiale lorsqu'elle est faite par des étrangers. Cela s'applique même aux pays civilisés[1], à plus forte raison aux peuples sauvages. On sera

---

1. Par exemple, dans son livre spirituel et original, *die Familie*, un auteur allemand, M. Riehl, donne comme une chose notoire que les Français ne connaissent pas la vie de famille.

toujours plus frappé et choqué des différences de mœurs, qui sont apparentes, que des analogies, qui ne se manifestent qu'à la longue et qu'à une familiarité de plus en plus intime. Par exemple, tâchez de faire comprendre à un Allemand ou à un Anglais que la ville de Paris est autre chose qu'une ville de plaisir, et qu'on y connaît la vie de famille, la vie sérieuse, les mœurs régulières, vous n'y parviendrez pas. Si de pareilles erreurs sont possibles relativement à un pays comme la France, que sera-ce quand il s'agira des populations du Soudan et de la Polynésie?

Ajoutez qu'un étranger, chez ces populations primitives, est presque toujours considéré comme un ennemi; et cette disposition hostile n'est pas toujours le résultat de la férocité, mais souvent d'une défiance très-naturelle et même légitime. Leur esprit s'élevant difficilement à comprendre la curiosité scientifique désintéressée, ils sont portés à voir dans l'étranger un espion, un instigateur de manœuvres dangereuses pour eux, et il est certain que la conduite des blancs à l'égard des populations sauvages n'a en général que trop autorisé la défiance dont ils sont partout l'objet. Mais l'étranger étant un ennemi, quoi de plus naturel que les persécutions, les barbaries, les oppressions dont il est victime? Seulement on peut se demander s'il est bien placé pour observer les mœurs de ceux dont il peut à chaque instant recevoir la mort.

Voilà bien des causes qui peuvent infirmer jusqu'à un certain point les témoignages des voyageurs lorsqu'ils paraissent trop défavorables aux populations sauvages. Il en est de même de ceux que l'on doit aux peuples conquérants, qui, mis en rapport avec ces races inférieures, sont toujours plus ou moins disposés à les considérer comme des bêtes fauves et à les traiter comme telles. Les Peaux-Rouges sont en effet de véritables bêtes fauves à l'égard de leurs voisins les blancs : mais comment en serait-il autrement? Et la guerre, lorsqu'elle dure longtemps, même entre peuples civilisés, ne finit-elle pas toujours par transformer les hommes en bêtes féroces? Quoi qu'il en soit, les témoignages donnés sous de telles influences de haine et de mépris ressemblent peu à des témoignages scientifiques.

En outre, parmi les faits que l'on cite pour prouver qu'il n'y a pas de morale, on confond deux sortes de faits très-distincts : les mœurs et les opinions. De ce qu'il y a de mauvaises mœurs chez un peuple, faut-il conclure nécessairement qu'il n'a pas de morale? Non, mais qu'il ne la pratique pas. On trouve chez certains peuples des perversités incroyables. La faute en serait-elle à la morale de ces peuples? Nullement, mais seulement à leurs passions. Tel pays de l'Europe est célèbre à tort ou à raison pour la facilité de ses mœurs : faut-il croire que dans ce pays le libertinage et l'adultère sont considérés comme plus légitimes qu'ailleurs, que la pureté des mœurs y est blâmée et condamnée par la morale? En aucune façon; seulement ce peuple a un moindre degré de moralité qu'un autre, voilà tout. Il en est des peuples comme des individus : ils sont plus ou moins honnêtes, plus ou moins moraux, plus ou moins vicieux; mais de ce qu'il est des individus vicieux, perdant même jusqu'à la conscience de leurs vices, en faut-il conclure que la différence du bien et du mal n'existe pas? On ne devrait donc ici invoquer que ces faits universels qui sont communs à tout un pays, à tout un temps, et qui sont acceptés par l'État, par la religion, par la conscience publique. Or on ne fait pas toujours cette distinction. On vous citera les Chinois donnant, dit-on, leurs enfants à manger aux pourceaux; mais en supposant que ce fait fût vrai (et il paraît fort douteux) [1], que prouverait-il autre chose qu'une grande perversion des sentiments naturels dans ce pays, causée sans doute par l'extrême misère? Que l'on nous montre une loi où cette atrocité soit commandée ou même permise; que l'on nous cite un passage de Confucius ou de Mencius qui recommande aux parents en détresse de se débarrasser ainsi de leurs enfants : ce sera alors une objection contre l'universalité de la loi morale; mais le fait lui-même n'en est pas une. Locke lui-même le reconnaît. « On objectera peut-être, dit-il, qu'il ne s'ensuit pas qu'une règle soit inconnue, de ce qu'elle est violée. L'objection est bonne, lorsque ceux qui n'observent pas la règle ne laissent pas de la recevoir en qualité de loi... Mais il est impossible de concevoir qu'une nation entière rejetât publiquement ce que chacun

---

1. Le révérend Milne, Anglais qui a vécu pendant vingt ans en Chine, dans l'intérieur du pays et dans l'intimité de la vie chinoise, qui de plus a beaucoup voyagé dans ce pays, affirme que pendant ce long temps il n'a pas vu ni entendu raconter un seul exemple de cette pratique barbare. Il conjecture que le fait a pu se présenter dans quelques années de famine, et qu'on a fait une loi générale de ce qui n'a pu être qu'une odieuse exception. Combien de préjugés de ce genre disparaîtraient devant l'étude attentive des faits! Livingstone nous dit de même qu'en Afrique, dans le pays des noirs, il n'a pas vu un seul exemple de parents vendant leurs enfants. Et cependant on nous répète que rien n'est plus fréquent, et on en conclut que ces pauvres gens ne connaissent pas la famille. C'est ainsi que la philosophie est dupe des marchands d'esclaves.

de ceux qui la composent connaîtrait certainement et infailliblement être une véritable loi [1]. » Fort bien, il faudra donc chercher avec soin, lorsqu'on citera telle pratique sauvage, si c'est une corruption plus ou moins répandue, mais non justifiée, ou un préjugé accepté publiquement. C'est ainsi, par exemple, que le duel est sans doute une pratique sauvage, qui dans les temps modernes a fait de nombreuses victimes; cependant il a toujours été condamné par les moralistes et par la religion, les lois ont tout fait pour le proscrire; et ceux-là même qui obéissent à ses funestes lois sont les premiers à reconnaître que, sauf un petit nombre de cas où tout autre mode de justice est insuffisant, cette pratique est aussi absurde qu'elle est odieuse [2].

Dans d'autres cas, il faut remarquer au contraire que, précisément parce que le fait dont il s'agit est prescrit et réglementé par la loi, il cesse d'avoir la signification qu'il aurait s'il était le résultat d'une pratique universelle et spontanée. Par exemple, le larcin était permis à Sparte par la loi: faut-il en conclure qu'à Sparte il n'y avait pas de propriété? C'est le contraire évidemment, car on ne peut permettre le larcin que là où la propriété existe et est reconnue. S'ensuit-il de cet usage que le vol peut être considéré comme légitime suivant les circonstances? En aucune façon, car il est évident que dans ce cas le larcin,

---

[1]. Locke, *Essai sur l'entendement humain*, I, II, § 2.
[2]. J'ajoute que le duel ne s'est défendu si longtemps que parce qu'il a aussi quelque chose de beau moralement, la mort affrontée de sang-froid, le sentiment de l'honneur, qu'aucune loi positive ne peut défendre aussi efficacement, etc.

étant consenti d'un commun accord entre le voleur et les citoyens, perdait le caractère du vol; car si je consens à ce que vous me preniez quelque chose, c'est évidemment que vous ne me volez pas. Les Spartiates, pour favoriser l'adresse à la guerre, autorisaient cette sorte de jeu qui était sans doute soumis à des règles fixes. C'est comme si on disait qu'à Rome on ne reconnaissait pas la distinction des maîtres et des esclaves, parce qu'aux saturnales la loi et la coutume permettaient que le rapport du maître à l'esclave fût renversé.

Il faut encore écarter du débat toutes les coutumes, mœurs, institutions, qui sont diverses selon les divers peuples, selon leur situation géographique, leur climat, leur tempérament, etc., et qui n'ont point de rapport à la morale. La morale n'exige point du tout que tous les individus soient absolument identiques ; elle ne l'exige pas davantage des races et des peuples. La nature n'ayant jamais fait deux individus absolument semblables, et même cette similitude absolue, suivant Leibniz, étant impossible, la morale ne peut prescrire ce que la nature des choses exclut infailliblement. Chacun d'eux pourra donc, sous une même loi morale, avoir son caractère propre, son régime, son humeur, ses habitudes, ses plaisirs. Pourquoi n'en serait-il pas de même des divers peuples? La morale ne me défend pas d'être enjoué, ni à mon voisin d'être sévère et triste. De même il y aura des peuples qui auront l'imagination légère, vive, enjouée, qui aimeront le plaisir, les fêtes, les danses, en un mot les joies de la vie. D'autre peuples seront âpres, sévères, ardents au travail, amis des austérités. Ceux-ci traiteront les premiers de frivoles ; les autres à leur tour traiteront les seconds de barbares. Le sage reconnaîtra que ces qualités diverses sont légitimes et introduisent heureusement la diversité dans l'espèce humaine. Il demandera que les peuples ne quittent pas trop facilement leurs mœurs primitives et originales. De cette diversité naturelle des caractères et des penchants, en même temps que de la diversité des climats et de ce que l'on appelle aujourd'hui les milieux, naissent dans chaque peuple des habitudes différentes, des régimes et des lois qui ont là leur explication et leur raison d'être. En ce sens, rien n'est plus vrai que cette maxime qui scandalise Pascal : « Que chacun suive les mœurs de son pays, » dont le corollaire, bien connu des voyageurs, est qu'il faut suivre également les coutumes des pays étrangers que l'on visite. Cette maxime n'a absolument rien de contraire à la morale; elle est même une maxime morale, car rien de plus injuste que de choquer les mœurs de ceux dont on reçoit l'hospitalité, et il est au moins sage, sinon obligatoire, de vivre comme les autres hommes, en tant du moins que l'on n'y trouve rien de contraire à la justice. L'idée d'une uniformité absolue dans les mœurs de tous les peuples de l'univers est une conception abstraite semblable à celle d'une langue universelle. La morale n'exige pas que tous les hommes parlent une même langue; elle n'exige pas davantage qu'ils se vêtent, se nourrissent, se réjouissent, se gouvernent de la même manière. Il faut laisser beaucoup au naturel. L'erreur de certains philosophes, et c'est celle de Montaigne et de Pascal, est de croire que toute diversité résulte du caprice et de la fantaisie; mais la diversité, aussi bien que l'unité, est fille de la nature. Les mêmes plantes changent de port, d'aspect, de couleur selon les climats. Pourquoi en serait-il autrement de l'humanité?

Il est facile de s'expliquer, nous l'avons vu, comment les dépositions qui nous sont fournies sur les mœurs des races inférieures sont en général très-défavorables et semblent autoriser les conséquences énoncées plus haut. Cependant une étude plus attentive des récits des voyageurs ferait, je crois, pencher la balance, et nous montrerait chez tous les peuples le bien et le mal constamment mêlés comme chez nous; je ne doute pas qu'un examen désintéressé ne réussît à prouver que les idées morales des peuples sauvages ou demi-sauvages sont supérieures à celles que nous leur supposons généralement. Nous ne pouvons ici que détacher quelques traits d'un tableau qui est à faire. Cette esquisse, faite librement et au hasard de nos lectures, sera l'indication de ce que pourrait être une étude plus systématique et plus rigoureuse.

Les populations du Soudan et de la Sénégambie ne sont pas, à proprement parler, des populations sauvages; elles tiennent le milieu entre l'état sauvage et l'état civilisé; elles sont agricoles et commerçantes, ce qui est déjà un pas vers la civilisation; elles ont une police assez passable; enfin leurs rapports avec les Arabes et les Maures leur ont donné une sorte de culture religieuse et même intellectuelle. Cependant elles appartiennent à la race noire, cette race déshéritée, nous dit-on, de toute espèce de sentiment moral, et qui s'élève à peine au-dessus de la brute, au dire de ceux qui ne l'ont observée qu'à l'état de servitude. Ce n'est pas l'opinion de ceux qui l'ont étudiée chez elle, dans son propre pays : on peut à cet égard s'en rapporter au témoignage de deux des plus grands voyageurs des temps modernes, Mungo-Park et le Dr Livingstone. Le premier a observé la race nègre à son état le plus élevé; le second, au contraire, dans une condition de civilisation tout à fait inférieure et à peine au-dessus de l'état de nature. L'un et l'autre sont d'accord pour nous dire que la race noire a été calomniée, et qu'elle l'a été au profit d'une plaie et d'une lèpre qui est la principale cause de la dégradation même dont on s'autorise pour la justifier.

Rien de plus fréquent et de plus répandu que l'accusation de paresse et d'indolence dirigée contre les nègres : cette accusation a été longtemps et est encore l'argument favori des partisans de l'esclavage, ou de ceux qui le regrettent. Mungo-Park s'inscrit en faux contre ce reproche : « Sans doute, dit-il, la nature du climat est peu favorable à une grande activité; mais peut-on appeler indolent un peuple qui vit, non des productions spontanées de la terre, mais de celles qu'il lui arrache par la culture? Peu de gens travaillent plus énergiquement quand il le faut que les Mandingues [1]; mais n'ayant pas l'occasion de tirer parti des produits superflus de leur travail, ils se contentent de cultiver autant de terre qu'il leur en faut pour subsister [2]. » Dans son intéressant abrégé des découvertes dont le Niger et l'Afrique centrale ont été l'objet, M. L. de Lanoye [3]

---

1. L'une des grandes subdivisions de la race noire. On les appelle aussi les Malinkès.
2. Mungo-Park, *Voyage dans l'intérieur de l'Afrique*, ch. xx.
3. *Le Niger*, 1858.

cite plusieurs exemples remarquables de l'énergie et de l'activité des nègres. On voit chaque année, par exemple, des bandes de noirs descendre de l'intérieur de l'Afrique jusqu'aux comptoirs européens de la Sénégambie, s'y livrer avec ardeur à la culture des arachides, puis, une fois la récolte faite, en rapporter le produit à leur famille à deux ou trois cents lieues de là, et revenir l'année suivante. D'autres s'engagent comme pilotes sur les bords des côtes, et après quelques années d'une vie de labeurs inouïs, retournent dans leur pays pour y vivre à leur aise. Voilà la paresse des nègres lorsqu'ils n'ont pas été abrutis par la servitude.

Un des penchants le plus souvent reprochés encore aux populations demi-sauvages est le penchant au vol. Mungo-Park, malgré sa sympathie pour ces populations, est obligé de reconnaître que ses amis noirs avaient un penchant irrésistible à lui voler tout ce qu'il possédait. Mais il ajoute : « A cet égard il n'y a aucun moyen de les justifier, car *eux-mêmes regardent le vol comme un crime*, et il faut observer qu'ils ne s'en rendent pas habituellement coupables les uns envers les autres. » Ainsi, chez ces peuplades pillardes, le vol est bien un crime; seulement elles ne savent pas résister à la tentation. N'en serait-il pas quelquefois de même chez les civilisés?

Pour ce qui est des pillages ou exactions dont les voyageurs sont victimes, non plus de la part des particuliers mais de celle des gouvernements, des princes, des petits potentats dont ils viennent témérairement visiter les États, j'ai eu souvent l'occasion de faire une réflexion qui me paraît devoir atténuer notre blâme. Si vous en croyez tel de nos voyageurs, à peine a-t-il mis le pied dans un de ces États barbares que le voilà déjà dépouillé de presque tout ce qu'il possède : cependant il repart; un nouveau souverain se présente: il est encore une fois dépouillé, et cela continue ainsi pendant tout le voyage. On se demande par quel miracle ses bagages, mille fois pillés, renaissent sans cesse pour autoriser de nouvelles exactions, et l'on est tenté de conclure que le voyageur a bien pu être exploité, et, pour dire le mot, écorché, mais non pas complétement dépouillé, comme cela devrait être si ces peuples n'avaient aucune idée ou aucun respect de la propriété [1].

Mungo-Park reconnaît certaines qualités du cœur, les unes nobles et élevées, les autres délicates, chez ces mêmes populations. Les Feloups, comme il les appelle, sont vindicatifs et violents; mais en revanche ils sont très-reconnaissants, témoignent une grande affection à leurs bienfaiteurs, et ils rendent ce qu'on leur confie avec une fidélité admirable. Les Mandingues, au contraire, sont doux, hospitaliers et bienfaisants. C'est surtout aux femmes que Mungo-Park rend témoignage, et il nous donne de nombreuses et touchantes preuves de leur sensibilité et de leur pitié. « Je ne me rappelle pas, dit-il, un seul exemple de dureté de cœur chez les femmes; » il confirme sur ce point le témoignage d'un de ses prédécesseurs, Leydyard,

---

[1]. Supposez nos tarifs de douane perçus sans loi et sans règle par un gouvernement arbitraire, vous aurez l'idée qu'il faut se faire de ces exactions, odieuses sans doute, exercées sur l'étranger, mais dont il n'est pas permis de conclure que les pouvoirs qui se les permettent ne connaissent pas la distinction du tien et du mien.

qui disait : « Je ne me suis jamais adressé décemment et amicalement à une femme que je n'en aie reçu une réponse amicale et décente. Elles venaient à mon secours avec tant de franchise et de bonté que, si j'étais altéré, le breuvage qu'elles m'offraient en prenait une douceur particulière, et, si j'avais faim, l'aliment le plus grossier me paraissait un mets délicieux. » C'étaient pourtant là des négresses : parlerait-on avec plus d'émotion et plus de sympathie de nos plus aimables Européennes? Les pauvres esclaves eux-mêmes, conduits à la chaîne vers la côte et dont Mungo-Park accompagnait la caravane, oubliaient leurs souffrances pour soulager les siennes. « Souvent, dit-il, ils venaient d'eux-mêmes apporter de l'eau pour étancher ma soif; ils rassemblaient des feuilles pour me préparer un lit, lorsque nous couchions en plein air. »

Ce que Mungo-Park admire surtout chez les populations mandingues, ce sont les vertus et les sentiments domestiques. Malgré la polygamie, les femmes ne sont pas tenues à l'état de servitude; leurs maris leur laissent une grande liberté dont elles n'abusent pas. « Je crois, dit Mungo-Park, que les exemples d'infidélité conjugale sont rares. » La tendresse maternelle est particulièrement remarquable chez ces peuples; Mungo-Park cite un exemple bien simple, mais touchant, dont il a été témoin. Un de ses compagnons de voyage était un ouvrier forgeron qui, ayant ramassé quelque argent sur la côte, retournait dans son village pour s'y fixer. « On lui amena, dit Mungo-Park, sa mère qui était aveugle, très-vieille, et marchant appuyée sur un bâton. Tout le monde se rangea pour lui faire place. Elle étendit sa main sur le forgeron, toucha ses mains, ses bras, son visage, et paraissait enchantée de ce que sa vieillesse était consolée par la présence de ce fils chéri, et de ce que son oreille pouvait encore entendre sa voix. Cette scène touchante, ajoute le voyageur, me convainquit pleinement que, quelle que soit la différence qui existe entre le nègre et l'Européen dans la conformation des traits et dans la couleur de la peau, il n'y en a aucune dans les douces affections que la nature inspire aux uns et aux autres. »

La tendresse maternelle amène à sa suite la tendresse filiale. L'une des paroles que l'on entend le plus fréquemment est celle-ci : « Frappez-moi, mais n'insultez pas ma mère. » Le plus grand affront qu'on puisse faire à un nègre, c'est de parler de sa mère avec mépris. Mungo-Park raconte que, s'étant égaré, il reçoit l'hospitalité dans une chaumière ; pendant qu'il se repose sur une natte, la maîtresse de maison avec ses servantes se mettent à improviser un chant dont le sujet était précisément le malheureux étranger. Le voici : « Les vents rugissaient et la pluie tombait.—Le pauvre homme blanc, faible et fatigué, vint s'asseoir sous notre arbre.—Il n'a point de mère pour lui apporter du lait, point de femme pour moudre son grain. » Et en chœur, toutes répétaient : « Ayons pitié de l'homme blanc, *il n'a point de mère.* »

Les noirs ne sont pas incapables des plus hautes et des plus nobles vertus. Cette race, que l'on nous dépeint comme menteuse (et elle le devient dans l'esclavage), n'estime rien plus que la sincérité. Une mère perd son fils dans un combat. Elle suivait son corps en sanglotant, et s'écriait : « Jamais, non, jamais *il n'a menti !* » Est-il rien de plus beau que ce cri maternel, qui n'est pas le regret animal de la lionne ou de la louve dont on a tué les petits, mais qui est un regret vraiment moral? ce n'est pas seulement le fils qu'elle regrette, c'est son âme et sa vertu!

Terminons-en avec le témoignage de Mungo-Park par une légende ou une histoire[1] qui montre que les populations noires, même celles qui ont résisté au mahométisme, sont capables de s'élever au plus haut degré moral. Un roi maure voulut imposer par la force la religion mahométane à un des rois nègres appelé le Damel. De là guerre entre les deux princes : celui-ci est victorieux. On lui amène son ennemi enchaîné. — Abdul-Kader, lui dit-il, si le hasard de la guerre vous eût mis à ma place et moi à la vôtre, comment m'auriez-vous traité? — Je vous aurais percé le cœur de ma lance, et c'est le sort qui m'attend. — Non, répondit le roi noir, votre mort ne rebâtirait pas mes villes et ne rendrait pas la vie à mes sujets; je ne vous tuerai donc pas de sang-froid, mais je vous retiendrai comme esclave jusqu'à ce que je m'aperçoive que votre présence dans votre royaume n'est plus dangereuse pour vos voisins. — En effet, Abdul-Kader travailla comme esclave pendant trois mois, et au bout de ce temps le Damel le rendit à ses sujets. Cet acte de clémence africaine était sans doute rapporté à Mungo-Park comme un acte étonnant; mais la clémence d'Auguste n'est-elle pas aussi célébrée parmi nous comme une merveille? Et le pardon des offenses est-il donc une vertu si pratiquée même parmi les chrétiens?

---

1. Mungo-Park atteste que le fait lui a été donné comme historique et même comme récent; mais, même à titre de légende, il témoignerait encore d'une grande élévation morale.

Les peuplades visitées par le Dr Livingstone dans le sud de l'Afrique sont fort au-dessous, pour la civilisation et les lumières, des populations du Soudan. Cependant il résulte des récits de ce grand voyageur une impression absolument semblable que de ceux de Mungo-Park, à savoir : que la population nègre, vue sur le sol natal, est infiniment supérieure à cette population réduite à l'esclavage [1] ; enfin, quoique bien plus près de l'état de nature, les idées morales de ces races australes ne diffèrent point essentiellement de celles des civilisés. « Chaque fois que j'ai interrogé les Bakouains intelligents, dit Livingstone, sur les notions qu'ils avaient avant mon arrivée sur le bien et sur le mal, ils m'ont affirmé qu'ils blâmaient également tout ce que nous appelons un péché, si ce n'est d'avoir plusieurs femmes. »

La manière de rendre la justice chez les Makololos mérite d'être rapportée comme une remarquable confirmation de ce que dit Cicéron sur la loi naturelle, cette loi qui n'est point autre à Rome, autre à Athènes, et que nous apprenons tous de la nature même. « Ce n'est qu'au sujet des crimes politiques, dit Livingstone, que la justice chez les Makololos emploie des formes expéditives [2]. Dans les affaires privées, la justice est rendue avec le plus grand

---

[1]. Je ne sais vraiment sur quelle autorité M. le docteur Broca affirme que le nègre américain est supérieur au nègre africain. Sans doute il n'y a rien au-dessous du nègre de la côte de Guinée ; mais comment peut-on dire que la race qui a fondé les grands empires du Soudan est inférieure à la race servile de Cuba ou de l'Amérique du Sud ?

[2]. Est-ce seulement chez les Makololos que la justice politique est expéditive ?

soin. Le demandeur parle d'abord ; quand il a fini, le juge l'invite à chercher dans sa mémoire s'il n'a rien oublié. Le défendeur parle à son tour, laissant encore quelques minutes à son adversaire pour qu'il puisse compléter sa démonstration. Il explique alors les faits à son point de vue. Si son adversaire, par impatience, vient à l'interrompre : « Silence, dit-il, je n'ai rien dit pendant que vous avez parlé ; ne pouvez-vous en faire autant ? Voulez-vous être le seul qu'on entende [1] ? » Et l'auditoire d'approuver. Pas de serment ; mais si un fait est contesté, on l'appuie par ces paroles : « Par le chef ou par mon père, j'ai dit la chose telle qu'elle est. » Ils sont d'ailleurs (toujours d'après Livingstone) d'une loyauté remarquable. Le même auteur raconte encore qu'étant à Cassangé, ville portugaise, les hommes qui l'avaient accompagné et qui étaient des Makololos vinrent devant lui pour régler un différend qui s'était élevé entre eux. « Plusieurs Portugais qui avaient assisté aux débats me félicitèrent d'avoir trouvé une si bonne manière de juger leurs différends ; mais je ne pouvais m'attribuer l'honneur d'une méthode que ces sauvages m'avaient apprise [2]. »

Livingstone atteste, ainsi que Mungo-Park, la nature bienveillante des dames nègres. « Les *ladies* makololos, dit-il, sont d'une nature généreuse ; elles distribuent avec libéralité du lait et d'autres aliments, et réclament très-peu de travail de leurs serfs. » Dans une grande disette qui eut lieu chez les Bakouains, la conduite des femmes fut

---

1. Ne croiriez-vous pas entendre nos députés ?
2. Livingstone, *Exploration dans l'intérieur de l'Afrique centrale*, trad. française, p. 208.

excellente; elles se dépouillèrent de leurs parures pour acheter du maïs aux tribus moins heureuses. La tendresse maternelle est également très-vive parmi elles, et nous avons déjà dit que Livingstone, dans son long séjour en Afrique, n'a pas vu un seul exemple de parents ayant vendu leurs enfants comme esclaves; ce qu'on nous assure cependant être très-fréquent.

Livingstone conclut en ces termes ses observations sur les mœurs des Makololos : « Après les avoir longtemps observés, j'en suis venu à penser qu'il y a dans leur nature ce singulier mélange de bien et de mal qu'on retrouve chez tous les hommes. Ils font preuve d'une véritable bonté, et mettent de la grandeur et de la délicatesse dans leur manière de donner; mais ils sont durs envers les pauvres, et ne leur témoignent de bienveillance que pour en tirer quelques services. Lorsqu'un malheureux est sans famille, nul ne s'inquiète de fournir à ses besoins; à sa mort, nul ne prend soin d'enterrer son cadavre. D'un autre côté, j'ai vu des hommes et des femmes recueillir des orphelins, et les élever comme leurs propres enfants. On pourrait, en choisissant telle ou telle circonstance, les dépeindre comme très-bons ou comme très-mauvais. » Est-ce la nature sauvage que Livingstone nous décrit, et ne serait-ce pas la nature humaine ?

Après les noirs, ce sont les populations australiennes qui ont eu le privilége d'être rabaissées au niveau des brutes, pour le plus grand honneur de la théorie qui veut que l'homme ne soit qu'un singe transformé. On a prétendu que la famille n'existait pas chez eux; on invoque la facilité des femmes, l'indifférence des maris; mais M. de Quatrefages fait remarquer avec raison que ces exemples sont empruntés aux tribus de Sidney, tribus que la civilisation a corrompues, comme elle l'a fait trop souvent en Australie et ailleurs. Il n'en est pas de même dans d'autres régions, et Dawson trace de la famille australienne un tableau tout patriarcal, où la femme joue un rôle très-considérable. On en avait fait des populations nomades, errant par groupes de deux ou trois familles, sans vestige d'état social. D'autres voyageurs au contraire ont trouvé chez eux une organisation en clans, et enfin de nombreux villages subdivisés eux-mêmes en tribus et en familles. Chez eux point de propriété, disait-on ; et au contraire il se trouve que chaque tribu a ses terrains propres, de même que chaque famille. On leur impute des vices, qui sont d'ailleurs aussi fréquents chez les civilisés que chez les sauvages : la vengeance, l'ivrognerie, le libertinage ; mais, selon d'autres voyageurs, l'Australien est accessible aux plus doux, aux plus nobles sentiments, aux affections de famille, à l'amour conjugal, à la reconnaissance. Trompé par le blanc, il ne se fie plus à lui, et use de représailles ; mais Dawson affirme qu'il agit avec une entière bonne foi envers celui qui a mérité sa confiance. Cuningham a trouvé chez ces peuples le point d'honneur sanctionné par de véritables duels où tout se passe d'après des règles auxquelles on ne saurait se soustraire sans être déshonoré. Voici par exemple un fait curieux que M. de Quatrefages nous rapporte sur l'autorité du capitaine Sturt, et qui prouve l'esprit chevaleresque de ces sauvages. Deux évadés irlandais se prirent de querelle avec les indigènes au milieu desquels ils s'étaient réfugiés ; les Européens étaient sans armes. Avant de les attaquer, les Australiens leur en fournirent pour qu'ils pussent se défendre, les combattirent ensuite et les tuèrent [1].

Les Indiens du nouveau continent n'ont jamais été placés si bas dans l'opinion que ne l'ont été les nègres et les Australiens. On leur a généralement reconnu, quoique mêlées de férocité et de perfidie, des qualités plus nobles et plus viriles qu'aux populations africaines. Une certaine fierté, et même une certaine grandeur, leur a été traditionnellement reconnue. Sans doute il ne faut pas juger les Peaux-Rouges d'après les romans de Cooper; mais après tout il ne les a pas plus poétisés que Corneille les Romains. Je trouve dans les *Mémoires* de Malouet [2], récemment publiés, une description très-intéressante et faite avec une grande perspicacité des mœurs des Indiens de la Guyane. Ce ne sont pas à la vérité les belliqueux Apaches, les fiers Mohicans, les Hurons, les Iroquois, ces populations énergiques et héroïques réduites peu à peu par la nécessité et par les progrès constants des Européens à l'état de populations pillardes, ne vivant plus que de brigandage. Ce sont des races paisibles et douces, sédentaires, peut-être amollies, sinon conquises par la civilisation. Le tableau que nous a laissé Malouet de leur état de société, et qui paraît être

---

1. Comme ombre au tableau, il faut ajouter que les Irlandais furent mangés, ce qui n'est pas très-chevaleresque; mais ce n'est là, nous dit M. de Quatrefages, qu'une exception, car il a été juridiquement constaté par une enquête que le cannibalisme n'existe que sur quelques points dispersés du continent australien, et qu'il n'y en a pas trace sur une étendue considérable et parmi de nombreuses tribus.

2. Ces Mémoires très-intéressants viennent d'être publiés avec un grand soin par le petit-fils de l'auteur, le baron Malouet.

d'une vérité parfaite, prouve qu'après tout ces peuples enfants n'ont pas choisi le plus mauvais lot parmi les biens dont l'homme peut jouir sur la terre. « Depuis la baie d'Hudson jusqu'au détroit de Magellan, dit Malouet, ces hommes si différents de tempérament, de figure, de caractère, les uns doux, les autres féroces, tous s'accordent en un seul point : l'amour de la vie sauvage, la résistance à la civilisation. » Voudrait-on voir là une preuve de la diversité essentielle des races? Soit, les races ont des instincts différents, cela n'est pas douteux ; mais la civilisation et la moralité sont deux choses fort distinctes. « Rien n'est plus frappant pour un Européen, dit Malouet, que leur indifférence, leur éloignement pour nos arts, notre luxe, nos jouissances ;... nous les avons appelés dans nos villes pour les rendre témoins de notre bonheur : ils n'en ont pas été séduits ;... notre luxe, nos maisons, nos bijoux, nos vêtements, nos repas, rien de tout cela ne les tente ; notre police despotique ou servile les épouvante. Un gouverneur, un magistrat européen se mêlant d'ordonner les détails de la vie civile leur paraît un sultan, et nous un troupeau d'esclaves [1]. Leur principale passion est l'amour de l'indépendance, caractère distinctif de tous les êtres animés. »

---

1. Supposez un Indien auquel un magistrat vient dire qu'il ne doit pas construire sa maison d'un pied plus avant que celle de son voisin ; qu'il ne doit pas ramasser un gibier qu'il vient de tuer parce qu'il est tombé de l'autre côté d'une haie ou d'un sentier, etc. ; ces conséquences compliquées et éloignées des principes sur lesquels repose la vie civile doivent certainement lui apparaître comme des actes d'odieux et absurde despotisme. Fenimore Cooper, dans son personnage du vieux Trappeur, a admirablement peint cette passion de la vie indépendante et la résistance de l'homme de la nature aux empiétements de la vie civile.

Je veux bien que ces pauvres Indiens se trompent; mais n'est-ce pas se tromper noblement que de préférer la vie libre et indépendante des grands bois à la politesse raffinée de nos grandes villes? L'amour de l'indépendance est une des meilleures passions de l'homme; et tout l'effort de notre science politique est de trouver les moyens de concilier les avantages de la vie civile avec les droits de la liberté naturelle. Ceux qui sacrifient les premiers aux seconds ont-ils donc tellement tort?

Cette vie indépendante des Indiens de la Guyane n'est pas du reste cet état de nature rêvé par Rousseau [1] et les philosophes du XVIIIe siècle. « Ils ont un état de société; ils vivent en famille; ils ont une association nationale, un magistrat ou chef qui les représente dans leurs relations de voisinage, et qui les commande à la guerre. Ils n'ont pas besoin de code civil n'ayant ni procès, ni terres; mais leurs usages, les coutumes de leurs pères sont religieusement observés. Cette égalité, que nous avons si douloureusement cherchée, ils l'ont trouvée; ils la maintiennent sans effort... Ils sont enfin, dit Malouet, dans un état de société *naturelle*, tandis que nous sommes parvenus à un état de société *politique* [2]. » Le même observateur nous atteste encore qu'il y a moins d'immoralité parmi eux que dans nos grandes villes. Il est rare qu'un Indien, à moins

---

1. Rousseau lui-même d'ailleurs, n'a jamais présenté, quoi qu'on en ait dit l'état de nature, comme l'état le plus heureux pour l'homme. Ce qu'il préfère de beaucoup, il le dit lui-même, c'est un état mixte, intermédiaire entre l'état de nature et l'état civilisé, lorsque les premiers arts ont été déjà inventés, avant que les vices de la civilisation ne se soient développés : c'est en un mot un état tout à fait semblable à celui des Indiens de la Guyane, décrit par Malouet.

2. *Mémoires* de Malouet, t. I, p. 151.

qu'il ne soit chef ou déjà corrompu, ait plus d'une femme jeune : c'est lorsqu'elle vieillit qu'il en prend une seconde pour avoir encore des enfants; mais leurs ménages n'en sont pas moins paisibles. Le partage des fonctions est une loi qui n'est jamais violée parmi eux; le mari chasse, pêche, construit; la femme fait le reste; elle est soumise sans contrainte; elle paie au mari sa protection par l'obéissance.

Nous ne pourrions prolonger ces détails sans entreprendre ici un traité d'anthropologie ou d'ethnologie, ce qui n'est pas notre objet. Nous en avons assez dit pour faire voir que les populations sauvages ne sont pas dépourvues de moralité. Le mal et le bien s'y unissent, comme chez les populations plus éclairées, et si le mal l'emporte sur le bien, l'ignorance et la misère en sont bien plutôt les causes qu'une prétendue incapacité morale, radicale et essentielle. Si l'on recherche en effet quelles sont les principales causes de ces pratiques morales qui nous font horreur chez les sauvages, on les trouvera presque toujours dans le besoin et la misère. Le cannibalisme, par exemple, doit son origine à l'extrême difficulté de trouver une nourriture suffisante sur de vastes terrains incultes où ces populations ignorantes n'ont presque aucun moyen de subsistance [1] que la chasse et la pêche, et souvent l'habitude survit au besoin. La coutume barbare si souvent rappelée de tuer les vieux parents lorsqu'ils sont infirmes vient sans doute de la crainte de livrer à des ennemis sans pitié ceux que l'on

---

1. Il suffit de trouver des populations sauvages qui ne soient pas cannibales (et il y en a un grand nombre), pour qu'il soit établi que l'horreur de l'anthropophagie est bien un instinct **naturel à l'homme** et non un résultat artificiel de la civilisation.

aime et qu'on ne peut plus nourrir. La haine de l'ennemi, le goût de la vengeance, les guerres implacables de tribu à tribu, le massacre des prisonniers (ces pratiques criminelles dont les peuples civilisés ne sont pas déjà tellement corrigés) viennent de la rivalité et de la concurrence pour vivre sur un même sol qui suffit à peine pour un, et qu'il faut exploiter à deux, ou à plus encore. Quant à l'absence de pudeur, à la licence des mœurs, outre que sur ces points les nations civilisées elles-mêmes ne sont pas si supérieures qu'elles le croient aux nations sauvages, on peut affirmer qu'il n'est point de peuplade, si barbare qu'elle soit, où ne se remarque quelque chose de plus ou moins semblable au mariage; partout, quelque précaution, quelque règle est apportée au rapport des sexes. Enfin, s'il est vrai que certains sentiments, certaines idées morales ne se développent qu'avec la civilisation et la culture, il ne faut pas en conclure que ces sentiments ou que ces idées ne soient pas naturels; car le développement et la perfectibilité de nos sentiments est précisément l'un des traits caractéristiques de la nature humaine.

On dira que la moralité chez les sauvages n'est jamais que le résultat de l'instinct ou de l'intérêt, mais qu'ils ne connaissent pas l'idée absolue et abstraite du devoir. Il n'importe; car nous ne prétendons pas que les sauvages aient atteint à toute la moralité à laquelle l'homme peut s'élever : il nous suffit qu'il y ait en eux des germes de moralité [1]. Après tout, la moralité des enfants, qu'est-elle

1. C'est l'opinion de Leibniz : « Ce n'est pas grande merveille, dit-il dans les *Nouveaux Essais* (chap. XI), si les hommes ne s'aperçoivent pas toujours et d'abord de tout ce qu'ils possèdent en eux,

autre chose d'abord qu'instinct, habitude et intérêt ? Doit-on exiger plus des peuples enfants ? Je veux bien que l'humanité n'ait pas commencé par l'idée du devoir : elle

et ne lisent pas assez promptement les caractères de la loi naturelle, que Dieu, selon saint Paul, a gravée dans leur esprit. Cependant, comme la morale est plus importante que l'arithmétique, Dieu a donné à l'homme des instincts qui portent d'abord et sans raisonnement à quelque chose de ce que la raison ordonne. C'est comme nous marchons suivant les lois de la mécanique sans penser à ces lois, et comme nous mangeons non-seulement parce que cela nous est nécessaire, mais encore et bien plus parce que cela nous fait plaisir. Quoiqu'il n'y ait point de mauvaise pratique peut-être qui ne soit autorisée quelque part et en quelques rencontres, *il y en a peu pourtant qui ne soient condamnées le plus souvent et par là plus grande partie des hommes.* La coutume, la tradition, la discipline, s'en sont mêlées, *mais le naturel est cause que la coutume s'est tournée plus généralement du bon côté sur ces devoirs.* Le naturel est encore cause que la tradition de l'existence de Dieu est venue. *Or la nature donne à l'homme et même à la plupart des animaux de l'affection et de la douceur pour ceux de leur espèce.* Après cet instinct général de société, qui se peut appeler philanthropie dans l'homme, il y en a de plus particuliers, comme l'affection entre le mâle et la femelle, l'amour que les pères et les mères portent à leurs enfants, que les Grecs appellent στοργὴν, et autres inclinations semblables, qui font ce droit naturel ou cette image de droit plutôt que, selon les jurisconsultes romains, la nature a enseignée aux animaux. Enfin, niera-t-on que l'homme ne soit porté naturellement, par exemple, à s'éloigner des choses vilaines, sous prétexte qu'on trouve des gens qui aiment à ne parler que d'ordures, qu'il y en a même dont le genre de vie les engage à manier des excréments, et qu'il y a des peuples de Boutan où ceux du roi passent pour quelque chose d'aromatique. Je m'imagine que vous êtes, monsieur, de mon sentiment dans le fond à l'égard de ces instincts naturels pour le bien honnête : quoique vous direz peut-être comme vous avez dit à l'égard de l'instinct qui porte à la félicité, que ces impressions ne sont pas des vérités innées. Mais j'ai déjà répondu que tout sentiment est la perception d'une vérité, et que le sentiment naturel l'est d'une vérité innée, mais bien souvent confuse, comme sont les expériences des sens externes : ainsi on peut distinguer les vérités innées d'avec la lumière naturelle (qui ne contient que de distinctement connaissable) comme le genre doit être distingué de son espèce, puisque les vérités innées comprennent tant les instincts que la lumière naturelle. »

y est arrivée, cela suffit. Examinons donc maintenant l'idée morale chez les peuples civilisés, et voyons s'il est vrai de dire qu'elle est partout en contradiction avec elle-même.

II. On s'étonne de trouver une si grande diversité d'opinions et de mœurs chez des peuples qui paraissent appartenir à une même espèce. On pourrait, selon nous, à bien meilleur droit, s'étonner de voir que dans une telle diversité de temps, de lieux, de circonstances matérielles, l'homme soit encore partout si semblable à lui-même. Il n'est que naturel que la différence des milieux et des conditions physiques, des circonstances historiques et géographiques, amène d'assez grandes différences dans la manière de voir des peuples; mais ce qui paraît admirable, c'est que ces différences ne soient pas plus grandes, et que chez tant de races sans communication et sans analogie se rencontre, après tout, un fonds de morale essentiel, à peu près partout le même, étant donné un certain état de civilisation. Les législateurs moraux des Hindous, des Chinois, des Perses, des Hébreux et des Grecs se sont tous fait une idée sensiblement pareille de la moralité humaine, et plus on étudiera la civilisation de ces divers peuples, plus on sera frappé de voir tant de similitude sous la diversité, tant de notions communes sous des contradictions apparentes.

Nous ne nous attacherons pas à démontrer que tous les peuples de l'Europe, qui appartiennent à une même race, la race indo-européenne, et qui ont été élevés par une même religion, ont une seule et même morale, et que les différences qui subsistent tendent à s'effacer sous l'empire croissant des lumières philosophiques. Nous n'insisterons pas davantage sur ce point aujourd'hui bien démontré, que la morale païenne, la morale des Grecs et des Romains, de Platon, d'Aristote et des stoïciens, était arrivée de son côté, par un progrès naturel et spontané, aux mêmes idées morales qui trouvaient en Judée leur éclatante expression dans les maximes de l'Évangile. Ce résultat a été mis hors de doute par de beaux travaux. Ce qui mérite peut-être d'être plutôt mis en lumière, comme un peu moins connu, ce sont les profondes et merveilleuses analogies qui existent entre la morale de l'Orient et de l'Occident, entre les maximes de l'Inde et de la Chine d'une part, et de l'autre celles de la Grèce et de la Judée. En établissant que toutes les grandes civilisations ont eu une même morale, exprimée quelquefois dans des termes presque identiques, sans qu'on puisse supposer aucun emprunt ni aucune imitation d'une race à l'autre; on aura sans doute péremptoirement démontré l'unité morale de l'espèce humaine. La science orientaliste a donc rendu un grand service à la science morale en mettant entre nos mains les grands monuments philosophiques et religieux de l'Orient, les Védas, les lois de Manou, les grandes épopées indiennes, les légendes bouddhiques, le Zend-Avesta, les livres sacrés et les livres classiques de la Chine. Nous puiserons largement dans ces divers écrits dans la mesure où il sera nécessaire pour ce que nous nous proposons d'établir [1].

L'Inde a donné naissance, comme on sait, à deux grandes religions : le brahmanisme et le bouddhisme, celle-ci

---

1. Voir notre *Histoire de la science politique*, introd. (2me éd., Paris, 1872.)

n'étant qu'un rameau et un développement de celle-là. On trouvera résumée toute la morale du brahmanisme dans les lois de Manou, l'un des plus anciens et des plus beaux livres sacrés qu'il y ait dans le monde. Quant à la morale bouddhique, elle nous est maintenant abondamment connue par les nombreuses légendes que M. Eugène Burnouf a fait connaître et dont M. Barthélemy Saint-Hilaire a fait heureusement usage dans son livre sur le Bouddha. Résumons d'abord les principaux points de la morale brahmanique.

Les lois de Manou, tout comme la loi de Moïse, contiennent un *décalogue* ou code moral résumé en dix préceptes : « La résignation, est-il dit, *l'action de rendre le bien pour le mal,* la tempérance, la probité, la pureté, la répression des sens, la connaissance des *soutras* ou livres sacrés, celle de l'âme suprême (Dieu), telles sont les dix vertus qui composent le devoir [1]. » A ces dix vertus s'opposent huit vices, qui ne correspondent pas exactement aux vertus : « L'empressement à divulguer le mal, la violence, l'action de nuire en secret, l'envie, la calomnie, l'action de s'approprier le bien d'autrui, celle d'injurier et de frapper quelqu'un, composent la série des huit vices engendrés par la colère. » Si l'on compare le décalogue de Manou à celui de Moïse, on trouvera celui-ci plus complet et plus précis, s'appliquant à des actions plus déterminées et mieux définies. L'autre a quelque chose de plus vague, mais aussi de plus élevé ; il ne s'applique pas seulement aux actes extérieurs, mais aux actes moraux ; il ne défend pas seulement l'homi-

---

[1]. Lois de Manou, VI, 92.

cide, le vol ou l'adultère, mais la calomnie, l'envie, la trahison ; il recommande de rendre le bien pour le mal, et cela bien des siècles avant Jésus-Christ. Enfin le décalogue de Moïse est plutôt d'un législateur, et le décalogue de Manou d'un moraliste.

On a souvent accusé la morale de Moïse d'être une morale charnelle, et c'est le reproche que le christianisme lui fait tous les jours. Ce reproche ne peut être adressé à la morale de Manou, qui est toute spirituelle, tout intérieure, et trouve pour exprimer la pureté morale des expressions dignes du stoïcisme et du christianisme. Voyez comme est décrite la conscience morale : « L'âme est son propre témoin ; ne méprisez jamais votre âme. Les méchants disent : Personne ne vous voit ; mais les dieux les regardent, ainsi que l'esprit qui est en eux. — O homme, tandis que tu dis : Je suis seul avec moi-même, dans ton cœur réside sans cesse cet esprit suprême, observateur attentif et silencieux du bien et du mal ; cet esprit qui siége dans ton cœur, c'est un juge sévère, un punisseur inflexible : c'est un dieu [1]. » La sanction morale en même temps que le désintéressement de la vertu trouve aussi dans le même livre une expression précise et lumineuse ; et l'idée de l'immortalité, dont on a remarqué l'absence ou tout au moins l'omission dans la morale de Moïse, est entendue dans le sens le plus élevé : « En accomplissant les devoirs prescrits, *sans avoir pour mobile l'attente de la récompense*, l'homme parvient à l'immortalité [2]. »

---

1. Lois de Manou, VIII, 91.
2. *Ibid.*, II, 5.

« Après avoir abandonné son cadavre à la terre, les parents du défunt s'éloignent ; mais *la vertu accompagne son âme* [1]... »

La morale pratique trouve également dans Manou les plus beaux préceptes. Charité, humanité, sincérité, humilité, sont recommandées sans cesse dans les termes les plus nobles et les plus délicats. « Celui qui est doux et patient atteindra le ciel par la charité [2]... On ne doit jamais nuire à autrui, ni même en avoir la pensée [3]. » Voilà pour la charité. Quant à la sincérité, peut-on en parler plus noblement que dans les paroles suivantes : « Celui qui donne aux gens de bien sur lui-même des renseignements contraires à la vérité est l'être le plus criminel : il *s'approprie par un vol un caractère qui n'est pas le sien*... C'est la parole qui fixe toutes les choses, c'est la parole qui est la base de la société... Le fourbe qui la dérobe, dérobe toutes choses [4] ? » Aussi l'hypocrisie est-elle flétrie dans les termes les plus énergiques : « Celui qui étale l'étendard de la vertu, qui est toujours avide, qui emploie la fraude..., a le caractère du chat [5]. » « Le Devidja, aux yeux baissés, d'un naturel pervers, affectant l'apparence de la vertu, est dit avoir les manières d'un héron [6]. Tout acte pieux, fait par hypocrisie, va aux Râkchasas. » La fausse piété, la piété pharisienne qui s'étale avec ostentation, est condamnée par ces mots qui

---

1. Lois de Manou, IV, 240.
2. *Ibid.*, IV, 246.
3. *Ibid.*, II, 161.
4. *Ibid.*, IV, 255-56.
5. *Ibid.*, IV, 195.
6. *Ibid.*, IV, 196. On ne voit pas trop pourquoi le pauvre héron est pris ici comme symbole de l'hypocrite.

rappellent ceux de l'Évangile : « Qu'un homme ne soit pas fier de ses austérités ; après avoir sacrifié, qu'il ne profère pas de mensonge ; après avoir fait un don, qu'il n'aille pas le prôner partout. » On remarquera enfin que dans ce pays de mysticisme et de pratiques ascétiques, la dévotion est mise après la morale. « Que le sage, est-il dit, observe constamment les devoirs moraux avec plus d'attention encore que les devoirs pieux ; celui qui néglige les devoirs moraux déchoit, même lorsqu'il observe tous les devoirs pieux [1]. »

Toutes les classes de la société peuvent trouver dans les lois de Manou leurs devoirs fixés avec précision, et ces devoirs sont aussi bien applicables à l'Occident qu'à l'Orient. Voici les devoirs des rois : « Que le roi soit sévère et doux, suivant les circonstances. » — « Un roi qui punit les innocents et épargne les coupables va en enfer. » — « Qu'un roi, quelque pauvre qu'il puisse être, ne s'empare pas de ce qu'il ne doit pas prendre [2]. » Voici les devoirs des guerriers : « Un guerrier ne doit jamais, dans une action, employer contre ses ennemis d'armes perfides, de flèches empoisonnées [3]. Qu'il ne frappe ni un ennemi à terre, ni celui qui demande merci, ni celui qui dit : Je suis ton prisonnier..., ni un homme endormi, ni celui qui est désarmé, ni celui qui est aux prises avec un autre. » N'oubliez pas que cette sorte de droit des gens indien est de plusieurs siècles antérieur au christianisme, et vous en reconnaîtrez la beauté. Voici les devoirs des juges : « La

---

1. Lois de Manou, IV, 204.
2. *Ibid*, VII, 140 et suiv.
3. *Ibid.*, VII, 90.

justice frappe lorsqu'on la blesse; elle préserve lorsqu'on la protége. » Ceux des témoins : « Il faut ne pas venir devant le tribunal ou parler selon la vérité. Celui qui ne dit rien, ou qui profère un mensonge, est également coupable [1]. » Enfin les innombrables règles données par le législateur sur l'usure, le dépôt, la vente, le vol, l'injure, l'assassinat, l'adultère, le viol, ne diffèrent en rien d'essentiel de celles qui sont acceptées par la conscience morale de l'Occident.

Restent les devoirs de famille, auxquels se rattachent les devoirs envers les anciens, les vieillards, les instituteurs. Respect des vieillards : « Celui qui a l'habitude de saluer les gens âgés, et de leur témoigner des égards, voit augmenter la durée de son existence [2]. » Respect des maîtres : « Un instituteur est l'image de l'être divin [3]. » Respect des parents : « Que le jeune homme fasse constamment ce qui peut plaire à ses parents... C'est là la dévotion la plus éminente... C'est le premier devoir; tout le reste est secondaire [4]. » Les devoirs réciproques du mari et de la femme sont exprimés dans les termes les plus délicats et les plus nobles : « Qu'une femme aime et respecte son mari; elle sera honorée dans le ciel [5]. » — « Après avoir perdu son époux, qu'elle ne prononce pas même le nom d'un autre homme [6]. » — « Partout où les femmes sont honorées, les

---

1. Lois de Manou, VIII, 13.
2. *Ibid*, II, 121.
3. *Ibid.*, II, 227.
4. *Ibid.*, II, 227, 228, 237.
5. *Ibid.*, V, 155.
6. *Ibid.*, V, 157. — On voit qu'il n'est pas fait mention ici de la coutume barbare qu'ont les femmes indiennes de se brûler sur le

divinités sont satisfaites. » — « Renfermées sous la garde des hommes, les femmes ne sont pas en sûreté : celles-là seulement sont en sûreté, qui se gardent elles-mêmes de leur propre volonté. » — « Le mari ne fait qu'une seule et même personne avec son épouse. » Quoi de plus charmant que cette définition du mariage d'inclination : « L'union d'une jeune fille et d'un jeune homme résultant d'un vœu mutuel est dit le mariage des musiciens célestes. »

Il faut reconnaître sans doute les vices de la morale brahmanique. Les principaux sont : l'accablante multitude des prescriptions religieuses, la plupart aussi bizarres qu'inutiles; — l'abus de l'ascétisme et de la vie contemplative ; — enfin le régime des castes, et un despotisme sacerdotal qui n'a jamais eu son pareil dans le monde. En voici quelques exemples : « Entre un kchatrya (guerrier) de cent ans et un brahmane de dix ans il y a un rapport de père et de fils ; mais c'est le brahmane qui est le père, et le kchatrya qui est le fils. » — « Si le roi trouve un trésor, qu'il en donne la moitié aux brahmanes ; si le brahmane trouve un trésor, qu'il le garde tout entier. » — « Le brahmane est le roi de l'atmosphère ; tous les autres hommes ne jouissent des biens de la terre que par la permission du brahmane. »

Quant à la multitude des rites et des pratiques religieuses, c'est là un des caractères des vieilles religions; sous ce rapport, la religion mosaïque n'a rien à reprocher à la

---

bûcher de leur époux. C'est un fanatisme dont quelque femme exaltée aura donné l'exemple, et qui, communiqué par la contagion et par la mode, est devenu une pratique universelle. N'imputons pas cela à la diversité des races.

religion de Brahma. L'excès de l'ascétisme contemplatif pourrait être à meilleur titre considéré comme constituant une morale propre à la race indienne. Pour elle, c'est la contemplation qui semble être le souverain bien; pour nous, c'est l'action. Il y aurait donc bien réellement une morale de l'Orient et une morale de l'Occident. Vérité en deçà des Pyrénées, erreur au delà !

Je ferai remarquer que le conflit entre la contemplation et l'action n'existe pas seulement entre l'Orient et l'Occident, qu'il n'est pas seulement un conflit de race et de climat. Il a existé dans l'Occident même entre les mystiques et les moralistes, entre les partisans de la vie monastique et les défenseurs de la vie active et politique ; enfin, dans le clergé même, entre les séculiers et les réguliers. Ce conflit a sa raison dans la nature humaine elle-même, pour qui le souverain bien paraît être tantôt dans le travail et dans l'action, tantôt dans le repos. N'oublions pas qu'Aristote lui-même, le plus Grec des Grecs et le plus pratique des philosophes, place dans la vie contemplative le plus haut et le plus parfait bonheur [1]. Supposons enfin qu'il y ait là un problème qui ne soit pas résolu, la morale est-elle la seule science qui ait des problèmes non résolus ?

Pour en revenir à l'Inde, il ne faut pas croire que les sages de ce pays, malgré les propensions naturelles de leur race, s'abandonnent sans aucune réserve à l'entraînement de la vie contemplative et n'en aperçoivent pas les abus. Aussi voit-on, par exemple, les lois de Manou n'au-

---

1. Il est vrai de dire que, pour Aristote, il ne s'agit guère que de la contemplation scientifique ; mais, à cette hauteur, religion et science s'identifient.

toriser le chef de famille à se livrer à la vie solitaire
« que lorsqu'il a vu ses cheveux blanchir, et qu'il a sous
les yeux les fils de ses fils. » Nous voyons encore par
l'un des plus beaux monuments de la philosophie indienne,
par la Bhagavad-Gita, que le conflit signalé plus haut entre
la contemplation et l'action existait dans l'Inde comme
parmi nous. « Il y a deux doctrines, est-il dit dans la Bhagavad-Gita, la doctrine de la spéculation et la doctrine de
la pratique. » L'auteur de ce livre voudrait les concilier
toutes deux. « Il n'y a que les enfants et les ignorants,
dit-il, qui parlent de la doctrine spéculative et de la doctrine pratique comme de deux doctrines ; elles ne sont
qu'une seule science. » Plusieurs passages de cet admirable poëme philosophique, le chef-d'œuvre du génie indien,
sont explicites pour établir la supériorité de la vie active.
« Le renoncement et la pratique des œuvres sont deux
routes qui conduisent à la souveraine félicité ; mais la pratique est au-dessus du renoncement. » — « L'action est supérieure à l'inaction... Le dépouillement de la forme mortelle ne peut s'accomplir dans l'inaction. » — « Être sannyasa ou solitaire sans application, c'est avoir de la peine
et de l'inquiétude ; tandis que le mouni occupé à la pratique des devoirs est déjà uni à Brahma, le tout-puissant. »
Enfin, pour ajouter à l'autorité de ces paroles, le dieu
même qui expose la doctrine au jeune prince qui l'écoute
s'écrie dans un admirable mouvement d'éloquence : « Moimême, ô Arjouna, je n'ai rien à faire, rien à désirer dans
ces trois parties du monde ; et *cependant je vis dans l'exercice de mes devoirs moraux.* »

On voit que le conflit entre la contemplation et l'action

n'est propre ni à l'Occident ni à l'Orient, mais est commun à l'un et à l'autre. Plus de contemplation d'un côté, plus d'action de l'autre, je le veux bien ; mais les sages de l'Inde recommandent l'action, et les hommes pieux de l'Occident vantent la contemplation : il n'y a peut-être là qu'une différence de degré [1]. Il reste donc, comme caractérisant la morale brahmanique, le régime des castes, et la division impitoyable du peuple en quatre classes séparées par des barrières infranchissables : les prêtres, les soldats, les laboureurs et commerçants, les serviteurs ou esclaves ; sans compter qu'au-dessous de ces quatre classes légales se trouvent encore des classes sans nom, des tchandalas, comme les appelle Manou, qui n'ont pas même l'honneur d'être légalement esclaves. Jamais l'inégalité humaine n'a été consacrée d'une manière plus odieuse et plus brutale. Jamais elle n'a été exprimée en termes plus repoussants : « Les quatre classes ont pour cause première Brahma ; mais il les produisit chacune d'une partie différente de lui-même : la classe du brahmane de sa bouche, celle du kchatrya de son bras, celle du vaicya de sa cuisse, celle du soudra de son pied. » Chaque classe a ses devoirs propres : « Le devoir du brahmane, c'est la paix, la modération ; le devoir du kchatrya, c'est la bravoure ; le devoir du vaicya

---

[1]. Ce sont les mêmes races, dira-t-on ; car on sait que nous sommes des Indiens. Soit ; mais le même conflit existe dans la Chine. Lao-tseu, philosophe chinois, est un contemplatif ; Confucius est un philosophe pratique. La Chine est exclusivement pratique, dit-on. Comment se fait-il donc que le bouddhisme s'y soit répandu plus que partout ailleurs en Asie ? Ils n'en ont pris, dira-t-on, que la superstition. Mais, dans l'Inde même, le peuple a-t-il pris du brahmanisme autre chose que des superstitions ? Partout les vrais contemplatifs sont une exception ; les Fénelons sont partout en minorité.

est la culture de la terre et le trafic; le devoir du soudras est la servitude. » Ainsi la vertu semble un privilége; les plus hautes vertus appartiennent aux brahmanes, les plus brillantes aux guerriers; quant aux dernières classes, elles n'ont plus, à proprement parler, ni devoirs ni vertus; elles ont des fonctions, et la dernière de toutes a pour fonction unique de servir les autres. Enfin nous avons vu plus haut à quel degré d'orgueil sacerdotal était montée la classe des brahmanes, à laquelle cependant les lois de Manou recommandent l'humilité, les invitant à « rechercher le mépris à l'égal de l'ambroisie, » la feinte humilité n'ayant jamais manqué d'accompagner l'insolence théocratique [1].

Cependant, quoique jamais peut-être l'inégalité des hommes n'ait été proclamée en termes plus insolents que dans la législation et dans la religion brahmaniques, il est vrai de dire que les préjugés de caste ne sont nullement l'erreur privilégiée des races orientales. Théoriquement, l'apologie de l'esclavage dans Aristote n'a rien à envier pour la brutalité des expressions aux lois de Manou : « Si la navette tissait toute seule, dit Aristote, on n'aurait que faire d'esclaves... L'esclave est l'*homme d'un autre homme.* Existe-t-il des hommes *aussi inférieurs aux autres hommes que la brute elle-même*? S'il en existe, ceux-là sont destinés à servir. Or il y a des hommes qui n'ont que juste ce qu'il faut de raison pour comprendre la raison des autres. Ce sont ceux dont le travail corporel est le seul emploi utile : ceux-là sont esclaves par nature. » Quant au despotisme

---

[1]. C'est ainsi que les papes du moyen âge se proclamaient *les serviteurs des serviteurs de Dieu.*

sacerdotal, l'Europe l'a connu aussi bien que l'Inde, sinon au même degré : « Que tous les princes de la terre, est-il dit dans les Fausses Décrétales, et tous les hommes obéissent aux prêtres et *courbent la tête devant eux* [1] ! »

L'Occident n'a donc rien à reprocher à l'Orient pour ce qui est du principe des castes, et, réciproquement, il est permis de dire que l'Orient n'a pas eu besoin de la sagesse de l'Occident pour s'élever au principe de l'égalité des hommes. C'est spontanément, et sans sortir de l'Inde, que l'âme humaine a eu la force de comprendre dans toute sa force le principe de la fraternité humaine : c'est la gloire du bouddhisme, comme du christianisme, d'avoir proclamé ce principe. On ne peut certainement pas affirmer que le second l'ait emprunté au premier ; mais, à coup sûr, le premier ne le tient pas du second, puisqu'il lui est de beaucoup antérieur. On a pu sans doute, avec des motifs plausibles et spécieux, combattre la métaphysique bouddhiste [2] ; quant à la morale du bouddhisme, elle est d'une beauté incomparable et qui ne le cède à aucune autre, pas même à la morale chrétienne.

Dans le brahmanisme, la dévotion et le salut étaient en quelque sorte le privilége des brahmanes. Çakia, le saint fondateur du bouddhisme, ouvrait le ciel à tous : « Ma loi,

---

1. *Pseudo-Isidorus* (édition de Genève, 1628), lettre I, attribuée au pape Clément Ier.

2. M. Barthélemy Saint-Hilaire, dans son livre sur le Bouddha, est très-sévère contre le bouddhisme, qu'il proclame une *religion athée.* Ce n'est pas le lieu d'examiner ici la fameuse question du *nirvâna;* qu'il nous suffise de dire que nous sommes sur ce point d'un avis absolument opposé à celui du savant critique, malgré la haute autorité d'Eugène Burnouf.

disait-il, *est une loi de grâce pour tous.* » Ainsi saint Paul et les apôtres n'ont jamais attaqué l'institution civile de l'esclavage, mais ils disaient : « Il n'y a plus de maîtres, il n'y a plus d'esclaves ; il n'y a plus de riches, il n'y a plus de pauvres : *nous sommes tous frères en Jésus-Christ* [1]. »

Le principe de l'égalité religieuse une fois proclamé, il n'était pas difficile d'en tirer le principe de l'égalité naturelle. Aussi voyons-nous beaucoup plus tard la philosophie bouddhique attaquer l'institution des castes par des arguments que l'on pourrait croire empruntés à notre philosophie du XVIII° siècle. « Il n'y a point, est-il dit dans une légende bouddhique, entre un brahmane et un homme des autres castes la différence qui existe entre la pierre et l'or, entre la lumière et les ténèbres. Le brahmane, en effet, n'est sorti ni de l'éther, ni du vent : il n'a pas fondu la terre pour paraître au jour. Le brahmane est né d'une matrice de femme, tout comme le tchandala. Le brahmane, quand il est mort, est abandonné comme vil et impur ; il en est de lui comme des autres castes : *où donc est la différence ?* » Dans un traité plus moderne, l'auteur s'exprime plus hardiment encore :

« L'*unumbora* et le *parasa* [2] produisent des fruits qui naissent des branches, de la tige, des articulations et des racines ; et cependant ces fruits ne sont pas distincts les uns des autres, et l'on ne peut pas dire : ceci est le fruit *brahmane*, cela, le fruit *kchatrya*, celui-ci, le *vaicya*, celui-

---

1. Ceux qui d'après ce texte ont pensé que les apôtres ont nié l'esclavage doivent soutenir en même temps qu'ils ont nié la propriété, puisqu'il n'y a plus de *riches ni de pauvres* en Jésus-Christ.
2. Noms d'arbres.

là le *çudra,* car tous sont des mêmes arbres. *Il n'y a donc pas quatre classes, mais une seule.* »

On expliquera les analogies que présente la morale chez les Perses [1], les Indiens, même les Grecs, avec nos propres opinions morales par l'identité de race, car on sait que ces différents peuples ne sont que les branches diverses d'un même tronc dont tous les peuples de l'Europe actuelle sont issus ; mais cela prouverait déjà au moins un type de morale uniforme chez tous les descendants de cette race unique. Que dira-t-on, si l'on rencontre les mêmes analogies et peut-être de plus grandes encore chez les peuples de race absolument différente qui, physiologiquement, philologiquement, ethnologiquement, ne se trouvent avoir aucunes racines communes, et qui, spontanément, par le jeu naturel de la réflexion, se sont élevés à des principes communs et presque dans les mêmes termes? Sous ce rapport, quoi de plus instructif et de plus admirable que la morale du plus grand sage de la Chine, l'un des plus grands sages de l'univers, de Confucius, et aussi du rénovateur de sa doctrine, le courageux et spirituel Mencius?

Confucius s'exprime sur la loi morale et ses caractères essentiels avec une élévation, une fermeté et une clarté que l'on ne trouve que chez les philosophes grecs ou dans la philosophie moderne de l'Europe. Le caractère essentiel de cette loi est à ses yeux celui-là même dont nous débattons en ce moment la vérité, à savoir l'obligation

---

1. Nous avons peu de renseignements sur la morale des anciens Perses ; mais ceux que nous fournissent soit le Zend-Avesta, soit les témoignages des anciens, nous autorisent à y reconnaître un même fonds de morale que chez les Grecs et les Indiens.

immuable et absolue. « La règle de conduite morale, dit-il, est tellement obligatoire qu'on ne peut s'en écarter d'un seul point un seul instant. Si l'on pouvait s'en écarter, ce ne serait plus une règle de conduite immuable… » — « La loi du devoir, dit-il encore admirablement, est par elle-même la loi du devoir. » Il nous peint cette loi éternelle, égale pour tous, quelle que soit leur condition, accessible aux plus humbles, surpassant en même temps les efforts des plus savants, si étendue qu'elle peut s'appliquer à toutes les actions des hommes, si subtile qu'elle n'est pas manifeste pour tous. Cette loi lui inspire des paroles d'un enthousiasme passionné : « Oh ! que la loi de l'homme saint est grande ! c'est un océan sans rivages ! Elle produit et entretient tous les êtres ! Elle touche au ciel par sa hauteur ! Oh ! qu'elle est abondante et vaste ! » Écoutez encore cette parole touchante et noble : « Si le matin vous avez entendu la voix de la raison céleste, le soir vous pourrez mourir [1]. »

La tempérance, la dignité, la possession de soi-même, la simplicité de mœurs, voilà les vertus que Confucius exige de son sage, qui ressemble au sage stoïcien, moins l'emphase et l'orgueil : « Est-il riche, comblé d'honneurs, il agit comme doit agir un homme riche et comblé d'honneurs. Est-il pauvre et méprisé, il agit comme doit agir un homme pauvre et méprisé. Le sage qui s'est identifié avec la loi conserve toujours assez d'empire sur lui-même pour remplir les devoirs de son état, dans quelque

---

[1]. Voir pour tous ces textes notre *Histoire de la science politique* (2ᵉ édition, Paris, 1872), t. I. Introduction, p. 42 et suiv.

condition qu'il se trouve. » — « Se nourrir d'un peu de riz, n'avoir que son bras courbé pour appuyer sa tête, est un état qui a sa douceur. » — « Être riche et honoré par des moyens iniques est pour moi comme le nuage flottant qui passe. » — « Fuir le monde, n'être ni vu ni connu des hommes, et n'en éprouver aucune peine, tout cela n'est possible qu'au saint. » — « L'homme supérieur s'afflige de son impuissance et est méconnu des hommes. »

Le perfectionnement de soi-même n'est que la première partie de la morale : la seconde et la plus importante est le perfectionnement des autres. La principale vertu pour Confucius est la vertu de l'humanité. Fan-tché demande ce que c'était que la vertu de l'humanité. Le philosophe dit : « Aimer les hommes. » — « Il doit aimer les hommes de toute la force et l'étendue de son affection. » — « L'homme supérieur est celui qui a une bienveillance égale pour tous. » Dans quelques passages, le sentiment de la fraternité est exprimé en paroles touchantes et passionnées. Le philosophe dit : « Je voudrais procurer aux vieillards un doux repos, aux amis conserver une fidélité constante, aux femmes et aux enfants donner des soins tout maternels! » Seu-ma-mieou, affecté de tristesse, dit : « Tous les hommes ont des frères, moi seul n'en ai point. » — « Que l'homme supérieur, répond le philosophe, regarde tous les hommes qui habitent dans l'intérieur des quatre mers comme ses frères. » Enfin on retrouve en propres termes dans Confucius les maximes célèbres de l'Évangile : « La doctrine de notre maître, dit Meng-tseu, consiste uniquement à avoir la droiture du cœur et à aimer son prochain comme soi-même. » —

« Agir envers les autres comme nous voudrions qu'ils agissent envers nous-mêmes, voilà la doctrine de l'humanité. »

Nous ne voulons pas ici faire l'histoire de la morale en Chine ; mais il ne sera pas hors de saison de rappeler encore l'opinion de Mencius, qui défendait précisément, comme nous le faisons ici, l'universalité des idées morales. « Tous les hommes, dit-il, ont le sentiment de la miséricorde et de la pitié ; tous les hommes ont le sentiment de la haine et du vice ; tous les hommes ont le sentiment de la déférence et du respect ; tous les hommes ont le sentiment de l'approbation et du blâme. » — « Comme il y a un même goût chez tous les hommes qui leur fait prendre le même plaisir aux mêmes saveurs, aux mêmes sons, aux mêmes formes, il y a aussi un même cœur chez tous les hommes, et ce qui est commun au cœur de tous les hommes, c'est l'équité. »

Le sage Meng-tseu ne fait en général que reproduire, souvent en termes heureux, mais sans y rien changer, la doctrine morale de Confucius. Il est cependant un point très-important où il se montre à nous avec une véritable originalité, et où il nous révèle dans la morale de l'Orient un trait que l'on croit à tort en être entièrement absent. Nous nous représentons l'Orient, et en particulier la Chine, comme une contrée où le despotisme domine sans aucun contrôle, et qui est vouée à une servilité sans limite. C'est une erreur. Là aussi la nature humaine a su reconnaître et défendre sa dignité ; là aussi le pouvoir a connu des censeurs ; là aussi les mâles conseils et les menaces n'ont pas manqué à ceux qui voulaient opprimer les peuples ; peut-être même l'Occident, encore aujourd'hui, trouverait-il difficilement des sages qui osassent dire en face à leurs souverains ce qu'un Chinois osait dire au temps de Mencius et de Confucius.

C'est Mencius surtout qui se distingue par la hardiesse de sa parole et la vive liberté de sa critique. Ce qui le caractérise, c'est l'esprit mêlé à l'audace. Un premier ministre lui annonçait l'intention de décharger les peuples, et il promettait de diminuer chaque année les impôts vexatoires, sans les supprimer entièrement. Mencius lui répond par cette ingénieuse parabole : « Il y a un homme qui, chaque jour, prend les poules de son voisin. Quelqu'un lui dit : Ce que vous faites n'est pas honnête. Il répondit : Je voudrais bien me corriger peu à peu de ce vice ; chaque mois, jusqu'à l'année prochaine, je ne prendrai qu'une poule, et ensuite je m'abstiendrai complétement de voler. » Dans une autre occasion, Meng-tseu, discutant avec le roi de Tsi, lui demande : « Que doit-on faire d'un ami qui a mal administré les affaires dont on l'a chargé ? — Rompre avec lui, dit le roi. — Et d'un magistrat qui ne remplit pas bien ses fonctions ? — Le destituer, dit le roi. — Et si les provinces sont mal gouvernées, que faudra-t-il faire ? Le roi (feignant de ne pas comprendre) regarda à droite et à gauche, et parla d'autre chose. » Ainsi font tous les gouvernements quand on leur dit leurs vérités.

On est étonné de rencontrer dans un philosophe chinois des doctrines politiques fort analogues à celles que nous appelons en Occident des doctrines libérales. Comment explique-t-il le droit de souveraineté ? Par une sorte d'accord entre le ciel et le peuple. Ce n'est pas l'empereur lui-même qui nomme son successeur : il ne peut que le présenter à l'acceptation du ciel et du peuple. Or le ciel n'exprime pas sa volonté par des paroles, mais il l'exprime par le consentement du peuple. Mencius cite à l'appui de cette doctrine ces paroles du Chou-King, qui nous prouvent que c'était la doctrine traditionnelle de l'empire : « Le ciel voit, mais c'est par les yeux du peuple. Le ciel entend, mais c'est par les oreilles du peuple [1]. » Confucius enseignait que le mandat souverain se perd par l'indignité. Mencius professe la même doctrine avec plus d'énergie encore, et il professe ouvertement le droit d'insurrection. Le roi lui dit : « Un ministre ou sujet a-t-il le droit de détrôner et de tuer son prince ? » Meng-Tseu répond : « Celui qui fait un vol à l'humanité est appelé *voleur*. Celui qui fait un vol à la justice est appelé *tyran*. J'ai entendu dire que Tching-Thang avait mis à mort un tyran, je n'ai pas entendu dire qu'il ait tué son prince. » Terminons enfin le résumé de cette curieuse politique par ces paroles qui seraient hardies même en Occident : « Le peuple est ce qu'il y a de plus noble dans le monde... Le prince est de la moindre importance. »

Nous avions résumé plus haut dans deux propositions l'objection sceptique : chez les peuples sauvages, point de moralité ; — chez les peuples civilisés, moralité contradictoire. A ces deux propositions nous en op-

---

[1]. *Vox populi, vox Dei.* — Ces maximes, qui sont encore conservées en Chine, ont sans doute perdu toute espèce de sens avec le temps (comme dans l'empire romain les vieilles formules républicaines) ; mais elles ont eu une signification très-réelle à l'origine, et les Chinois ont fait usage au moins autant qu'aucun autre peuple « du droit d'en appeler au ciel, » comme Locke définit le droit d'insurrection.

posons deux autres : il n'est point de peuples sauvages où ne se rencontrent des germes de moralité; — à mesure que les peuples s'élèvent à un même niveau de civilisation, ils se forment une morale de plus en plus semblable, quelles que soient d'ailleurs les différences de race, de climats et d'habitudes. Ces deux propositions, qui sont précisément le contre-pied des précédentes, sont et seront de plus en plus justifiées par l'étude approfondie des faits.

Ce qui résulte de cette étude, c'est que les contradictions morales s'expliquent par le degré d'ignorance ou de lumières auquel les peuples sont parvenus. A mesure qu'ils s'éclairent, ils tendent de plus en plus vers une seule et même morale, et c'est là précisément ce qu'on appelle la civilisation, et l'objet principal de la saine morale est de répandre de plus en plus, et de faire mieux comprendre ces lois morales vraiment universelles, sinon dans le passé, au moins dans l'avenir. C'est ainsi qu'on a vu peu à peu disparaître les préjugés ou vices tenant plus ou moins à l'état de barbarie. C'est ainsi, par exemple, que le sentiment du respect pour la vie humaine s'étant de plus en plus développé parmi les hommes, sous la double influence de la philosophie et de la religion, on a vu disparaître ou s'affaiblir tout ce qui pouvait porter atteinte à ce principe : c'est ainsi que le cannibalisme, les vendettas, les guerres privées, les sacrifices humains, le tyrannicide, le suicide, le duel, la torture, après avoir été longtemps des pratiques permises et même honorées, ont peu à peu disparu, les unes des mœurs, les autres de l'opinion. C'est de même que la vraie idée de la famille s'étant répandue, on a vu soit disparaître, soit se circonscrire dans certains pays la polygamie, le droit de vie et de mort des pères sur les enfants, le droit d'aînesse, etc. Par rapport à la propriété, on a vu aussi, à mesure que la société a été plus assurée, le pillage et le brigandage, qui à l'origine étaient le privilége des héros, devenir le refuge des malfaiteurs ; on a vu le droit de propriété de plus en plus accessible à tous, et de plus en plus garanti. Par rapport à la liberté personnelle, on a vu disparaître successivement des États civilisés l'esclavage sous toutes ses formes. Par rapport à la religion, on a vu disparaître également les violences et les cruautés exercées contre les consciences au nom de la foi religieuse. Par rapport au droit des gens, on a vu peu à peu le droit de guerre se réduire au strict nécessaire : le pillage, le massacre des vaincus, la réduction des prisonniers en esclavage, les moyens odieux de faire la guerre, tels que le poison ; dans la paix, la haine de l'étranger, le droit d'aubaine et tous ces restes de l'état barbare ont été successivement ou abandonnés ou flétris. En un mot, le sentiment de la dignité de l'homme et le sentiment de la fraternité humaine se répandant de plus en plus parmi les hommes, on a mieux compris et on comprendra de mieux en mieux les conséquences de ces principes. C'est ainsi que les progrès de la conscience humaine feront de plus en plus disparaître ces contradictions si souvent opposées aux moralistes.

Mais le progrès des idées morales peut-il se concilier avec la doctrine d'une loi morale immuable et absolue ? Ce qui est absolu est-il susceptible de changement ? Cette apparente difficulté est levée par une distinction bien simple, celle de la vérité en elle-même et de la connaissance que nous en avons. La géométrie atteint certainement des vérités immuables et absolues; et cependant la science géométrique est progressive. Chacune des vérités dont se compose la vérité géométrique se développe successivement à nos yeux; des principes nous tirons les conséquences, et chaque conséquence nouvelle est une acquisition, un progrès. Ainsi, de théorèmes en théorèmes, la science se développe sans que la vérité subisse le moindre changement. Il en est de même de toutes les sciences, même des sciences expérimentales. La physique et la chimie n'ont pas pour objet de ces vérités que l'on appelle en logique absolues, c'est-à-dire nécessaires et évidentes *à priori*. Mais ces vérités n'en sont pas moins immuables. Elles sont toujours les mêmes depuis l'origine des choses, quoique nous n'apprenions à les connaître que peu à peu; et les erreurs dont elles ont été l'objet ne prouvent nullement qu'elles soient en elles-mêmes chancelantes et arbitraires.

Pourquoi n'en serait-il pas de même en morale ? Il y a des lois morales comme il y a des lois physiques; il y a des vérités morales comme il y a des vérités géométriques. En elles-mêmes, ces vérités et ces lois sont absolues, immuables, universelles; mais elles ne nous apparaissent pas d'abord tout entières, ni toujours avec leurs vrais caractères. Nous faisons en morale de fausses hypothèses ou des hypothèses incomplètes, tout comme en physique. Enfin l'erreur ne prouve pas qu'il n'y ait pas de vérité. La morale se tire de la connaissance de plus en plus approfondie de la nature humaine. Elle a deux sources : la dignité humaine et la fraternité. A mesure que les hommes comprennent mieux la valeur de la personne humaine et l'identité de nature qui existe entre les hommes, la morale s'étend et s'éclaire. Mais cette double connaissance exige à la fois le développement de la pensée et du sentiment. De même que les hommes n'ont pas eu tout d'abord l'idée des lois de la nature et de l'ordre de l'univers, et ne sont arrivés que lentement à cette conception, de même ils n'ont pas eu tout d'abord le sentiment de la valeur de l'homme, ni celui de la communauté d'essence ou de la solidarité qui unit les hommes entre eux.

Le progrès moral n'a donc rien d'incompatible avec l'immutabilité intrinsèque des vérités morales. On peut dire au contraire que sans l'hypothèse d'une morale absolue résidant au fond de notre conscience, c'est le progrès qui est inexplicable ; car le changement n'est pas le progrès. S'il n'y a pas quelque chose d'essentiellement bon et vrai, on ne voit pas comment tel état social vaudrait mieux que tel autre, pourquoi le respect de la vie humaine vaudrait mieux que la cruauté sauvage, pourquoi l'égalité humaine vaudrait mieux que l'esclavage, pourquoi la tolérance religieuse vaudrait mieux que la foi sanglante du moyen âge ou la foi plus sanglante encore des vieilles superstitions antéhistoriques.

On dira enfin qu'il y a des races immobiles. Il serait plus juste de dire qu'il y a des races arrêtées ; car aucune n'a été absolument immobile : toutes sont susceptibles de certains progrès ; seulement elles ne s'élèvent point toutes au même niveau. Mais n'en est-il pas de même des individus ? La délicatesse et la profondeur dans les sentiments moraux ne sont pas le propre de tous les hommes : il en est qui montrent le chemin ; ce sont les sages ou les saints ; les autres suivent de loin. Pourquoi n'en serait-il pas de même des races humaines ? Quelques-unes marchent en avant; les autres suivent à des distances inégales.

Résumons-nous. Il y a pour l'humanité un double état comme l'a dit Spinoza, un état de nature et un état de raison : dans le premier domine la loi du plus fort, dans le second la paix et l'union. La loi de l'humanité est de passer de l'un à l'autre, ce qui ne peut avoir lieu que dans le temps, c'est-à-dire progressivement. Chaque peuple, chaque race, chaque siècle avance plus ou moins vers ce but; mais aucun peuple, aucun siècle n'a jamais été complétement plongé dans l'état de nature; aucun n'est arrivé à l'état de raison absolue. Tous se suivent à des distances différentes, mais aucun n'est au but. Il faut renverser l'ordre dans lequel se plaisait le XVIIIe siècle ; ce qu'il plaçait dans le passé, il faut le placer dans l'avenir. Le contrat social n'a pas été la loi des sociétés primitives, mais il est la loi idéale des sociétés futures. L'unité morale de la nature humaine ne s'est pas manifestée au berceau de notre espèce, mais elle est le terme où elle tend, et la raison secrète de son ascension infatigable vers le mieux.

CHAPITRE V

LE SENTIMENT MORAL

L'un des paradoxes les plus étranges de la morale de Kant, et, j'ose le dire, l'un des scandales de cette morale, c'est l'espèce de défaveur qu'elle jette sur les bons sentiments, sur les inclinations naturelles qui nous conduisent au bien spontanément et sans effort. Il ne reconnaît le caractère de la moralité que là où il y a obéissance au devoir, c'est-à-dire effort et lutte, ce qui implique en définitive résistance et rébellion ; car la lutte suppose l'obstacle. Veut-il nous donner la véritable idée du devoir de conservation personnelle ? il nous représentera l'homme arrivé par le désespoir jusqu'à prendre sa vie en horreur, mais triomphant de cette misanthropie farouche, et ne consentant à vivre que par respect pour la loi. De même aussi, veut-il peindre le véritable devoir envers les hommes, il nous représentera une âme naturellement froide et insensible, qui, sans pitié et sans faiblesse, fait le bien des autres, parce que c'est son devoir et par nul autre motif. Tout autre amour que celui qui se manifeste par des actes extérieurs est comme flétri par lui sous le nom d'amour *pathologique*.

Il en vient jusqu'à dépouiller le mot touchant de l'Évangile : Aimez-vous les uns les autres, de toute flamme de charité intérieure, pour le réduire exclusivement à des obligations externes, oubliant cette admirable parole de saint Paul : « Quand je donnerais tout mon bien pour être distribué aux pauvres, quand je livrerais mon corps pour être brûlé, si je n'ai pas la charité, tout cela ne me sert de rien [1]. »

Que cette morale sèche et altière ait son prix pour déveopper dans l'homme les mâles vertus et l'énergie virile, je l'accorde : qu'elle ait mis en pleine lumière l'idée de la loi, c'est son éminent service; qu'elle ait été une forte et légitime réaction contre la fade et molle sentimentalité du XVIII° siècle, c'est encore une justice à lui rendre. Mais qu'elle soit toute la vérité morale, j'ai peine à le croire.

Lorsque l'on lit la morale de Kant, et qu'on s'en pénètre profondément, on en vient à une situation morale étrange ; on se repent de ses bons sentiments, on en a des remords [2]. Eh quoi? se dit-on, j'aime mes amis, j'aime mes enfants, j'aime les hommes ! je suis doué de pitié et de tendresse ! tout cela est sans valeur morale. Pourquoi la nature ne

---

1. Kant pratiquait lui-même cette morale. Il avait une sœur, qui, étant comme lui d'une extraction un peu basse, ne s'était pas élevée par l'éducation et les lumières, et avec laquelle il ne pouvait guère sympathiser. Il lui faisait une pension, mais il refusa toujours de la voir. Il croyait avoir fait tout son devoir par des services d'argent. Singulier rapprochement de Kant et de Pascal ! L'un et l'autre, par fanatisme religieux ou philosophique, refoulaient les sentiments les plus naturels du genre humain, et l'un des meilleurs, des plus innocents de tous, l'amour du frère pour la sœur.

2. Schiller disait, comme on sait, dans une charmante épigramme : « J'ai du plaisir à faire du bien à mon voisin; cela m'inquiète; je sens que je ne suis pas tout à fait vertueux. »

m'a-t-elle pas fait égoïste? Je pourrais alors obéir au devoir qui m'ordonne de me sacrifier à autrui ! Pourquoi la nature ne m'a-t-elle pas inspiré de dégoût pour les plaisirs de la famille? Au moins j'aurais quelque mérite à accomplir les vertus domestiques. Je m'ennuierais à mon intérieur; mais je m'y ennuierais moralement. J'aime mes parents tendrement : quelle misère ! C'est un amour pathologique. Si la nature m'avait doué d'insensibilité à leur égard, sans doute mes égards et mes services n'auraient pas de charmes pour eux comme ils en ont aujourd'hui ; mais ils auraient un caractère moral, une valeur morale. La seule chose qui ait un prix absolu, c'est la bonne volonté. Or les bons sentiments ne viennent pas de ma volonté; ils ne brillent pas de leur propre éclat. Heureux les pauvres de cœur ! Le royaume des cieux est à eux.

On le voit, non-seulement une telle morale nous inspire du scrupule et du remords pour nos bons sentiments, mais il semble qu'elle soit impossible, s'il n'y en a pas de mauvais. Le devoir y est partout représenté comme une contrainte, comme un ordre, comme une discipline. Mais cette contrainte suppose évidemment une résistance de la sensibilité. Si nous n'avions pas de passions, qu'aurions nous à vaincre? Celui qui n'a pas de goût pour les plaisirs de la table ou pour les plaisirs de l'amour s'en prive tout naturellement, sans avoir besoin de la contrainte de la loi. Celui qui n'a pas la passion du jeu n'a que faire du précepte qui défend de jouer; celui qui n'a jamais éprouvé le désir de la vengeance ne pense pas à la loi qui défend de se venger. En supposant même qu'en s'abstenant de ces actions, l'agent moral se dise à lui-même qu'il s'en abstient par respect pour la loi, qui lui assure qu'il ne se trompe pas, puisque son instinct le porterait encore à s'en abstenir, quand même il n'y aurait pas de loi?

Ainsi, dans la doctrine de l'impératif catégorique, il faut regretter ses bons sentiments, et désirer d'en avoir de mauvais, si l'on veut atteindre à la vraie moralité. Dans cette doctrine, il y a aussi des élus et des réprouvés. Seulement, les élus sont ceux qui sont nés avec des vices ; les réprouvés sont ceux que la Providence a faits bons, pieux, naturellement sincères, naturellement courageux. Les premiers peuvent se donner à eux-mêmes une vraie valeur morale ; les seconds jouissent d'une nature heureuse ; mais le mérite et la moralité leur sont interdits. Si, par impossible, Dieu m'avait fait aussi bon que lui, je serais le plus malheureux des hommes, puisqu'il ne me resterait aucune vertu à conquérir par mes propres efforts.

Je crois que l'on peut trouver dans la doctrine de Kant lui-même une réponse à la difficulté que nous venons de signaler.

Il me semble que Kant, dans son analyse profonde de la loi morale, s'en fait successivement deux idées différentes, que tantôt il distingue, et que tantôt il confond. Il part en effet de l'idée d'une bonne volonté, d'une volonté pure et parfaite, sans mélange de passions, qui obéit à la loi par respect pour la loi. A cet état de volonté pure, il est évident que l'agent accomplit la loi sans aucune espèce d'effort ni de résistance : il s'identifie avec elle ; il devient lui-même en quelque sorte la loi. C'est cet état de volonté pure, absolue, infaillible, que Kant appelle la *sainteté*, et qu'il propose comme un idéal inaccessible à la volonté humaine. Supposez maintenant cette loi dans un être doué de sensibilité, initié à la nature, entraîné par des appétits et des penchants, cette loi pure, rencontrant une résistance, devient un ordre et une contrainte ; elle devient le *devoir*. Le devoir n'est donc pas la loi morale dans sa pureté : c'est la loi morale tombée en quelque sorte dans le monde sensible et entrant en conflit avec les passions.

La loi morale peut donc être conçue dans la doctrine de Kant à deux points de vue : soit en elle-même, dans une volonté absolument raisonnable; soit à titre de devoir dans un être à la fois raisonnable et sensible. L'amour de la volonté pure avec la loi est la *sainteté;* l'accord de la volonté humaine avec le devoir est la *vertu*.

Quoique ces deux points de vue aient été très-bien démêlés par Kant, cependant il oublie très-souvent cette distinction, et lorsqu'il veut caractériser la moralité, il prend toujours pour type l'idée de devoir, au lieu de se souvenir de l'idée de volonté pure et absolue dont il était parti. Quoique le fait d'avoir des penchants rebelles ne soit point du tout contenu dans l'idée pure d'une bonne volonté, il fera toujours consister la moralité dans la contrainte des penchants. Ce qui n'est, ce qui ne devrait être, d'après lui-même, qu'un état relatif, lui devient le type absolu de la moralité. De là ce caractère « judaïque et militaire » qu'on a si bien signalé dans sa doctrine. De là des conséquences paradoxales que nous avons signalées, et qui feraient prendre toute morale en horreur, si elle devait nous inspirer du dégoût et de l'aversion pour les belles qualités de l'âme, pour la sainte innocence, pour la charité ignorée, pour la tendresse sans réflexion, pour la bonté et pour la pitié.

Il est impossible de se représenter l'état de lutte contre les penchants comme le plus haut idéal de l'homme. Il est évident en effet que l'on ne lutte que pour vaincre, et que la victoire une fois remportée, le prix de la lutte est la paix. Jouffroy a admirablement peint quelque part [1] cette opposition entre la volonté militante et la volonté victorieuse, entre le sublime spectacle de l'effort et la beauté accomplie du repos triomphant. La vertu n'est pas la fin, ce n'est que le moyen : c'est le moyen par lequel l'homme peut s'élever à toute sa pureté, à toute son excellence, à toute sa dignité. Dans cet état de pureté et d'excellence, l'âme n'aurait plus besoin d'effort pour faire le bien, elle serait devenue bonne. Tant que la volonté lutte contre le mal, elle n'est pas encore la bonne volonté, elle aspire à le devenir : si elle lutte, c'est qu'il y a *tentation;* et la tentation est évidemment exclue de l'idée d'une volonté parfaite.

Allons plus loin : essayons de nous élever, comme le fait Kant, jusqu'à l'idée d'une volonté absolument bonne, et demandons-nous si elle consiste à obéir à la loi *par respect* pour la loi. C'est bien là l'idée du devoir ; mais est-ce l'idée de la sainteté? Une volonté pure se contente-t-elle de respecter la loi ? Ne s'y conforme-t-elle pas spontanément, naturellement, en y consentant, en un mot en l'aimant? Je dirai donc, en modifiant la formule de Kant,

---

[1] Voir, dans ses premiers *Mélanges philosophiques,* le morceau sur les facultés de l'âme.

que la volonté pure est celle qui fait le bien *par amour pour le bien.*

Kant ne se représente le bien que comme quelque chose d'intelligible. Mais le bien n'est pas seulement intelligible; il est aimable : « Si la beauté, disait Platon, nous apparaissait en elle-même et sans voiles, elle exciterait en nous des amours incroyables. » Ce que Platon dit du beau, on peut le dire du bien. Aristote, qui ne passe pas pour poëte, nous représente aussi le bien comme souverainement aimable, souverainement désirable.

Ainsi, à l'état de pureté absolue, la volonté n'est autre chose que le libre amour du bien, sans efforts, sans lutte, sans obéissance à une loi sèche et abstraite. Ce que nous appelons *la loi*, c'est-à-dire le devoir, n'est que le rapport de cette volonté pure à notre volonté empirique et secrète; c'est l'ordre que donne la partie supérieure de notre être à la partie inférieure. C'est pourquoi, comme nous l'avons vu, c'est la volonté qui se dicte à elle-même sa loi. La volonté pure est donc la loi même, elle n'est pas soumise à la loi.

Kant a profondément étudié le seul sentiment moral qu'il veuille reconnaître; c'est le sentiment du respect : c'est, dit-il, la conséquence de la loi, et par là c'est, comme la loi elle-même, un mobile objectif et formel, qui n'est pas suspect de conduire à l'eudémonisme. Mais on peut en dire autant de l'amour. L'amour n'est aussi, comme le respect, que la conséquence de la loi, et je n'aimerais pas une loi que je ne connaîtrais pas. Or, si d'agir par *respect* pour la loi n'ôte rien à l'autonomie de ma volonté et à la pureté de mon acte, pourquoi agir par *amour* de la loi ôterait-il quelque chose au désintéressement de la vertu? D'ailleurs, quoi qu'en dise Kant, le sentiment du respect peut être sans doute postérieur à la connaissance de la loi ; mais, dans l'âme de celui qui agit, il est antérieur à l'action ; il entre donc comme un déterminant de l'action : ce qui est toujours, quoi qu'on veuille, faire une part à la sensibilité. Kant décrit ce sentiment de telle manière, qu'on ne sait réellement pas si c'est un sentiment ou si ce n'en est pas un. Est-il accompagné de plaisir ou de peine ? En ce cas, il ne diffère en rien des autres sentiments moraux ; et on ne voit pas pourquoi Kant lui fait un privilége si particulier. N'est-il accompagné ni de plaisir ni de peine, de quel droit l'appeler un sentiment ? Au fond, le sentiment du respect n'est autre que le sentiment de la dignité humaine, c'est-à-dire le plaisir qui accompagne l'idée de notre grandeur morale, et la peine qui accompagne l'idée de notre déchéance. C'est là sans doute une partie essentielle du sentiment moral ; est-ce la seule ? Est-ce la meilleure? Est-ce la plus pure, la plus élevée ? L'amour du bien pour le bien, l'amour de la beauté morale, de la pureté morale, l'amour de l'humanité et l'amour de Dieu en tous ne sont-ils pas des sentiments aussi désintéressés, plus peut-être que le sentiment de la dignité personnelle et le respect de soi-même ?

Kant fait observer avec raison que le sentiment du respect est un sentiment plus pénible qu'agréable, parce qu'il repose surtout sur la conscience de notre faiblesse et de notre infirmité morale en présence de la sainteté de la loi. Au fond, Kant ne fait que transporter ici à la loi, c'est-à-dire à une puissance abstraite et aveugle, le sentiment de secret tremblement que les âmes pieuses et mystiques éprouvent en présence de la grandeur infinie de Dieu. Mais que ce tremblement soit occasionné par l'idée de la loi ou par l'idée d'une divinité vivante, toujours est-il qu'on peut se demander si la crainte ou l'humilité est le sentiment le plus élevé et le plus pur que l'on puisse éprouver en face du saint en soi, de quelque façon que chacun se représente ce saint en soi. Au-dessus de la crainte est l'amour.

Après avoir craint la loi, non pour ses menaces, mais pour sa grandeur et son austérité, je dis qu'il faut l'aimer pour sa beauté. Jamais les anciens n'ont considéré autrement le bien que comme l'objet souverainement aimable, souverainement désirable. L'austère Aristote lui-même, le sévère théoricien du syllogisme, trouve des accents émus et sublimes en parlant de l'amour du bien. Il y a, dans la morale de Kant, une sorte de jansénisme rebutant, non pas en ce sens qu'il sacrifierait la liberté à la grâce, mais en ce sens qu'il dépouille la vertu de ses grâces et de sa beauté, qu'il n'y voit que contrainte et discipline, au lieu d'y voir joie, bonheur et attrait. C'est une vertu de moine, pour laquelle la règle est tout. Ce n'est pas là la vertu des Grecs, d'un Socrate, d'un Platon, d'un Fénelon (car celui-là aussi est un Grec) vertu accessible et douce, vertu aimable et noble, vertu mêlée de rhythme et de poésie. Ὁ φιλόσοφος μουσικός ; le sage est un musicien. Ce n'est pas la vertu chrétienne, vertu de tendresse et de cœur, vertu de dévouement et de fraternité : « Aimez-vous les uns les autres. » Kant a eu raison de ne pas admettre un superflu au-dessus de la vertu ; il a eu tort de ne pas admettre ce superflu dans la vertu même. Ce superflu si nécessaire, c'est l'amour de la vertu.

Si l'idéal de la volonté consiste à aimer le bien, non parce que la loi le commande, mais parce qu'il est le bien, comment pourrait-on considérer comme une infériorité morale de jouir dès à présent d'une image anticipée de cet état parfait d'excellence, que l'on peut considérer, si l'on veut, comme l'état des bienheureux dans le ciel? La bonté du cœur, la sainte et pure inclination vers le bien sont en quelque sorte des à-compte déjà obtenus et gagnés sur cette perfection idéale, à laquelle nous devons d'ailleurs nous élever par nos propres efforts.

Je ne méconnais pas la différence entre l'amour du bien que nous tenons de la nature ou de l'éducation, et l'amour du bien conquis par nos propres efforts, et j'admets pour ce qui est de l'homme, la supériorité de la paix morale conquise par la volonté, sur les joies de l'innocence, si exquises qu'elles puissent être.

Je veux seulement dire que nos inclinations naturelles sont de vrais biens, et que nul n'a le droit de les regretter en lui-même, et de les dédaigner pour autrui. Dans une doctrine où l'idéal absolu serait d'obéir à la loi par respect pour la loi, les bonnes inclinations n'ont aucune place, et sont plus fâcheuses que les mauvaises; car au moins celles-ci, on peut les vaincre, tandis que les autres, en nous dispensant de l'effort, nous privent de notre vraie destinée. Dans la doctrine, au contraire, où l'idéal consiste à faire le bien par amour pour le bien, les inclinations bienveillantes et vertueuses sont déjà l'anticipation de l'avenir, un premier exemplaire de l'idéal commandé, et comme une prélibation de l'excellence et de la beauté morale. Il ne faut pas être forcé de dire que Dieu a créé en vain le cœur de l'homme, et qu'il nous a nui par sa bonté.

On pourrait craindre que cette revendication des droits du sentiment n'affaiblisse le principe de la moralité, c'est-à-dire l'énergie de l'action individuelle, et le libre effort de la volonté. Ce serait une crainte chimérique. La prédominance des bons instincts, dans les meilleurs des hommes, laisse encore en effet une assez grande place aux mauvais pour qu'il reste, et indéfiniment, une marge suffisante aux obligations impérieuses de la loi et aux conquêtes morales du libre arbitre. Mieux vous avez été partagé par la nature, plus vous êtes tenu d'augmenter ce bien naturel par vos efforts pour conquérir ce qui vous manque. Les bons sentiments eux-mêmes sont encore une matière à lutte et à perfectionnement moral, puisque vous pouvez avoir à lutter contre leurs tentations mêmes; car la sensibilité est un piége en même temps qu'elle est un don. S'il est bien d'aimer les hommes, la raison et le devoir sont là pour vous dire qu'il ne faut pas sacrifier la vertu austère de la justice à la vertu aimable de la charité. S'il est bien d'aimer sa famille et ses amis, il n'en est pas moins obligatoire de ne leur sacrifier ni le bien des autres, ni l'intérêt même de votre propre vertu.

Il n'est donc point question de remplacer la morale du devoir par la morale du sentiment; nous ne nous élevons que contre l'exagération de Kant, qui exclut entièrement le sentiment du domaine de la moralité, et semble trop souvent confondre dans la morale le moyen avec le but. Le but, c'est d'arriver à être bons. Que si Dieu a commencé par nous faire tels en nous dispensant d'une partie des efforts à faire pour arriver au but, ce serait une morale très-imparfaite que celle qui trouverait moyen de s'en plaindre, qui mettrait sur la même ligne les bons et les mauvais sentiments, et constituerait même un privilége en faveur de ceux-ci.

Kant soutient enfin que l'amour ne peut pas être tenu à aimer; que le sentiment est un phénomène qui appartient à l'ordre de la nature, et qu'on ne peut ni produire, ni empêcher; par conséquent il n'est pas moral. Le seul amour qu'il reconnaisse, c'est l'amour *pratique*, celui qui consiste en actes. Tout autre amour est, suivant lui, *pathologique*, c'est-à-dire maladif.

Kant a sans doute raison, s'il veut parler de cette fausse sentimentalité ou sensiblerie que le poëte Gilbert a si bien décrite, et que la littérature énervante de la fin du XIIIe siècle a rendue ridicule. Il faut prendre garde à ne pas tomber dans des tendresses efféminées ou dans une philanthropie niaise qui sacrifie la justice à une fade sensibilité. Mais tout écueil et tout travers mis à part, il reste toujours à savoir si nous ne devons rien à notre propre cœur, et si la seule chose qui nous soit directement commandée soit l'action.

Il est très-vrai qu'il ne dépend pas de notre volonté d'avoir le cœur plus ou moins sympathique. La nature a fait des âmes tendres et aimables, des âmes austères et froides, des âmes héroïques et dures, etc., et les moralistes ne doivent pas oublier toutes ces différences. Nous n'avons pas de thermomètre pour déterminer le degré de sensibilité obligatoire pour chacun de nous. Mais deux faits sont certains, qui nous autorisent à restreindre cette doctrine si dure. Le premier, c'est que l'émotion morale (affection, enthousiasme pour le beau, pour la patrie, etc.), n'est entièrement absente d'aucune âme humaine ; le second, c'est que la sensibilité n'est pas tout à fait en dehors de notre volonté. Nous pouvons étouffer nos bons sentiments tout aussi bien que nos mauvaises passions ; nous pouvons aussi les développer, les encourager, leur donner une plus ou moins grande part dans notre vie, en nous plaçant dans les circonstances qui les provoquent. Par exemple, telle personne est douée de peu de sensibilité ou de sympathie pour les souffrances des misérables ; mais il est impossible qu'elle en soit absolument dépourvue : qu'elle triomphe donc de sa répugnance et de sa sécheresse, qu'elle voie des pauvres, qu'elle se mette au service des misères humaines ; inévitablement la sympathie s'éveillera dans son cœur. Par cela seul, elle accomplira le bien plus facilement, et elle donnera à son âme un degré de plus de perfection et de beauté.

Le sentiment n'est donc pas, quoi qu'en dise Kant, l'ennemi de la vertu ; il en est au contraire l'ornement et la fleur. Aristote a été à la fois plus humain et plus vrai, lorsqu'il a dit : « L'homme vertueux est celui qui trouve du plaisir à faire des actes de vertu. » Il ne suffit pas d'être vertueux ; il faut encore que le cœur trouve du plaisir à l'être. Que si la nature a déjà bien voulu faire pour nous les premiers frais, c'est être bien ingrat que de lui en vouloir.

CHAPITRE VI

LA LIBERTÉ

La conscience morale et le sentiment moral ne sont pas les seules conditions subjectives de l'accomplissement du bien. Il ne suffit pas de le connaître et de l'aimer; il faut encore le vouloir. La volonté accompagnée de la conscience, c'est-à-dire du discernement du bien et du mal, est ce qu'on appelle la *liberté*.

Il est important de remarquer que la liberté peut être entendue en deux sens : ou bien comme la *fin* à laquelle nous devons tendre, comme l'objet même de la conduite morale, ou bien comme le *moyen* que nous avons de nous élever à cet état. Dans le premier sens, elle est un *devoir;* dans le second, elle est un *pouvoir*.

Dans le premier sens, l'homme n'est vraiment libre que lorsqu'il s'est affranchi, non-seulement du joug des choses extérieures, mais encore du joug de ses passions. Tout le monde reconnaît que celui qui obéit à ses désirs d'une manière aveugle n'est pas maître de lui-même, qu'il est esclave de son corps, de ses sens, de ses désirs et de ses craintes. Dans ce sens, l'enfant n'est pas encore libre, l'homme passionné ne l'est pas, l'homme ivrene l'est plus. Ce n'est plus l'homme qui agit, c'est la nature et la fatalité. Au contraire, celui en qui la raison domine, qui en toutes choses ne veut que le vrai et le bien, se possède entièrement lui-même, et n'est le jouet d'aucune force aveugle. Dans ce sens, plus l'homme s'approche de la sagesse, plus il s'approche de la vraie liberté; et si nous concevons une parfaite sagesse, une parfaite raison, nous concevons par là même la parfaite liberté. Dans ce premier sens, par conséquent, n'est pas comprise la puissance de faire le bien ou le mal, et de choisir entre l'un et l'autre. Au contraire, faire le mal, c'est cesser d'être libre; et faire le bien, c'est l'être en effet. La souveraine liberté est donc en même temps l'impeccabilité absolue.

Mais cette sorte de liberté, identique à la sagesse elle-même, et opposée à l'esclavage des passions, sommes-nous libres de nous y porter volontairement, et pouvons-nous choisir entre elle et son contraire? Ici la liberté prend une autre signification : elle devient le *libre arbitre;* elle n'est plus une fin, elle est un *moyen.* Le libre arbitre est la puissance de choisir entre la liberté et l'esclavage; par lui nous sommes librement libres ou librement esclaves. Celui qui consent à la passion se met lui-même sous le joug. Il perd sa liberté, mais il a voulu la perdre, ce qui n'a rien de contradictoire; car on a vu des hommes se vendre comme esclaves, et qui étaient par conséquent librement esclaves : on en a vu d'autres refuser de se racheter. De même on a vu des peuples renoncer librement à la liberté. Réciproquement, on peut être libre malgré soi. L'enfant, par exemple, que l'on force à accomplir des actions raisonnables;

26.

l'homme passionné que l'on contraint à s'affranchir de la passion; le fou que l'on guérit par un traitement violent, subissent malgré eux la liberté qu'on veut leur rendre ou leur conserver.

Cette distinction établie, le problème peut se formuler en ces termes : sommes-nous libres d'être libres? ou encore : la liberté ou affranchissement absolu étant la fin vers laquelle nous devons tendre, avons-nous en nous-mêmes le moyen d'y parvenir, c'est-à-dire le libre arbitre ?

On appelle *fatalisme* toute doctrine qui nie la liberté humaine et rapporte toutes choses à la seule nécessité. Il y en a de plusieurs espèces.

1° La forme la plus grossière du fatalisme est celle que l'on appelle dans les écoles le *fatum mahometanum* [1], qui consiste à croire que les événements sont tellement déterminés et liés par une force aveugle, que, quoi que l'on puisse faire, tel événement arrivera. C'est la croyance à une puissance occulte et à une sorte de magie plus forte que toutes les causes particulières. La formule de ce fatalisme est dans ce mot : « C'était écrit; » et, partant de cette conception, on tombe, en pratique, dans un quiétisme absolu, puisqu'il n'y a rien à faire contre la destinée. C'est ce que Leibniz (avec les anciens) appelle le *sophisme paresseux* (λόγος ἀργὸς), qu'il réfute en ces termes :

« Cette considération fait toucher en même temps ce qui

---

1. D'après les derniers historiens du mahométisme (*Mahomet et le Coran*, par B. Saint-Hilaire, p. 205), ce serait une injustice d'imputer cette sorte de fatalisme à Mahomet. On ne trouve rien de semblable dans le Coran.

était appelé des anciens le sophisme paresseux, qui concluait à ne rien faire. Car, disait-on, si ce que je demande doit arriver, il arrivera quand je ne ferais rien ; et s'il ne doit point arriver, il n'arrivera jamais, quelque peine que je prenne pour l'obtenir. On pourrait appeler cette nécessité qu'on s'imagine dans les événements détachés de leurs causes *fatum mahometanum*, parce qu'on dit qu'un argument semblable fait que les Turcs n'évitent point les lieux où la peste fait ravage. Mais la réponse est toute prête ; l'effet étant certain, la cause qui le produira l'est aussi ; et si l'effet arrive, ce sera peut-être par une cause proportionnée. Ainsi votre paresse fera peut-être que vous n'obtiendrez rien de ce que vous souhaitez et que vous tomberez dans les maux que vous auriez évités en agissant avec soin. L'on voit donc que la liaison des causes avec les effets, bien loin de causer une fatalité insupportable, fournit plutôt un moyen de la lever. Il y a un proverbe allemand qui dit que la mort veut toujours avoir une cause ; et il n'y a rien de si vrai. Vous mourrez ce jour-là (supposons que cela soit, et qu'on le prévoie), oui, sans doute ; mais ce sera parce que vous ferez ce qui vous y conduira... Le sophisme qui conclut de ne se mettre en peine de rien sera peut-être utile quelquefois pour porter certaines gens à aller tête baissée au danger ; et on l'a vu particulièrement des soldats turcs, mais il semble que le Maslach y a plus de part que ce sophisme ; outre que cet esprit déterminé des Turcs s'est fort démenti de nos jours. »

2° Une seconde espèce de fatalisme est le fatalisme théologique, ou *prédestinationisme :* c'est cette doctrine par laquelle Dieu aurait déterminé à l'avance les élus et les réprouvés, les saints et les impies, choisissant les uns par un acte de faveur et abandonnant les autres à la damnation éternelle. Cette doctrine, en tant qu'elle nie absolument tout libre arbitre, tombe dans les mêmes inconvénients que la précédente. En effet, si ma destinée dépend exclusivement du choix et de la volonté de Dieu, qu'ai-je à faire pour la changer et qu'ai-je à craindre ? Si je suis dans les élus, je serai sauvé quand même ; si je suis dans les réprouvés, rien ne peut empêcher ma perte : je n'ai donc qu'à attendre dans une absolue indifférence les résultats du décret divin. En outre, dans cette doctrine, Dieu paraît trop comme un tyran qui semble agir par caprice, et qui remplace la justice par la puissance. Au reste, la doctrine de la prédestination n'a jamais été soutenue d'une manière aussi absolue qu'on le dit ; et les théologiens ont toujours reconnu, au moins humainement parlant, une certaine part de libre arbitre.

3° La troisième espèce de fatalisme est le fatalisme géométrique ou spinoziste. Selon Spinoza, tous les phénomènes de l'univers, et par conséquent les actions de l'homme, suivent de l'essence des choses avec la même nécessité que de l'essence du triangle suit l'égalité des trois angles à deux droits. « Dans ce système, comme le dit Bayle, il a été aussi impossible de toute éternité que Spinoza ne mourût pas à La Haye qu'il est impossible que deux et deux soient six. » Mais on peut douter, quoi qu'en dise Spinoza, que tout soit géométrique dans la nature et dans l'homme. — Par exemple, l'attrait qui nous porte vers le plaisir n'a aucune analogie avec la nécessité logique qui fait sortir une idée d'une autre idée. Le plaisir lui-même et la douleur sont des faits immédiats qui ne peuvent être comparés à des notions ni premières ni dérivées. Supposé même que l'on pût trouver et démontrer *à priori* la cause du plaisir, tout cela ne suffirait pas pour celui qui ne serait pas capable d'*éprouver* du plaisir. Il en serait de lui comme de l'aveugle Saunderson, qui savait aussi bien que qui que ce soit les lois géométriques de la lumière, mais qui n'avait aucune idée de la sensation de lumière. Si on lui eût rendu subitement la vue, il aurait eu une sensation de plus, à laquelle la connaissance géométrique des choses eût été inutile. Dira-t-on que l'explication logique se trouvera dans l'essence de l'âme, et non dans les causes externes ? Soit ; mais nulle logique ne pourra jamais donner l'intuition d'un fait de sensibilité à celui qui ne l'a pas éprouvé. Dieu lui-même peut connaître l'essence de la douleur, mais non pas le fait même de la douleur. Il y a donc d'autres lois que les lois géométriques. Si cela est vrai de la sensibilité, à plus forte raison de la volonté. Il n'y a rien de semblable en géométrie. Le triangle ne *veut* pas avoir ses trois angles égaux à deux droits : dire avec Hegel que la liberté est la conscience de la nécessité, en supposant même que cette définition fût vraie, serait encore introduire une notion distincte des pures mathématiques ; car la conscience est un fait étranger aux lois mathématiques ; le triangle n'a pas conscience de lui-même. En un mot, la conscience, la liberté, le plaisir et la douleur sont des faits premiers, qui ne peuvent se déduire logiquement. Tout n'est donc pas soumis à une nécessité logique ou mathématique.

Après avoir exclu les divers systèmes qui nient d'une manière absolue la liberté humaine, et qui mettent l'homme entre les mains de Dieu ou de la nature, comme le bâton entre les mains de l'homme, « *sicut baculus*, » nous avons à nous demander si nous devons ranger sous le nom de fatalisme le système appelé *déterminisme*, qui enseigne que les actions humaines sont aussi bien soumises que les actions extérieures à la loi de la cause et de l'effet, et suivant laquelle les actions sont les résultats infaillibles des conditions déterminantes qui les précèdent, c'est-à-dire des motifs. Parmi ceux qui ont soutenu cette doctrine, les uns combattent le libre arbitre; les autres, comme Leibniz, la croient conciliable avec la liberté morale.

Ceux qui soutiennent que toute espèce de déterminisme est absolument contraire à la liberté sont obligés d'admettre que l'âme est capable d'agir sans motif, c'est-à-dire de choisir un parti plutôt que l'autre sans aucune raison : c'est ce qu'on a appelé la *liberté indifférente* ou *d'indifférence*. Si faible en effet que soit la part d'influence que l'on attribue aux motifs, à moins qu'ils n'en aient aucune, il faut bien reconnaître qu'ils sont pour quelque chose dans la détermination de la volonté. Or, pour écarter la liberté d'indifférence, il n'est pas nécessaire d'en montrer l'impossibilité; il suffit d'en montrer l'inutilité. En effet, à quoi sert-il de nous prouver que nous sommes libres dans les actions indifférentes? Ce n'est jamais dans ces sortes d'actions que la liberté est en question : c'est au contraire dans les actions qui ont un caractère moral; or ces actions ne sont jamais indifférentes, et elles supposent toujours des motifs : par exemple, je ne fais le mal que parce que j'obéis à la passion, et le bien qu'en obéissant au devoir. Or le devoir et la passion sont des motifs d'action très-certains et très-évidents. De ce qu'on aurait prouvé que je suis libre, quand il n'y a pas de motif, comment en résulterait-il que je le suis encore quand il y en a? Au contraire, si la liberté la plus parfaite et la plus évidente était celle de l'équilibre absolu, ne s'ensuivrait-il pas évidemment que cette liberté diminuerait à mesure que l'on s'éloigne de l'équilibre, par conséquent dans les actions mêmes dont s'occupe la morale, et pour lesquelles on réclame le libre arbitre ?

On ne peut donc admettre la liberté d'indifférence ; et, dès qu'on y renonce, on admet par là même que la loi de la causalité s'applique à l'âme aussi bien qu'au corps, et l'on reconnaît un certain déterminisme. La question est de savoir dans quel sens on l'entendra, car le déterminisme a bien des formes ; j'en reconnaîtrai trois espèces, lesquelles sont ou paraissent être essentiellement ou du moins profondément différentes.

1° Je suppose une bille de billard poussée par une autre bille, et celle-ci par le choc de la queue, laquelle est à son tour mise en mouvement par la main du joueur : le mouvement de chacun de ces corps a sa cause dans l'action exercée sur lui par le corps qui le touche ; c'est une succession de mouvements, dont chacun a sa raison d'être dans un mouvement antérieur. Dans cette succession mécanique, chaque corps reçoit l'action d'un autre corps; il est déterminé par une cause étrangère et extérieure, et c'est une des lois de la matière qu'aucun corps ne peut ni commencer, ni suspendre, ni modifier en vitesse ni en direction le mouvement reçu. Or, parmi les actions humaines, il y en a qui sont tout à fait dans le même cas que celles que nous venons de citer. Par exemple, celui dont on tiendrait et conduirait la main par force pour lui faire signer tel papier, ou lui faire porter un coup, serait comme le bâton entre les mains du voyageur, ou la pierre lancée par une fronde : ce ne serait plus un agent, mais un instrument. Cet instrument n'encourt aucune espèce de responsabilité, pas plus que les organes, qui ne sont que les instruments de nos volontés.

« Quand le bras a failli, l'on en punit la tête. »

Ce premier genre de déterminisme, c'est-à-dire celui où la cause déterminante est extérieure à l'agent, s'appelle contrainte ou violence, et ne contient aucune espèce de liberté. A ce genre de déterminisme extrinsèque et mécanique appartiennent tous les états de l'âme qui ont leur cause immédiate et unique, non-seulement dans les corps étrangers, mais dans le corps humain lui-même : par exemple, l'état de sommeil, de folie, de délire, où l'homme est soumis à ses organes, comme, dans d'autres cas, aux agents extérieurs.

2° De cette première espèce de déterminisme il faut en distinguer une seconde : celle où la cause déterminante n'est plus dans un agent extérieur, ni même dans les organes du corps, mais dans l'agent moral lui-même, et, dans ses divers états psychologiques. Par exemple, l'homme qui obéit à ses propres impulsions et aux tendances innées de sa nature, à l'instinct de conservation, à l'amour du plaisir, à la crainte de la douleur, peut bien sans doute ne pas être déclaré libre ; mais il est déjà d'un degré au-dessus des agents physiques, qui ne sont déterminés à l'action que par des causes externes, ou même au-dessus de l'état dans lequel il est lui-même, lorsqu'il est contraint par une force plus grande que la sienne à agir d'une manière contraire à ses impulsions. La contrainte extérieure violente sa volonté et la rend inutile : c'est volontairement qu'il suit ses propres inclinations. Il y consent, il en est complice ; et par là même il y a déjà dans cet état un degré supérieur de liberté, quoique ce ne soit pas toute la liberté, ni même la vraie liberté ; mais du moins c'en est l'image et le germe.

Voici donc déjà deux espèces de déterminismes profondément différents : celui où la cause de l'action est en dehors de l'agent : c'est la *passivité ;* celui où la cause est dans l'agent lui-même : c'est l'*activité* ou *spontanéité*.

3° Mais la *spontanéité* n'est pas encore le plus haut degré de l'activité. Au-dessus de la spontanéité instinctive ou impulsive (ou puissance d'agir sous l'empire de nos impulsions naturelles) se place la spontanéité rationnelle, ou puissance d'agir d'après des idées ou des concepts. L'analyse psychologique nous apprend qu'il y a dans l'homme deux espèces de phénomènes : les phénomènes de sensibilité (plaisirs ou douleurs, passions, sensations) et les phénomènes de l'intelligence. Les premiers sont de simples affections ou modifications qui marquent seulement l'état de l'âme au moment où elle est affectée. Les seconds impliquent toujours quelque objet, et l'intelligence est essentiellement la faculté de se représenter un objet. Il suit de là que tout acte d'intelligence, étant *représentatif* ou *contemplatif*, n'exerce directement aucune action sur la volonté. Or une idée, en tant qu'elle nous représente une action comme devant être faite, est un *motif*, ou, comme dit

Kant, un *impératif* [1]. Cet impératif commande, mais il ne contraint pas; aussi sentons-nous, quand nous obéissons à un motif de cette nature, que nous sommes obligés de aire un effort sur nous-mêmes. Notre volonté ne se porte pas d'elle-même vers le but que nous montre l'entendement : elle est obligée de se *tendre*, de lutter contre les penchants, de produire sa propre action par une sorte de *création ex nihilo*, en ce sens, du moins, que cette action n'est pas déjà contenue dans un état antérieur. C'est là la liberté, que nous pouvons définir *la puissance d'agir d'après des concepts*. Par l'intervention de l'entendement, la volonté se trouve affranchie 1° de la contrainte extérieure; 2° de la contrainte intérieure des impulsions. Elle est, suivant l'expression de Kant, la puissance de commencer un mouvement. Le sentiment intérieur de la liberté est donc le sentiment que nous avons de ce pouvoir qui, tout en étant déterminé par l'entendement, ne trouve qu'en lui même la force de réaliser ce que l'entendement propose.

Nous distinguons par conséquent trois états ou modes d'action différents, et en même temps trois genres de déterminismes :

1° Le mode d'action où la cause est en dehors de l'agent : *déterminisme externe* ou *passivité;*

2° Le mode d'action où la cause de l'action est interne, mais déterminée par des impulsions : *déterminisme interne ou spontanéité;*

3° Le mode d'action où la cause est interne, mais déterminée par des idées : *déterminisme rationnel* ou *liberté*.

---

1. Hypothétique ou catégorique, peu importe.

C'est ce troisième état que nous devons étudier avec soin pour en bien comprendre la nature, et répondre par là aux diverses objections répandues contre la liberté.

Il ne faudrait pas confondre la définition que nous donnons de la liberté, à savoir : « qu'elle est la puissance d'agir d'après des concepts ou idées, » avec des définitions analogues, par exemple celle de Leibniz : « La liberté est la spontanéité consciente, » ou celle de Hegel : « La liberté est la nécessité comprise. » Ces deux définitions, sans doute, ne sont pas fausses, si on les explique comme il faut. Mais elles sont susceptibles de plusieurs sens.

Agir avec *conscience* peut avoir deux sens : ou bien, simplement, agir en étant intérieurement averti que l'on agit, ou bien agir en se rendant compte de son action. Dans le premier sens, la conscience n'est autre chose que le sens intime ; dans le second, c'est la réflexion.

Or, pour que la spontanéité devienne liberté, il ne suffit pas qu'elle soit présente à elle-même par le sens intime, comme cela a lieu dans le rêve et dans la passion, et même vraisemblablement chez les animaux. Dans des êtres doués de sensibilité, les impulsions et les tendances sont accompagnées de conscience, sans perdre pour cela leur caractère propre de spontanéité fatale.

Il n'en est pas de même si, par *conscience*, on entend le fait de se rendre compte de son action, de savoir que l'on obéit à la passion, ce qui serait impossible si l'on n'avait pas déjà distingué la passion de la raison. Car ce n'est qu'après avoir appris que la passion est contraire ou conforme soit à notre propre bien, soit au bien en général, que l'on arrive à comprendre la passion comme telle, à en avoir conscience. C'est donc par la présence d'une idée que la passion prend conscience d'elle-même, se reconnaît et se juge. D'après ce second sens, agir spontanément avec conscience, c'est agir conformément à une idée.

Or notre doctrine se distingue de celle de Leibniz en ce que pour lui la raison déterminante est toujours dans l'inclination : la conscience n'est qu'un accompagnement de l'action. Pour nous, au contraire, il n'y a liberté qu'à la condition qu'il y ait préalablement conscience, c'est-à-dire représentation idéale de l'action. Pour nous, comme pour le bon sens, être libre, c'est agir avec connaissance de cause, avec intention ; la liberté est la volonté dirigée vers le but représenté par l'esprit, que d'ailleurs ce but lui plaise ou ne lui plaise pas. En un mot, la conscience de l'action, pour Leibniz, n'est que consécutive ; pour nous, elle est antécédente. Cette explication une fois donnée, nous accepterions volontiers cette formule abrégée et précise : « La liberté, c'est la spontanéité consciente. »

Nous interpréterons aussi dans le même sens la formule hégélienne que la liberté n'est que « la nécessité comprise. » En un sens, cette formule n'est autre chose que le pur fatalisme ; en un autre sens, elle peut être assimilée à la nôtre. Ce serait en effet proclamer le fatalisme que de définir la liberté « la conscience de la nécessité. » Supposez, par exemple, le triangle prenant conscience de lui-même, et comprenant la nécessité logique qui unit ses propriétés à son essence, ce serait évidemment changer le sens des termes que de l'appeler libre pour cette raison.

Mais voici comment on peut admettre que la conscience de la nécessité supprime la nécesssité. Celui qui comprend qu'un mal est inévitable et qui s'y résigne n'est plus l'esclave d'une nécessité brute, il n'est plus soumis au sort; mais il se soumet à sa raison; par exemple, accepter la mort comme inévitable, parce qu'elle résulte de la nature des choses, c'est être libre de la mort. La craindre, c'est en être l'esclave. Celui qui meurt malgré lui, et en résistant, est frappé par la mort comme un esclave par un maître. Celui qui la comprend comme nécessaire, c'est-à-dire comme raisonnable, consent à mourir. Il est donc libre par rapport à la mort. Que si, de plus, il voit dans la mort, non-seulement un résultat nécessaire des lois de la vie, mais encore l'acte intentionnel d'une volonté prévoyante, en acceptant cet acte avec la signification que la Providence lui a donnée, il s'affranchit de la fatalité.

Mais si un premier degré de la liberté est d'accepter librement la nécessité, un second degré plus élevé est de commander à cette nécessité même. Par exemple, en tant qu'ils obéissent à leurs instincts sans les comprendre, les animaux sont sous le joug de la nécessité. Mais aussitôt que nous nous élevons à l'intelligence de cette nécessité des penchants, nous nous en affranchissons par là même, car, dès lors, au lieu de nous y abandonner brutalement, nous apprenons à nous y livrer avec discernement, à choisir la manière de les satisfaire, à en subordonner la satisfaction à d'autres besoins plus élevés. C'est de la même manière qu'en comprenant la nécessité des lois naturelles, nous devenons les maîtres de la nature. Dans tous ces cas, la liberté est toujours la puissance d'agir suivant des concepts.

Mais de cette définition naissent des difficultés qu'il s'agit de résoudre. Si la liberté est la faculté d'être déterminé par la raison, ne s'ensuit-il pas que nous ne sommes pas libres, lorsque au lieu d'écouter la voix de la raison, nous obéissons à la passion? Or, si l'homme n'est pas libre d'obéir ou de ne pas obéir à la passion, comment peut-il en être responsable? Ne faudrait-il pas alors dire avec Platon que la méchanceté est involontaire, ou avec les physiologistes que le crime ou le vice n'est qu'une folie, et que le méchant doit être guéri, non puni, qu'il est à la fois coupable et innocent, ou plutôt qu'il n'y a pas de coupables, mais simplement des malheureux?

Ce ne serait pas répondre à la difficulté que de faire remarquer que le langage vulgaire est précisément d'accord avec cette hypothèse. Car ne dit-on pas d'un homme qui est sous le joug des passions que la passion est un esclavage; qu'un homme dans cet état ne s'appartient plus, n'est plus maître de lui, ce qui semble indiquer qu'il n'est pas libre? Mais, en parlant ainsi, le sens commun entend parler d'un joug que l'on subit volontairement, d'un esclavage que l'on accepte, et c'est en quoi il est honteux : autrement il ne serait que malheureux. Un prisonnier chargé de fers n'a pas honte de ses fers; l'esclave au contraire qui pourrait s'affranchir, et qui ne le veut pas, mérite le mépris. Il peut donc y avoir une servitude volontaire, suivant l'expression de La Boétie, et, par conséquent, tout en reconnaissant que les passions nous infligent une servitude, l'opinion générale des hommes entend par là une servitude libre dans son principe, acceptée et voulue dans ses conséquences, et par conséquent coupable.

La question revient donc : comment peut-on être libre dans la passion, si la liberté consiste dans le pouvoir d'agir d'après des idées ?

Je réponds : Ce n'est pas en tant que passionnés que nous sommes libres dans la passion. L'homme en colère n'est pas libre, en tant qu'il est en colère. Mais il est libre, en tant qu'il sait que la colère est un vice nuisible à lui-même et aux autres. Aussitôt que cette idée se présente à l'esprit, l'entraînement fatal de la passion est conjuré. Je vois clairement que je puis obéir à la raison. Mais pouvoir obéir à la raison dans cette circonstance, c'est en même temps pouvoir résister à la passion. Cependant, comme la passion à son tour est une force qui tend à m'entraîner en sens inverse de la raison, il s'ensuit que je ne puis obéir à celle-ci que par un effort qui fait contre-poids à l'impulsion de celle-là. C'est le sentiment de cet effort, cette tension de moi-même contre moi-même (tension qui serait impossible sans la présence de l'idée), qui constitue le sentiment du libre arbitre. Car, d'un côté, en tant que je résiste, je sens très-bien que je puis résister (*ab actu ad posse*); mais, d'un autre côté, je sens que si je cessais un seul instant cet effort, la passion m'envahirait subitement; or, que je puisse cesser cet effort, c'est ce qui est très-évident; car suspendre un effort fatigant est plus facile que le soutenir. Je sens donc en moi, selon l'expression d'Aristote, une puissance qui contient les contraires. Or, cela, c'est la liberté.

N'oublions pas la distinction que nous avons faite plus haut entre deux espèces ou plutôt deux degrés de liberté : la liberté comme *fin* et la liberté comme *moyen*. Être parfaitement raisonnable, c'est être parfaitement libre : telle est la liberté comme fin. Être capable de résister à ses penchants ou de s'y abandonner, voilà d'autre part la liberté comme moyen ou libre arbitre. Mais au fond ces deux sortes de liberté n'en sont qu'une ; car ce n'est qu'en étant déjà raisonnable que je me sens capable de le devenir davantage : c'est parce que je suis déjà libre que je puis faire des efforts pour l'être plus encore, c'est-à-dire pour arriver au point où je n'aurai plus d'effort à faire. La liberté s'atteste à moi par la difficulté ; mais son idéal est dans la facilité absolue. En tant que la liberté est difficile, je me trouve partagé et suspendu ; je me sens capable de choix et de préférence ; je pèse, je compare, je délibère. Cet état moyen est ce qu'on appelle le libre arbitre.

Nous n'avons pas épuisé toutes les difficultés contenues dans notre définition de la liberté.

Si le libre arbitre consiste, comme nous venons de le dire, dans l'effort que nous faisons pour résister à nos penchants, que dire des hommes qui ne sont pas capables d'un tel effort, qui non-seulement ne le soutiennent pas, mais même ne l'entreprennent jamais ? Ils ne sont donc pas libres ; et par conséquent ils sont irresponsables : et c'est, à ce qu'il semble, l'état où sont la majorité des hommes.

Il faut bien reconnaître comme un fait d'expérience que tous les hommes ne sont pas capables des mêmes efforts et, comme on dit, de la même force de volonté. Tout homme, sans doute, n'est pas de force, comme Mucius Scévola, à laisser paisiblement sa main brûler dans un bûcher. Combien d'hommes étaient incapables de supporter la torture ! Il y a des âmes fortes et des âmes faibles : c'est le témoignage du sens commun. De là même cette indulgence générale pour les faiblesses des hommes en particulier (tout en condamnant le vice en général) que la morale et la religion s'accordent à nous recommander : « Pardonnez-leur, car ils ne savent ce qu'ils font. » Or la liberté de chacun est en raison de la force que chacun est capable d'opposer à ses penchants. Cette force diffère selon les individus ; d'où il faut conclure que le libre arbitre diffère selon les individus, que la liberté a ses degrés, qu'elle n'est point absolue, et enfin que chacun n'est moralement responsable que dans la mesure de sa liberté : doctrine parfaitement conforme du reste à toutes les pratiques et à tous les jugements du sens commun.

Mais si tous les hommes n'ont pas une force égale pour résister à leurs penchants, s'ensuit-il qu'ils n'aient aucune force? et ne suffit-il pas, pour qu'ils soient libres, que chacun soit capable d'un certain degré d'effort? Et l'expérience intérieure ne prouve-t-elle pas à chacun de nous que, si faibles que nous soyons, nous ne le sommes jamais assez pour être absolument incapables de résister à toute espèce de penchants? Or, de ce premier degré d'effort nous pouvons nous élever à un second, de celui-là à un autre, et d'effort en effort atteindre à une force morale que nous aurions crue impossible au commencement. Tous les moralistes ne sont-ils pas d'accord pour nous enseigner qu'il faut s'opposer au mal dès le début, *principiis obsta*, s'y prendre par degrés, ne pas attendre pour lutter que la passion soit devenue irrésistible, etc.? N'est-ce pas reconnaître qu'il ne s'agit pas de revendiquer pour l'homme une liberté chimérique, qui triompherait de la nature sans mesure, sans proportion et sans degré, mais une liberté, raisonnable, qui, continuellement exercée, s'élève d'un degré à l'autre par un travail continu ?

La doctrine que la liberté consiste à agir d'après des idées provoque encore deux difficultés considérables.

La première est que l'homme n'agit jamais d'après une idée pure et qu'il se mêle toujours à ses motifs de raison quelque inclination sentie ou non sentie.

La seconde, c'est qu'entre deux inclinations, la plus forte, la *prévalente*, comme dit Leibniz, l'emporte toujours ; en d'autres termes, c'est une maxime traditionnelle des écoles que « la volonté suit toujours le plus grand bien. »

J'accorde la première maxime. Jamais l'homme n'agit par la pure raison, de même qu'il ne connaît jamais par la pure raison : il se mêle toujours quelque inclination à nos motifs, de même qu'il se mêle toujours quelque image sensible à nos conceptions. Mais de ce que la raison n'est pas tout dans nos actions, même les plus excellentes, s'ensuit-il qu'elle ne soit rien et même qu'elle n'en soit la partie essentielle, celle qui donne à l'acte son vrai caractère ? Or il suffit qu'il y ait une part de raison dans nos déterminations pour affranchir notre volonté. Il n'y a donc rien à conclure de cette première maxime contre la liberté. Toute la difficulté (et elle est très-grande) est dans la seconde.

Cette maxime : « La volonté suit toujours son plus grand bien, « semble en quelque sorte évidente par elle-même. Platon avait été très-frappé de cette pensée, et il l'exprime plusieurs fois dans ses écrits : « Personne, dit-il, ne se porte volontairement au mal ni à ce qu'il prend pour le mal ; et il n'est pas du tout dans la nature des hommes de courir au mal au lieu de courir au bien; et forcé de choisir entre deux maux, il n'est personne qui choisisse le plus grand, s'il dépend de lui de prendre le moindre. » De ce principe, Platon concluait que lorsque l'homme fait le mal, c'est par ignorance du vrai bien; et que c'est une fausse opinion populaire de croire que l'homme peut connaître le bien et faire le mal. Au contraire, le bien étant une fois connu comme tel, il est impossible que la volonté ne s'y porte pas, et entre deux biens de valeur inégale, vers celui qui est connu comme le plus grand.

Locke, dans son *Essai sur l'entendement humain*, combat très-bien l'opinion précédente. « Chacun, dit-il, peut observer en lui-même que le plus grand bien visible n'excite pas toujours les désirs des hommes à proportion de l'excellence qu'il paraît avoir et qu'on y reconnaît, tandis que la plus petite incommodité nous touche, et nous dispose actuellement à tâcher de nous en délivrer. La raison de cela se déduit évidemment de la nature même de notre bonheur et de notre misère. Toute douleur actuelle, quelle qu'elle soit, fait partie de notre misère présente; mais tout bien absent n'est pas considéré comme faisant en tout temps une partie nécessaire de notre présent bonheur, ni son absence non plus comme faisant partie de notre misère. Si cela était, nous serions constamment et infiniment misérables, parce qu'il y a une infinité de degrés de bonheur dont nous ne jouissons pas. C'est pourquoi, toute inquiétude étant écartée, une portion médiocre de bien suffit pour donner aux hommes une satisfaction présente. Quoiqu'ils ne puissent nier qu'il est possible qu'il y ait après cette vie un état éternellement heureux et infiniment plus excellent que tous les biens dont on peut jouir sur la terre,... ils bornent cependant leur félicité à quelques petits plaisirs de ce qui regarde uniquement cette vie, et ils excluent les délices du paradis du rang des choses qui doivent faire une partie nécessaire de leur bonheur : leurs désirs ne sont donc point émus par le plus grand bien apparent, ni leurs volontés déterminées à aucune action ou à aucun effort qui tende à le leur faire obtenir. »

Locke conclut que ce n'est pas la vue du plus grand bien qui nous détermine à agir, mais l'*inquiétude* présente (uneasiness), qui nous inspire l'inclination de nous en délivrer. Ainsi, dit-il, le sage Auteur de notre être a mis dans les hommes l'incommodité de la faim et de la soif et les autres désirs naturels, afin d'exciter et de déterminer les volontés à leur propre conservation et à la continuation de leur espèce. Il termine en citant le *video meliora proboque*, et il conclut en disant que c'est, non le plus grand bien, mais la *plus pressante inquiétude* qui l'emporte toujours.

Leibniz reconnaît « qu'il y a de la beauté dans ces considérations ; » cependant il pense que l'on ne doit pas abandonner la maxime du plus grand bien. « La source du peu d'application aux vrais biens vient, suivant lui, de ce que, dans ce cas, la plupart de nos pensées sont sourdes, vides de perception et de sentiment, et consistent dans l'emploi tout nu des caractères, comme il arrive à ceux qui calculent en algèbre sans envisager les figures géométriques ; et les mots font le même effet en cela que les caractères d'arithmétique ou d'algèbre : on raisonne souvent en paroles, sans avoir l'objet dans l'esprit. C'est ainsi que les hommes, le plus souvent, pensent à Dieu, à la vertu, à la félicité ; ils parlent et raisonnent sans idées expresses... Ainsi, si nous préférons le pire, c'est que nous sentons le bien qu'il renferme, sans sentir ni le mal présent, ni le bien qui est dans le parti contraire. » Leibniz appelle *psittacisme* (parler comme un perroquet) cette habitude de répéter des formules dont on n'a pas le sens présent à l'imagination. Il affectionne cette expression, et l'applique même aux croyances de la plupart des hommes à la vie future. « Cela vient, dit-il, en partie, de ce que les hommes ne sont guère persuadés ; et, quoi qu'ils disent, une incrédulité occulte règne dans le fond de leur cœur... Peu de gens aiment convenir que la vie future soit possible. Tout ce qu'ils en pensent n'est que *psittacisme* ou des images grossières et vaines à la *mahométane*... Cicéron dit bien quelque part que, si nos sens pouvaient voir la beauté de la vertu, nous l'aimerions avec ardeur ; mais cela n'arrivant pas, ni rien d'équivalent, il ne faut point s'étonner si, dans le combat de la chair et de l'esprit, l'esprit succombe tant de fois, puisqu'il ne se sent pas bien de ses avantages. » Leibniz conclut de cette analyse que les observations de Locke, quoique justes, n'ont rien de contraire à la maxime du plus grand bien.

Nous dirons de ce qui précède ce que Leibniz a dit de Locke : « Il y a quelque chose de beau et de solide dans ces considérations. » Et, de même que Leibniz accepte les observations de Locke en les interprétant, nous pouvons également reconnaître la justesse des observations de Leibniz, tout en cherchant à les interpréter conformément à nos principes.

Il est certain que la volonté est toujours déterminée par quelque bien, et elle ne peut l'être par le mal. Personne ne consent volontairement à être malheureux, Platon a raison de le dire. Si je fais une action qui, par ses conséquences, menace mon bonheur, ma vie future, mon bonheur éternel, ce n'est certainement pas parce que je veux expressément ce malheur, quelque inévitable qu'il soit pour mon esprit : je ne veux pas le mal pour le mal ; mais je cède à quelque attrait présent qui est un bien.

Mais, tout en accordant que la volonté n'est jamais déterminée que par quelque bien, il y a encore à chercher : 1° si elle suit toujours le plus grand bien ; 2° si, en supposant que cela soit, il y a lieu d'affirmer, comme proposition équivalente, que l'inclination la plus forte l'emporte toujours ; 3° si enfin, en acceptant cette dernière hypothèse, la liberté ne subsisterait pas encore.

On voit combien d'idées distinctes sont à démêler ici.

Toute l'équivoque est dans le mot bien, qui a plusieurs sens différents.

Car tantôt le mot bien signifie le *bien présent*, le plaisir et l'attrait immédiat qui nous y entraîne.

Tantôt il signifie le *bien futur* ou l'intérêt, l'ensemble des biens que la vie peut nous offrir, et qui composent ce qu'on appelle le bonheur. Et quoique ces biens futurs doivent en définitive se résoudre en plaisirs, tout aussi bien que les biens présents, cependant il est certain que le plaisir futur, représenté par l'imagination, n'a presque jamais la même vivacité que le plaisir actuel.

Enfin le mot bien peut représenter le *bien général* universel, l'intérêt des autres hommes, ou encore l'intérêt de la société universelle qui nous unit au monde et à Dieu. Ici, non-seulement il ne s'agit plus d'un bien sensible, mais il ne s'agit plus même d'un bien personnel.

Or, de ces définitions, il suit que la maxime du plus grand bien est une maxime équivoque ; car elle signifierait : ou bien que la volonté suit toujours le plus grand bien actuel; ou qu'elle suit toujours le plus grand bien personnel; ou enfin le plus grand bien général et universel.

Or il n'est pas vrai, par l'expérience, que les hommes recherchent toujours les biens présents de préférence aux biens futurs, ou les biens personnels au bien universel. Et réciproquement il n'est pas vrai que l'homme préfère toujours le plus grand bien général à son bien personnel, ni le plus grand bien personnel à son bien sensible et présent.

La maxime ne paraît donc pas vraie dans les deux sens que l'on peut lui donner.

Pour la défendre, on lui donne deux interprétations qui, quoique diverses, sont souvent mêlées ensemble, et que Leibniz paraît souvent avoir confondues.

On peut faire remarquer que, dans ces trois espèces de biens hétérogènes, il y a cependant quelque chose de commun, et essayer en quelque sorte de les réduire au même dénominateur. Ce quelque chose de commun, c'est l'attrait qu'ils nous inspirent, et la représentation des plaisirs qu'ils nous promettent. Or il peut arriver que ce plaisir, même idéal, et, par conséquent, l'attrait qu'il a pour nous, soit plus séduisant que tel plaisir actuel et présent; et, en tournant son imagination vers le plaisir futur, on peut affaiblir l'empire du plaisir présent, et de même pour la douleur. De même aussi le bien des autres, ou le bien en général, peut se présenter si vivement à nous que nous y trouvions plus de plaisir que dans notre bien personnel. Lors donc que l'attrait d'un tel plaisir sera plus vif que l'attrait du plaisir présent, la volonté suivra infailliblement. Par exemple, pour les âmes pieuses et charitables, la prière et le dévouement auront actuellement plus de plaisir que tous les plaisirs des sens. Pour l'homme égoïste et froid, l'amour de la vie sera plus énergique que le goût de l'intempérance. Dans ce premier sens, la maxime du plus grand bien signifie que l'âme suit toujours *le plus grand bien senti*, c'est-à-dire l'inclination prévalente ou le plus vif attrait. Ici la mesure est empruntée à la sensibilité : c'est le sens de Leibniz.

Dans un autre sens, la maxime en question signifiera que la volonté suit toujours *le plus grand bien connu*; et ici la maxime est empruntée à l'intelligence : c'est le sens de Platon.

Dans ce dernier sens, la pensée n'est évidemment pas admissible; car il n'est que trop vrai que souvent nous connaissons le bien et faisons le mal. C'est ici le cas de rappeler, avec Locke, le *video meliora...* Il suffit que l'état actuel de la sensibilité nous rende plus vif le bien ou le mal actuel, pour que nous soyons entraînés à sacrifier le bien futur, même lorsque nous le connaissons comme tel; et cela est aussi vrai de notre bien personnel que du bien en général. Par exemple, celui qui est mis à la torture, et qui sait que sa vie dépend du courage avec lequel il la supportera, a beau savoir qu'il suffit de souffrir un mal actuel et passager pour la conservation de la vie, qui est évidemment le plus grand bien ; il est très-possible qu'il n'ait pas le courage de préférer ce plus grand bien connu et certain au bien négatif et tout transitoire d'être délivré de la torture.

La question revient donc à ceci : La volonté suit-elle toujours le plus grand bien de la sensibilité? ou peut-elle, au contraire, au plus grand bien sensible préférer le plus grand bien intellectuel? Pouvons-nous choisir le plus grand bien en soi, qui ne serait pas en même temps notre plus grand plaisir? Je réponds avec Kant : Je le puis, car je le dois. C'est précisément là le problème moral. L'idée d'obligation morale ne signifie rien, ou elle signifie cela. Il faut d'ailleurs ici ne pas oublier la distinction importante des scolastiques entre le plaisir *prévenant* et le plaisir *conséquent*. Tout acte, avons-nous dit avec Aristote, est accompagné de plaisir ; mais tout acte n'est pas nécessairement déterminé par le plaisir. Nous pouvons nous représenter de la manière la plus molle et la plus froide les plaisirs de la conscience et agir cependant par conviction pour le bien.

Mais allons plus avant ; qu'est-ce que l'amour du plus grand bien? Et en général qu'est-ce que l'amour? Et l'amour exclut-il nécessairement la liberté? Non, sans doute. L'amour n'est pas l'impulsion aveugle de la sensibilité : c'est le plaisir qui s'ajoute à l'idée d'un objet, suivant la profonde définition de Spinoza. L'amour est donc inséparable de la connaissance. L'amour est distinct de l'appétit ; ou plutôt il est, comme le disaient les scolastiques, l'appétit raisonnable (*appetitus rationalis*). L'idée se mêle toujours avec le plaisir dans le véritable amour. Celui qui obéit à un tel amour obéit donc en même temps à la raison ; et c'est en cela qu'il est libre.

Supposez donc l'homme partagé entre l'amour du bien et l'amour du plaisir, et sacrifiant le second au premier : faut-il dire qu'il obéit à la plus *forte* de ces inclinations? Non, je dis qu'il obéit à celle qu'il juge la *meilleure*. Entre l'*amour* et l'*appétit* il n'y a pas de commune mesure, et ces deux inclinations ne peuvent se ramener au même poids ; autrement, il serait impossible d'expliquer la difficulté de la vertu, l'effort que coûte la victoire sur les passions. Or c'est là un fait que l'on ne peut nier, et que chacun peut facilement vérifier sur soi-même, par l'exemple le plus simple. Se priver d'un plaisir, si humble qu'il soit, nous coûte et nous est pénible. Comment cela serait-il possible, si nous n'obéissions jamais qu'à une inclination plus *forte*? Lorsque nous préférons sciemment un plaisir plus grand à un plaisir moindre, nous n'éprouvons aucun sentiment de contrainte : nous le faisons avec *plaisir*. Comment donc se fait-il qu'il y ait des cas où une telle préférence soit accompagnée de *douleur*? Comment me serait-il pénible et douloureux de chercher mon plus grand plaisir? Ce serait incompréhensible. C'est qu'en réalité le cas n'est pas si simple qu'on nous le dit : ce ne sont pas deux inclinations du même genre, de même mesure, qui s'opposent l'une à l'autre, auquel cas nous n'éprouverions aucune difficulté à sacrifier la moindre. Mais lorsque vous sacrifiez un plaisir présent à un plaisir futur, le premier, vif, chaud, tentateur, immédiat, le second éloigné, froid, peut-être incertain, ce sont là sans doute deux plaisirs : mais ils n'ont pas la même mesure. Demandez à Bentham lui-même si la sûreté peut se comparer avec la vivacité. Si je préfère le plaisir le plus sûr au plus vif, c'est évidemment ma raison qui se met de la partie, et qui ajoute son propre poids dans la balance. Il en est de même si je préfère, entre deux plaisirs, le meilleur au plus vif, la délicatesse, la noblesse, la dignité à l'intensité. Nous revenons par là à notre distinction fondamentale entre ce qui est bon par soi-même et ce qui est bon pour notre sensibilité, entre le bien en soi et le bien relatif, entre les plaisirs vrais et les plaisirs faux : c'est parce que nous jugeons tel plaisir plus vrai qu'un autre que nous le choisissons, ce qui n'implique pas nécessairement qu'il soit actuellement le plus vif et le plus entraînant ; et c'est pourquoi un tel choix est difficile : et c'est l'effort qu'il nous coûte que nous appelons la liberté.

Au-dessus de cette liberté qui consiste dans l'effort, nous avons vu qu'il y en a une autre qui est supérieure à l'effort, qui est le pur amour du bien, sans contrainte et sans déchirement. Mais celle-ci n'est en quelque sorte que le prix de l'autre. C'est celle du sage ou du saint ; et c'est à peine si elle appartient à notre sphère.

CHAPITRE VII

LA DOCTRINE DE KANT SUR LA LIBERTÉ

Aucun philosophe n'a pénétré plus avant que Kant dans ce qu'un théologien du xvie siècle appelait le *labyrinthe du libre arbitre*[1]. Aucun n'a fait de plus grands efforts pour en sortir. Examinons la théorie profonde et tout originale que ce philosophe nous a donnée de la liberté.

Pour Kant, la liberté est la faculté de commencer une série de mouvements ; c'est le pouvoir de produire un changement qui ne soit pas déterminé par un changement antérieur ; c'est donc une cause initiale, spontanée, une cause première. Sans doute la liberté n'est pas la cause première, l'Être suprême ; elle suppose des substances secondes. Mais ces substances secondes, en tant qu'on les donne comme libres, sont tout aussi bien que l'Être suprême des causes premières, à savoir des causes qui produisent des séries de mouvements sans y être déterminées par rien d'antérieur. Ces causes sont donc affranchies de la loi générale de la causalité, suivant laquelle rien ne se produit

---

1. Ochin, *Labyrinthus liberi arbitrii*. Voir l'analyse de ce livre curieux dans le *Traité des facultés de l'âme* d'Ad. Garnier (l. v, c. I, § 6.)

qui ne soit déterminé par quelque phénomène antécédent. Or cette loi de causalité est, suivant Kant, une loi universelle de la nature. De là cette antinomie : ou il y a liberté; et dès lors la loi de causalité, que Leibniz appelait le principe de raison suffisante, souffre une exception notable ; la nature ne forme plus une unité, la science et l'expérience n'ont plus de fil conducteur. Ou la loi de causalité est universelle et sans exception; dès lors il n'y a plus de liberté, et par conséquent plus de moralité, la moralité étant indissolublement attachée à l'idée de liberté.

A la vérité on pourrait dire que la liberté n'est nullement contraire au principe de causalité, puisque tout acte libre a certainement une cause, qui est la volonté de le produire. Un acte libre ne sort donc pas du néant ; il sort des entrailles de la causalité libre qui le contient en puissance ; et par conséquent l'axiome : *ex nihilo nihil* n'a pas ici son application. Mais Leibniz avait fait remarquer que le principe de causalité ne suffit pas et qu'il faut y ajouter le principe de raison. En effet, pour qu'un effet se produise, ce n'est pas assez que le pouvoir de le produire soit présupposé ; il faut encore que ce pouvoir ait quelque raison de le faire, qu'il soit déterminé et provoqué à telle action plutôt qu'à telle autre ; car si on suppose ce pouvoir indifférent entre les deux contraires, on a bien à la vérité quelque chose qui explique la possibilité de l'action en général ; mais on n'a rien qui explique le choix de telle action en particulier : c'est ce qu'exige le principe de raison. Un phénomène sans raison est donc en réalité un phénomène sans cause. Or, qu'il s'agisse de phénomènes psychologiques ou de phénomènes physiques, nous ne comprenons pas plus, dans un cas que dans l'autre, une action sans cause. Un pouvoir de se déterminer sans raison n'est autre chose que le hasard : c'est la négation de toute science. D'un autre côté, cependant, le déterminisme universel est, encore une fois, la négation de la moralité. Ainsi l'antinomie subsiste, et on ne peut y échapper dans aucune des hypothèses reçues : c'est pour résoudre cette antinomie que Kant propose la sienne.

Il trouve cette solution dans sa doctrine de l'idéalisme transcendental. Suivant cette doctrine, le temps, l'espace et la causalité ne sont pas les lois des choses en soi, mais les lois de notre sensibilité et de notre entendement, en tant que nous pensons les choses externes. Le monde, tel qu'il est en soi, ou monde *intelligible*, se distingue essentiellement du monde tel qu'il nous apparaît, ou monde *sensible*. Le monde sensible n'est qu'un phénomène : en elles-mêmes les choses ne sont ni dans l'espace, ni dans le temps, ni soumises aux lois de la causalité nécessaire. Sans doute nous ne connaissons pas ces choses en elles-mêmes, mais nous en avons au moins cette notion négative qui en exclut les modes de notre sensibilité auxquels sont liées les notions de notre entendement. C'est dans cette doctrine que Kant trouve la solution du problème de la liberté.

Si, en effet, dit-il, les choses prises en elles-mêmes étaient telles qu'elles nous apparaissent, elles ne pourraient pas être affranchies de la loi universelle de la nature, qui est la loi de la causalité. Si l'homme, tel qu'il se connaît lui-même dans l'expérience, était l'homme tel qu'il est en soi; si, pour employer le langage de Kant, l'*homo phe-*

nomenon était identique à l'*homo noumenon,* il n'y aurait aucun moyen d'affirmer le libre arbitre ; car l'homme, comme phénomène, est assujetti à la même loi que tous les autres phénomènes, à savoir la loi de raison suffisante : toutes ses modifications intérieures sont déterminées les unes par les autres suivant la même loi que les modifications externes ; mais aussitôt que l'on distingue le *noumène* du *phénomène*, la chose en soi de la chose manifestée dans le temps et dans l'espace, l'antinomie disparaît ; nulle nécessité d'appliquer à l'une les lois de l'autre ; nulle contradiction à ce qu'une chose, libre en soi, paraisse assujettie, dans ses manifestations externes, à la loi toute subjective de la causalité ; et, par conséquent, une action, déterminée en apparence dans ses effets sensibles et extérieurs, pourrait être libre dans son principe.

Pour bien faire comprendre la théorie de Kant sur ce point, il faut bien savoir qu'il distingue deux sortes de causalité : la causalité *intelligible* et la causalité *empirique ;* l'une s'exerçant en dehors de l'espace et du temps ; l'autre, au contraire, liée aux conditions de l'espace et du temps. C'est la causalité empirique seule qui, par cela même qu'elle s'exerce dans le temps, est liée à la loi de la détermination universelle ; c'est parce que ses effets se manifestent dans le temps, qu'ils se déterminent nécessairement l'un l'autre comme les moments du temps. La loi de la raison suffisante, que Leibniz a prise pour une loi des choses en soi, n'est donc qu'une loi des *phénomènes*, de la causalité *empirique,* c'est-à-dire des choses telles qu'elles apparaissent, et non des choses telles qu'elles sont. C'est de la causalité empirique, et non de la causalité intelligible que

Kant nie l'objectivité, et son scepticisme ontologique peut se ramener à cette proposition : le déterminisme leibnizien est une illusion subjective de l'esprit qui rend impossible la morale, en rendant impossible la liberté.

Sans doute Kant n'affirme pas (au point de vue métaphysique) la réalité objective de la causalité intelligible ; mais il ne la nie pas non plus. Il n'y a de connaissance complète que par l'expérience : toute connaissance se fait par l'union d'une notion *à priori* et de l'intuition sensible ; sans intuition sensible, pas d'expérience et, par conséquent pas de connaissance. Or la causalité intelligible échappe à l'intuition sensible, par conséquent à l'expérience ; elle ne peut donc pas être *connue*, mais elle peut être *pensée ;* et si nous ne pouvons pas affirmer qu'elle soit *réelle*, au moins pouvons-nous dire qu'elle est possible. En un mot, elle n'implique pas contradiction. Si donc dans un autre domaine, nous venons à nous apercevoir qu'elle est nécessaire, nous pourrons, sans crainte de violer les lois de la raison, en affirmer l'existence. Or la morale exige la liberté. Par conséquent la liberté, qui est métaphysiquement possible, est pratiquement nécessaire. C'est ainsi que la raison pratique établit, comme on sait, d'une manière *apodictique* (démonstrative), ce que la raison pure avait laissé à l'état *problématique*.

Reste à savoir maintenant comment un même être, à savoir l'homme, pourrait être à la fois libre et esclave, libre comme causalité intelligible, esclave comme causalité empirique : libre dans le pays des noumènes, et esclave dans celui des phénomènes. C'est là qu'est le nœud du problème. Si en effet le noumène et le phénomène étaient dans l'homme deux êtres distincts (comme l'âme et le corps), il ne serait pas difficile de comprendre que l'homme fût libre à un point de vue et esclave à un autre : il ne resterait que la difficulté de les lier ensemble, difficulté qui existe dans tous les systèmes. Mais ici la difficulté est bien plus grave ; car le phénomène n'est autre chose que le noumène exprimé. L'homme phénomène est donc identique à l'homme noumène ; c'est le même être considéré à un autre point de vue. S'il en est ainsi, comment peut-il être libre en un sens, et esclave en un autre ?

Kant reconnaît que sa solution est très-obscure, mais il demande s'il y en a une plus claire. Autant qu'on peut le comprendre, voici comment on pourrait la résumer : les conditions selon lesquelles les choses *se manifestent* n'altèrent pas les conditions suivant lesquelles ces choses *agissent*. Lors même qu'il s'agirait d'un sujet *s'apparaissant à lui-même*, le mode d'apparition ne change en rien le mode d'action de ce sujet pris *en soi*. Un sujet peut se manifester à lui-même sous les apparences de la fatalité, et agir en réalité d'une manière libre. La fatalité tient au mode d'apparition ; la liberté à l'essence même de l'être. Une action, par exemple, peut être une dans son principe et dans son essence, et se multiplier dans son mode d'apparition : elle sera donc multiple et une à la fois sans contradiction. Soit un cri poussé dans une voûte sonore et répercuté par tous les échos de la voûte ; vous ne prononcez qu'un seul son, vous en entendez cent : chacun de ces sons est déterminé suivant des lois physiques par les sons précédents, et tous pris ensemble sont déterminés par les lois de l'écho ou de la réflexion des sons. Le physicien peut mesurer avec précision et d'une manière mathématique tous les moments du phénomène ; mais ces mesures ne s'appliquent qu'au son manifesté et non au son produit ; il peut donc être considéré comme fatal dans sa manifestation, tandis qu'il serait libre dans son origine ; car, par exemple, si c'est un appel au secours, aux armes, une injure ou une prière, le moraliste pourra attribuer à ce son, pris en lui-même, une valeur morale, tandis que le physicien ne verrait dans le son manifesté qu'un phénomène régi par des lois mathématiques. C'est là une image grossière, sans doute, mais qui peut faire comprendre jusqu'à un certain point comment une même action pourrait être à la fois fatale et libre.

Rendons cette explication plus sensible, en pénétrant plus avant dans la distinction du phénomène et du noumène, en tant qu'elle s'applique à l'homme. Supposons un homme qui se regarde dans une glace. L'homme, voilà le noumène ; son image dans la glace, voilà le phénomène. Ici, la cause, c'est l'homme. Tout ce qui est dans l'homme est exprimé dans son image à un certain point de vue et d'une certaine manière. Supposez le miroir modifiant de mille manières cette figure primitive, il ne le peut cependant qu'en respectant le type qui lui est fourni ; et, quelque éloignée que soit l'image du modèle, il n'y a pas un seul point de l'image qui n'ait sa raison d'être dans le modèle ; mais il est évident que les lois qui règlent l'apparition de l'image dans un miroir ne s'appliquent pas à l'homme lui-même, et ne changent en rien sa nature : par exemple, de ce que mon visage s'allonge ou s'élargit dans un miroir, il ne s'ensuit pas qu'il soit long ou large en réalité. Supposez donc un miroir dans lequel mes actions seraient représentées suivant une certaine loi de détermination universelle, il ne s'ensuivrait pas que nos actions prises en elles-mêmes fussent soumises à cette loi.

Or c'est ce qui arrive. L'homme a un miroir intérieur que nous appelons conscience, et par lequel il est présenté à lui-même ; et, en tant qu'il est présent à lui-même, il est, comme dit Kant, *affecté par lui-même;* et il ne peut s'apercevoir que selon les conditions de sa propre sensibilité, sorte de miroir interne qui modifie ses propres traits ; il ne voit donc que l'image de lui-même ; or quelle est la condition fondamentale de la sensibilité ? c'est le temps ; il ne se voit donc que dans le temps.

Mais, à côté ou plutôt au-dessus de cette conscience de la sensibilité, qu'il appelle conscience *empirique*, il y a une autre conscience qu'il appelle conscience *pure*, ou aperception *à priori*, et qui est la conscience du moi, en tant que pensant; c'est la conscience de l'entendement et de ses concepts nécessaires. L'homme est donc l'union d'une double conscience, d'une conscience pure et d'une conscience empirique ; il est, selon la définition même de Kant, « un entendement qui s'apparaît à lui-même sous la forme du temps. » L'entendement se distingue essentiellement de la sensibilité. Celle-ci est passive; elle est la simple *capacité* d'être affectée ; c'est une *réceptivité*. L'entendement est une faculté active, productrice de concepts ; c'est une *spontanéité*. L'homme, en tant qu'il a conscience d'être un entendement, a conscience de sa spontanéité, de son activité, de sa causalité ; et, comme c'est par là que l'intelligible se distingue du sensible, Kant va jusqu'à dire « que nous avons conscience de faire partie du monde intelligible. » Enfin, quoi qu'on ne soit pas habitué à considérer le système de Kant à ce point de vue, il est certain que, pour lui, l'homme, considéré comme entendement, est une chose en soi; et, comme il a conscience de son entendement, il a donc conscience de lui-même comme chose en soi. Seulement cet entendement (qui est la chose en soi) ne s'apparaît à lui-même que sous les conditions de la sensibilité, c'est-à-dire dans le temps; mais, pris en soi, il n'est pas soumis à la loi du temps.

C'est là qu'est le nœud de la théorie de Kant sur la liberté; c'est de là que vient le déterminisme des phénomènes : il a sa cause dans la loi du temps, et dans cette loi seule. C'est en effet dans le temps seulement qu'un phénomène ne peut se produire sans avoir été précédé *antérieurement* de quelque autre phénomène. Supprimez le temps, vous supprimez cette condition. La causalité intelligible ne suppose rien d'antérieur à elle, puisque pour elle il n'y a pas d'antérieur; elle est donc affranchie de toute servitude à l'égard de la nature; étant entièrement spontanée, elle ne suppose rien qu'elle même : c'est là ce qu'on appelle la liberté. Sans doute tous les phénomènes, en tant qu'ils se produisent l'un après l'autre, supposent une loi; chacun en particulier est déterminé par le précédent, et est fatal à ce point de vue; mais tous pris ensemble sont l'expression, la manifestation d'une causalité spontanée, d'une causalité libre. Ils ont tous leur origine dans l'entendement ou la raison, c'est-à-dire dans la partie de l'homme qui constitue la causalité intelligible. « Les phénomènes, dit Kant, expriment la raison *empiriquement* ; la raison contient le phénomène *intelligiblement.* »

On comprend par là comment les phénomènes peuvent être à la fois *déterminés* et *libres*. Ils sont déterminés les uns par rapport aux autres ; ils sont libres, pris tous ensemble, comme expression de la raison ou de la causalité intelligible. « La raison, dit Kant, est *identiquement* présente à tous les actes ; elle est la cause complète de chacun d'eux. »

La solution de Kant consiste donc à admettre la contemporanéité de la raison avec toute la série des actes dont se compose la vie phénoménale de l'homme : toute cette série multiple, successive, divisible, parce qu'elle a lieu dans le temps, est l'expression d'un acte simple et unique qui subsiste en dehors du temps. Cet acte simple et immanent, n'étant précédé de rien, est spontané et par conséquent libre ; libres aussi sont donc tous les phénomènes qui émanent de lui.

Ainsi, pour Kant, ce n'est pas telle ou telle action qui est libre, c'est la totalité de nos actions prises en bloc. La responsabilité porte sur la vie tout entière et non sur tel ou tel acte. Comme l'a dit un autre philosophe allemand, qui a approfondi sur ce point la doctrine de Kant, Schopenhauer, ce n'est pas dans le *fieri* (le devenir), que l'homme est libre ; c'est dans l'*esse* (l'être). Tel il est, tel il devient ; mais ce qu'il est, il l'est librement ; il l'est parce qu'il le veut. Un arbre corrompu ne peut pas produire de bons fruits ; un méchant ne produira pas de bonnes actions ; une fois méchant, tout est vicieux en lui ; mais c'est lui qui a choisi d'être méchant.

Kant trouve une vérification de sa doctrine dans l'opinion populaire, par exemple dans la haine que nous portons aux natures dépravées, même lorsqu'elles paraissent telles dès leur plus tendre enfance, et en quelque sorte au berceau. Sans doute chacun des actes par lesquels se manifeste cette méchanceté précoce est fatal, en ce sens qu'il est déterminé par les instincts méchants et dépravés de l'individu; néanmoins la conscience morale s'élève contre eux, aussi bien que contre les autres coupables. Tous les jours, devant les tribunaux, on poursuit les criminels, en les représentant comme ayant les plus mauvais instincts, comme des monstres, et on ne croit pas par là diminuer, au contraire on croit aggraver leur responsabilité. Ce sont donc de vrais coupables, quoique leur méchanceté soit innée.

En conséquence, Kant admet une sorte de péché *radical*, comme il l'appelle, d'après lequel chacun de nous, même avant sa naissance, ou, pour mieux parler, en dehors de toute naissance, choisit, par une sorte de décret absolu, d'être bon ou méchant. Si l'on demande pourquoi la raison se détermine dans un sens plutôt que dans un autre, Kant répond qu'il n'y a pas à chercher le *pourquoi;* nous ne pouvons remonter au delà des causes premières; l'essence des choses nous est inconnue. Demander pourquoi la raison se détermine, ce serait la considérer comme déterminée et non comme déterminante. Il y a là une sorte de *fiat* primitif, de prédestination libre et volontaire dont le mystère échappe à toute science humaine. Là aussi est le point de départ de la religion.

La profondeur et l'originalité d'un tel système **ne sont**

pas contestables : mais on peut dire qu'il ne supprime les difficultés des autres systèmes qu'en en substituant de nouvelles, et qu'en définitive il laisse le problème dans le même état qu'auparavant.

La première de ces difficultés, c'est qu'il est impossible, dans cette théorie, de distinguer les actes libres de ceux qui ne le sont pas. Kant reconnaît que chacune de nos actions, en tant que liée aux précédentes, aux mobiles, circonstances, accidents, qui la déterminent, est nécessaire, aussi nécessaire que les phénomènes physiques; mais toutes, prises ensemble, sont l'expression de ce que Kant appelle « la raison, » c'est-à-dire d'une spontanéité absolue, ou d'un acte de liberté incompréhensible. S'il en est ainsi, tous ces phénomènes, sans exception, ne sont-ils pas, ne doivent-ils pas être considérés comme l'expression de cet acte primitif de liberté ? L'homme phénomène n'est-il pas tout entier, pas plus dans telle action que dans telle autre, l'expression de la volonté de l'homme noumène ? Il est donc tout entier libre, et tout entier esclave : il est libre quant à son origine intelligible ; il est esclave comme phénomène sensible. Mais on ne peut pas, dans le sensible lui-même, distinguer ce qui est libre et ce qui ne l'est pas. Quel principe de distinction pourrait-on employer pour faire ce choix ? Pourquoi l'homme intelligible, c'est-à-dire la raison, que Kant déclare « être identiquement présente à tous les phénomènes, » ne serait-elle cause que de quelques-uns ? et d'où viendraient les autres ? Si l'on admet que certains phénomènes, par exemple les actes commis à l'état de délire, ne sont pas libres ni imputables, parce qu'ils ont été déterminés fatalement par des circonstances antécédentes, pourquoi d'autres actions, par exemple un mensonge ou un meurtre, qui, par hypothèse, sont déterminés tout aussi fatalement en tant que phénomènes, seraient-elles considérées comme libres, quant à leur origine nouménale? Est-ce que tous les phénomènes n'ont pas une origine nouménale, et la même? L'hypothèse de Kant ne nous fournit donc aucun criterium pour distinguer entre nos actions celles qui sont libres et celles qui ne le sont pas. Or il est certain que la conscience humaine fait une différence entre les unes et les autres. Elle absout, comme irresponsables, les actions ommises pendant le sommeil, dans l'état de délire, de démence, d'idiotisme ; et si l'on peut à la rigueur admettre la distinction des stoïciens entre deux classes d'hommes, les sages et les fous, la difficulté n'en subsiste pas moins, quant à la plupart des hommes qui passent souvent d'un état à l'autre, ne fût-ce que dans le sommeil et la maladie. Non-seulement Kant s'interdit d'expliquer cette différence ; mais de plus son système exclut ce qu'affirme la conscience pratique, à savoir la différence des degrés de responsabilité ; car, considérant tous nos actes sans exception comme absolument déterminés quant aux mobiles, il ne peut pas accorder qu'ils le soient plus ou moins les uns que les autres ; et, pour sauver la liberté, n'ayant qu'un coup de désespoir à sa disposition, à savoir un acte absolu incompréhensible, commun à toute la série phénoménale dont se compose une vie humaine, on ne voit pas comment cet acte primitif se manifesterait plus dans un phénomène que dans l'autre, et par conséquent pourquoi la responsabilité serait plus grande ou moindre dans tel ou tel cas?

Mais voici, dans cette hypothèse, un autre ordre de

difficultés. La loi de causalité, que Kant déclare absolue, veut que tout phénomène, même psychologique, soit déterminé par un phénomène antérieur : chacune de nos actions est donc la conséquence nécessaire des précédentes, et nous venons de voir que si elles sont considérées comme libres, c'est à la condition qu'on les considère toutes ensemble ; en ce sens, chacune en particulier est libre, en tant que partie intégrante d'un ensemble qui a déjà ce caractère. Mais en remontant ainsi d'action en action, de phénomène en phénomène, ne finit-on pas par arriver à un premier phénomène, qui est le phénomène initial de la série, et le générateur de tous les autres? Ce phénomène, pour chaque homme, est contemporain de la naissance, de l'apparition de l'être, à quelque moment que l'on place cette naissance ou apparition. Or, si j'accorde que comme noumène, comme entendement, comme liberté (toutes choses identiques selon Kant), je suis en dehors du temps, comme le Dieu de la théologie scolastique, toujours est-il que comme phénomène, comme homme individuel et concret, comme Pierre ou Paul, ma vie a un commencement dans le temps. Il y a donc là un premier phénomène, au moins relativement à moi.

C'est ici que se présente une alternative, dont les deux termes sont également inadmissibles. En effet, ou bien, selon la conscience pratique, je sépare ma responsabilité individuelle, c'est-à-dire ma liberté, de celle de tous ceux qui m'ont précédé, à savoir mes parents et mes ancêtres ; mais alors, voilà un premier phénomène qui dérive exclusivement de ma liberté propre, et ne se rattache en rien à ce qui a précédé ; il y a un hiatus entre le premier phénomène initial de ma vie individuelle, et tous les phénomènes antérieurs, même ceux qui se passent dans le milieu où j'ai pris naissance dans le sein maternel ; voilà une rupture dans l'enchaînement universel, et la loi de causalité est violée par l'introduction d'une cause libre dans la chaîne des phénomènes ; mais si une telle cause a pu rompre cette chaîne, à l'origine de ma vie, pourquoi ne pourrait-elle pas la rompre également dans d'autres circonstances ? Le principe du déterminisme universel est donc ébranlé.

Si, au contraire, on veut maintenir sans exception et sans réserve la loi de causalité, il faut alors reconnaître que le premier phénomène de ma vie est nécessairement déterminé par des phénomènes d'une vie antérieure à la mienne ; cette vie elle-même sera liée de la même manière à une vie antérieure, et l'arbre généalogique de chacun de nous devra être considéré comme une seule et même vie indivisible et continue, dont chaque phénomène est nécessairement déterminé par le précédent, et qui ne peut être appelée libre qu'en tant qu'on considère la série tout entière jusqu'au premier homme comme émanant d'une même cause. Il faut donc remonter au delà de ma propre liberté, ou même de la liberté de mes parents, pour trouver une cause vraiment libre : il faut absorber toutes les libertés et toutes les responsabilités dans une seule et même liberté et responsabilité.

Dès lors, de deux choses l'une ; ou ma responsabilité personnelle va se noyer dans la responsabilité du genre humain en général ; ou, au contraire, toutes les responsabilités humaines viendront se noyer dans la mienne.

Dans le premier cas, quelle est la valeur morale d'une responsabilité qui porte sur l'homme en général, et non sur moi en particulier ? En quoi le fatalisme lui-même aurait-il plus d'inconvénient ? Dans le second cas, je serais responsable de tout ce qui se serait fait avant moi ; je serais personnellement responsable du meurtre de César et de la conjuration de Catilina : hypothèse plus absurde encore que la précédente, et détruisant également l'efficacité pratique de toute responsabilité morale.

Il y a plus : l'humanité elle-même à son tour n'est pas née du néant par un acte de volonté spontanée ; elle est née dans un monde préexistant ; elle est liée à l'univers, et fait partie avec lui d'un seul et même monde sensible.

Ici encore, la loi de causalité veut qu'il n'y ait pas de hiatus, pas de rupture entre le premier phénomène qui manifeste l'existence du premier homme et tous les autres phénomènes antérieurs. Si l'on considère en outre que l'univers sensible n'est pas une chose en soi, un absolu, mais un pur phénomène, c'est-à-dire une pure représentation de notre sensibilité, par conséquent un produit ou prolongement de notre être, et que cela est aussi vrai de l'univers passé que de l'univers présent, il s'ensuit manifestement que l'univers n'est qu'une partie de l'homme phénomène. Dès lors, nouveau dilemme : ou bien ma responsabilité individuelle, qui s'est déjà noyée dans la responsabilité du genre humain, va se noyer de nouveau dans la responsabilité encore plus vague de l'auteur des choses ; ce qui est absorber entièrement la liberté humaine dans la providence divine ; ou bien, au contraire, l'univers n'étant que l'apparition de ma propre liberté, c'est moi qui suis responsable de toutes choses, non-seulement de mes propres fautes, ou même des fautes de mes pères, mais du mal physique et moral qui règne dans l'univers. A quelque point de vue qu'on s'arrête, toute notion de responsabilité disparaît.

En un mot, dans un système où la nature forme un enchaînement continu et indissoluble, on ne voit pas où serait la place de la liberté individuelle de l'homme. Sans doute, si l'on distinguait l'homme de la nature, et dans l'homme l'âme du corps, et enfin dans l'âme elle-même les volitions des appétits et des passions, on pourrait encore admettre une volonté libre dans un monde enchaîné; mais si par monde sensible on entend non-seulement la nature, mais l'homme; dans l'homme, non-seulement le corps, mais l'âme; et dans l'âme, non-seulement les appétits et les passions spontanées et involontaires, mais même les volitions ; en un mot tous les phénomènes psychologiques aussi bien que cosmologiques ; si tous ces phénomènes psychologiques et cosmologiques forment un tout enchaîné et indissoluble, on ne voit pas comment, dans ce vaste mécanisme homogène, des volontés individuelles distinctes pourraient avoir une part d'action circonscrite et déterminée. Sans doute je puis comprendre ce monde, dans sa totalité, comme l'acte d'une volonté absolue, mais alors c'est Dieu qui est libre et non pas l'homme ; à moins toutefois qu'on ne confonde Dieu avec l'homme; et, dans tous les cas, la liberté individuelle disparaît.

Si au moins l'hypothèse de Kant servait à éluder le fameux dilemme de la liberté, à savoir, liberté indifférente ou déterminisme : mais Kant n'échappe pas plus à cette alternative que les autres philosophes ; et lui-même, quoi qu'il fasse, oscille sans cesse entre ces deux écueils.

En effet, lorsqu'il montre que la liberté n'est autre chose que la causalité intelligible, que l'homme est une causalité intelligible, en tant qu'il est doué d'entendement et de raison ; lorsqu'il définit l'entendement et la raison « une spontanéité de concepts, » ce qui est pour lui synonyme de causalité intelligible ; lorsqu'il dit en propres termes : « Liberté et raison pratique, c'est une seule et même chose ; » lorsqu'il identifie la liberté à *l'autonomie de la volonté* ou volonté législatrice, et l'autonomie de la volonté à *l'impératif catégorique*, c'est-à-dire à l'idée du devoir, il assimile, en définitive, la liberté au devoir, et pour lui la liberté semble être exclusivement, comme pour Spinoza, la possession de la raison. Lorsqu'au contraire, dans d'autres passages, il maintient que la liberté est indispensable à la morale ; lorsqu'il montre qu'il n'y a pas de châtiment ni de culpabilité sans liberté ; lorsque au lieu de confondre la liberté et le devoir, il déduit l'une de l'autre par ces mots : « Tu dois, donc tu peux ; » ce qui implique évidemment que celui qui a manqué au devoir aurait pu y obéir, par conséquent qu'il choisit librement la servitude des passions ; dans tous ces passages, Kant semble bien entendre la liberté comme le vulgaire, à savoir comme *libre arbitre*, comme pouvoir de choisir ; et la liberté n'est plus seulement la spontanéité rationnelle, c'est un pouvoir contingent et indéterminé, capable des contraires. Ainsi Kant oscille, comme la plupart des philosophes, entre le déterminisme rationnel et la liberté d'indifférence, entre Wolf et Crusius.

C'est entre ces deux extrêmes qu'il s'agit de trouver un

milieu; et ce milieu n'est pas facile à fixer. Nous avons essayé, pour notre part, de le définir plus haut. La liberté, selon nous, n'est pas la possession actuelle de la raison, mais la faculté ou capacité d'agir selon la raison. La première est la liberté idéale ou divine; la seconde est la liberté humaine. Il est inutile de recourir à des hyperboles métaphysiques, de nous donner une liberté absolue, dont nous n'avons que faire, pour nous refuser celle dont nous avons besoin. La liberté n'existe pas seulement pour nous dans un monde transcendant, dont nous n'avons nulle conscience ; c'est dans le monde réel qu'elle nous est nécessaire, et, dans ce monde, elle n'est autre chose que le pouvoir de s'affranchir des penchants, grâce à la lumière de la raison, et avec le secours du sentiment.

CHAPITRE VIII

LA VERTU

L'objet ou la fin de l'activité morale, avons-nous dit, est le *bien*. La loi qui unit cette activité à son objet est le *devoir*. La qualité de l'agent moral en tant qu'il accomplit le bien et obéit à la loi est la *vertu*. Nous avons longuement étudié les diverses conditions subjectives de la pratique du bien : il nous reste à rassembler toutes ces idées pour arriver à la définition de la vertu. Trois éléments entrent dans la moralité : la connaissance, la liberté, le sentiment. Nous avons à déterminer, avec autant de précision qu'il est possible en ces matières, quelle est la part de chacun d'eux.

La première théorie qui se présente à nous est celle qui fait consister toute la vertu dans la connaissance : c'est la théorie de Socrate et de Platon. Selon ces deux philosophes, la connaissance du bien est toujours suivie de la pratique du bien. Comment, en effet, pourrait-on connaître le bien et ne pas le choisir? Comment pourrait-on être volontairement méchant? Pour Platon, comme pour nous, le bien n'est autre chose que la perfection de l'être, et la perfection est le principe du bonheur. Or il est impossible de concevoir comment l'on pourrait être volontairement malheureux. Si donc on renonce au vrai bien, c'est qu'on le méconnaît comme tel, c'est qu'on ignore qu'il est le bien, et en même temps qu'il est notre bien. Il suit de là que la vertu n'est autre chose que la science et que le vice n'est qu'ignorance.

Cette doctrine est très-profonde, et contient une grande part de vérité, sinon toute la vérité. La difficulté est de la bien interpréter, et de la concilier avec tous les faits.

Une première observation incontestable, c'est qu'il est vrai que dans un grand nombre de cas le vice n'est autre chose qu'ignorance. Il n'est pas douteux par exemple que chez les populations sauvages, la plupart des vices, même des plus odieux, viennent de ce que jamais ces populations n'ont appris à en avoir horreur. Ainsi l'anthropophagie, cette pratique si répandue chez tant de peuples barbares, n'est évidemment pas accompagnée de la conscience du mal inhérent à cette odieuse pratique. Les préjugés religieux, tels que les sacrifices humains, viennent de la même source. L'impudicité de ces mêmes nations encore à l'état d'enfance est aussi dans beaucoup de cas le résultat de l'ignorance. On peut trouver les mêmes preuves de ce fait dans les bas-fonds de toute société, même civilisée. La masse des criminels, j'entends des criminels de profession, forme une nation à part, qui, au dire des hommes compétents, est très-inférieure sous le rapport de la culture intellectuelle; et, sans vouloir identifier, comme l'ont fait certains médecins, le crime et l'idiotisme, on trouve que ces misérables sont en général d'un esprit très-faible et d'une très-pauvre intelligence : ce qui explique en partie leur désavantage dans leurs luttes contre la société. Sans descendre jusqu'à ces basses régions, plus connues de la police que des philosophes, on peut dire que, même dans les classes honnêtes, il y a de nombreux vices qui sont liés à l'ignorance. Par exemple, la brutalité et la grossièreté des hommes peu cultivés sont des travers dont ils n'ont pas conscience. S'ils avaient le sentiment de la délicatesse et de la pudeur, ils n'emploieraient pas aussi volontiers des manières et des paroles grossières et obscènes. On leur dit bien que ce sont là des péchés. Mais ils n'apprennent cela que par le dehors, et comme par ordre : ils ne se sont pas encore élevés à l'idée d'une certaine dignité et noblesse qui exclut d'elle-même la grossièreté des mœurs. Ajoutons enfin que, même dans toute classe de la société, il y a certains vices qui, par leur nature seule, impliquent et supposent une certaine ignorance de l'agent moral. Par exemple, le bavardage, vice puéril et secondaire si l'on veut, mais qui n'en est pas moins un, n'est guère accompagné de conscience ; car nul ne consentirait volontiers à passer pour bavard : on sait assez quel est le ridicule qui s'attache à ce travers, et on ne s'expose pas de gaieté de cœur au ridicule. Il en est de même de la vanité. Le vaniteux, comme chacun sait, est un être insupportable, et dont le commerce est affreusement déplaisant. Or le vaniteux tient par-dessus tout à l'estime des autres : s'il savait à quel point la vanité le rend ridicule et odieux, il la dissimulerait par vanité même. S'il ne le fait pas, c'est qu'elle éclate malgré lui, c'est qu'il ignore qu'il est vaniteux. Ainsi en est-il du fat, qui déplaît pour vouloir trop plaire; souvent même de l'égoïste, qui, par égoïsme même, devrait cacher son vice s'il le connaissait, et qui au contraire l'étale innocemment et impudemment; ainsi en est-il en général de tous les vices qui s'étalent, et qui auraient intérêt, pour jouir d'eux-mêmes, à se cacher sous les apparences de la vertu. Sans cette part faite à l'ignorance, comment comprendre cette profonde maxime de l'Évangile « que l'on voit bien la paille dans l'œil de son voisin, et qu'on ne voit pas la poutre qui est dans le sien. » Enfin, c'est en grande partie sur le même principe qu'est fondé le pardon des injures : « Mon Dieu, pardonnez-leur, dit Jésus-Christ en mourant; car ils *ne savent* ce qu'ils font. » La cruauté des Juifs n'était donc pas une vraie cruauté, même aux yeux du fils de Dieu, puisqu'ils ne savaient pas immoler un Dieu, et croyaient au contraire punir un usurpateur de la majesté divine.

Ainsi la maxime de Platon est vraie en partie, si l'on considère le vice. Montrons aussi qu'elle l'est également, au moins en partie, si l'on considère la vertu.

Cette maxime « que la vertu est la science, » peut avoir deux sens. Elle peut vouloir dire qu'il n'y a pas de vertu là où il n'y a pas discernement moral, conscience du bien et du mal, et intention d'agir pour le bien. Elle peut encore vouloir dire que même avec la conscience de bien faire, il n'y a pas encore de vertu si cette conscience n'est pas éclairée par la science, et si le bien que nous poursuivons n'est pas le vrai bien.

Dans le premier de ces deux sens, la maxime platonicienne exprime une vérité évidente sans doute, mais vulgaire. Mais une question plus difficile est de savoir si la conscience, c'est-à-dire la bonne intention, suffit pour être véritablement vertueux ; et si la science du bien ne doit pas s'ajouter à la conscience et à la volonté du bien pour constituer la vertu. C'est une des questions les plus délicates de la morale.

Sans doute, comme nous l'avons vu, on ne peut rien demander de plus à un agent moral que d'agir selon sa conscience : car à l'impossible nul n'est tenu ; or, il est impossible d'avoir une autre connaissance du bien que celle que l'on a à un moment donné ; et vouloir que l'on agisse d'après l'idée d'un vrai bien qu'on ne connaîtrait pas, ce serait vouloir que l'on agît sciemment contre sa conscience, et que l'on fît ce que l'on croirait le mal. Jusqu'ici, point de difficulté.

Cependant ira-t-on jusqu'à séparer entièrement la vertu de la connaissance du vrai bien, du bien en soi ? Faudra-t-il, comme dit Kant, ne considérer que la forme et non la matière de l'action ? Quelle que soit l'action, pourvu qu'elle soit dans notre conscience le résultat libre de la volonté de se conformer au bien, pourra-t-on l'appeler encore une action vertueuse ? La chose en elle-même est-elle donc absolument indifférente, et n'y a-t-il que la volonté qui constitue la moralité et la vertu ? Nous avons déjà critiqué cette manière de penser. Sans doute les définitions nominales sont libres. Je puis donc convenir d'appeler vertu toute action (quelle qu'elle soit) conforme à la conscience, même erronée ; mais n'est-ce pas aller bien loin que d'appeler vertueux l'acte le plus criminel, par exemple, celui de Ravaillac, en le supposant conforme à la conscience de l'agent moral ? Quand même j'irais jusque-là, quand même j'accorderais que c'est là une sorte de vertu, il me restera toujours à demander si c'est là la vraie vertu, si c'est toute la vertu, et si la vertu, conforme au vrai bien, n'est pas en soi d'un ordre supérieur à la vertu d'un fanatique ou d'un fou ; par exemple, si la vertu sublime d'un saint Vincent de Paul n'est pas supérieure à la vertu criminelle d'un Brutus ou d'une Charlotte Corday, ou à la vertu extravagante d'un moine mystique du moyen âge ? Lors même que l'on supposerait que, dans ces divers cas, la volonté de faire le bien est égale, consentirait-on à reconnaître une égale vertu dans le sage et dans l'insensé, dans le dévouement qui sauve et dans le fanatisme qui tue ? Tout au moins faudra-t-il distinguer deux sortes de vertu, dont l'une pourrait s'appeler vertu subjective, et qui n'est que l'accord de la volonté avec l'état de la conscience actuelle, et dont l'autre serait la vertu objective ou la vertu en soi, qui serait l'accord de la volonté avec une conscience absolue, c'est-à-dire avec le vrai bien. N'est-il pas évident que la première ne peut être appelée vertu qu'en tant qu'elle est l'expression anticipée de la seconde, et comme une volonté de s'élever à la seconde ? car, si l'état de ma conscience ne me présente qu'un bien relatif, ma volonté cependant est d'obéir au bien absolu. Mais si l'on enseignait que la vertu objective n'est pas en soi d'un ordre supérieur à la vertu subjective, nul ne s'efforcerait de passer de l'une à l'autre ; et, tous les états de conscience étant considérés comme égaux, il n'y aurait pas lieu de s'éclairer moralement. L'homme ne devrait pas chercher à devenir plus raisonnable, ni à devenir meilleur. Il lui suffirait de conserver la bonne volonté de faire son devoir. Mais, au moyen âge, c'était le devoir du chrétien de tuer le plus de musulmans possible ; et le devoir du musulman de tuer le plus de chrétiens. Cette double et réciproque vertu, comme la vertu des cités antiques, tendait de part et d'autre à la destruction de l'humanité.

Il nous paraît donc démontré que la vraie vertu, la vertu idéale (ἡ ἰδέα τῆς ἀρετῆς), c'est la vertu éclairée par la science, comme l'entend Platon ; et qu'au contraire la vertu d'opinion, celle qui n'est que l'accord de la volonté avec l'état actuel de la conscience, n'est, selon le même philosophe, qu'une ombre de vertu (σκιὰ ἀρετῆς). Sans doute, comme nous l'avons montré plus haut, rien ne peut nous assurer que nous possédions jamais une autre vertu que celle-là ; car, d'une part, rien ne nous prouve que notre état actuel de conscience soit conforme à ce qu'exigerait la conscience absolue ; et de l'autre, rien ne nous assure que le vrai motif de nos déterminations soit même cet état de conscience, et non pas nos intérêts cachés et inaperçus. C'est ce qui faisait dire aux stoïciens qu'il n'y avait jamais eu un seul vrai sage ; et cependant cette vertu, telle quelle, peut être considérée comme équivalente à la vertu absolue, à la condition de rapprocher autant que possible l'une de l'autre par nos lumières. Il est donc certain que la science du vrai bien est un élément essentiel de la vertu.

On conclura avec raison de ces considérations que la science est un des éléments essentiels de la vertu, et que l'ignorance est souvent l'une des causes du vice. Mais faut-il aller jusqu'à dire que la vertu n'est que science et que le vice n'est qu'ignorance ? C'est ici qu'Aristote a pu objecter avec raison à Platon qu'il omettait un élément essentiel de la vertu, à savoir la volonté. La théorie de Platon semble échouer devant cette sentence célèbre d'Ovide : *Video meliora*, sentence que saint Paul a exprimée à son tour avec énergie : « Je ne fais pas le bien que j'aime, et je fais le mal que je hais. » Platon lui-même a reconnu ce fait moral dans son dialogue *des Lois*, mais il essaie de le faire rentrer dans sa théorie, en disant que c'est là le comble de l'ignorance. Mais est-il possible d'appeler ignorance cet état où l'âme fait le mal, sachant qu'il est le mal, et le voulant néanmoins?

Il est incontestable que, dans un grand nombre de cas, l'homme fait le mal avec conscience et en connaissance de cause : et c'est là, à proprement parler, que consiste le péché, la faute, le crime. Tout mal accompagné de complète ignorance peut être un vice, mais n'est pas un péché. La question est de savoir comment un tel état est possible ; car c'est pour n'avoir pas cru qu'il était possible que Platon l'a nié, ou plutôt l'a expliqué par l'ignorance.

Pourquoi Platon considérait-il comme impossible le mal volontaire? C'est que, pour lui, le bien en général, le vrai bien est inséparable du bien propre, en d'autres termes, que la vertu ou la justice est identique au bonheur. «Eh quoi! dit Polus dans le *Gorgias*, me nieras-tu que le grand roi ne soit heureux? — Je n'en sais rien, répond Socrate ; car j'ignore quel est l'état de son âme par rapport à la vérité et à la justice. » Ainsi le bonheur de l'homme est lié à son rapport avec la vérité et la justice. Lorsque l'âme est vertueuse, elle est en ordre, elle est en équilibre : la justice est la santé de l'âme; le vice en est la maladie. Or, si l'homme méchant savait cela, comment pourrait-il être méchant? Peut-on choisir volontairement d'être malheureux et malade? Peut-on ne pas choisir la santé et le bonheur? On est vaincu, dit-on, par les passions. Mais les passions sont encore nous-mêmes : or comment concevoir qu'on soit vaincu, contraint par soi-même à faire ce qui nous fait du mal, ce qui nous est nuisible ?

L'impossibilité signalée par Platon nous est tous les jours cependant attestée par l'expérience. Tous les jours nous faisons ce qui nous est nuisible, et cela même dans l'ordre matériel. Tel aliment nuit à la santé; nous l'avons cent fois éprouvé : cependant il nous plaît, et nous nous laissons entraîner encore une fois à y goûter. L'intempérant sait qu'il abrège sa vie; il le sait, il en fait chaque jour l'expérience en sentant ses facultés s'affaiblir; il cède cependant au vice qui l'entraîne, et il y cédera jusqu'à la mort. A plus forte raison s'il s'agit d'un mal moral, bien plus éloigné de nous, bien plus froid pour l'imagination et pour les sens.

La difficulté théorique, ici, est de comprendre comment on peut préférer un moindre bien à un plus grand ; car il semble que ce soit une maxime évidente, que la volonté suit toujours le plus grand bien. Nous avons déjà touché à ce sujet. Il faut y revenir encore une fois.

Il faut distinguer deux sortes de plus grand bien : le plus grand bien conçu et le plus grand bien senti. Notre intelligence peut connaître, savoir et comprendre que tel bien est le plus grand bien ; mais ce plus grand bien n'a pour nous aucun attrait. Tel autre, au contraire, que nous savons inférieur à l'autre, a cependant plus d'attraits. De là la lutte, si souvent éprouvée, entre le plaisir et le bien. Le plaisir n'est pas toujours le plus grand bien, mais il est le plus provoquant, le plus pressant, le plus séduisant. Bien plus, le plus grand plaisir n'est pas toujours celui qui nous agrée le plus. Le plaisir absent n'a pas le charme du plaisir présent; le plaisir futur n'a pas le charme du plaisir actuel. Tel bien n'agit que sur l'intelligence, non sur la sensibilité. La durée de la vie est un bien, par exemple, que le jeune homme est tout aussi apte à comprendre que l'homme fait; mais ce bien est vague et lointain pour lui : il ne dit rien à sa sensibilité et à son imagination.

A plus forte raison les biens moraux, les biens de l'âme, quoique ce soient pour la raison les vrais biens et les seuls biens, sont-ils pour la sensibilité moins aimables, moins séduisants que les biens du corps. L'homme, plongeant comme les autres animaux dans la matière par une partie de lui-même, est enlacé par ces sortes de biens d'une manière tendre et fatale. Les vrais biens sont au contraire à une hauteur qui les rend froids et vagues à nos yeux : d'ailleurs, étant d'une nature toute spirituelle, il est évident qu'ils ont moins de prise sur notre imagination et notre sensibilité.

Ainsi la lutte morale, qui, selon Platon lui-même, est le fond de l'âme humaine, la lutte entre « l'amour aveugle du plaisir et l'amour réfléchi du bien, » cette lutte est dans la nature des choses. Ce n'est pas l'ignorance qui égare ; c'est l'attrait, c'est la séduction des sens.

Il n'y a donc pas contradiction à dire qu'un homme est vaincu par lui-même : ce n'est pas en se plaçant au même point de vue. C'est l'homme moral, l'homme idéal, l'homme vrai, l'homme spirituel qui est vaincu par l'homme des sens, par l'homme charnel. C'est la lutte si bien signalée par saint Paul entre le vieil homme et l'homme nouveau.

De là un élément de la vertu que Platon semble avoir oublié, et qu'Aristote et les stoïciens ont restitué avec raison : c'est la force morale, la volonté. Pour que l'homme nouveau, l'homme vrai, puisse triompher du vieil homme, il faut l'effort de la volonté. Car, quoique la vertu soit dans le fond le vrai bonheur, et apporte avec elle le seul vrai plaisir, ce n'est jamais avant son triomphe, ce n'est qu'après avoir vaincu qu'elle fait sentir son charme et sa beauté : c'est après avoir lutté, après avoir combattu et triomphé qu'elle apporte après elle la paix et la joie ; auparavant, elle ne se présente guère que comme pénible et douloureuse. Je puis donc savoir où est le vrai bien, savoir en même temps que ce vrai bien est aussi mon bien, que ce bien est mon bonheur, que ce bonheur est le plus pur et le plus profond des plaisirs ; mais, tant que je ne fais que le savoir sans le sentir, il me faut un effort de la volonté pour choisir le plus grand bien. Cet effort étant difficile, je cède souvent à l'attrait du plus grand plaisir présent, et c'est là, à proprement parler, le vice, le péché. La vertu, au contraire, sera donc la force morale qui triomphe du plaisir pour poursuivre le seul et vrai bien.

Maintenant, voici le grand problème, ce que j'appellerai, en morale, le problème des problèmes : c'est le débat entre les théologiens et les philosophes, entre saint Augustin et Pélage, entre Luther et Érasme, entre les molinistes et les jansénistes. Pour que la vertu soit possible, il ne suffit pas sans doute, comme le pense Platon, d'avoir la science du bien. Mais suffit-il d'ajouter à la science du bien la volonté du bien? L'homme connaît et veut le bien. Le peut-il? Ce n'est pas seulement la bonne volonté qu'il faut, c'est la force. Sans doute il est vrai de dire que la vertu consiste dans la force morale, dans l'empire de l'âme sur elle-même. Mais cette force morale ne se compose-t-elle pas de deux éléments : la volonté et l'amour? Si je ne fais que connaître spéculativement où est le bien, ma volonté aura-t-elle la force de vaincre mes passions et de me dégager de ces attaches des sens si tenaces et si puissantes? Nul n'a peint plus énergiquement que saint Augustin ces forces de la passion souveraine. « J'étais semblable, nous dit-il, à ceux qui veulent se réveiller, mais qui, vaincus par la force du sommeil, retombent dans l'assoupissement. Il n'est sans doute personne qui voudrait toujours dormir et qui ne préfère, s'il est sain d'esprit, la veille au sommeil; et cependant rien n'est plus difficile que de secouer la langueur qui appesantit nos membres; et souvent, malgré nous, nous sommes captivés par la douceur du sommeil, quoique l'heure du réveil soit arrivée... J'étais retenu par les frivoles plaisirs et les folles vanités, mes anciennes amies, qui secouaient en quelque sorte les vêtements de ma chair et murmuraient : Nous abandonnes-tu?... Si d'un côté j'étais attiré et convaincu, de l'autre j'étais séduit et enchaîné... Je n'avais rien à répondre que ces paroles lentes et languissantes : Tout à l'heure, tout à l'heure, attendez un peu. Mais ces tout à l'heure n'avaient pas de fin, et ce peu se prolongeait indéfiniment. Malheureux! qui me délivrera de ce corps de mort[1]? »

1. Confessions, liv. VIII.

Sans conclure avec saint Augustin à la nécessité d'un secours surnaturel, on peut reconnaître avec lui la faiblesse de la nature humaine aux prises avec la volupté ou avec les autres passions. Les directeurs religieux des âmes chrétiennes savent par expérience combien il est difficile à une âme de secouer le joug des passions, combien il lui faut de secours et d'adresses, combien de temps, combien de secousses, et souvent inutiles ! A un autre point de vue, on sait aussi que toutes les grandes actions, comme les grandes pensées, viennent du cœur ! Sans émotions vives et ardentes, sans enthousiasme, sans foi passionnée et ardente, qui aura la force et la volonté de s'élever au-dessus de la vie vulgaire?

Ce serait donc s'exagérer beaucoup les forces du libre arbitre que de se le représenter comme une puissance absolument souveraine, à qui il suffise de vouloir pour pouvoir. Sans doute on dit vulgairement avec raison : Vouloir, c'est pouvoir. Mais on n'analyse pas le mot vouloir, qui signifie alors, non-seulement la force de la volonté, mais la force de l'homme tout entier, tête et cœur. Ce qu'on appelle une volonté forte est toujours plus ou moins une volonté mêlée de passion. La sensibilité est donc la moitié de la volonté. Le mysticisme considère comme un don surnaturel, comme une inspiration de la grâce divine, cette puissance secrète et mystérieuse qui, mêlée à la volonté, nous donne l'énergie nécessaire pour faire le bien. Mais il n'est pas nécessaire d'avoir recours à cette hypothèse. Tous les grands sentiments poussés à une certaine exaltation communiquent à l'homme une force héroïque. Les Décius à Rome, les Thraséas sous l'empire, madame Roland et Charlotte Corday sous la Révolution française, ont montré de grandes âmes sous l'influence de passions tout humaines. Ce qui est vrai, c'est que sans une certaine exaltation de l'âme la liberté morale ne paraît pas par elle seule capable de s'élever jusqu'à l'héroïsme, et quant à la simple vertu, on sait qu'elle est presque aussi difficile, sinon plus difficile encore que l'héroïsme.

De ce point de vue, on pourrait tirer une nouvelle définition de la vertu. La vertu ne serait pas la science du bien, comme le veut Platon ; elle serait l'amour du bien, ou l'amour de l'ordre, comme le veut Malebranche, et ici encore il faut reconnaître que l'amour, comme nous l'avons déjà vu [1], n'est pas seulement une condition et un stimulant pour la vertu, mais qu'il en est encore un élément essentiel, non moins que la science, non moins que la force morale.

Il est donc hors de doute que l'amour, aussi bien que la connaissance, est une partie essentielle de la vertu. Cependant on ne pourra pas la borner à ces deux éléments, car il faudra toujours y ajouter la force morale ou la volonté. Que de fois n'arrive-t-il pas en effet que l'amour du bien est aussi impuissant que la connaissance du bien, qu'une âme qui à la fois connaît le bien et veut le faire ne le fait pas ! Combien d'âmes généreuses et tendres, combien d'âmes éclairées et sages, combien, réunissant à la fois la sagesse et la générosité, sont cependant impuissantes devant la tentation. De ces bonnes intentions dont l'enfer est pavé, combien sont inspirées par le cœur et par la raison, mais qui sont trahies par la volonté ! Il faut donc toujours

---

1. Voir plus haut, chap. v, même partie, *le Sentiment moral.*

un dernier ressort, un effort suprême, un acte personnel de résolution pour achever l'acte vertueux. C'est ce dernier ressort, nous l'avons dit déjà, qui meut sans être mu, que l'on appelle la liberté. Qu'est-il? En quoi consiste-t-il? Quelle en est l'essence? On ne peut le dire. Il est en nous ce qu'il y a de plus profondément personnel, ou, s'il vient d'ailleurs, il est le lien où le divin se transforme en une personnalité individuelle, où se fait le passage incompréhensible de l'universel à l'individuel, où s'unissent dans un acte inséparable la grâce et le libre arbitre. Sans doute le vouloir est de moi : et qui pourrait vouloir si ce n'est moi-même? mais la force du vouloir ne vient pas de moi; car je ne me suis pas créé moi-même ; je ne me suis pas donné moi-même ma volonté; autrement je me la serais donnée absolue, et je ne sais que trop qu'elle ne l'est pas. Je me la serais donnée toute-puissante contre le mal, tout obéissante pour le bien; et je ne sais que trop qu'elle est impuissante contre l'un tout en le haïssant, et rebelle contre l'autre tout en l'aimant.

En résumé, la vertu est force, science et amour indivisiblement unis en une même action : c'est la force de pratiquer le bien avec amour et lumière; et si dans le mot de volonté on fait entrer, comme l'ancienne philosophie, l'idée de raison et d'inclination, on dira avec Kant que la vertu est une bonne volonté.

Après ces explications sur l'essence de la vertu, nous passerons rapidement sur quelques-unes des opinions ou questions soulevées par les anciens. Par exemple, il est inutile d'insister longtemps pour faire voir ce qu'il y a de juste dans la définition d'Aristote, que la vertu est une habitude, et en même temps combien il faut prendre garde de la mal interpréter. En effet, Aristote a bien raison de dire qu'un seul acte de vertu ne fait pas plus la vertu qu'une hirondelle ne fait le printemps. C'est donc par la répétition des actes que l'on devient vertueux, comme c'est en forgeant que l'on devient forgeron. Cette remarque a pour effet de détourner le préjugé qui serait assez porté à faire consister la vertu dans un acte éclatant et unique, tandis qu'elle doit être une volonté continue et suivie ; elle ne doit pas être un accident, mais elle doit transformer l'âme tout entière, en y constituant des qualités nouvelles et durables. Mais d'un autre côté on ne doit pas entendre par habitude une routine mécanique, dans laquelle l'âme perdrait la conscience de ce qu'elle fait, en s'assujettissant à une règle extérieure. Il ne faut pas oublier la maxime « que la lettre tue et l'esprit vivifie. » C'est par l'esprit qu'il faut être vertueux, et non-seulement par les actes. Ainsi ce n'est pas d'une habitude extérieure qu'il s'agit, mais d'une habitude interne et morale dont le siége est dans la volonté et dans le cœur.

Quant à cette autre maxime d'Aristote, que la vertu consiste dans un juste milieu, c'est là sans doute une règle pratique utile à considérer et, dans bien des cas, à peu près satisfaisante ; mais elle n'exprime nullement l'essence de la vertu [1].

Examinons encore rapidement ces deux questions soulevées par Platon et les stoïciens : à savoir si la vertu peut s'enseigner, et, en second lieu, si la vertu est une ou plu-

---

1. Voir sur ces diverses questions et plusieurs autres nos *Éléments de morale* (Paris, 1869), ch. VII.

sieurs, c'est-à-dire si celui qui a une vertu les a toutes.
Pour la première question, il est évident que si la science
est une partie essentielle de la vertu, elle peut et elle doit
s'enseigner; et ainsi la morale peut être l'objet d'un enseignement et d'une science; même la force morale, qui est,
nous l'avons vu, la partie maîtresse de la vertu, peut être
objet d'enseignement, soit par l'exemple, soit par l'exercice.
Quant à la seconde question, on peut bien dire que, dans
son idée pure et abstraite, la vertu est une, et qu'il ne peut
y en avoir plusieurs : celui qui aime véritablement le
bien doit l'aimer partout et toujours. Car, par cela seul
que l'on n'a que certaines vertus et non point d'autres, on
semble montrer que l'on n'aime pas le bien en général,
mais seulement certains biens. Ainsi celui qui est un bon
patriote, mais mauvais père, prouve par là qu'il aime sa
patrie, mais non pas la vertu elle-même : il n'aime donc
qu'un certain bien, et non pas tout le bien. Aussi
sera-t-il vrai de dire avec les stoïciens qu'en principe
il n'y a pas parmi les hommes un seul sage, et avec
Kant que peut-être n'a-t-il jamais été accompli dans le
monde un seul acte de vertu. Mais, à prendre les choses
ainsi à la rigueur, il n'y aurait plus de morale; car, s'il
n'y a pas eu un seul acte de vertu dans le monde, il y a
lieu de croire que cela tient à ce qu'elle est impossible;
et dès lors pourquoi me donnerais-je la peine de vouloir l'impossible? Si les vertus humaines ne sont que des
vertus apparentes, équivalentes à des vices, pourquoi
chercherais-je à corriger mes vices? On voit qu'au fond cette
opinion platonicienne revient au paradoxe stoïcien que
toutes les fautes sont égales : paradoxe qui équivaut pra-

tiquement à la négation de toute morale. Aussi l'on sait que les stoïciens savaient redescendre à propos du haut de ces paradoxes, vrais en partie, mais d'une vérité toute spéculative; et après avoir dit qu'il n'y a pas de sage, ils admettaient d'un autre côté un *progrès* vers la sagesse, et dès lors une mesure qui fixe le rang où chacun est par rapport à cette sagesse. On pouvait donc, dans leur hypothèse, s'approcher indéfiniment de la sagesse, sans y atteindre jamais. Traduisez *sagesse* par *perfection*, et tout deviendra clair. La vertu étant, selon Platon et Zénon, l'imitation de Dieu, il est évident que dans son idée pure, la vertu est impossible ; car nul ne peut être absolument semblable à Dieu : mais on peut en approcher, et c'est là la seule idée possible de la vertu humaine. On comprend dès lors comment il peut y avoir plusieurs vertus : l'un approche de la perfection dans un certain ordre d'actes, l'autre dans d'autres. Ces divisions sont arbitraires, et correspondent soit aux facultés, soit aux objets : de là la division des vertus. Mais, dira-t-on, comment celui qui aime le bien ne l'aime-t-il pas partout et toujours ? La vertu partielle ne prouve-t-elle pas que ce n'est pas le bien qu'on aime, mais tel ou tel bien ? Cela est vrai; mais ce qui est vrai aussi, c'est que l'amour de tel bien conduit peu à peu à l'amour du bien en général; celui qui a eu une vertu tend à les avoir toutes. La vraie vertu est donc celle qui ne se fait pas crédit à elle-même, qui ne s'accorde pas quelques vices pour se dédommager de certaines vertus. Elle peut faiblir quelquefois, mais non pas en faisant un choix entre les divers devoirs, et en sacrifiant volontairement ceux qui lui sont désagréables pour s'arrêter à ceux qui lui plaisent.

C'est en ce sens que l'on peut dire avec Platon que celui qui a une vertu les a toutes. Seulement elles nous sont inégalement difficiles, selon la distribution inégale des inclinations et des tentations.

Ce serait le lieu de dire en terminant quelque chose d'une division des vertus. Mais cette question appartient plus particulièrement à la morale pratique. Disons seulement que dans notre pensée toute classification de vertus sera toujours artificielle, et qu'elle pourra toujours varier selon le point de vue que l'on considérera.

CHAPITRE IX

LE PROGRÈS MORAL

La liberté étant, avec la conscience morale, la condition décisive de la moralité, une question très délicate, et peu traitée jusqu'ici, se présente à notre examen. Y a-t-il, peut-il y avoir un progrès dans la moralité? Sans doute on accordera le progrès moral, tel que nous l'avons expliqué plus haut : on reconnaîtra que les idées s'éclairent, que les mœurs s'adoucissent, que les institutions se perfectionnent, que les lois deviennent meilleures et plus équitables; en un mot, on accordera le progrès de la civilisation. Mais on demande s'il y a progrès de la moralité dans le sens strict du mot, s'il y a et s'il peut y avoir progrès sans la vertu. Nous sommes plus heureux et plus policés que nos pères : sommes-nous plus vertueux? On fait remarquer avec raison que la vertu consiste essentiellement dans la force morale par laquelle on triomphe de ses passions pour obéir à ce que la conscience nous déclare être le bien. Or peut-on dire que cette force morale grandit et croît avec la civilisation? N'y a-t-il pas eu dans tous les temps une même quantité de vertu? ou si cette quantité de vertu varie, suit-elle nécessairement une loi de progrès ? La vertu est éminemment individuelle ; elle est tout entière dans l'effort libre de la volonté : or cet effort a pu être le même à toutes les époques. Sans doute il y a des siècles plus ou moins éclairés ; mais la vertu ne consiste pas dans le plus ou moins de lumières; elle consiste dans la stricte obéissance au degré de lumière ou de conscience que l'on possède : un sauvage qui obéit à sa conscience, si ignorante qu'elle soit, peut être aussi vertueux qu'un Socrate ou un Aristide. On pourrait même aller jusqu'à soutenir que le progrès social affaiblit au lieu d'accroître la moralité individuelle ; car la société, à mesure qu'elle est mieux réglée, dispense les individus d'un grand nombre d'actes de vertu : c'est ainsi qu'une bienfaisance publique mieux organisée, ou une meilleure économie sociale épargne aux hommes beaucoup d'actes de générosité qu'ils eussent faits autrefois. Telles sont les raisons très-spécieuses par lesquelles un philosophe distingué a essayé d'établir que la vertu n'est pas susceptible de progrès [1].

Il y a beaucoup de vrai dans cette thèse, mais il ne faut pas l'exagérer, sous peine de tomber dans des conséquences inadmissibles. L'auteur fait consister exclusivement la vertu dans un acte de libre arbitre, lequel acte est essentiellement le même dans tous les temps, et n'est pas en soi susceptible de progrès. Mais c'est là se placer à un point de vue tout à fait abstrait, et qui n'est point celui de la réalité. La moralité ne consiste pas seulement dans un acte du libre arbitre, mais dans un rapport composé de connais-

---

1. Voir le Mémoire de M. Fr. Bouillier, lu à l'Académie des sciences morales sur la *Querelle des anciens et des modernes en morale*.

sance et de volonté. Si le libre arbitre est le ressort de la moralité, la conscience morale ou le discernement du bien et du mal en est la condition. Tout le monde reconnaît que pour être admis à la qualité d'agent moral, il faut avoir la conscience de ses actes, le discernement de leur valeur morale ; un enfant ne devient agent moral qu'à l'âge où la raison commence, et dans la proportion de cette raison même. On ne dira pas d'un enfant qu'il est vertueux, mais qu'il est innocent. A mesure qu'il s'éclaire, qu'il apprend à connaître les vices, à discuter le danger et l'horreur des passions, la dignité de la vie, il devient plus capable de vertu. Ainsi, dans l'individu, on ne niera pas que la vertu ne soit susceptible de progrès. Pourquoi n'en serait-il pas de même dans l'humanité? Les races sauvages et primitives, aussi bien que les enfants, n'obéissent guère qu'à l'instinct: leurs instincts sont tantôt généreux, tantôt barbares; mais les uns et les autres leur commandent d'une manière impérieuse et absolue ; ce n'est pas qu'elles n'aient aussi leur libre arbitre; mais elles ne l'exercent que dans une sphère très-restreinte, ainsi que les enfants. On ne contestera pas sans doute qu'ils n'aient une certaine forme de moralité ; car autrement ils ne seraient pas hommes ; mais cette moralité est inférieure évidemment à un état de conscience plus éclairée : autrement il faudrait dire que l'homme ne s'élève pas dans l'ordre moral, lorsqu'il passe de l'innocence de l'enfance à la vertu de la maturité. Le rôle de l'homme est d'arriver au développement complet de son essence : ce n'est qu'à l'âge mûr qu'il peut avoir pleinement conscience de tous ses droits et de tous ses devoirs ; c'est alors qu'il est pleinement une personne morale, et qu'il a sa complète personnalité. Comme l'a dit si bien Aristote, nul ne voudrait rester enfant toute sa vie. Dans l'âge mûr, à mesure que le discernement du bien et du mal devient plus clair et plus délicat (quand il ne se corrompt pas), la responsabilité augmente avec les tentations et les difficultés. Les affaires sont bien plus nombreuses ; les relations plus compliquées ; les devoirs plus rigoureux : de là un plus grand besoin de force morale et d'attention sur soi-même. Il en est de même dans l'humanité. Le développement des lumières et de la civilisation, bien loin, comme on croit, d'amortir et d'annuler la responsabilité individuelle, lui donne un champ bien autrement vaste qu'elle ne l'a chez les peuples primitifs ; et pour qu'un état de société subsiste, dans un certain degré de civilisation, il faut une plus grande somme de force morale que dans l'état rudimentaire. Dans une société cultivée, combien d'hommes sont continuellement retenus, ou tout au moins préoccupés par la conscience morale ! Que chacun de nous se consulte, et, sans s'exagérer sa valeur morale, il reconnaîtra que dans mille occasions il est occupé à consulter sa conscience ; et lors même qu'il cède à la tentation, c'est déjà un état moral supérieur d'être préoccupé du problème. Croit-on qu'il en soit de même chez les peuples primitifs, chez les sauvages ? N'est-il pas évident que ces peuples sont la plupart du temps les jouets de leurs instincts, et qu'ils ignorent en grande partie les scrupules et les troubles moraux des consciences cultivées ?

Je ne compare ici que l'état sauvage et l'état civilisé, parce que ce n'est qu'entre ces deux termes extrêmes que nous pouvons voir clairement le progrès moral : mais entre deux peuples ou deux siècles d'une civilisation relativement égale, nous n'aurons plus de mesure exacte pour déterminer s'il y a ou s'il n'y a pas eu progrès moral. C'est ainsi, par exemple, qu'il ne nous est pas facile de décider si d'un siècle à l'autre la moralité a fait des progrès ; et, à traiter la question historiquement, il y aura toujours lieu à controverse et à décisions contradictoires dans un sens ou dans l'autre. Mais, si nous tirons les conséquences des principes précédents, nous pourrons soutenir avec vraisemblance que tout ce qui tend à éclairer la conscience des hommes ou à augmenter le nombre de ceux qui sont éclairés tend à augmenter la moralité humaine en général. A la vérité, il y a ici un élément dont il faut tenir compte : c'est que les lumières, qui sont un principe de moralisation, peuvent être aussi un principe de corruption ; car les hommes sont aussi souvent sauvegardés contre les vices par l'ignorance et l'habitude que par le raisonnement. Aussi voit-on généralement que, tandis que les optimistes ne voient que le beau côté du développement des lumières, les pessimistes s'appliquent à en faire ressortir les vices. Il résulte sans doute de là que la question est très-complexe, et qu'il n'est guère facile d'apprécier d'une manière exacte la somme de moralité et de vertu dont jouit une société. Il n'en est pas moins vrai qu'il peut y avoir un progrès moral, et que le principal élément de ce progrès est le développement des idées morales.

Ce que nous avons dit des peuples primitifs par rapport aux peuples civilisés, nous pouvons le dire aussi, dans une même société, des classes moins éclairées par rapport à celles qui le sont davantage. Là aussi l'état d'ignorance et de misère des populations n'est pas éloigné de l'état sauvage : là aussi, c'est en développant la conscience morale qu'on peut développer la moralité. Là aussi, il faut le dire, le développement des lumières amène et des vertus nouvelles et des vices nouveaux ; et l'on peut se demander si le mal ne compense pas le bien. Mais ce problème n'est autre chose, après tout, que le problème du mal en général; car c'est la question de savoir si la faculté de faire le mal, conséquence du libre arbitre, n'est pas une triste compensation de celle de faire le bien. Si l'on admet, comme on le fait généralement en théodicée, que la Providence, en nous donnant la faculté de choisir entre le bien et le mal, nous a donné un état plus élevé que celui des bêtes, pour lesquelles il n'y a ni bien ni mal, il semble qu'il faille admettre par la même raison que l'homme, en cultivant son esprit, atteint réellement à un degré de moralité plus élevé, quoique la conséquence indirecte de ce développement des lumières puisse être, en un autre sens, une véritable dégénération. La moyenne morale d'une société peut être plus élevée, quoiqu'il y ait plus de vices; de même que la moyenne de l'humanité est supérieure à la bête, quoique tel monstre de luxure et de cruauté soit inférieur au plus cruel et au plus vil des animaux.

Considérons en outre la question par un autre côté. Il semble, dans l'opinion que nous combattons, que la vertu ne soit qu'une contrainte, une lutte contre les penchants. D'où il suivrait que la société, en diminuant la nécessité de cette contrainte, en la rendant inutile par une bonne éducation, par de bonnes habitudes, de bonnes lois, des idées saines, bien loin d'augmenter la moralité, la diminuerait.

d'autant. La vertu n'aurait de valeur qu'en tant qu'elle serait difficile : rendez-la naturelle et aisée, vous la détruisez. Rien n'est plus contraire au sentiment commun, et j'ose dire à une pratique éclairée. C'est la morale, vue d'un point de vue scolastique, mais non d'un point de vue vraiment humain. Sans doute l'innocence n'est pas la vertu; et j'ai déjà fait remarquer qu'une vertu d'instinct n'est que la vertu de l'enfant, et non celle de l'homme. Mais tous les philosophes et tous les grands théologiens ont toujours reconnu dans la vertu, au-dessus de cet état de lutte et de contrainte, un état où la vertu, devenue facile et aimable, est comme une seconde nature. Sans doute l'idéal d'un pareil état n'est pas ici-bas; c'est dans le ciel que l'on place l'état angélique ou l'état de sainteté; mais par là même on reconnaît que cet état où il n'y a plus de lutte, et où la vertu est le résultat spontané de l'amour et de la vue du bien, est supérieur à l'état de lutte auquel nous sommes condamnés ici-bas. Or, sans comparer à cet état surnaturel et transcendant la moralité humaine, nous pouvons dire que nous en approchons lorsque nous avons passé de l'état où la vertu est difficile à celui où elle est facile et toute naturelle, soit que cet état soit dû à nos propres efforts, soit qu'il soit le résultat de l'éducation.

Que l'on considère un instant les conséquences étranges de l'hypothèse opposée. Si la vertu est exclusivement une lutte et une contrainte, cette lutte n'est possible qu'à la condition qu'il y ait des penchants rebelles : pour être tout à fait vertueux, il serait donc indispensable d'avoir de mauvais penchants ; car autrement, contre quoi aurions-nous à lutter ? L'éducation morale devrait donc avoir pour objet d'encourager et de favoriser les mauvais penchants, afin que l'on pût avoir une matière sur laquelle pourrait s'exercer la vertu. Le père de famille qui verrait son fils naturellement modeste devrait gémir de ne pas découvrir en lui la passion de l'orgueil, car il n'aurait pas à la vaincre ; il devrait gémir d'avoir des fils laborieux, chastes, dociles, charitables, car, n'ayant pas éprouvé la passion de la paresse, de la luxure, de l'égoïsme, quelle vertu auront-ils à cultiver ces belles qualités naturelles? Nous devrions donc, dans cette hypothèse, encourager les vices, et susciter des obstacles à la vertu.

L'éducation est-elle dirigée en ce sens ? et se la représente-t-on luttant contre les bons sentiments et stimulant les mauvais, afin que la vertu eût plus tard de quoi se déployer? Sans doute l'ignorance du mal n'est pas la vertu ; et il peut être bon parfois que la jeunesse soit mise en présence de quelques tentations pour s'habituer peu à peu à les vaincre. Aussi ne parlé-je pas de l'état d'ignorance, mais de ces dispositions éclairées qui nous font aimer le bien avec pleine connaissance du mal, sans aucune tentation, et par conséquent sans lutte. Je dis que ce n'est pas là un état inférieur de moralité, mais au contraire l'idéal même de la moralité ici-bas. Arriver à aimer la vertu au point de ne pouvoir choisir qu'elle, voilà le vrai objet de l'ambition morale de l'humanité. Or, à mesure que les bonnes habitudes se répandent dans l'humanité et lui deviennent comme essentielles, on a le droit de dire qu'elle a gagné moralement. Par exemple, personne ne considérera comme une vertu, chez les sauvages, une tempérance due à l'ignorance des liqueurs fortes : c'est là, si l'on veut, l'innocence; ce n'est pas la vertu. Ainsi de la chasteté de l'enfant, tant qu'il ignore absolument les passions des sens. Mais que dans une société, au moins dans la classe éclairée, le sentiment de la dignité personnelle se soit assez répandu pour que la honte de l'ivresse soit presque universelle, et que ce vice soit devenu très-rare, ou les mots n'ont plus aucun sens, ou il est vrai de dire qu'il y a là un progrès moral évident. Sans doute la tempérance, grâce à l'éducation, au progrès d'une certaine délicatesse, à je ne sais quelle seconde nature, m'est devenue très-facile; je n'ai même jamais eu aucune peine à m'y exercer : on a développé en moi, dès mon jeune âge, le mépris de cette folle passion; j'en ai horreur, comme de devenir une brute. Or c'est là précisément ce que doit se proposer la morale. Vouloir absolument que le bien soit difficile, c'est vouloir l'éternité du mal : je ne peux avoir de mérite dans la tempérance que si je suis tenté d'être intempérant; et ainsi, dans cette singulière théorie, le vice serait la condition nécessaire de la vertu. Ce n'est pas seulement de céder à la tentation qui constitue le vice : c'est la tentation même; et c'est cette tentation que nous cherchons à déraciner dès le plus bas âge chez nos enfants. Qui donc voudrait que son fils eût la tentation du vol, même en n'y cédant pas ? Que dirions-nous d'un homme qui se vanterait d'avoir eu la tentation de tuer sa mère et d'y avoir résisté ? on pourrait admirer sa vertu, on n'en aurait pas moins horreur de lui ; et personne ne voudrait ni pour soi-même ni pour les siens d'une vertu semblable.

Il est donc impossible de ne pas considérer comme un

progrès moral, non-seulement la résistance aux vices, mais encore la suppression des vices. Par exemple, les habitudes d'intempérance qui régnaient autrefois dans la haute société et qui y sont devenues très-rares existent encore aujourd'hui dans la classe ouvrière d'une manière malheureusement trop intense. Je suppose que par l'instruction, le raisonnement, l'exemple, en réussisse à répandre dans les classes inférieures le même sentiment de dignité que dans les classes élevées, au point que, parmi les nouvelles générations, l'ivresse ne soit plus que l'exception, et que la tempérance devienne la règle : qui pourrait se refuser, sans violer toutes les lois du langage et du bon sens, à reconnaître ce changement comme un progrès moral ? Cependant on ne supprimera le vice qu'en supprimant la tentation du vice, et par conséquent l'effort qui le combat. Peut-être aujourd'hui l'existence d'une si malheureuse passion a-t-elle pour conséquence chez quelques individus des miracles de vertu. Mais ces miracles sont rachetés par un vice contagieux qui envahit d'innombrables pécheurs. Faut-il, encore une fois, conserver et même encourager le vice, pour provoquer quelque vertu ? Le bon sens se refuse à une telle conséquence ; et tous les hommes de cœur qui aiment leurs semblables croient qu'on ne saurait trop acheter la suppression d'un vice dans l'humanité. Au risque de ne pas avoir le mérite moral dont Alcibiade loue Socrate dans le *Banquet* de Platon, les sages modernes ont le droit de se féliciter de ne pas connaître les étranges tentations contre lesquelles un sage de la Grèce avait à lutter.

C'est en apparence un paradoxe, et cependant c'est

une vérité, que la valeur morale d'un acte n'est pas toujours en proportion du mérite qui y est attaché; et souvent le devoir exige que nous nous privions d'une vertu. J'en donnerai un exemple bien convainquant. Dans les anciennes idées sur la charité, le plus grand bien que l'on pouvait faire à ses semblables était le don ou l'aumône. Dans des idées plus éclairées, on ne doit avoir recours à l'aumône qu'à la dernière extrémité : le travail, le prêt, tout ce qui tend à exciter la responsabilité personnelle doit être préféré quand cela est possible. Cependant il y a plus de vertu à donner qu'à prêter, à faire l'aumône qu'à faire travailler. Je suppose un homme qui veuille assurer le bonheur de cent familles. Il sait qu'en leur donnant la moitié de sa fortune, il les fera vivre pendant un an; mais il sait aussi qu'en établissant une manufacture avec ce même capital, il les fera vivre pendant un temps indéfini; par le premier moyen, il ne fait que des pauvres; par le second, il fait des hommes laborieux. Qu'ordonne ici la morale ? Évidemment, de préférer le second moyen au premier. Et cependant, dans ce second cas, il double sa fortune, tandis que dans le premier il la sacrifie.

Un acte peut donc être le meilleur en soi, même moralement, sans exiger la même somme de vertu, c'est-à-dire de sacrifice, qu'un autre acte moralement moindre. Il peut même arriver, comme c'est le cas ici, que l'acte conforme à notre intérêt soit meilleur absolument parlant que l'acte désintéressé. On voit par là qu'il ne faut pas toujours mesurer la valeur morale d'une société par le sacrifice individuel que chacun peut avoir à faire de ses penchants. La valeur morale des actes n'est pas toujours en proportion de la difficulté vaincue. Et ainsi le niveau moral d'une société peut être plus élevé que tel autre, lors même qu'il y aurait une moins grande somme de lutte contre soi même et de sacrifices désintéressés.

Les moralistes ne se sont guère préoccupés en général que du cas où le devoir est en contradiction avec les penchants, comme il l'est en effet très-souvent; mais, dans la crainte exagérée de tomber dans l'épicuréisme, ils ne nous ont pas assez parlé des cas non moins fréquents où les devoirs sont d'accord avec les penchants. En nous apprenant qu'il n'y a de moralité et de vertu que dans la lutte contre nous-mêmes, ils réussissent à nous donner des remords de ce que nous n'avons pas une telle lutte à soutenir envers nous-mêmes. Et cependant ce n'est pas notre faute si nos penchants ou les circonstances se trouvent précisément d'accord avec ce que nous prescrit la vertu. Par exemple, c'est un devoir indubitable que nous devons remplir avec zèle la fonction que nous occupons dans la société, même lorsqu'elle nous rebute et nous est pénible. Fort bien; mais si cette fonction, au contraire, nous agrée et nous rend heureux, devrons-nous donc la rejeter pour en prendre une plus pénible et plus ingrate que nous remplirons mal? J'ai choisi la carrière de l'enseignement; j'aime cette carrière; si j'avais à recommencer, je la choisirais encore. De là un remords. Quel mérite y a-t-il pour moi à accomplir avec zèle des devoirs qui me sont chers? quelle vertu à faire ce qui me rend heureux? Dois-je cependant rejeter ces devoirs parce qu'ils me sont agréables et en aller chercher d'autres rebutants ou difficiles devant lesquels je succomberais? dois-je me faire médecin au risque de tuer mes malades, uniquement pour faire pénitence, et pour me donner la satisfaction orgueilleuse de dire que j'agis par vertu et non par intérêt ? Pauline, dans la tragédie de Polyeucte, nous apprend qu'elle donne à son mari, par *devoir*, ce que Sévère avait par *inclination*. Soit; les circonstances expliquent sa situation. Mais faudra-t-il donc, par principe, se marier exprès contre son inclination pour avoir l'honneur d'accomplir son devoir? Aimer son mari par devoir, n'est-ce pas un peu l'aimer pour l'amour de Dieu, c'est-à-dire fort peu? Et qui se souciera d'avoir ainsi une affection de devoir, au lieu d'une affection de cœur et d'inclination ?

Par les mêmes raisons, le bonheur, cet objet si universellement désiré, deviendra pour nous un objet de remords et de scrupule. J'ai reçu de mes parents une belle fortune : est-ce ma faute si je suis né riche? J'ai reçu de la nature une bonne santé : est-ce ma faute si je suis bien portant ? J'ai une femme fidèle et aimable : est-ce ma faute si je suis heureux en ménage? Mes affaires prospèrent, mes amis me considèrent, la société m'honore : est-ce ma faute si tout me réussit? Bentham n'aurait-il pas le droit de traiter d'ascétisme moral une doctrine où l'on arriverait à se plaindre du bonheur comme on se plaint ordinairement du contraire? Et la Providence, habituée à entendre d'autres protestations, n'aurait-elle pas le droit de dire, comme le Jupiter de la fable, que l'homme ne sait ce qu'il veut, et qu'il ne sait être ni heureux ni malheureux. Il faut dire la vérité : c'est une morale de collége et de couvent que celle qui ne voit la vertu que dans une éternelle lutte contre soi-même, « fantôme à effrayer les gens. »

Regardons autour de nous dans la vie réelle ; nous verrons que les hommes les plus vertueux ne se refusent pas d'être heureux quand ils le peuvent être sans faire tort à personne : ils se félicitent et nous les félicitons nous-mêmes de tout ce qui leur réussit. Il faudrait faire le contraire, s'il arrivait qu'en gagnant du côté du bonheur on perdît nécessairement du côté de la vertu.

Sans doute la morale nous enseigne avec raison à faire plier nos penchants devant le devoir, lorsqu'ils sont en contradiction avec lui ; mais elle ne nous défend pas de mettre nos penchants d'accord avec le devoir. Qu'est-ce que l'éducation, si ce n'est cela? Tous les grands moralistes, tous ceux qui ont le mieux connu le cœur humain, ne nous ont-ils pas enseigné à éviter les occasions, à craindre les mauvaises compagnies, les mauvais exemples, à faire de bonnes lectures, à s'attacher des amis honnêtes, à se donner de nobles passions ou même d'innocentes récréations ; en un mot, comme dit Bossuet, « à ne jamais combattre directement la passion, mais à la prendre de biais. » Or, que signifient tous ces conseils, sinon que l'homme doit chercher des auxiliaires au bien dans son propre cœur, qu'il ne doit pas placer la moralité dans un combat dangereux et incertain, mais dans d'heureuses habitudes acquises de bonne heure et solidement fortifiées avant l'heure de la lutte; en d'autres termes, l'homme doit mettre ses penchants d'accord avec ses devoirs. Que fait maintenant une société qui s'améliore? Elle fait exactement la même chose : elle habitue peu à peu tous ses membres à trouver leur bonheur dans la pratique du bien ; elle donne le goût de la vertu au plus grand nombre; elle les dégoûte des vices et des crimes, et leur fait aimer la moralité, au point de la leur rendre naturelle. Entendre autrement le progrès moral est une opinion toute scolastique, qui n'a aucune application dans le monde de la réalité. Par exemple, les hommes en sont venus aujourd'hui à avoir une grande horreur de répandre le sang, et le respect de la vie humaine est passé dans les mœurs, tandis que chez les Romains et au moyen âge on tuait pour le moindre motif, et comme par plaisir et par jeu. Ce respect de la vie humaine, qui n'a plus pour nous aucun mérite moral, puisque nous le suçons en quelque sorte avec le lait, n'en est pas moins une acquisition morale : une société qui a ce sentiment est supérieure à celle qui ne l'a pas ; et chacun de nous, en tant qu'il participe au sentiment commun, est meilleur que ne l'étaient ses pères. Ainsi en est-il du sentiment patriotique, plus vif et plus délicat aujourd'hui qu'il ne l'était autrefois : au XVII° siècle, un prince du sang pouvait passer à l'ennemi sans se déshonorer ; aujourd'hui le soupçon même d'une telle défection serait une tache. Le progrès du patriotisme est évidemment un progrès moral. Chez les Romains l'amour de la patrie était une vertu que tous les citoyens recevaient en naissant et suçaient avec le lait ! En était-elle moins une vertu ?

Ce n'est donc pas seulement la lutte contre le mal qu'il faut considérer pour apprécier le progrès moral d'un individu ou d'une société : c'est encore l'acquisition du bien. La vertu, j'entends par là la lutte morale, n'est qu'un moyen, ce n'est pas un but : le but, c'est de devenir meilleur, c'est-à-dire d'acquérir les qualités qui rendent la nature humaine belle et aimable. Lorsque ces qualités sont acquises et sont passées dans le naturel, cessent-elles donc d'être bonnes et estimables par là? Des femmes naturellement chastes ne seront-elles donc pas estimées parce qu'elles n'ont pas eu la tentation du mal, ou, comme disait cyniquement La Rochefoucauld, « parce qu'elles ne sont pas lasses de leur métier? » Les hommes naturellement justes seront-ils moins dignes d'admiration parce qu'ils n'ont jamais désiré le bien d'autrui? Et, pour passer de la créature au Créateur, Dieu sera-t-il moins bon pour être essentiellement le bien, c'est-à-dire pour posséder éternellement et pleinement ce que nous ne pouvons qu'acquérir péniblement et par degrés?

Pour ceux qui croiraient que la doctrine du progrès moral met en péril la responsabilité humaine, et tend à réduire la vertu à une habitude acquise, je ferai seulement observer que la civilisation, en supprimant certaines tentations, en crée malheureusement de nouvelles; qu'en perfectionnant la nature humaine, elle suscite de nouveaux scrupules et soulève de nouveaux problèmes, qu'en multipliant les relations et les affaires, elle suggère de nouvelles occasions de mal et de nouvelles luttes pour le bien : ainsi ce qui est acquis ne fait peut-être qu'agrandir le champ de ce qui reste à acquérir. Le libre arbitre aura donc toujours sa large part de responsabilité et d'honneur, quel que soit le progrès des institutions, des lumières et des mœurs. Il n'en est pas moins vrai que le perfectionnement de la nature humaine est un progrès moral, et que c'est là même le but et le terme final de tout progrès.

CHAPITRE X

LE PÉCHÉ

Si la vertu est la force morale, le vice doit être la faiblesse morale : c'est la prédominance de la passion ou de l'appétit sensible sur la raison et sur l'idée du bien et du devoir : mais de même que la vertu n'est vertu qu'en tant qu'elle est volontaire, le vice n'est vice ou péché qu'en tant qu'il est également volontaire ; et si la sagesse ou perfection morale est un état de liberté, et le vice ou perversité un état de servitude, on peut dire que la vertu consiste à être *librement libre*, et le péché à être *librement esclave*.

C'est sur ce point, à savoir la liberté du péché, que portent toutes les difficultés. Il faut oser les regarder en face.

Ce qui fait la force de la doctrine du libre arbitre, c'est le sentiment de la responsabilité que nous avons de nos propres fautes, et du pouvoir que nous avons eu de les commettre ou de ne les pas commettre. De quelque manière qu'on explique la liberté, toujours est-il que, parmi nos actions, il en est que nous nous imputons à nous-mêmes, comme ayant été en notre pouvoir ; et d'autres au contraire que nous ne nous imputons pas plus que les actions des autres hommes. C'est là une distinction irréfragable et ineffaçable, quelles que soient les disputes de métaphysiciens. Or j'appelle liberté ce pouvoir dont l'essence m'est inconnue, et qui consiste à produire des actions que je m'impute à moi-même et dont je me reconnais responsable.

Mais si je me sens libre et responsable dans mes propres fautes, j'ai donc le droit par analogie d'attribuer aux autres hommes la même liberté, la même responsabilité; et j'en ai d'autant plus le droit qu'eux-mêmes, dans mille circonstances, témoignent par leurs paroles et par leurs actions qu'ils s'imputent leurs actions de la même manière que je m'impute les miennes propres. De là la doctrine de la liberté du péché, sans laquelle on peut dire qu'il n'y a pas de morale.

Cependant s'il est vrai que, considérée à ce point de vue, la doctrine du libre arbitre dans le péché ne court aucun risque, il faut reconnaître cependant que, sous d'autres aspects, la question présente de lourdes difficultés et de profonds abîmes.

Tant que nous restons dans le domaine des actions moyennes et vulgaires et dans l'ordre des passions communes à tous les hommes, nous trouvons dans notre propre cœur une mesure et un criterium pour apprécier d'une manière plus ou moins exacte ce qui se passe chez les autres ; mais, lorsque nous sortons de ce domaine pour entrer dans celui des passions effrénées, d'où naissent les grands crimes, la même mesure nous manque et nous ne jugeons plus que sur d'incomplètes analogies, par conséquent d'une manière incertaine et suspecte.

Il semble, en effet, que pour pouvoir mesurer d'une manière précise la responsabilité des crimes, et pour avoir le droit d'appliquer au criminel la même mesure qu'à nous mêmes, il faudrait que nous pussions retrouver en nous les mêmes passions, les mêmes sentiments qui sont en lui et qu'il a reçus soit de la nature, soit de l'éducation; et réciproquement, il faudrait qu'il y eût en lui les mêmes sentiments préservatifs et les mêmes répulsions que la nature ou l'éducation imprime en nous-mêmes. Or c'est là évidemment ce qui n'a pas lieu.

Qu'il y ait, en effet, dans le criminel des instincts particulièrement pervers qui ne se rencontrent pas chez la majorité des hommes, c'est ce que prouve le fait même du crime. Pour que le crime ait été commis, il faut bien qu'il y ait eu chez son auteur certaines passions effrénées et féroces qui l'aient rendu possible. Or il suffit de nous interroger nous-mêmes pour sentir que de telles passions sont absolument étrangères à notre âme. Par exemple, si nous lisons qu'un père et une mère font souffrir à leur fille toutes les tortures imaginables, au point de lui faire des plaies et de la tuer à petit feu ; qu'un misérable assassin, qui jusqu'à l'âge de vingt ans n'a jamais fait de mal à personne et n'a commis aucun crime ni aucun délit, immole huit personnes avec le plus étonnant sang-froid, massacre et foule aux pieds une femme et des enfants et les plonge dans une fosse préparée d'avance ; qu'un autre assassin de dix-neuf ans se fait gloire de son crime comme de la plus belle chose du monde, et meurt en prononçant le discours le plus emphatique et le plus absurde, mais en pleine possession de sa raison ; si nous considérons tant de crimes monstrueux et infâmes qui ont ensanglanté et déshonoré la terre ; — nous cherchons en vain, je le répète, dans notre propre cœur, quelques passions, quelques sentiments qui puissent nous donner la clef de ces âmes cadavéreuses, comme les appelle Rousseau ; il n'y a rien de commun entre elles et nous. Ce sont des *monstres*, dit très-bien l'instinct populaire : mais si ce sont des monstres, comment leur appliquons-nous une mesure prise dans la considération de la nature normale ?

Pour avoir le droit strict (je me place ici en pure théorie et je demande qu'au nom d'un intérêt social on n'interdise pas la liberté d'examen, même en matière si odieuse), pour avoir, dis-je, le droit strict d'imputer au criminel la même mesure qu'à moi-même, il faudrait que je pusse dire que j'ai éprouvé les mêmes tentations et les mêmes passions, et que je les ai étouffées par le fait de mon libre arbitre. Si de telles tentations me sont absolument inconnues, à tel point même que si, par hypothèse, il fût de mon devoir à un moment donné, d'accomplir un tel crime (par exemple, tuer quelqu'un sans défense), il me faudrait autant de courage pour m'y décider que pour accomplir l'action la plus héroïque ; si la répulsion de répandre le sang est chez moi, aussi bien que chez la plupart des hommes, une répulsion invincible, de quel droit puis-je condamner avec horreur un être humain, chez qui certainement cette répulsion n'existait pas, au moins au même degré, puisqu'il a tué, non-seulement sans trembler, mais quelquefois avec le plus abominable sang-froid ? Qu'il ait été libre de résister à cette impulsion, je ne le nie pas ; et, à dire la vérité, je n'en sais rien, car je n'étais pas dans sa conscience. Mais eût-il même le libre arbitre, comme je le crois, toujours est-il que ce libre arbitre a eu à résister à des impulsions dont nous ne trouvons pas la trace en nous-mêmes : ce qui nous interdit d'appliquer de part et d'autre une même mesure.

On comprend pourquoi nous insistons sur ce principe de la commune mesure. On ne peut, en effet, appliquer un même principe de responsabilité qu'à des êtres de même espèce. Je ne puis juger le tigre (fût-il doué de volonté libre) par un même principe que l'homme. Or, si parmi les hommes il y a des tigres, eussent-ils d'ailleurs d'autres attributs communs avec moi, il suffit que ce soient des tigres, et que je ne le sois point, pour que leur nature me soit étrangère et que je n'aie pas de mesure pour les juger.

On peut sans doute essayer d'expliquer les actions criminelles, et de résoudre le problème de la commune mesure, en disant que les criminels ne sont point du tout essentiellement différents des autres hommes ; qu'il y a chez tous les hommes les mêmes germes d'instincts criminels ; que d'ailleurs ce n'est jamais immédiatement, mais par degrés que les hommes arrivent aux dernières scélératesses. « Quelques crimes toujours précèdent les grands crimes. » On commence par s'abandonner aux passions les plus communes à tous les hommes ; puis d'une passion on passe à une autre, d'une faiblesse à une autre faiblesse, d'un acte immoral on passe au délit, du délit au crime. On commence par commettre le crime avec répulsion, avec effroi, avec remords ; puis on s'aguerrit et on finit par tuer pour tuer. Au dernier terme de cette échelle, on finit sans doute par se séparer du reste des hommes ; on est devenu un monstre ; mais on a commencé par être un homme comme tous les autres, c'est-à-dire une créature faible, pécheresse, susceptible de bons et de mauvais instincts; on a étouffé les bons, écouté les mauvais, mais librement, de la même manière que nous-mêmes cédons souvent au mal tout en connaissant le bien. Sans doute les circonstances, le milieu, -'éducation, y sont pour beaucoup ; et ce sont là des circonstances atténuantes dont il faut tenir compte; toujours est-il qu'à tous les degrés de sa chute, l'individu a toujours été libre de s'arrêter, ou même de revenir en arrière. Il nous semble d'une autre espèce que nous, parce que nous voyons le point où il est arrivé, et non le point d'où il est parti.

Cette explication est sans doute une des meilleures que l'on puisse donner, et elle satisfait à beaucoup de cas. Malheureusement, elle n'est pas absolument vraie ; elle laisse en dehors un très-grand nombre de crimes qui n'ont point été du tout préparés par d'autres. Elle n'explique pas comment certains enfants, certains jeunes gens témoignent dès l'âge le plus tendre des instincts les plus pervers, comme le témoignent tous les jours les réquisitoires du ministère public dans les procès criminels. Il y a des êtres qui naissent cruels, licencieux, perfides, voleurs, des êtres farouches contre lesquels toute éducation, tout exemple, toute intimidation vient échouer. Je ne dis point avec les médecins aliénistes que ce soient des malades ; je dis que ce sont des êtres d'une autre nature que la mienne, et qui, encore une fois, ne peuvent être jugés d'après le même niveau.

Voici une autre explication, qui se rapproche beaucoup plus de la vérité, quoiqu'elle laisse encore subsister bien des obscurités et bien des nuages. Sans doute, pourra-t-on dire, tous les hommes n'ont pas les mêmes passions, les mêmes instincts, les mêmes tentations ; mais tous ont des passions et des tentations. L'un aura l'amour du jeu, l'autre l'amour de l'argent, ou le libertinage, ou l'ambition ; et chacun pour sa part peut trouver en soi-même assez de passion et de faiblesse pour n'être pas fier de sa vertu. S'il en est ainsi, il y a une commune mesure entre tous les hommes, et chacun a une même obligation, c'est de résister aux passions qu'il a, et une même responsabilité quand il y a cédé. Sans doute, pourrais-je dire au criminel, je n'ai pas les mêmes passions que vous, mais j'ai les miennes, et j'ai autant de peine à les vaincre que vous les vôtres ; et comme je me sens coupable quand j'y cède, j'ai le droit de vous trouver coupable quand vous cédez aux vices qui vous sont propres.

J'admets entièrement ce point de vue ; mais il faut en accepter les conséquences. Si la responsabilité consiste exclusivement (et on ne peut la placer ailleurs), dans la résistance opposée par la volonté aux passions et aux tentations, peu importe la nature des tentations ; car ces tentations, en tant qu'elles sont naturelles en moi, ne dépendent pas de moi ; tout se réduit au degré de faiblesse ou de force de la volonté. Ce n'est donc point le *matériel* de l'action qui constitue la culpabilité, mais le *formel*, à savoir le rapport de la volonté, d'une part avec la loi, de l'autre avec la tentation. Mais alors, pourquoi éprouvons-nous plus d'exécration pour un homicide que pour un paresseux ? L'un, par exemple, aura la passion de la vengeance, l'autre la passion de l'indolence et du far-niente. Celui qui commet un homicide a peut-être autant résisté à sa passion, peut-être plus, que celui qui s'abandonne voluptueusement à la paresse. Je ne veux pas dire, comme les stoïciens, que toutes les fautes sont égales; car je reconnais que le devoir de respecter la vie de ses semblables est un devoir plus essentiel, plus important que le devoir du travail; et, par conséquent, l'homicide est en soi, en tant qu'action abstraite, un plus grand péché que la paresse; mais, au point de vue de l'agent moral, la culpabilité ne se mesure pas uniquement sur la grandeur de l'obligation (quoique ce soit là aussi un élément), mais sur le degré de discernement et de résistance morale. Or, encore une fois, celui qui commet l'action la plus méchante prise en soi, peut être moins coupable que celui qui commet une action beaucoup moins vicieuse, s'il a plus combattu ou s'il a eu moins de lumières.

Il suit de là que l'exécration que nous avons pour le crime n'est pas toujours en proportion exacte avec la responsabilité morale de l'agent; cette exécration porte en effet sur la nature *matérielle* du crime, beaucoup plus que sur la valeur morale, toute subjective, de l'agent, pour lequel, je le répète, nous n'avons pas de mesure; et cela est si vrai, que ce n'est pas seulement l'action elle-même et le fait d'avoir cédé à la tentation, mais c'est encore la tentation elle-même qui nous inspire une invincible répulsion. Par exemple, si un de nos semblables venait nous dire qu'il a eu des tentations homicides et qu'il y a résisté, tout en l'approuvant de l'avoir fait, nous n'en aurions pas moins une répulsion invincible contre lui, et il nous serait impossible de rester avec lui dans des relations d'amitié

Il y a donc incontestablement dans le crime un élément odieux qui est purement matériel, et qui ne doit pas se confondre avec l'élément essentiellement moral, qui est purement subjectif, et qui se mesure par la part que la liberté a prise à l'action.

Ainsi le libre arbitre ne suffit pas à expliquer pourquoi certains hommes sont criminels, tandis que d'autres ne le sont pas. Il y a chez certains hommes une perversité native, à laquelle sans doute on doit croire qu'ils peuvent résister dans une certaine mesure, mais qui n'est pas le fait de leur libre arbitre, et qu'ils n'ont point volontairement faite. Ils la subissent plutôt qu'ils ne la choisissent ; et, tout en reconnaissant qu'ils sont tenus de vaincre ces fatales passions, et qu'ils ont reçu, selon toute apparence, aussi bien que nous, les moyens de les vaincre, il est toutefois vrai que la nature les a placés dans des conditions morales plus redoutables et plus affreuses que ceux d'entre nous qu'elle a doués des instincts sociaux les plus doux; et, en un sens, il serait peut-être permis de dire qu'ils sont plus malheureux que coupables, plus dignes de pitié que d'horreur.

Cette sorte de perversité innée qui se rencontre chez quelques hommes et y éclate en caractères funestes et sanglants a été souvent invoquée en témoignage de la célèbre doctrine du péché originel. On fait remarquer que tous les hommes naissent plus ou moins égoïstes et méchants; mais quelques-uns semblent avoir le privilége exceptionnel du vice précoce et de la scélératesse prédestinée. Mais il est évident que lors même qu'on admettrait le principe du péché originel, ce principe ne rendrait pas compte du fait qui nous préoccupe; car le péché originel est commun à tous les hommes; il les affecte tous également ; tous nous avons péché en Adam, et péché de la même manière et au même degré. On n'explique donc pas par là le fait étrange qui nous préoccupe, à savoir l'inégalité de perversité native entre les hommes. Que tous les hommes, comme solidaires d'Adam, soient méchants et corrompus dès leur naissance, cette doctrine, quoique excessive, peut se comprendre ; mais pourquoi chez les uns cette perversité se borne-t-elle à l'égoïsme vulgaire et plus ou moins innocent, tempéré même par des qualités bienveillantes et des instincts généreux ; pourquoi chez d'autres cette perversité native va-t-elle jusqu'à la férocité et jusqu'à l'oubli de tous les sentiments humains ? Voilà ce que le dogme du péché originel ne peut expliquer.

Kant n'admet pas la doctrine du péché originel ; mais il la remplace par une autre qui lui ressemble et s'en rapproche beaucoup : c'est ce qu'il appelle le péché *radical*. Ce qu'il reproche au péché originel, c'est d'être *héréditaire :* Un péché, dit-il avec raison, est essentiellement personnel ; en faire la suite de la génération et de l'hérédité, c'est le confondre avec la maladie. Le péché ne peut être que l'effet de la liberté. Or, le caractère essentiel de la liberté, c'est d'être en dehors du temps, antérieure au temps. Par cela seul que l'acte libre ou péché aurait lieu dans le temps, il serait nécessairement déterminé par les mobiles sensibles ; mais alors il serait nécessité ; il ne serait plus un acte libre. Le péché est la préférence volontaire de l'amour de soi à la loi du devoir. Si l'on suppose que c'est l'amour de soi qui nous a déterminés, on fait de l'acte libre un effet, tandis qu'il doit être une cause. La liberté n'obéit donc pas à l'amour de soi; mais c'est elle qui se fait une maxime générale de l'amour de soi : c'est elle qui, par son choix, fait de l'amour de soi le mobile de nos actions; mais ce n'est pas l'amour de soi qui est le mobile de son choix. Ainsi, voulant affranchir la liberté de toute influence des mobiles, et ne voulant pas qu'aucun phénomène sensible précédât la détermination volontaire, Kant a été obligé de placer l'acte libre en dehors du temps et avant toutes les déterminations sensibles : de là un péché *inné* ou *radical*, qui est bien l'œuvre de notre choix et qui en ce sens est *acquis*, mais qui, étant antérieur à toute influence sensible, peut être en même temps appelé *naturel*.

Nous avons déjà réfuté cette étrange théorie, qui nous fait pécheurs avant notre naissance, et qui, si elle n'a pas, comme le péché originel, l'inconvénient de nous rendre responsables des fautes de nos pères, a cela de commun avec lui, de nous rendre responsables des inclinations et des vices que nous avons reçus en naissant. Or il n'y a pas de théorie métaphysique, si spécieuse qu'elle soit, qui puisse jamais nous forcer à admettre que l'enfant qui bat sa nourrice le fasse par un choix de sa volonté et par un acte absolu de son libre arbitre. Lorsque Kant, pour appuyer sa théorie, invoque précisément cette opinion vulgaire, flétrissant l'homme méchant qui a donné dès le plus bas-âge des témoignages de méchanceté, et qui l'a en quelque sorte sucée avec le lait, il ne voit pas que c'est là précisément le problème à expliquer, et qu'il est fort possible que le sens commun soit en défaut sur ce point, aussi bien, par exemple, que lorsqu'il condamnait comme coupables les hérétiques et les sorciers.

D'un autre côté, si la théorie de Kant exagère la responsabilité humaine, en la faisant commencer dès le berceau, de l'autre la théorie de Platon, comme nous l'avons vu, détruit toute responsabilité, en confondant absolument le vice avec l'ignorance. C'est entre ces deux théories extrêmes qu'il faut placer la vérité, quoique le milieu, on doit le dire, soit difficile à fixer avec précision.

Selon nous, la destinée de l'homme consiste à passer, nous l'avons déjà dit, de l'état de nature à l'état de raison. L'homme, par les racines, plonge dans l'animalité; comme l'animal, il a des instincts qui ne sont moralement ni bons ni mauvais, mais que nous appelons bons lorsqu'ils tendent à la conservation de l'espèce, mauvais lorsqu'ils tendent à sa destruction. La question de savoir si, comme membre de la nature, l'homme est ou bon ou méchant, cette question, qui a si fort occupé les philosophes du XVIII° siècle, ne doit se résoudre ni dans un sens ni dans l'autre. Il n'est pas vrai que l'homme ne soit qu'un loup, comme le disait Hobbes; il n'est pas vrai non plus, comme le veut Rousseau, que « tout soit bien sortant de l'auteur de la nature, et que tout dégénère entre nos mains, » en un mot que l'homme de la nature soit le seul bon, et l'homme civilisé le seul méchant. La vérité est que l'homme naturel, autant qu'on peut le conjecturer par les sauvages, a été un mélange de bons et de mauvais instincts, tantôt entraîné par le besoin aux actions les plus féroces, tantôt conduit par la pitié aux actions les plus généreuses.

Kant ne veut pas admettre que l'on dise de l'homme qu'il est à la fois bon et méchant, ou encore qu'il n'est ni bon ni méchant. Ce sont là, dit-il, des moyens termes qui ne sont pas philosophiques. Il appelle le point de vue de ceux qui soutiennent de pareilles transactions le *latitudinarisme*, et à ce point de vue il oppose celui des *rigoristes*, qui n'admettent pas d'intermédiaires, et pour lesquels l'homme est tout entier bon ou tout entier méchant : c'est, d'un côté, le point de vue de Rousseau, de l'autre celui de Hobbes, de La Rochefoucauld, ou du jansénisme.

J'admets qu'il faut, en philosophie, avoir, autant que possible, des opinions précises, se garder des *presque*, des *pour ainsi dire* et des *à peu près;* cependant c'est à la condition de ne pas fausser les faits et les choses, pour se donner le mérite du rigorisme. Rien de moins scientifique que la fausse précision ; rien de plus conforme à la science que de se contenter de demi-affirmations lorsqu'elle ne peut pas donner plus. Il ne faut pas oublier ces paroles admirables d'Aristote : « Il ne faut demander à chaque science que le degré d'exactitude qu'elle peut supporter [1] ».

Lorsque l'on traite de la bonté ou de la méchanceté originelle de l'homme, il faut distinguer avec soin le point de vue physique ou naturel et le point de vue moral. Parle-t-on de l'homme comme agent *naturel*, ou comme agent *moral*, comme « sortant des mains de l'auteur de la nature » ou comme se faisant à lui-même sa destinée par sa volonté ? Dans le premier sens, il me paraît évident que ce n'est ni Hobbes ni Rousseau qui ont raison, mais à la fois l'un et l'autre ; dans le second sens, l'homme n'est ni bon ni méchant tant qu'il reste à l'état de nature ; il

---

[1]. Eth. Nic. I, 1., ed. (Bertin, 1094, b, 11-27).

devient l'un ou l'autre à mesure qu'il use davantage de sa liberté.

Kant, voulant éviter les moyens termes, et ne pouvant évidemment soutenir que l'homme est absolument bon (moralement), ce qui est trop démenti par l'expérience, est obligé de soutenir cette thèse janséniste, que l'homme est originairement méchant, naturellement méchant ; et la manière dont il soutient cette doctrine a beaucoup de rapports avec celle des prédestinatiens calvinistes les plus absolus. L'homme, dit-il, ne peut être à la fois bon et méchant ; or il n'est pas bon ; donc il est méchant. Mais pourquoi ne peut-il être à la fois bon et méchant ? C'est que l'acte libre par lequel il choisit d'être l'un ou l'autre est un acte unique, indivisible, absolu, placé en dehors de la série des phénomènes. Il choisit en une fois, et pour toute sa vie, sa destinée morale. Or il ne peut choisir à la fois le bien et le mal ; il ne peut sans contradiction prendre à la fois pour motif le principe du devoir ou l'amour de soi. Prenant la loi morale pour guide, il ne peut consentir à aucune exception, et il doit la suivre dans toutes ses actions ; si donc il se trouve une seule de ses actions qui soit contraire à la loi morale (comme l'expérience le montre assez), cela suffit pour prouver que ce n'est pas la loi morale qui en est le mobile : il faut donc que ce soit l'amour de soi, et, par conséquent, que l'homme soit moralement méchant.

Le double défaut de ce point de vue rigoriste, c'est, d'une part, de rendre inexplicable le *degré* dans la valeur morale des hommes, et de conduire logiquement au paradoxe stoïcien que toutes les fautes sont égales. Dire en effet que l'homme ne peut être à la fois bon et méchant, c'est dire qu'il n'y a pas de degrés dans la méchanceté. A quelle condition en effet peut-il y avoir quelque degré dans la méchanceté, si ce n'est à la condition que le bien vienne se mêler au mal et en tempérer l'excès? Que si aucune de nos actions, à aucun degré, n'est déterminée par le motif du devoir (ce qui est l'hypothèse); si toutes dérivent sans exception de l'amour de soi, le fait de choisir le mauvais principe de préférence au bon est absolument mauvais, et il n'y a pas de degré du médiocre au pire. Sans doute les actions peuvent être matériellement plus ou moins mauvaises; mais, moralement, elles se valent toutes, en tant qu'elles émanent d'un seul et même principe. Or, outre que cette conclusion semble entièrement contraire à l'expérience, qui établit des degrés entre les hommes, j'ajoute qu'au point de vue pratique elle amortit entièrement l'initiative morale; car si, quoi que je fasse, à moins par impossible d'être impeccable, je ne suis ni plus ni moins méchant que les plus grands scélérats, pourquoi ferais-je le moindre effort pour modifier ma nature, et n'est-il pas bien plus commode de me laisser aller paisiblement à mes instincts?

Nous touchons ici à la seconde difficulté, qui n'est pas moins grave; c'est d'expliquer la possibilité de la conversion morale. Si l'homme ne peut être que tout entier bon ou tout entier mauvais, il n'y a aucun passage possible de l'un de ces états à l'autre. Un acte absolu de libre arbitre ne peut être remplacé que par un autre acte également absolu. Le passage du mal au bien ou la conversion morale est donc, dans l'hypothèse de Kant un mystère et un miracle. En effet, l'acte libre étant, selon lui, un acte unique, absolu, indivisible, en dehors du temps, comment de cet acte, qui, par hypothèse, et chez tous les hommes, est primitivement mauvais, passer à un autre acte, également absolu, également indivisible, qui embrasse également toute la vie? Et d'ailleurs, où voit-on dans l'expérience qu'une telle conversion soit possible? Où voit-on qu'un homme se soit tellement converti au bien qu'il n'y ait plus chez lui trace de mal, ce qui serait nécessaire, suivant Kant, pour être bon, puisqu'on ne peut être à la fois bon et mauvais? Puisque chez l'homme le plus saint, chez le plus sincèrement converti au bien, on voit toujours quelque péché, quelque faiblesse, quelque mal, et qu'il ne peut y avoir, suivant Kant, de mélange entre le mal et le bien, il s'ensuit que le plus saint est encore mauvais, et, comme il n'y a pas de degré dans le mal, absolument mauvais, comme le plus vicieux. En d'autres termes, il n'y a pas de différence entre le saint et le pécheur; il n'y a pas de saint. Aussi Kant n'hésite-t-il pas à dire à plusieurs reprises qu'il n'est pas sûr qu'aucun acte vertueux ait jamais été accompli sur la terre.

On remarquera encore l'identité de cette doctrine avec celle des stoïciens. Pour ceux-ci également le sage n'est qu'un idéal dont aucun exemple n'a jamais été donné et ne sera jamais donné sur la terre. Ni Socrate, ni Zénon, ni Cléanthe, n'ont été des sages; et remarquons encore que pour les stoïciens comme pour Kant, celui qui n'est pas absolument sage, ne l'est pas du tout. Dans l'une et l'autre doctrine, la vertu est impossible, et le vice est irrémédiable, absolu. Mais comme il est contradictoire que l'homme soit obligé à une loi impossible, et que de fait il se sent obligé à la vertu, il faut que la vertu soit possible; et comme en fait et dans l'expérience elle ne va jamais sans aucun mélange, il s'ensuit qu'elle peut coexister avec le péché; mais alors l'homme peut donc être à la fois bon et mauvais.

Kant a vu la difficulté et a essayé de la résoudre. Il reconnaît que même admît-on, à titre de mystère, la possibilité de la conversion au bien, il resterait encore une objection, c'est que nos actes sont toujours imparfaits, et, par quelques côtés, défectueux. Il semblerait résulter de là d'après les principes précédents que l'homme ne peut jamais revenir au bien, puisqu'il n'est jamais capable que d'une sagesse imparfaite, c'est-à-dire mêlée de bien et de mal, ce qui, par hypothèse, est impossible. Mais, dit Kant, cette imperfection des actes vient de ce qu'ils ont lieu dans le temps, et, comme on pourrait dire en métaphysique, de ce qu'ils sont contingents. Dieu voit toute la série de nos actes; il pénètre même au delà de tous nos actes, dans la conscience qui les inspire. Ce n'est donc pas la bonté des actes qui fait réellement la bonté de l'homme : c'est la bonté de sa conscience. Celui qui a une conscience bonne et pure est bon et est jugé bon par Dieu, fût-il plus ou moins imparfait dans ses actions.

Cette distinction est sans doute très-juste; et, au point de vue pratique, il est certain que Dieu se contentera d'une bonne conscience, d'une bonne intention, lors même que les actes ne seraient pas absolument d'accord avec cette intention. Mais de là résulte précisément cette conséquence, qu'il ne faut jamais attendre de l'homme qu'une demi-bonté, c'est-à-dire un certain mélange de bien et de mal. Kant essaie de sauver sa théorie en distinguant la conscience et les actes : ce sont les actes qui, en tant qu'ils sont dans le temps, sont imparfaits ; c'est la conscience qui est en soi absolument bonne. Il n'en est pas ainsi dans l'expérience. L'imperfection des actes n'est pas seulement métaphysique, elle est morale; elle ne vient pas seulement de ce qu'ils sont successifs, et par conséquent n'expriment qu'imparfaitement la bonne conscience; elle vient de ce qu'ils émanent d'une conscience qui n'est pas absolument pure, mais qui fléchit et oscille toujours plus ou moins entre le bien et le mal, quoique le bien domine chez ceux qui sont appelés bons. D'ailleurs, distinguer entre la conscience et les actes, et supposer qu'une conscience absolument bonne pourrait coexister avec des actes défectueux est une idée dangereuse en pratique, et non éloignée de l'excès de certaines sectes fanatiques qui, s'appuyant sur la même distinction, croyaient que la sainteté intérieure suffit pour racheter les péchés externes. Kant a un sentiment trop pur de la vérité morale pour être suspect de donner faveur à de tels excès; mais sa doctrine y porte sans qu'il s'en doute.

C'est pour corriger ce qu'il y a d'excessif dans les principes précédents que Kant dit encore que, pour être assuré de la pureté de sa conscience, il suffit d'avoir conscience de ses *progrès dans le bien*. Nous ne pouvons pas avoir en effet conscience d'une vertu absolue; il nous suffit de nous savoir en progrès dans la vertu. Cette théorie rappelle encore d'une manière frappante la doctrine stoïcienne. Pour les stoïciens aussi, quoique la sagesse fût impossible dans son absolue pureté, il était cependant possible de s'en approcher; et ils appelaient **progrès**, προκοπή, ce mouvement insensible et continu vers un point inaccessible. Ainsi entendue, la doctrine de Kant, aussi bien que celle des stoïciens, est parfaitement admissible, et n'exprime même qu'une vérité vulgaire, à savoir que la perfection est impossible à l'homme; et si par bonté on entend la perfection, et par méchanceté l'imperfection, il va sans dire que l'homme ne peut être à la fois parfait et imparfait; mais si on se contente d'appeler bonté le progrès continu vers le bien, ce progrès implique toujours évidemment un certain mélange de mal; car s'il n'y en avait plus du tout, on ne serait pas en progrès, on serait au terme. Or c'est là précisément ce que veulent dire ceux qui prétendent que l'homme est à la fois bon et méchant: doctrine que Kant a rejetée comme *latitudinaire* et à laquelle il est obligé de revenir, parce que, de son propre aveu, la doctrine contraire est inadmissible. Il n'était donc pas nécessaire de tant raffiner, pour en revenir à dire la même chose que tout le monde.

Nous nous plaçons, pour nous, dans cette question, à un point de vue absolument opposé à celui de Kant, et nous admettons que l'homme, soit au point de vue physique et naturel, soit au point de vue moral, est à la fois bon et méchant, jamais absolument méchant et jamais absolument bon.

Au point de vue physique ou naturel, je le répète, l'homme a des instincts qui, moralement parlant, ne sont ni bons ni mauvais, puisqu'ils ne dépendent pas de notre choix, mais qui, considérés au point de vue de leurs effets, seront appelés bons s'ils tendent au bien des autres et de l'individu lui-même, et mauvais au contraire. C'est ainsi que la cruauté et l'intempérance sont des penchants mauvais, que la pitié et le courage sont des instincts bons.

Or, si nous nous plaçons à ce point de vue purement physique, on peut dire que ces instincts bons et mauvais sont distribués parmi les hommes de la manière la plus inégale, les uns ayant reçu des instincts bienveillants et aimables, les autres des instincts nuisibles; les uns sont plus voisins de l'animal par la prédominance des penchants ignobles et grossiers, les autres plus voisins de l'état normal de l'humanité par la prédominance des instincts délicats et nobles. Quoi qu'on veuille, et quelque part qu'on soit disposé à faire théoriquement au libre arbitre, cette différence primitive entre les hommes ressemble beaucoup à une sorte de *prédestination;* et c'est de là probablement qu'a pris naissance ce dogme terrible, qui a produit tant d'excès, confondant le domaine de la nature et celui de la liberté, ou même niant absolument la liberté. Les calvinistes, les jansénistes, les augustiniens en général divisaient les hommes en deux classes, les *élus* et les *réprouvés*, et l'on sait que la classe des réprouvés était infiniment plus nombreuse que celle des élus. Nous n'admettons pas, bien entendu, la doctrine de la prédestination théologique, cette doctrine barbare qui fait dépendre d'un décret absolu et d'un acte arbitraire du Créateur la distinction des bons et des méchants, et qui aggrave encore la responsabilité divine en réduisant presque à rien le nombre des bons. Mais nous admettons une sorte de prédestination naturelle, en ce sens que l'âme humaine n'est pas une table rase, où il soit loisible au libre arbitre d'écrire indifféremment tels caractères qu'il voudra. Avant que le libre arbitre ne s'éveille, la nature a déjà gravé en nous des caractères déterminés, en raison du milieu physique et moral dans lequel nous sommes nés, en raison aussi de notre organisation physique et même de certaines innéités psychologiques, en raison de l'hérédité ; et à toutes ces causes congéniales viennent encore s'ajouter les circonstances et l'éducation. De toutes ces conditions réunies résulte pour chacun de nous sa nature propre et individuelle, son « caractère empirique, » dirait Kant, antérieur à tout acte libre et à toute responsabilité. Cet ensemble de circonstances extérieures et toutes fatales produit donc parmi les hommes une certaine inégalité dans les prédispositions au bien et au mal.

C'est de ce premier état, que j'appelle l'état de nature, que chaque homme est tenu de s'élever à cet état supérieur que j'appelle l'état de raison ; et quoique je sois bien décidé à admettre que l'obligation est la même pour tous les hommes, et que les moyens de la réaliser ont été accordés à tous, de telle sorte que tous aient un libre arbitre *suffisant*, comme les molinistes croyaient qu'ils avaient tous une grâce *suffisante*, cependant il est très-certain que ce libre arbitre suffisant ne suffit pas toujours, comme il arrive lors de l'emportement de la fièvre ou du délire. Or, c'est une question de savoir si la prédominance innée des instincts nuisibles, jointe à l'absence des contre-poids naturels de la sensibilité morale, et à une sorte de cécité du côté de la conscience, ne crée pas un certain état de prédisposition au mal, où le libre arbitre, tout en existant *in potentia*, ne trouverait pas à s'exercer *in actu ;* et l'on tranche trop aisément une telle question, en supposant à priori que tous les hommes ont une même capacité morale, ce qui est loin d'être démontré. C'est même une question de savoir si la responsabilité morale est pour l'homme un état essentiel et primordial, et par conséquent universel, ou si ce ne serait pas un état acquis, résultant lui-même d'un certain développement naturel de la raison, comme on voit chez les enfants le discernement précéder le libre arbitre. Peut-être l'humanité n'est-elle arrivée qu'assez tard à cette idée de la responsabilité morale ; et peut-être tous les hommes, même à l'état de civilisation, n'y sont-ils pas encore arrivés ; en tout cas, ils n'y sont pas tous au même degré.

En un mot, il est nécessaire de distinguer dans le péché un élément *matériel*, qui est la part de l'origine, du milieu, de la constitution corporelle, de l'éducation, et un élément *formel*, à savoir le degré de coopération volontaire ou de consentement à l'acte, joint à la conscience de l'obligation violée. C'est à cet élément formel que correspond exclusivement la responsabilité. L'élément matériel est en dehors (si ce n'est en tant qu'il est le résultat d'une habitude, c'est-à-dire d'un acte de volonté antérieure). Or, de ces deux éléments, le matériel et le formel, le premier seul nous est parfaitement connu, parce qu'il consiste dans des actes extérieurs ; le second nous est inconnu, puisqu'il est tout interne, et que nous n'avons nulle mesure pour l'apprécier : sans doute l'analogie et l'induction nous permettent de tirer de certains signes extérieurs des indications plus ou moins plausibles ; mais, hors de la conscience personnelle, toute certitude relative à la responsabilité des hommes nous fait défaut.

Cependant le sens commun, dans les jugements qu'il porte sur les hommes, fait un mélange confus du matériel et du formel, et, plus sensible aux effets qu'aux principes, mesure son indignation et son horreur à l'atrocité des actes, sans rien savoir des mobiles internes et de l'état subjectif de la conscience chez le misérable qui en est l'objet.

Cette doctrine latitudinaire sur la responsabilité humaine ne peut être accusée de favoriser le relâchement moral; car, intérieurement, on sait bien toujours si l'on est responsable; et nulle doctrine ne peut vous faire croire que vous ne l'êtes pas, si vous sentez que vous l'êtes en effet : au contraire, le débat sur la responsabilité éveille par là même la responsabilité, et nul ne peut tirer avantage pour soi-même des concessions précédentes; car, en supposant même qu'il fût dans cet état d'ignorance qui, selon Platon, est le caractère essentiel du péché (tandis que pour nous, il ne se rencontre que dans certains états de péché), en supposant, dis-je, qu'il fût en cet état, par cela seul qu'il apprendrait à discuter le degré et la mesure de sa responsabilité, il en tirerait précisément le sentiment qu'il n'aurait pas eu jusque-là ; et si l'on dit que c'est fournir des excuses au vice, qui peut toujours rejeter la faute sur la nature ou sur l'éducation, nous répondons que si ces excuses sont vraies et légitimes, on ne voit pas pourquoi le vice ou le crime lui-même seraient destitués du droit de les faire valoir; et si elles ne le sont pas, notre doctrine n'en peut mais, car elle ne demande pas que l'homme se fasse illusion à lui-même, et elle lui demande seulement de ne pas porter de jugements téméraires sur autrui.

Bien plus, autant nous sommes latitudinaires lorsqu'il s'agit des jugements portés sur les autres hommes, autant nous sommes rigoristes lorsqu'il s'agit du jugement que l'homme porte sur lui-même. Tout homme est généralement indulgent pour lui-même et sévère pour autrui. C'est le contraire qui est le vrai. En effet, pour ce qui est des autres hommes, nous ne savons et nous ne pouvons savoir jamais jusqu'à quel point la nature a paralysé en eux la volonté; mais pour ce qui est de nous-mêmes, nous ne savons jamais jusqu'à quel point notre volonté peut dompter la nature, et nous n'avons aucun droit de fixer la limite plus bas que plus haut. Pour ce qui est des autres hommes, nous n'avons pas la responsabilité de leur conduite; et dès lors il faut faire la part la plus large aux circonstances atténuantes (sans aucune complaisance toutefois pour le mal en lui-même, qui reste ce qu'il est, quel que soit le degré de responsabilité subjective de l'agent). Mais au contraire, quand il s'agit de nous-mêmes, par cela même que nous sommes chargés de notre propre salut, nous ne saurions placer trop haut notre but, et par conséquent nous ne saurions trop restreindre notre part d'excuses et d'irresponsabilité. Nous devons donc toujours agir comme si notre libre arbitre était absolu; mais, en jugeant les autres hommes, nous ne devons jamais oublier qu'il est relatif.

CHAPITRE XI

LE MÉRITE ET LE DÉMÉRITE — LA SANCTION DE LA LOI MORALE

On définit en général le mérite, la qualité en vertu de laquelle un agent moral se rend digne d'une récompense ; et le démérite devrait être, réciproquement, la qualité par laquelle un agent moral se rendrait en quelque sorte digne d'une punition. En d'autres termes, le mérite et le démérite serait le rapport que l'agent moral peut avoir soit avec la récompense, soit avec le châtiment.

Je crois que la précision des idées veut qu'on considère l'idée de mérite et de démérite en elle-même, indépendamment de la récompense et de la punition.

Nous avons remarqué, dès le début de ce livre, que les objets de nos actions ont déjà par eux-mêmes, avant toute résolution morale, une certaine valeur, proportionnée à l'excellence de leur nature. Un bon cœur vaut mieux qu'un bon estomac ; un bon esprit uni à un bon cœur vaut mieux qu'une bonté sans lumière. Et, en général, l'âme est préférable au corps, le cœur aux sens, la raison à la passion. Il y a donc là une échelle dont les degrés doivent mesurer les degrés de notre estime, et par conséquent régler nos actions conformément à cette estime.

Non-seulement nos facultés ont entre elles un certain ordre d'excellence, mais nous avons vu qu'il en était de même des différents êtres de la nature. L'homme est supérieur à l'animal, l'animal à la plante, la plante elle-même à la matière brute. Or, ce qui caractérise l'homme entre tous les êtres, c'est d'être capable par sa volonté de s'élever au-dessus du degré d'excellence qu'il a reçu individuellement, et de s'approcher indéfiniment du plus haut état que l'on peut concevoir dans la nature humaine, ou bien il peut descendre au-dessous. Dans le premier cas, il gagne en valeur et en excellence ; dans le second, il perd et s'abaisse ; il sacrifie quelque chose de son prix.

J'appelle *mérite* l'accroissement volontaire de notre excellence intérieure ; j'appelle *démérite* la diminution volontaire de cette excellence. C'est une sorte de *hausse* et de *baisse* morale, pour emprunter une expression à la langue financière. Le prix moral de l'homme, la valeur morale est en effet susceptible, comme les valeurs économiques, de monter et de descendre, et cela par le seul fait de la volonté. Celui qui fait le bien gagne en valeur ; il a du mérite ; son action est méritoire. Celui qui fait le mal perd en mérite ; son action est *déméritante*.

Le démérite n'est pas seulement l'absence de mérite, le non-mérite. L'absence de mérite consiste à ne faire ni bien ni mal, ce qui a lieu dans les actions indifférentes. Le démérite n'est pas une simple négation, un défaut, un manquement : c'est en quelque sorte ce qu'on appelle en mathématiques une quantité négative, laquelle n'est pas un pur rien; car une *dette* n'est pas seulement un *non-avoir;* une *perte* n'est pas une *non-acquisition.* Ce sont là des quantités en moins. Le démérite est donc un mérite en moins, une perte réelle, une diminution. « Un animal déraisonnable ne pratique aucune vertu, dit Kant, mais cette omission n'est pas un démérite; car il n'a violé aucune loi intérieure; il n'a pas été poussé à une bonne action par un sentiment moral, et le zéro ou l'omission n'est qu'une pure négation. Il n'en est pas de même de l'homme. »

On a posé quelquefois ce principe, que le mérite est en raison inverse de l'obligation; que là où l'obligation serait absolument rigoureuse, par exemple ne pas voler ou ne pas tuer, le mérite serait en quelque sorte égal à zéro; tandis que, si l'action est toute de dévouement, le mérite est extrême, parce que, dit-on, le dévouement ne serait pas rigoureusement obligatoire. Ainsi il y aurait deux sortes de bonnes actions, les unes obligatoires, les autres, non. Le bien serait accompagné de devoir jusqu'à une certaine limite; au delà, il n'y aurait plus de devoir, mais un champ libre ouvert à la vertu, et par conséquent au mérite. Le *méritoire* s'opposerait à l'obligatoire.

Nous avons déjà discuté plus haut[1] cette distinction du bien et du devoir, des devoirs stricts et des devoirs larges. Nous n'avons pas admis cette théorie. A nos yeux, il n'y a pas d'actions purement méritoires qui ne seraient pas obligatoires; et il n'y a pas d'actions obligatoires qui ne seraient pas méritoires. Nous n'admettons pas davantage que le mérite soit en raison inverse de l'obligation.

Est-ce à dire qu'il n'y ait pas de degrés dans le mérite,

---

1. Voir liv. II, ch. III et IV.

et que toutes les bonnes actions soient également méritantes? Non, sans doute ; mais ici nous ne connaissons qu'une règle : le mérite est en raison composée de la difficulté et de l'importance du devoir. Pourquoi, par exemple, a-t-on très-peu de mérite à ne pas s'approprier le bien d'autrui ? Parce que l'éducation nous a tellement façonnés sur ce point que la plupart des gens n'éprouvent aucune tentation de ce genre ; et que, même eût-on une tentation semblable, on aurait honte d'en revendiquer le mérite. Pourquoi y a-t-il un grand mérite à sacrifier sa vie au bonheur des autres hommes ? Parce que nous avons une très-vive attache à la vie, et un sentiment ordinairement très-faible d'amour pour les hommes en général. Sacrifier ce que nous aimons beaucoup à ce que nous aimons peu, par une vue de devoir, est évidemment très-difficile ; c'est pourquoi nous trouvons dans cette action un très-grand mérite.

Ce qui prouve que c'est la difficulté, et non pas le plus ou moins d'obligation de l'action, qui fait le mérite des actes, c'est qu'une action rigoureusement obligatoire peut avoir le plus haut degré de mérite, si elle est très-difficile et si elle coûte beaucoup d'efforts. Par exemple, rien de plus obligatoire que la justice. Rendre à chacun le sien est une des maximes élémentaires de la morale. Cependant supposez qu'un homme, ayant joui en toute sûreté de conscience pendant une longue vie d'une grande fortune qu'il croit sienne, et dont il fait le plus noble usage ; supposez qu'au seuil de la vieillesse, il apprenne que cette fortune n'est pas à lui. Supposez, pour rendre l'action plus difficile, qu'il le sache seul, et puisse, par conséquent, en toute sécurité, la garder s'il le veut ; aggravez la situation, et imaginez que cette fortune appartienne à des héritiers dans la misère, et que ce dépositaire, une fois dépouillé, soit lui-même réduit à la dernière misère. Inventez enfin toutes les circonstances qui rendent à la fois le devoir et plus strict et plus difficile; vous aurez alors une action tout aussi méritoire que peut l'être le dévouement le plus libre et le moins strictement exigé.

Il est évident que ce n'est pas seulement la difficulté de l'action qui en fait le mérite : c'est encore l'importance du devoir. Ainsi le mérite de la difficulté vaincue n'a pas plus de valeur en morale qu'en poésie, quand il est tout seul. On peut sans doute s'imposer une sorte de gymnastique morale, et par conséquent des épreuves très-difficiles, quoique inutiles en définitive; mais ce n'est qu'à titre d'épreuves et d'exercices, et non pas comme devoirs ; et encore faudra-t-il que ces épreuves aient quelques rapports à la vie que l'on est appelé à mener. Par exemple, qu'un missionnaire ou un voyageur, appelé à braver toute sa vie tous les climats, tous les dangers, s'y exerce d'avance par des entreprises hardies et téméraires, de telles entreprises sont raisonnables et méritoires. Mais celui qui, par bravade, par ostentation, sans aucun but scientifique, s'imposerait de gravir des montagnes inaccessibles, de traverser un bras de mer à la nage, de lutter ouvertement avec des bêtes féroces, etc., accomplirait des actions qui ne seraient pas sans mérite, puisqu'elles seraient courageuses, mais dont le mérite n'équivaudrait pas à celui que nous attribuerions à d'autres actions moins difficiles, mais plus sages.

Deux éléments doivent donc se rencontrer dans l'action, pour en constituer le mérite : la difficulté et la valeur intrinsèque. Quant au démérite, il est en raison de la gravité des devoirs et de la facilité à les accomplir. C'est pourquoi le démérite est en quelque sorte en raison inverse du mérite. Lorsqu'une action est très-peu méritoire, le contraire de cette action est très-déméritoire, et réciproquement. Donnons quelques exemples : un juge qui rend la justice sans partialité, un marchand qui ne vend sa marchandise que ce qu'elle vaut, un débiteur qui s'exécute régulièrement avec son créancier, un soldat exact à la manœuvre, obéissant à la discipline et fidèle à son poste en temps de paix, un écolier qui fait régulièrement le devoir qui lui a été commandé, toutes ces personnes accomplissent des actions nobles et louables, mais non extraordinaires. On les approuve, on ne les admire pas. Diriger économiquement sa fortune, ne pas trop accorder aux plaisirs des sens, ne pas mentir, ne pas blesser ou frapper nos semblables, sont autant d'actions bonnes, droites, convenables, dignes d'estime, non d'admiration. C'est là un mérite modeste, proportionné aux efforts et aux sacrifices qu'il a exigés.

A mesure que les actions deviennent plus difficiles, elles deviennent plus belles; et si elles sont très-difficiles, on les appelle héroïques et sublimes, pourvu d'ailleurs qu'elles soient bonnes; car on emploie quelquefois l'héroïsme à faire le mal. Celui qui, comme de Harlay, dit en face à un usurpateur tout-puissant : « C'est grand'pitié quand le valet chasse le maître; » celui qui, comme le vicomte d'Orte, répond à Charles IX, après la Saint-Barthélemy : « Mes soldats ne sont pas des bourreaux; » celui qui, comme Boissy-d'Anglas, maintient d'une manière ferme et inébranlable le droit d'une assemblée en face des violences sanguinaires d'une populace ameutée ; celui qui, comme Morus ou Dubourg, aime mieux mourir que sacrifier sa foi ; celui qui, comme Colomb, brave un océan inconnu et la révolte d'une troupe grossière et superstitieuse, pour obéir à une conviction généreuse ; celui qui, comme Alexandre, croit assez à l'amitié pour recevoir des mains de son médecin une boisson que l'on dit empoisonnée ; tout homme qui se dévoue pour ses semblables, qui, dans le feu, dans l'eau, dans les profondeurs de la terre, brave la mort pour sauver la vie ; qui, pour répandre la vérité, pour rester fidèle à la bonne foi, pour servir la religion, ou la science, ou l'humanité, ne recule pas devant la faim, la soif, la misère, l'esclavage, les tortures et la mort, — est un *héros*. Cette expression signifie que l'âme s'est élevée au-dessus du niveau vulgaire. Dans toutes ces actions, le mérite est extraordinaire, parce que les efforts qu'il a coûtés le sont également.

Les actions mauvaises ont également leurs degrés. Mais ici il est assez digne de remarque que les plus détestables sont celles qui s'opposent aux actions simplement bonnes ; au contraire, une action qui n'est pas héroïque n'est pas pour cela nécessairement mauvaise, et quand elle est mauvaise, elle n'est pas ce qu'il y a de plus criminel.

Être respectueux, par exemple, envers ses parents, c'est une action bonne et honnête, mais non héroïque. Au contraire, les frapper, les insulter, les tuer, sont des actions abominables, du nombre des plus basses et des plus hideuses que l'on puisse commettre. Aimer ses amis, leur rendre les services que l'on peut, est le fait d'une âme droite et bien douée, mais cela n'a rien de sublime. Au contraire, trahir l'amitié, calomnier ceux qui nous aiment, mentir pour s'insinuer auprès d'eux, leur surprendre leurs secrets pour s'en servir contre eux, sont des actions noires, basses et honteuses. On ne se fait guère de mérite de ne pas prendre le bien d'autrui ; le vol, au contraire, est ce qu'il y a de plus méprisable. Maintenant, faiblir devant l'adversité, reculer devant la mort, ne pas affronter les glaces du pôle Nord, rester chez soi quand l'incendie ou l'inondation menace nos frères, sont ou peuvent être des actions plates ou vulgaires, mais ce ne sont pas toujours des actions criminelles. Ajoutons cependant qu'il est des cas où l'héroïsme est obligatoire, et où il est criminel de ne pas être sublime. Un capitaine de vaisseau qui a mis son navire en péril et qui ne reste pas à son poste pour le sauver ; un général qui ne sait pas mourir, s'il le faut, à la tête de son armée ; un chef d'État qui, en temps de révolte ou de patrie menacée, craint la mort ; un président d'assemblée qui fuit devant l'émeute, un médecin qui fuit devant l'épidémie, un magistrat qui trahit la justice par peur, commettent des actions vraiment coupables. Chaque état a son héroïsme, qui devient obligatoire dans un cas donné. Néanmoins, il sera toujours vrai de dire, en général, que plus une action est facile, moins il est excusable, et, par conséquent, plus il est odieux de s'en affranchir.

La question du mérite et du démérite nous conduit naturellement à la question de la sanction morale.

On appelle généralement sanction d'une loi l'ensemble des récompenses ou des peines attachées à l'exécution ou à la violation de la loi. Les lois civiles, d'ordinaire, se contentent des peines, qui peuvent paraître en effet un moyen suffisant de faire exécuter la loi. Dans l'éducation, au contraire, les commandements ou ordres prescrits par le supérieur ont tout autant besoin, pour être obéis, de récompenses que de punitions.

On démontre aisément qu'une loi qui n'est pas accompagnée de sanction est une loi inefficace. Un commandement qui n'est pas accompagné du pouvoir de se faire obéir n'est plus un ordre : ce n'est qu'un conseil. Si la loi civile se trouvait tout à coup destituée de toute sanction, elle perdrait nécessairement le caractère de loi *préceptive*, et ne serait plus qu'une loi *indicative*. Le législateur ferait savoir aux citoyens (lesquels n'ont ni le temps ni le moyen de se livrer à cette étude) que telle loi lui paraît le moyen le plus sage et le plus juste de régler tels intérêts. Si les hommes étaient sages, sans doute une telle indication suffirait. Mais les hommes ne sont pas sages ; et les passions venant à la traverse de leur intérêt, il faut que la force soit appelée au secours de la raison.

Il n'y a donc des lois en général que parce que les hommes ne sont pas sages ; car ceux-là mêmes qui font la loi, et qui sont censés capables de découvrir le meilleur *in abstracto*, seront dans la pratique aussi tentés que d'autres de violer la loi. Il suit de là que l'homme étant toujours tenté par son intérêt particulier ou actuel, il faut qu'il soit contraint par quelque peine, ou (accidentellement) excité par quelque récompense à lui obéir. Autrement la loi manque d'efficacité : ce n'est plus un ordre ; encore une ois, c'est un conseil [1].

1. A mesure que les hommes s'éclairent, beaucoup de lois passent

La sanction étant définie comme nous venons de le faire, peut-on appliquer une telle idée à la loi morale ? C'est ce qui paraît contradictoire à qui examine de près la nature de cette loi.

La loi morale a ce caractère propre de demander à être accomplie « par respect pour elle-même, » et c'est là ce que l'on appelle le devoir. Toute autre raison d'accomplir la loi, hors celle-là, est une manière de violer la loi. Que la loi soit exécutée *matériellement*, c'est ce qui n'importe pas du tout au point de vue moral. Il faut qu'elle soit exécutée dans son *esprit*, c'est-à-dire intrinsèquement, parce qu'elle est la loi : c'est *l'intention* morale qui constitue la moralité. Or aucune sanction ne peut forcer l'agent à l'intention morale, et ne peut au contraire qu'altérer cette intention. Car si je n'obéis à la loi que pour la récompense et la punition que j'espère ou que je crains, je ne l'accomplis plus pour elle-même. Si, au contraire, je dois l'accomplir pour elle-même, il est inutile et même périlleux d'ajouter un autre motif que celui-là à la prescription de la loi. Une sanction semble donc n'être utile que lorsqu'il s'agit de faire exécuter matériellement une loi ; car alors ce qui importe, ce n'est pas le motif, c'est l'effet. Au contraire, lorsque c'est précisément le motif de la loi qui doit agir, en ajouter un autre à celui-là pour le rendre efficace, c'est une contradiction dans les termes.

C'est donc une manière grossière de se représenter la sanction morale, que de la concevoir sur le modèle des sanctions légales que nous rencontrons dans notre expé-

---

de l'état de commandements à l'état de conseils. Les mœurs remplacent les peines. L'idéal serait qu'il en fût ainsi de toutes. C'est l'idéal de Platon dans sa République.

rience de la vie civile. Ce point de vue est la conséquence d'un système qui se représente le monde moral, comme le monde politique, soumis à des règles et à des défenses émanées d'une puissance souveraine et absolue. C'est l'idée de la force subtilisée. On dira que sans récompenses et peines la loi sera inefficace. Je réponds : Elle sera ce qu'elle sera ; mais si, pour la rendre efficace, vous la rendez nulle, qu'aurez-vous gagné ?

Est-ce à dire qu'il faille nier la sanction de la loi morale ? Non sans doute, mais il faut se la représenter autrement et ne pas confondre une sanction légale avec une sanction vraiment morale.

La croyance naturelle des hommes à une sanction morale repose sur la notion de la justice, et en particulier de cette espèce de justice que l'on appelle justice distributive. La formule très-précise de la justice donnée par les anciens est celle-ci : *Suum cuique*, à chacun le sien. Mais le *suum cuique* peut s'entendre en deux sens qu'Aristote a profondément distingués. Dans un sens, le *suum* est absolu, c'est-à-dire déterminé d'une manière fixe, indépendamment de la personne : par exemple, la vie a une valeur absolue, quel que soit l'homme dont il s'agisse : un riche, un pauvre, un grand homme, un ministre, un ouvrier. Ils ont tous, en tant qu'hommes, le même droit à la vie : elle est un aussi grand bien pour l'un que pour l'autre. Il en est de même de la propriété. Ce qui appartient en propre à quelqu'un lui appartient absolument, qu'il soit honnête ou malhonnête, bon ou méchant, riche ou pauvre, etc. Assurer à chacun le sien dans ce premier sens, tel est l'objet de la justice dite commutative. C'est au point de vue de cette sorte de justice que l'on peut dire que tous les hommes sont égaux. Il n'en est pas de même de la justice distributive. Ici le *suum* est proportionné à la valeur des personnes ; il en suit les vicissitudes et les transformations. Ici le *suum* n'est plus absolu, il est relatif et proportionnel. A celui qui fait plus, vous devez plus ; à celui qui montre plus de force physique, plus de travail, plus d'intelligence, plus d'adresse, qui, en un mot, rend le plus de services, vous devez à proportion de ce qu'il a fait. La formule de cette espèce de justice a été fort bien donnée par une école moderne : « A chacun selon sa capacité ; et à chaque capacité selon ses œuvres.»

Mais il y a dans cette dernière formule deux éléments bien distincts ; car la capacité représente la part qui appartient à la nature dans chacun de nous, tandis que les œuvres représentent ce qui vient de nous-mêmes, de nos propres efforts, de notre volonté. Le premier de ces deux éléments nous semble être moins propre que le second. Mais, d'une part, on reconnaîtra que la vraie capacité ne peut guère se développer sans effort personnel, de telle sorte qu'elle est déjà par là même une garantie de travail et de volonté. En second lieu, il n'est pas nécessaire qu'une chose soit le produit de notre volonté pour être nôtre. Par exemple, notre corps est bien à nous, quoiqu'il ne soit pas le produit de notre volonté ; et il n'appartient pas à nos parents, quoiqu'il soit le produit de la leur. Il suit de là que la capacité employée au service d'autrui a droit à une rémunération proportionnelle à l'usage qui en est fait ; et je n'ai pas plus le droit de me servir de la force physique ou de la capacité d'autrui, sans compensation, que de lui emprunter son argent sans le lui rendre.

Mais c'est surtout lorsque je considère l'effort personnel et volontaire, la *bonne volonté*, que je trouve juste de proportionner le salaire au mérite de chacun. A la vérité, s'il s'agit d'une bonne volonté infructueuse, d'un travail non servi par la capacité, je l'estimerai moins, ou plutôt je le rémunérerai moins que la capacité avec moins d'efforts et moins de travail, parce qu'il s'agit ici d'un marché, et que tout marché, toute transaction suppose une chose échangée : or on n'échange pas un état intérieur de l'âme, on n'en échange que les produits ; car si je prends des ouvriers pour faire un mur, je ne puis payer que celui qui me fait un mur, et non celui qui a la bonne volonté nécessaire pour cela, mais qui ne le fait pas ; je ne puis construire ma maison avec la bonne volonté d'autrui. De là vient que la bonne volonté, ou l'effort pur et simple, ne vaut rien sur le marché tant qu'elle n'est pas suivie d'effet ; mais je ne paierai pas non plus la capacité ou la force non accompagnée de volonté et d'effort ; et, à capacité égale, je paierai à proportion du travail accompli, c'est-à-dire à proportion de l'effort. Dans ce cas, je paie la bonne volonté, et non la capacité toute seule. Il en est de même dans l'ordre intellectuel et moral. Le talent, le génie, l'aptitude aux affaires, la bravoure, etc., toutes ces qualités naturelles perfectionnées et appliquées par la volonté sont ou doivent être (d'après l'idée de la justice distributive, qui n'est pas toujours, il s'en faut, la justice d'ici-bas) rémunérées suivant leurs œuvres. De là une certaine inégalité sociale, que veulent détruire les niveleurs brutaux qui confondent les deux espèces de justice.

La question maintenant qui se pose est celle-ci : l'acte

intérieur ou l'effort libre par lequel l'homme cherche à accomplir la loi morale et l'accomplit en effet, quel que soit d'ailleurs le résultat extérieur de cet effort, cet acte, dis-je, est-il donc privé des droits attachés à tout effort et à tout déploiement d'activité, à savoir d'obtenir une rémunération proportionnelle à la force déployée ? Si les facultés naturelles elles-mêmes, même sans effort, ont droit à quelque prix, l'effort libre de la vertu n'appellera-t-il pas également, comme son complément naturel et légitime, une certaine satisfaction ; et de ce que cet effort, pris en soi, peut ne pas être utile aux hommes, et par conséquent n'être pas payé par eux (encore l'est-il par l'estime), s'ensuit-il qu'il n'ait aucun prix, et que la justice distributive ne s'applique pas à ce cas-là ?

Il ne faudrait pas se hâter de nous opposer, pour prévenir nos conclusions, que la vertu porte sa récompense en elle-même, dans les joies de la conscience ; car on nous accorderait par là même ce que nous demandons. Il ne s'agit pas encore pour nous de savoir en quoi consiste la sanction morale, mais s'il y en a une, et s'il doit y en avoir une : qu'elle soit du reste intérieure ou extérieure, terrestre ou divine, c'est ce qu'on examinera plus tard.

Or représentons-nous un instant la vertu privée non-seulement de récompenses futures ou des avantages de la vie actuelle, y compris l'estime des hommes ; mais supposons encore, pour renchérir sur la célèbre image du juste en croix, que nous peint Platon dans la *République*, supposons, dis-je, que la vertu n'eût pas même la joie intérieure, et qu'elle fût par conséquent destituée de toute espèce de plaisir actuel ou futur, et demandons-nous si une telle idée répond à la notion de justice qui est en nous-mêmes, et qui nous doit servir de règle dans toute la vie. Tous ceux qui méprisent la récompense comme inutile à la vertu ne voient pas que s'ils parlent ainsi, c'est que les joies intérieures de la vertu suffisent précisément à leur récompense [1] : en quoi certainement ils font un bon choix et prennent le prix qui a le plus de valeur. Mais ils auraient tort de croire que par là ils rendent inutile la sanction; car cela, pour eux au moins, c'est la sanction même. Quoi qu'il en soit, l'idée d'une vertu nue, absolument destituée de tout plaisir (intrinsèque ou extrinsèque), est une idée qui sans doute n'implique pas contradiction [2], mais qui paraît absolument contraire à la justice, et en tous cas aux instincts de l'homme. Mais il faut analyser de plus près cette conception.

Si l'on considère l'homme avant toute loi morale et indépendamment d'elle, on trouve en lui, comme dans tous les êtres sensibles, un instinct irrésistible vers un certain objet, que tous les hommes appellent le bonheur. Dans cet instinct nous trouvons deux éléments, que Malebranche a appelés l'amour de l'être et l'amour du bien-être. Nous voulons nous conserver et grandir physiquement et moralement (comme la plante elle-même, qui cependant

---

1. Souvent même, c'est orgueil de vertu, et plaisir de mépriser les autres hommes : ce qui est la forme la plus grossière de la satisfaction morale.

2. Kant dit avec raison (*Rais. prat.*, p. 310) que la liaison de la vertu et du bonheur est une liaison non *analytique*, mais *synthétique*. On sait ce qu'il entend par là. Il reprochait aux épicuriens et aux stoïciens d'avoir les uns et les autres (mais inversement) confondu les deux concepts. Peut-être n'est-ce pas tout à fait vrai à l'égard des seconds.

ne sent rien). Nous aimons à exercer et à développer nos forces, sans savoir si ce développement ne sera pas accompagné de douleur : voilà l'amour de l'être. En outre, nous cherchons le plaisir et nous fuyons la douleur: voilà l'amour du bien-être. Au fond, ces deux éléments sont moins distincts qu'ils ne le paraissent; car l'être, c'est-à-dire tout développement d'activité, est accompagné de plaisir; et le bien-être, c'est-à-dire le plaisir, est toujours le résultat d'un certain développement d'activité.

Or il est certain que la loi morale nous ordonne de ne pas chercher le bonheur, et même de contraindre les penchants qui nous y entraînent. Il ne faut pas dire qu'elle ne nous ordonne de fuir un faux bonheur que pour nous en procurer un vrai, car c'est précisément ce qui est en question, et c'est ce que nous voulons établir. Ce qui est certain, c'est que la loi morale, prise en elle-même, ne contient aucune promesse de bonheur. Elle commande comme s'il n'y avait rien de semblable à espérer, et même comme si elle ne connaissait rien de tel. C'est donc une loi de sacrifice. Or, s'il est de l'essence de la loi que l'agent moral, au moment où il l'accomplit, n'ait pas à songer au bonheur, et soit même tenu d'en écarter l'idée; si l'agent moral peut et peut-être doit aller jusqu'à dire : Quand même la loi voudrait mon malheur absolu, je devrais encore lui obéir[1] ; quand même, dis-je, on irait jusqu'à cette extré-

---

1. Cette question est la même sous une autre forme que celle qui se présentait dans les débats du quiétisme. Les partisans du pur amour disaient que le désintéressement de l'amour devait aller jusqu'à désirer sa propre damnation, s'il plaisait à Dieu. Mais les théologiens sages ont toujours condamné ce fanatisme mystique (voyez le beau livre de Bossuet sur les *États d'oraison*).

mité, resterait encore pour le spectateur impartial le droit de se demander si une loi qui pousserait la contrainte jusqu'à exiger l'anéantissement du moi et de l'individu serait une loi légitime. Une loi cruelle peut-elle être juste ?

Mais, répondra-t-on, ne voit-on pas que la loi morale exigeant le sacrifice de tout désir de bonheur, celui qui accomplirait toute cette loi aurait détruit et étouffé en lui-même dans sa racine le désir de bonheur; il deviendrait indifférent à son propre bonheur et par conséquent ne souffrirait plus du sacrifice. S'il en souffre, c'est qu'il n'a pas accompli toute la loi : qu'il avance dans la perfection morale, et l'amour de soi dans tout ce qu'il a d'exclusif étant détruit, il n'y aura plus la contradiction que l'on signale. Ce n'est donc pas la loi qui est cruelle, c'est l'individu qui l'est envers lui-même, en n'exécutant pas la loi jusqu'au bout.

A cette théorie j'oppose les objections suivantes : 1° un tel sacrifice est impossible dans l'homme que nous connaissons ; 2° il est illégitime; 3° en supposant qu'il fût possible et légitime, il serait précisément le bonheur lui-même, à savoir ce que nous cherchons.

1° Le sacrifice absolu de tout désir de bonheur, c'est-à-dire de toute sensibilité, même morale, est une pure chimère. Un tel raisonnement ne peut s'appliquer qu'à un être que nous ne connaissons pas, et non pas à l'homme tel qu'il est. La loi peut donc me commander de ne pas avoir égard à mon désir de bonheur; mais elle ne peut pas me demander de le sacrifier ; car ce serait l'impossible. Il subsiste donc toujours, quoiqu'on en ait. La loi qui nous commanderait de ne pas en tenir compte, et de fouler aux pieds le plus intime et le plus indestructible de nos penchants ne serait-elle pas une loi cruelle et même déraisonnable? car comment la loi idéale pourrait-elle être en contradiction avec l'essence même de l'être auquel elle s'applique? L'accusation de cruauté qui est portée ordinairement contre Dieu et contre la Providence vaudrait tout autant contre la loi morale. Dire avec un moraliste moderne : « Qu'importe que l'homme soit malheureux, pourvu qu'il soit grand ! » est une belle parole sans doute, mais à la condition de prendre le terme de malheureux dans le sens vulgaire; car, dans la réalité, celui qui est grand et a conscience de cette grandeur n'est pas malheureux, et la conscience de cette grandeur compense amplement ce qui lui manque d'autres côtés.

2° Le sacrifice du bonheur n'est possible qu'à la condition de sacrifier entièrement la sensibilité. Or, c'est ce que la morale ne peut ordonner, et même ce qu'elle condamne. Comment peut-on devenir indifférent au plaisir et à la douleur, si on ne le devient d'abord aux affections, tout aussi bien qu'aux inclinations des sens? Il faudra donc supprimer en soi-même les affections du cœur, et dire avec Épictète : « Ton fils est mort? tu l'as rendu. — Ton épouse est morte? tu l'as rendue. — Ton champ t'est enlevé? tu l'as rendu [1]. » Ces paroles sont admirables si elles expriment la fermeté qu'il faut conserver dans le malheur : elles seraient odieuses, si elles exigeaient une insensibilité réelle et absolue. Platon aussi dit quelque part que le sage se suffit à lui-même et que la perte de

1. Le rapprochement des trois objets est un signe de plus d'insensibilité : un fils, un époux, un champ.

ses plus chères affections n'est pas pour lui un malheur intolérable ; mais il a soin de nous avertir qu'il ne recommande pas une insensibilité impossible, et seulement une noble patience et une certaine modération devant les hommes. L'indifférence à notre douleur est en même temps l'indifférence au bonheur d'autrui. La formule de la loi morale serait alors : Que m'importe, non-seulement de souffrir, mais même que les autres souffrent, pourvu que je n'en sois pas cause et que j'aie fait tous mes efforts pour les soulager? Ce retranchement de toute sympathie, pourvu qu'on soit quitte à l'égard de la loi, est le travestissement et non la vraie formule de la loi. Autrement, l'homme qui aurait passé sa vie avec effort, mais sans succès, à assurer l'existence de ses enfants, pourrait dire en mourant : « Je laisse mes enfants dans la misère : mais que m'importe? j'ai accompli ma tâche : j'ai fait ce que j'ai pu. » L'homme d'État qui a sauvé sa patrie, mais qui prévoit qu'elle périra après lui, pourrait dire : « Je laisse ma patrie livrée à l'anarchie et à la servitude; mais que m'importe? j'ai fait ce que j'ai pu pour la délivrer. » Eh bien non! ces deux hommes n'auront pas accompli toute la loi; car il leur reste un dernier acte moral à accomplir : c'est de mourir en déplorant les maux qu'ils ne peuvent plus empêcher [1]. Ils se doivent à eux-mêmes de mourir malheureux.

---

1. Charlemagne pleurant, dit-on, en voyant les incursions des Normands n'est-il pas plus grand moralement que s'il eût vu d'un œil sec l'avenir de son empire? *Après moi le déluge* est un mot honteux quand il est prononcé par la lâcheté impuissante qui se résigne : mais, pour être moins coupable, il ne serait pas innocent, prononcé par la vertu indifférente.

3º Supposons enfin que le sacrifice de toute sensibilité et de tout bonheur soit légitime et possible (ici-bas ou ailleurs), je dis que cela même serait le bonheur. Ce n'est pas, comme on pourrait le croire, une dispute de mots : c'est la vérité même. Le bonheur et même le plaisir peuvent être définis soit d'une manière positive comme un certain état de sensibilité déterminée, soit négative comme l'absence de leur contraire. Tout le monde sait en effet que le grand apôtre de la volupté, Épicure, définissait le plaisir l'absence de la douleur (*indolentia*). Or, en supposant qu'il n'y ait pas d'autre bonheur positif, encore serait-ce un bonheur que de ne pas souffrir; et ce que l'homme appelle la paix, la quiétude, n'est guère autre chose qu'un bonheur passif de ce genre. Admettons donc que la loi morale nous ordonne de sacrifier tous nos penchants, même le penchant au bonheur (en supposant que cela soit possible) : elle nous propose par là même un certain idéal de bonheur, en nous disant, par exemple : « Triomphe de tous tes penchants, quoiqu'il t'en coûte. Plus tu les étoufferas, moins ils résisteront; et si tu viens à les éteindre tout à fait, il ne t'en coûtera plus rien, et tu jouiras de la victoire. » Ainsi, dans cette doctrine, la vertu idéale ou sainteté serait précisément le terme et la récompense de la vertu réelle, celle qui lutte contre les penchants. La loi morale porterait donc sa sanction en elle-même, et cette sanction serait le résultat inévitable de son accomplissement. Et l'on pourrait dire avec Spinoza : « La béatitude n'est pas le prix de la vertu, c'est la vertu elle-même. »

On voit par là que la vertu séparée de tout espoir de bonheur est ou une injustice, si la sensibilité est indestructible, ou une contradiction, si elle ne l'est pas.

Il est donc évident que la loi morale doit avoir sa sanction, **qui** n'est pas sans doute, comme la sanction légale, un *moyen* de faire exécuter la loi, mais une *conséquence* de la loi de justice : et nous allons voir en même temps que si la loi morale se trouvait destituée d'une telle sanction, elle deviendrait par là même inefficace ; car une loi injuste qui imposerait la justice se contredit elle-même, et une loi qui se contredit n'est pas une loi.

Ce serait une contradiction que l'homme fût tenu à la justice, et en même temps qu'il n'y eût pas de justice par rapport à lui. A la vérité, s'il n'y a pas un être moral dont la loi de justice soit l'émanation, on peut dire qu'on ne voit pas trop à qui l'homme pourrait s'en prendre de ce que la loi de justice ne s'appliquerait pas à lui; car la nature des choses est sourde et aveugle, et pourquoi serait-elle juste, puisqu'elle ne sait ce que c'est; et quant à la loi morale elle-même, elle n'est qu'une pensée; or puis-je demander à ma pensée d'être juste, et ne serait-ce pas là une exigence absurde ? Platon ne dit-il pas que la justice ne peut pas être juste, la grandeur grande, etc ? Sans aucun doute ; néanmoins, si la justice ne peut être juste, la loi peut l'être; et une loi injuste n'a point d'autorité pour commander la justice. Une loi qui me commanderait de sacrifier mon bonheur d'une manière absolue m'ordonnerait de me faire à moi-même ce qu'elle m'interdirait de faire à autrui. Si mon bonheur est une chose indifférente, on ne voit pas pourquoi le bonheur d'autrui ne serait pas aussi pour moi une chose indifférente. Et ainsi, encore une fois, la loi se détruit elle-même.

Il est donc impossible de ne pas concevoir un lien nécessaire entre la vertu et le bonheur ; et la loi morale a évidemment une sanction. Cette sanction, d'après ce qui précède, pourrait être définie : *le devoir de la loi à l'égard de l'agent*, ou *le recours de l'agent contre la loi ;* et comme on ne peut se représenter une loi ayant des devoirs, ou un agent réclamant contre une loi, il y a, comme l'a montré Kant, dans cette idée même de justice, la nécessité de transformer une loi abstraite en un type vivant, et de la concevoir réalisée dans un souverain législateur ou un souverain juge. C'est ainsi que l'existence d'une loi morale est un des plus solides fondements de l'existence de Dieu.

Quelles sont maintenant les conséquences des principes précédents ?

On vient de voir que la sanction morale se distingue profondément de la sanction légale. Celle-ci a surtout pour objet d'assurer l'exécution et l'efficacité de la loi ; celle-là est au contraire la conséquence naturelle contenue dans l'exécution même de la loi. Dans la loi civile, la sanction est extérieure à la loi ; dans la loi morale, elle lui est intérieure et comme essentielle.

C'est donc une idée tout à fait fausse de se représenter la vertu d'une part et la sanction de l'autre comme deux choses distinctes ; de croire que le bonheur est un ensemble de satisfactions et de jouissances, qui vient s'ajouter à la vertu comme une sorte de prix. La moralité deviendrait une espèce de marché où l'on offrirait à Dieu le sacrifice de ses penchants, mais bien entendu avec la condition qu'il vous le rendra au centuple. La vertu serait alors un placement à intérêt. Dieu serait en quelque sorte un débiteur, et nous serions les créanciers : ceux qui auraient confiance avanceraient sans compter ; ceux qui n'auraient pas confiance feraient peut-être tout aussi bien de prendre leurs mesures dès ici-bas. Les hardis joueraient quand même, attirés par l'énormité du gain et tranquillisés d'ailleurs sur le peu de valeur de leur mise.

Ce n'est pas par esprit de dénigrement que nous représentons sous cette forme les fausses idées que les hommes se font en général de l'immortalité de l'âme. Pascal lui-même, le grand Pascal, s'est représenté sous cette forme brutale et grossière le problème moral. L'éternité à gagner, voilà le but ; la vie et ses plaisirs à sacrifier, voilà la mise. Une mise presque nulle pour un gain infini ; tout à gagner, presque rien à perdre. Il y a bien de quoi parier. Voilà Dieu joué à pile ou face. Quelle religion ! quelle piété ! Combien le pauvre Épictète avait-il une plus haute idée de Dieu, malgré le mépris dont Pascal croit devoir sans cesse l'accabler !

Kant lui-même, malgré la hauteur de sa morale, me semble s'être encore fait des idées fausses sur ce point. Il se représente le bonheur comme quelque chose de distinct de la vertu. Il reproche aux épicuriens d'avoir fait consister le souverain bien dans le bonheur tout seul, et aux stoïciens de l'avoir placé dans la vertu toute seule ; et il croit que le souverain bien consiste dans **la réunion des deux choses, dans l'harmonie de la vertu et du bonheur**. Il remarque que le mécanisme de la nature n'ayant pas été constitué en vue de l'agent moral, l'homme ne peut pas trouver ici-bas le bonheur qu'il mérite ; il croit en la nécessité d'un juge qui rétablisse l'équilibre, et il semble croire que ce juge aurait préparé ailleurs un autre mécanisme, un autre ordre naturel, qui serait alors la récompense de la vertu actuelle. Ainsi l'homme serait chargé de la vertu, et Dieu y ajouterait en sus le bonheur, comme un prix.

Toutes ces idées peuvent sans doute s'entendre dans un bon sens, mais, prises à la lettre, elles tendent à altérer la pureté du principe moral. La vertu ne sera plus qu'un moyen de gagner le bonheur. La vie future reste toujours comme une sorte de mât de cocagne, dont les couronnes suspendues devant nous sollicitent et récompensent la fatigue du bien.

Quant à nous, nous admettons sans hésiter la maxime stoïcienne : la vertu est à elle-même sa propre récompense. Nous ne dirons pas avec Kant : « La vertu est *digne* du bonheur ; » mais elle est le bonheur ; et réciproquement nous dirons avec Spinoza : « La béatitude n'est pas la récompense de la vertu : c'est la vertu elle-même. »

Comprendrait-on un être qui se serait élevé à toute l'excellence dont il est capable et qui aurait besoin d'être récompensé pour cela, comme si jouir de cette excellence n'était pas déjà le vrai bonheur, et comme s'il pouvait y avoir un autre bonheur que celui-là ? Concevrait-on un triangle géométrique qui, par hypothèse, serait doué de conscience et de liberté, et qui ayant réussi à dégager sa pure essence du conflit des causes matérielles qui tendent de toutes parts à violenter sa nature, aurait en outre besoin de recevoir des choses extérieures un prix pour s'être affranchi de leur empire? Conçoit-on que la vertu, qui est un acte absolument intérieur, pût avoir besoin de recevoir du dehors quelque chose qui ajouterait à sa beauté et à sa valeur? Non, il n'y a pas pour l'homme d'autre bonheur à rêver que sa propre excellence. Retrouver son être véritable et le dégager de tout ce qui le blesse, le souille et l'opprime, voilà le bonheur, voilà la vertu, voilà l'éternité.

La vie future ne doit donc pas être présentée comme une récompense, mais comme une *délivrance*. Les religions l'appellent d'un nom admirable : le *salut*. Dans les conditions actuelles de notre vie, l'âme est soumise à des lois physiques et mécaniques qui l'empêchent d'atteindre à toute la pureté qu'elle rêve, et de jouir de sa propre dignité et de son excellence acquise. Les joies de la conscience sont souvent impuissantes à nous consoler des coups de la destinée. La terre est une vallée de larmes en même temps qu'un champ de combat. La douleur ploie les plus robustes, et malheur à qui n'a pas pleuré! La vertu subit et accepte, même avec joie, ces conditions; mais elle a droit à sa délivrance : c'est là son prix.

L'Orient a eu un sentiment admirable de cette vérité, en considérant comme le plus grand mal pour l'homme la renaissance indéfinie, c'est-à-dire le retour perpétuel des mêmes conditions de contrainte et d'oppression, qui empêchent l'homme d'atteindre à sa vraie essence. Le nirvâna du bouddhiste n'est pas, selon nous, une doctrine d'anéantissement, c'est le dégagement de toutes les conditions de l'existence phénoménale et la jouissance assurée de l'existence absolue.

Mais comment nous assurer de cette existence future?

Quelle garantie en avons-nous ; et, si nous n'admettons pas la nécessité d'une récompense future, sur quoi fonder la persistance, la permanence de notre être?

Cette difficulté n'atteint pas notre doctrine. L'argument tiré de la justice divine reste parfaitement solide ; mais nous en modifions la forme. Nous ne dirons pas : La vertu a droit à une récompense ; mais : La vertu a droit à elle-même. L'homme qui a fait toute sa vie des efforts pour atteindre d'aussi près que possible à l'idéal de dignité, de vérité, de pureté qu'il a conçu, mais qui n'a pu y parvenir, limité, opprimé et contrarié par les causes extérieures, l'homme a **droit à cet idéal** qu'il a voulu réaliser sans le pouvoir. La récompense de la vertu, avons-nous dit, c'est la vertu elle-même, non pas cette vertu imparfaite et combattue qui succombe à chaque pas, mais une vertu qui ne succombe plus, qui ne chancelle plus, qui ne souffre plus. De la loi de contrainte, elle a le droit de passer à la loi d'amour, et de la personnalité enchaînée à la personnalité pure. En un mot, la récompense de la vertu, c'est la liberté. C'est ce que la religion catholique a admirablement compris lorsqu'elle propose la sainteté comme la récompense suprême de la vertu.

De même que la récompense ne nous paraît pas quelque chose d'extérieur à la vertu, de même l'immortalité ne nous paraît pas quelque chose d'extérieur à l'âme, qui s'y ajoute par surcroît comme un don surérogatoire et par l'intervention d'une volonté arbitraire. Nous sentons, **nous savons que nous sommes éternels.** C'est en nous créant que Dieu a fait acte de gratuité ; mais en nous créant il nous a faits éternels, ou du moins il **nous** a laissé la liberté de le devenir. Être éternel, c'est participer à l'absolu, et quiconque pense et aime, participe par là même à l'absolu. Penser et aimer, ce n'est pas sentir : ce n'est pas par les sens que l'homme pense, ce n'est pas par eux qu'il aime. L'objet de l'amour, l'objet de la raison, c'est l'intelligible et le divin. Mais comment l'homme aimerait-il et penserait-il l'intelligible et le divin, s'il ne les contenait pas déjà en soi? « L'âme, dit Platon, va à ce qui est éternel et toujours le même, comme étant de même nature. »

Mais cette immortalité du divin n'est, dira-t-on, qu'une immortalité impersonnelle, sans conscience, sans souvenir; ce n'est que l'éternité de Dieu lui-même. Ce n'est pas ainsi que nous l'entendons.

Il faut distinguer la personnalité et l'individualité, que l'on confond souvent. L'individualité se compose de toutes les circonstances extérieures qui distinguent un homme d'un autre homme, circonstances de temps, de lieu, d'organisation, etc. L'individu a tel corps, tel âge, tel visage; il vit en tel pays, en tel temps; il occupe telle fonction, a eu telles aventures, a exécuté telles ou telles actions. Est-ce cet individu-là dont on demande l'immortalité? Mais qui ne voit qu'une des parties essentielles de cet être, à savoir le corps, est dissous et dispersé par la mort? Et comment le reconnaîtrez-vous, sans les insignes qui l'ont caractérisé dans la vie? A quoi reconnaîtrez-vous l'âme de César, séparée de son corps, dépouillée de sa dictature, de son armure de général, de son esprit et de ses vices? A moins de recourir à la théologie et d'invoquer le dogme de la résurrection des corps, il est impossible d'admettre une immortalité individuelle dans le sens rigoureux des termes. Le moi ne périt pas : c'est bien lui qui subsiste et non une substance indéterminée. Mais ce moi immortel n'est pas le moi sensible, perdu et dispersé dans les choses, c'est le moi véritable, recueilli et concentré en lui-même : c'est la personne.

La personnalité a sa racine dans l'individualité; mais elle tend sans cesse à s'en dégager. L'individu se concentre en lui-même; la personnalité aspire au contraire à sortir d'elle-même. L'idéal de l'individualité, c'est l'égoïsme, le tout ramené à moi; l'idéal de la personnalité, c'est le dévouement, le moi s'identifiant avec le tout. La personnalité, c'est en quelque sorte *la conscience de l'impersonnel* : ce n'est pas en tant que je suis capable de sensation, c'est-à-dire de plaisir et de douleur physiques, que je suis une personne : c'est en tant que je pense, que j'aime et que je veux; c'est en tant que je pense le vrai, que j'aime le bien, et que je veux l'un et l'autre. Ce qu'il y a d'inviolable dans les autres hommes, ce n'est pas la sensibilité animale, ce n'est pas l'instinct machinal ni les fonctions vitales; ce n'est évidemment ni leur estomac, ni leur sensualité, ni leurs vices : c'est l'étincelle du divin qui est en eux; c'est la capacité de participer comme moi-même à ce qui n'est ni tien ni mien, au soleil commun des esprits et des âmes, à la vérité, à la justice, à la liberté, à tout ce qui est impersonnel. La personnalité, disons-nous, c'est la conscience de l'impersonnel. C'est cette conscience du divin dans chaque homme qui est immortelle, et non pas tels ou tels accidents fragiles et illusoires, que l'on voudrait en vain emporter avec soi.

Les mystiques ont bien compris que c'est dans l'impersonnel, c'est-à-dire dans ce qui n'est pas nous que s'achève la vie de l'esprit. Mais ils ont trop cru que cette consommation de la personnalité en était l'anéantissement, et consistait dans la perte du vrai et de la conscience. C'est ce qui n'a pas lieu ; et dès cette vie même, l'expérience nous atteste qu'il n'en est pas ainsi. Le savant qui vient de découvrir une grande vérité s'oublie lui-même, se sépare un instant de son individualité ; il ne sait plus dans quel temps il vit, dans quel lieu il demeure ; enfin il est tout entier dans la vérité découverte. Oui, mais il en a conscience. L'artiste qui crée un chef-d'œuvre s'oublie lui-même dans la merveille que son imagination a produite. Oui, mais il en a conscience ; il jouit de ce qui n'est pas lui ; mais il sait qu'il en jouit. Le père s'oublie dans ses enfants, l'ami dans son ami, l'amant dans son amante, le héros dans sa patrie, le citoyen dans l'idéal de liberté et de justice qu'il a rêvé pour les hommes, tous dans ce qui n'est pas eux-mêmes ; mais ils en ont conscience. Ainsi le moi s'achève dans le non-moi, mais il ne s'y absorbe pas, il ne s'y perd pas ; il est à la fois en lui et hors de lui, ou plutôt il est d'autant plus lui-même qu'il semble sortir de lui-même ; et c'est sa propre essence qu'il retrouve lorsque, de la vie extérieure et charnelle, il s'élève à la vie de l'esprit, à la vie absolue.

Cependant les philosophes spéculatifs habitués à la pensée pure ont trop fait consister la vie future dans la conservation des pures pensées. C'est la doctrine d'Aristote ; c'est la doctrine de Spinoza. Mais ces philosophes et ces savants ont un peu trop conçu la vie divine sur le modèle de ce qu'ils ont le mieux aimé dans la vie terrestre. Pour un savant, quoi de plus beau que la science? Mais que faites-vous de ceux qui ne sont pas savants, qui n'ont pas cultivé les idées générales, mais qui ont cultivé les trésors de leur cœur simple et tendre, de ceux qui ont aimé les hommes et qui leur ont fait du bien, des mères qui ont adoré leurs enfants et les ont perdus, de tous ceux qui se sont dévoués à quelqu'un et à quelque chose, sans théorie, et qui, sans vue abstraite de spéculation, ont naïvement confessé la vérité et la justice? Non, il n'est pas prouvé que le cœur soit moins divin que l'esprit. « Le cœur aussi a ses raisons que l'esprit ne connait pas. » Lui aussi a ses vérités générales ; lui aussi, il est éternel.

La vie éternelle n'est donc pas l'anéantissement, mais la consommation de la personnalité. Mais ici nouvelles difficultés, nouveaux problèmes. Est-ce le passage immédiat à un état absolu? Est-ce le développement progressif de notre être dans des conditions de plus en plus favorables? Ici toute solution nous manque parce que toute expérience nous manque. L'imagination est libre de se représenter cet avenir sous les couleurs qui lui plaisent. Ce n'est pas là, c'est dans la conscience de sa propre valeur que l'âme puisera les vrais motifs de sa vertu.

CHAPITRE XII

LA RELIGION

On demande s'il peut y avoir une morale sans religion. La question est mal posée. Il faut dire : La vie morale est-elle complète sans la vie religieuse ? L'expérience, en effet, prouve que les hommes peuvent être justes, probes, modérés, sincères, sans piété. Mais l'absence de piété n'est-elle pas elle-même un manque de vertu, une diminution de l'être moral ? La vie morale ne doit-elle pas exprimer et contenir l'homme tout entier, dans ses rapports avec Dieu, aussi bien qu'avec les hommes et avec lui-même ? Jeté dans le monde sans savoir pourquoi, enlevé à ce monde sans savoir comment, peut-il resserrer son être entre ces deux termes, la naissance et la mort, sans jamais jeter un regard par delà ces deux rives, sans s'attacher à quelque ancre fixe dans ce vaste océan qui l'enveloppe de toutes parts ? Sans doute l'organisation de la vie religieuse, dans des temps de critique et d'examen comme le nôtre, peut devenir de plus en plus difficile [1] ; mais si la piété a son fondement légitime et permanent dans la nature hu-

---

[1] Voir sur cette question nos *Problèmes du XIXᵉ siècle*, l. v, c. III. Je n'ai pas besoin d'ailleurs de faire remarquer que, dans ce chapitre, je n'entends pas parler de telle religion positive particulière, mais de la religion en général, dans ce qu'elle a d'essentiel et d'humain.

maine, elle trouvera inévitablement le moyen de se satisfaire sous une forme ou sous une autre, après bien des crises douloureuses, comme il arrive lorsque le milieu social ne répond plus aux besoins de l'âme.

Aussi la seule question vraiment philosophique est-elle de savoir si la religion a sa racine dans la nature même de l'homme, ou si elle n'est qu'un état passager et éphémère, destiné à disparaître dans un état supérieur de civilisation. Telle est, par exemple, l'opinion de la célèbre école qui croit avoir découvert la loi fondamentale des développements de l'humanité. C'est la loi des trois états : théologique, métaphysique, et positif. On sait que, selon cette école, l'esprit humain commence par diviniser les forces de la nature ou les facultés de l'homme, les transformant peu à peu en un type de spiritualité et de personnalité infini, qui gouverne l'univers par sa volonté, et y intervient sans cesse par une action surnaturelle. Le surnaturel, voilà le domaine des théologies et des religions. Mais l'esprit de réflexion venant à s'éveiller transforme à son tour ces symboles, ces mythes, ces illusions anthropomorphiques, en abstractions métaphysiques ; tel est le second degré, auquel en vient bientôt succéder un troisième, à savoir celui des notions positives, dues à l'observation et à l'expérience. Aux personnalités mythiques, objet de la religion, aux entités métaphysiques, objet de la philosophie, succèdent les faits et les lois, objet de la science. Telle est la loi d'évolution établie par l'école positiviste, et d'après laquelle, on le voit, l'idée religieuse, le sentiment religieux ne paraîtraient autre chose qu'un premier état, un degré rudimentaire de civilisation.

Lors meme que l'on admettrait la loi précédente (et elle est sujette à beaucoup d'objections), il y aurait encore à se demander si cette loi est une loi dernière, et s'il n'y en a pas une autre supérieure à celle-là; si, par exemple, il n'y a pas une loi de retour et de régression, telle que les étapes parcourues une première fois dans le sens indiqué le seraient encore une seconde fois en sens inverse et réciproque; si, une fois arrivé à ce terme prétendu que l'on appelle état positif, il n'y a pas une tendance de l'esprit humain à retourner aux états antérieurs. La métaphysique peut paraître un progrès sur une théologie enfantine et superstitieuse; l'état positif peut paraître un progrès sur une métaphysique conjecturale et peu éclairée; mais il n'est nullement prouvé par là que l'état positif lui-même donne une satisfaction absolue, un repos définitif. Il peut bien se faire (et, à notre avis, c'est la véritable loi) qu'une fois arrivé à l'état positif et scientifique, la réflexion, s'appliquant à ces faits et à ces lois dans lesquelles on veut l'enchaîner, y retrouve une nouvelle métaphysique, et que l'âme, à son tour sondant cette métaphysique nouvelle, y découvre en même temps le fond de toute religion. Une telle loi de retour est si conforme à la nature des choses, que le fondateur de l'école dont nous parlons en a lui-même donné l'exemple, et, au-dessus de cette première philosophie, toute positive, en a élevé une seconde, qui n'est autre qu'une métaphysique et une religion.

A la vérité, on pourrait soutenir que, s'il y a ainsi un mouvement de retour qui ramène au point de départ, il doit y avoir également, par une oscillation naturelle et prévue, une nouvelle évolution critique, qui fera reparaître la succession des trois états, suivie elle-même d'une nouvelle régression; et ainsi à l'infini. Pourquoi pas? Cette application de la loi des *ricorsi* de Vico [1] peut être vraie, sans qu'il soit nécessaire d'admettre que l'humanité doive toujours tourner dans un cercle, sans avancer jamais. Elle peut, comme on l'a dit, tourner en spirale, de telle sorte qu'à chaque nouvelle évolution chaque phase soit d'un degré supérieur à la phase correspondante de la trilogie précédente. Ce double mouvement de rapprochement et d'éloignement de l'humanité par rapport à son centre naturel, qui est le centre de toutes choses, semble avoir été pressenti par quelques écoles philosophiques de l'antiquité, qui avaient admis aussi un double mouvement dans l'univers, l'un de descente, l'autre d'ascension (ὁδὸς ἄνω κάτω), et nous paraît tout à fait conforme à l'essence finie à la fois et infinie de la nature humaine.

D'ailleurs une observation importante a été faite qui restreint encore la portée de la loi précédente : c'est que tous les hommes et tous les peuples ne parcourent pas en même temps ni avec la même vitesse les trois états, de telle sorte qu'ils sont toujours contemporains. Bien plus, le même homme ne les parcourt pas toujours dans l'ordre indiqué; et même les trois états peuvent coexister à la fois, comme on voit certains savants, qui sont plus crédules que certains philosophes, ou certains philosophes, qui ont l'es-

---

1. La théorie des « trois états » d'Aug. Comte n'est qu'une réminiscence sous une autre forme de la théorie des « trois âges, » de Vico : l'âge divin ou théocratique, l'âge héroïque et l'âge historique. Seulement Vico admet un retour alternatif de ces trois âges, et c'est ce qu'il appelle les *ricorsi*.

prit plus positif que certains savants. Il suivrait donc de ces observations que la loi en question revient à dire qu'il y a trois états de pensée, la foi, la pensée réfléchie et l'expérience; et que ces trois états se mêlent d'une manière très-complexe chez tous les hommes. Il n'y a rien à conclure de là pour ou contre l'avenir de la religion parmi les hommes. Au point de vue positif, il y a autant de raisons pour affirmer la perpétuité de la religion que sa disparition progressive. Sans doute l'état théologique ou religieux n'est, comme on le dit, qu'un état *subjectif;* mais il n'est nullement prouvé qu'il doive pour cette raison, être supprimé; car on ne voit pas pourquoi tel état subjectif ne serait pas essentiel à l'humanité. L'amour paternel est aussi un sentiment subjectif. Est-ce à dire qu'il doive céder la place à la science physiologique ou juridique, l'une qui explique les lois de la génération, l'autre les règles abstraites du pouvoir paternel? Il ne suffit donc pas, je le répète, de prouver que la religion est un fait subjectif pour la faire disparaître de l'âme humaine : de ce que la religion n'est pas la science, il ne s'ensuit pas qu'elle ne soit rien; car il n'est ni évident ni même possible que la science se substitue à tout, et remplisse à elle seule l'âme humaine tout entière.

Un autre philosophe [1], se plaçant à un point de vue psychologique, a voulu donner la démonstration qui manquait à l'école positive, et prouver que la religion n'est qu'un état transitoire et une forme inférieure de la civilisation. Sa démonstration repose sur la comparaison de l'espèce et de

---

1. Voir le beau livre de la *Religion*, de M. Vacherot, livre religieux dans le fond, quoiqu'il paraisse conclure contre la religion.

l'individu. La religion appartient, selon lui, dans l'histoire de l'humanité, à une période qui correspond à l'état d'enfance ou à l'état de jeunesse dans l'histoire de l'individu. Nous voyons en effet, dans la vie individuelle, que la jeunesse est l'âge de l'imagination et de la sensibilité, c'est-à-dire de la disposition à croire, et à aimer le mystérieux et l'inconnu. Cette disposition est bientôt suivie de la réflexion, qui dissout les croyances de la jeunesse, et de l'expérience, qui les contredit. Il en est de même dans l'espèce humaine. La religion est un phénomène brillant et poétique, qui appartient à la jeunesse de l'humanité; elle doit donc s'évanouir peu à peu, à mesure que l'humanité s'approchera de la maturité.

Cette explication a le tort de supposer ce qui est en question, à savoir que la religion est une pure illusion, une fantaisie de l'imagination. S'il en est ainsi, il va de soi qu'elle disparaîtra, ou du moins tendra à disparaître avec le temps, et tout esprit éclairé doit, pour sa part, contribuer à en écarter les chimères, comme on a écarté celles de la sorcellerie et de l'astrologie judiciaire. Mais est-il vrai que lorsqu'on a dépouillé la religion de tout ce qui est imagination, il ne reste plus rien? Ceux qui croient à la perpétuité de la religion croient précisément qu'elle est autre chose qu'un mirage de l'imagination, et que ses formes variables recouvrent un fond éternellement vivant. Sans doute la religion ressort du domaine du sentiment plus que de la raison. Mais c'est une question de savoir si le sentiment n'appartient qu'à l'enfance ou à la jeunesse, soit dans l'individu, soit dans l'humanité en général. Pour ce qui est de l'individu on ne voit pas que les sentiments disparaissent toujours avec l'âge ; et s'ils sont quelquefois glacés par l'expérience, c'est un mal plutôt qu'un bien, et ce n'est pas par là que l'âge mûr est supérieur à la jeunesse. On peut dire même que, dans les belles âmes, le sentiment grandit et s'approfondit avec le temps. Si donc la religion est un sentiment, on ne voit pas pourquoi elle ne persisterait pas tant que durera l'humanité.

Sans exagérer d'ailleurs l'empire du sentiment parmi les hommes, on peut croire qu'il les unit plus intimement les uns aux autres que ne fait la raison. L'amitié, l'amour, le patriotisme, vont plus loin que la raison froide. Pourquoi n'y aurait-il pas un sentiment qui pénétrerait plus avant dans l'essence des choses que ne le fait la faculté scientifique ou philosophique ?

En outre l'argument qui conclut de l'individu à l'espèce ne vaut pas ; car de ce que certains individus passent de la foi au doute, du doute à la négation, il ne s'ensuit pas que le même fait doive avoir lieu chez tous. Certains hommes n'ont pas, ou ont perdu le sentiment religieux : il ne s'ensuit nullement que ce sentiment soit une illusion. On peut leur appliquer le mot du poëte comique : « Cet homme assurément n'aime pas la musique ; » ce qui ne prouve rien contre la musique. Beaucoup d'hommes n'ont pas le sentiment du beau ; d'autres manquent du sentiment de la nature ; il semble même qu'il y en ait qui soient complétement destitués du sentiment moral. Croit-on cependant que l'humanité perdra jamais le sentiment du beau, et qu'elle renoncera à la morale ? Le même auteur admet le sentiment de l'idéal comme étant l'essence de la religion. Or beaucoup d'hommes n'ont pas le sentiment de l'idéal, et prétendent d'un ton triomphant qu'il ne survit pas aux belles lumières de l'expérience. Le même travail critique qui fait disparaître, suivant l'auteur, le sentiment religieux, devrait donc également, et même à fortiori, disperser et dissoudre le sentiment, beaucoup plus fragile, qu'il appelle le sentiment de l'idéal [1].

Mais, pourrait-on nous dire, personne ne soutient que la religion doive disparaître absolument de l'humanité; car on sait bien qu'il y aura toujours des états de conscience inférieurs, et on reconnaît d'ailleurs que la religion peut avoir une valeur *relative* qui la rendra toujours plus ou moins utile parmi les hommes; seulement on se contente de dire que c'est une tendance, et une tendance légitime de l'humanité de s'en dégager peu à peu.

Nous ne nous contentons pas de cette concession; et nous devons presser la question de plus près. Ce qui importe à chacun de nous, ce n'est pas de savoir si, en fait,

1. Nous admettons même volontiers avec M. Vacherot que le sentiment religieux n'est autre chose que le sentiment de l'idéal; et c'est précisément ce sentiment de l'idéal que nous analysons plus loin, en le ramenant à deux éléments, l'un métaphysique, l'autre moral : l'un qui est le sentiment de l'infini, l'autre la croyance à la bonté divine. Quant à la réalité objective de ce que l'auteur appelle l'idéal, c'est une question de métaphysique que nous n'avons pas à traiter ici. Tout ce que nous devons dire, à un point de vue purement pratique, c'est que l'acte moral suppose la croyance à la possibilité d'une application progressive de l'idéal dans le monde. Or une telle possibilité ne se comprend qu'à la condition d'avoir sa racine dans la nature des choses. Il y a donc une raison des choses qui les détermine dans le sens du bien et du meilleur : ce qui ne se pourrait pas dans l'hypothèse d'une nature essentiellement mauvaise, qui ne voudrait que le mal, et combattrait le bien, ou même d'une nature indifférente qui nous ballotterait éternellement entre l'un et l'autre.

la religion subsistera toujours, comme si l'on voulait nous rassurer en affirmant la perpétuité d'un tel frein. La question est de savoir si la religion *doit* disparaître en principe, quand même elle continuerait à vivre en vertu de la force acquise. On sait bien, par exemple, que l'illusion et l'erreur, qui, elles aussi, sont quelquefois utiles, ne seront jamais abolies parmi les hommes ; mais elles *doivent* l'être ; et nous devons tous travailler pour qu'elles le soient. Ainsi de la religion : si elle est une illusion, si elle représente un état de conscience inférieur, quoique relativement bon, je dis qu'elle *doit* disparaître, que c'est un *devoir* pour chacun de nous en particulier de contribuer pour sa part à l'éteindre, soit en lui-même, soit chez les autres. Eh bien ! en prenant la question à ce point de vue précis et rigoureux, nous sommes de ceux qui croient non-seulement qu'elle ne peut pas, mais qu'elle ne doit pas disparaître, qu'elle est un élément essentiel de l'humanité.

Mais qu'est-ce que la religion ? En quoi consiste cet élément essentiel, qui nous paraît devoir subsister dans le changement de toutes les formes extérieures ? On confond en général la religion avec la croyance au surnaturel ; mais ce n'est là que la forme de la religion : ce n'en est pas l'essence. Représentez-vous d'un côté un homme qui croit aux miracles, à la révélation, à toutes les prescriptions de l'Église, mais dans le cœur duquel il n'y a pas un atome d'amour pour Dieu et pour les hommes : dirons-nous qu'il est religieux ? Mettons en présence le bon Samaritain, ou un pieux païen comme Épictète, ne dirons-nous pas : Voilà un homme religieux ! La religion demande que l'on ajoute l'esprit à la lettre. Or celui qui a l'esprit sans la lettre est plus religieux que celui qui a la lettre sans l'esprit. Marc-Aurèle est plus religieux que Torquemada.

L'essence de la religion n'est donc pas le surnaturel, la croyance aux miracles, mais « l'amour de Dieu et des hommes; » c'est là toute la loi, suivant J.-C.; et pourquoi serions-nous plus exigeants que lui-même? S'il n'y a pas de morale sans religion, il n'y a pas de religion sans morale, et la piété vraie ne va pas sans la charité. Aimer Dieu sans aimer les hommes n'est qu'une forme plus élevée de l'égoïsme. Ainsi l'amour du prochain entre dans le sentiment religieux; cependant il ne le constitue pas. Reste donc l'amour de Dieu; et que doit-on entendre par là?

L'amour de Dieu est un sentiment complexe, qui doit être analysé : il comprend 1° un élément métaphysique; 2° un élément moral.

1° Métaphysiquement, l'amour de Dieu est le sentiment de l'infini, le besoin de se rattacher à l'absolu, à l'éternel, à l'immuable, au vrai en soi, à l'Être, en un mot. L'homme, quand il se considère avec quelque réflexion et même sans réflexion, se trouve petit, faible, misérable. « Oh! que nous ne sommes rien! » dit Bossuet. *Homo sibi ipsi vilescit*, dit saint Bernard. L'homme sent que son être est fragile, qu'il ne tient qu'à un fil, qu'il s'écoule sans cesse. Les biens du monde sont périssables. La figure du monde passera. Nous ne savons ni qui nous sommes, ni d'où nous sortons, ni où nous allons, ni ce qui nous soutient pendant le court espace de notre vie. Nous sommes suspendus entre ciel et terre, entre les deux infinis; nous reposons sur un sable mouvant. Toutes ces fortes expressions des écrivains mystiques et religieux rendent admirablement le besoin d'absolu, d'immuable et de parfait dont les âmes pieuses sont particulièrement travaillées, mais que toutes éprouvent à quelque degré et satisfont comme elles peuvent. Tous nos efforts pour atteindre à l'absolu dans la science, dans l'art, dans la politique même, ne sont que les formes par lesquelles se manifeste ce besoin de l'infini. L'insatiable poursuite des passions est encore, sous une vaine apparence, le même besoin. Les biens que nous atteignons par là nous fatiguent bientôt, et nous en cherchons d'autres. *Quæcumque adfuerint*, dit saint Bernard, *semper eris inquietus*. Platon dit dans le même sens que, semblables aux vieillards d'Homère, nous poursuivons l'ombre d'Hélène au lieu de l'Hélène véritable.

Ce sentiment de l'éternel et de l'infini, tous les plus grands métaphysiciens l'ont donné comme le dernier fondement de la morale. Platon, Plotin, Malebranche, Spinoza, nous ordonnent de rechercher les biens éternels de préférence aux biens périssables. Ce sentiment, prenant conscience de lui-même, et recherchant le bien en soi, au lieu de rechercher ce qui n'en est que l'ombre, est ce qu'il y a de plus profond et de plus intime dans le sentiment religieux. On ne dit pas que tous les hommes l'éprouvent, ni qu'ils l'éprouvent tous au même degré; mais que l'on interroge les grandes âmes religieuses, un saint Bernard, un Gerson, on y verra que la dernière et la plus belle forme de l'esprit religieux est dans ce besoin de s'unir à l'infini, de communier avec Dieu. C'est ce sentiment qui fait la grandeur et la beauté du mysticisme : c'est au même sentiment que le christianisme donne sa plus haute et sa plus pure satisfaction par le sacrement sublime de l'eucharistie.

2° Voilà l'élément métaphysique de la religion : en voici l'élément moral. Dieu n'apparaît pas seulement à l'âme humaine comme infini, immense, inépuisable, éternel. Elle le veut plus près d'elle, et, dans sa hardiesse respectueuse, elle l'appelle le *Père*. L'homme n'est pas seulement faible et imparfait. Il est encore pécheur et souffrant; le mal est sa condition. La fragilité de notre être et ses limites sont déjà un mal; mais c'est le moindre ; c'est ce que l'école appelle le mal métaphysique; mais l'humanité souffre encore d'un double mal, bien plus effectif, bien plus poignant : la douleur et le péché. Contre le mal physique, la douleur, elle n'a que la faible ressource de la prudence; contre le mal moral, elle n'a qu'une arme, bien faible encore, le libre arbitre. Le pélagianisme nous représente le libre arbitre comme tout-puissant. Il semble que nous soyons les maîtres de l'univers. Mais l'expérience prouve au contraire combien nous sommes faibles, combien de fois la liberté succombe, et Kant lui-même, malgré son stoïcisme, se demande si jamais un seul acte de vertu a été accompli dans le monde. Quelle vanité qu'une telle vertu ! En résumé, la vie, malgré ses grands aspects et quelques joies exquises et sublimes, la vie est mauvaise; tout finit mal, et la mort, qui termine tous les maux, est encore le plus grand des maux. L'âme humaine, dit Platon, « lève, comme l'oiseau, les yeux vers le ciel; » elle appelle un remède, un secours, une délivrance. *Libera nos a malo*, voilà le cri de toute religion. Dieu est le libérateur et le consolateur. Nous aimons le bien et nous faisons le mal; nous désirons impatiemment le bonheur, et nous ne rencontrons que misère. Telle est la contradiction signalée par Pascal avec une si poignante éloquence. Il faut lever cette contradiction. Il faut qu'un être bienfaisant vienne racheter de la douleur et du péché la pauvre humanité.

Bien des personnes placent l'essence de la religion dans la croyance à la vie future ou à l'immortalité de l'âme. Sans l'espoir de gagner le paradis, qui songerait à Dieu? Mais c'est renverser les termes. Le paradis n'est rien pour le vrai croyant; Dieu est tout. Si la vie future est une conséquence nécessaire de la justice et de la bonté divines, elle sera, n'en doutons pas; sinon, nous n'avons rien à demander; cela ne nous regarde pas. Ce qui nous regarde, c'est de savoir ce que nous avons à faire ici-bas, et d'avoir la force de le faire. *Vita est meditatio vitæ, non mortis*, a dit Spinoza. Mais pour vivre et bien vivre, il faut croire à la vie, croire à sa signification saine et sainte, croire qu'elle n'est pas un jeu, une mystification, qu'elle nous a été donnée par le principe du bien et pour le succès du bien.

L'essence de la religion est donc la croyance à la bonté de Dieu. Un auteur critique de l'Allemagne, Feuerbach, a dit avec profondeur que la religion consistait à diviniser les attributs humains. Ainsi : Dieu est bon signifie, selon lui : la bonté est divine. Dieu est juste signifie : la justice est divine. La hardiesse du christianisme, sa profonde beauté pathétique, sa grande efficacité morale a été de diviniser nos misères; et, au lieu de dire : La douleur est divine, la mort est divine; d'avoir dit : Dieu a souffert, Dieu est mort. En un mot, suivant le même auteur, Dieu, « c'est le cœur humain divinisé. » Rien de plus vrai et de plus beau, mais dans un autre sens que celui de l'auteur. Si Dieu même n'était pas toute bonté, le cœur de l'homme contiendrait quelque chose de divin, et Dieu lui-même ne serait pas divin! Le cœur sent qu'il est plus que toutes choses; mais, pour croire en soi, il faut qu'il croie qu'il vient de plus haut et qu'il dérive d'une source plus pure que lui-même.

C'est ici qu'on voit le lien de la religion avec la morale. Peut-être n'en est-elle pas le fondement théorique ; mais elle est le fondement de son efficacité. C'est ce que Kant a profondément démêlé en faisant de l'existence de Dieu le postulat de la morale. La loi morale, en effet, suppose que le monde peut devenir conforme à cette loi ; mais comment croire à une telle possibilité, si ce monde est l'effet d'une nécessité aveugle et indifférente ? « Puisque c'est un devoir pour nous, dit-il, de travailler à la réalisation du souverain bien, ce n'est pas seulement un droit, mais une nécessité qui dérive de ce devoir de supposer la possibilité de ce souverain bien, lequel n'est possible que sous la condition de l'existence de Dieu[1]... » — « Supposez, dit-il ailleurs[2], un honnête homme comme Spinoza, par exemple, fermement convaincu qu'il n'y a pas de Dieu et qu'il n'y a pas non plus de vie future, il accomplira (sans doute) d'une manière désintéressée le bien que cette sainte loi propose à son activité. Mais son effort est borné ; et, s'il peut trouver çà et là dans la nature un concours accidentel, il n'en

---

1. Kant, *Critique de la raison pratique*, l. II, ch. II, § V, trad. de J. Barni, p. 334.
2. Ibi., *Critique du Jugement*, 2ᵉ partie, § LXXXVI, trad. franç., t. II, p. 172.

peut jamais attendre une concordance régulière ou constante avec le but qu'il se sent obligé de poursuivre. La fraude, la violence, l'envie, ne cessent de l'entourer, bien qu'il soit honnête, paisible, bienveillant ; et les honnêtes gens qu'il rencontre ont beau mériter d'être heureux, la nature, qui n'a point égard à cette considération, les expose, comme les autres animaux de la terre, à la maladie, aux misères, à une mort prématurée, jusqu'à ce qu'un vaste tombeau les engloutisse tous dans le gouffre de l'aveugle matière dont ils étaient sortis. Ainsi cet homme de bien devrait abandonner comme absolument impossible le but que la loi lui imposait ; ou, s'il veut rester fidèle à la voix intérieure de sa destinée morale, il faudra qu'au point de vue pratique il reconnaisse l'existence d'une cause morale du monde, c'est-à-dire de Dieu. » Ainsi, suivant Kant, la religion, c'est-à-dire la croyance à l'existence de Dieu, est exigée, non pour fonder théoriquement la morale, mais pour la rendre pratiquement possible. « L'honnête homme peut dire : Je *veux* qu'il y ait un Dieu[1]. »

C'est dans le même sens que nous faisons de la religion la condition pratique de la morale. Sans doute le succès extérieur de la loi ne paraît pas essentiel à l'idée de cette loi ; et, pour ce qui est de son propre bonheur, le sage peut, je le veux bien, en faire abstraction. Mais il ne peut faire abstraction du bonheur des autres, et, en général, d'un certain état de perfectionnement possible de la société humaine. Si, par exemple, les hommes devaient tou-

---

1. *Critique de la raison pratique*, trad. fr., p. 363.

jours être des singes ou des tigres, voués à des instincts bas et féroces, comme le pensent quelques philosophes pessimistes ou misanthropes, croit-on qu'une fois persuadé de cette triste vérité, l'homme le mieux doué sous le rapport moral et le plus convaincu de l'obligation de la loi du devoir aurait la force nécessaire pour continuer d'accomplir le bien, qui ne devrait produire que des résultats inappréciables et imperceptibles? Croire à la vertu est la première condition pour devenir ou pour demeurer un homme vertueux. Mais croire à la vertu, c'est croire qu'il peut y en avoir dans le monde, et qu'elle peut y faire du bien; c'est croire, en d'autres termes, que l'espèce humaine est faite pour le bien; c'est croire que la nature doit pouvoir être transformée selon la loi du bien; enfin c'est croire que l'univers obéit au principe du bien, et non au principe du mal, à Ormuz et non à Ahriman. Quant à une nature indifférente, qui ne serait ni bonne ni mauvaise, elle nous laisserait tout aussi incertains sur le succès possible de nos efforts, aussi défiants sur la valeur de nos croyances morales.

En un mot, et pour finir, si Dieu est une illusion, pourquoi la vertu ne serait-elle pas aussi une illusion? Pour que je croie à la dignité et à l'excellence de mon âme et de celle des autres hommes, mes frères, il faut que je croie à un principe suprême de dignité et d'excellence. Rien ne vient de rien. S'il n'y a nul être qui aime les hommes, et qui m'aime moi-même, pourquoi suis-je tenu de les aimer? si le monde n'est pas bon, s'il n'est pas fait pour le bien, si le bien n'est pas son origine et sa fin, qu'ai-je à faire ici-bas, et que m'importe cette fourmilière dont je fais partie ? Qu'elle se tire d'affaire comme elle pourra ! Pourquoi me donner tant de mal pour si peu d'effet ? Supposez un sage citoyen, ami de la liberté civile et politique, et prêt à tout souffrir pour la procurer à son pays. Tant qu'il croira cette œuvre possible, la sagesse aussi bien que la vertu lui commandera de s'y consacrer tout entier. Mais que l'expérience vienne à lui démontrer qu'une telle œuvre est une chimère, que ses concitoyens sont trop lâches ou trop vicieux pour être dignes et capables du bien qu'il veut leur assurer; supposez qu'il ne voie partout autour de lui que cupidité, servilité, passions effrénées et odieuses, enfin qu'il arrive à la conviction que la liberté, parmi les hommes ou du moins chez un tel peuple, est une illusion, croit-on qu'il pourra, croit-on même qu'il devra continuer de consumer ses forces à une œuvre impossible ? Encore une fois, je puis et je dois m'oublier moi-même et laisser à l'éternelle justice ou à la divine bonté le soin de veiller à mes destinées ; mais ce que je ne puis oublier, ce qui ne peut me laisser indifférent, c'est le règne de la justice dans le monde. Il faut que je puisse dire : *Adveniat regnum tuum*. Comment le pourrai-je, s'il n'y a pas un Père qui, en nous confiant le soin de faire arriver son règne, l'a rendu au moins possible en faisant le monde ? Et comment dois-je croire que de ce grand vide où l'on veut nous réduire il puisse sortir un règne de volontés saintes et justes, liées entre elles par les lois du respect et de l'amour ? Kant, le grand stoïcien, a plus fermement que personne décrit la nécessité de ce règne de la loi, sans rien emprunter aux raisons théologiques; mais il a compris que cet ordre abstrait et idéal resterait une pure conception, s'il ne s'y joignait ce qu'il appelle avec raison « la foi pratique, la foi morale » à l'existence de Dieu. Cette foi morale est la seule que nous ayons à revendiquer ici, la démonstration théorique des principes de la théologie naturelle étant en dehors de notre recherche.

TABLE DES MATIÈRES

	Pages.
PRÉFACE	V-XIII
AVANT-PROPOS	1

LIVRE PREMIER
Le Bien ou le But.

CHAPITRE Ier. — Le plaisir et le bien	9
— II. — Le bien et la loi	29
— III. — Le principe de l'excellence	55
— IV. — Le principe du bonheur	86
— V. — Les biens impersonnels	112
— VI. — Le vrai, le beau et le bien	133
— VII. — Le bien absolu	150

LIVRE II
La Loi ou le Devoir.

CHAPITRE Ier. — Nature et fondement de la loi morale	173
— II. — Le bien et le devoir	222
— III. — Devoirs stricts et devoirs larges	241
— IV. — Le droit et le devoir	266
— V. — Division des devoirs	292
— VI. — Conflit des devoirs	307

LIVRE III
La Moralité ou l'Agent moral.

CHAPITRE Ier. — La conscience morale	331
— II. — L'intention morale	349
— III. — Le probabilisme moral	370
— IV. — Universalité des principes moraux	391
— V. — Le sentiment moral	447
— VI. — La liberté	460
— VII. — La doctrine de Kant sur la liberté	488
— VIII. — La vertu	507
— IX. — Le progrès moral	526
— X. — Le péché	542
— XI. — Le mérite et le démérite. — La sanction de la loi morale	566
— XII. — La religion	596

FIN DE LA TABLE.

Sceaux. — Imp. Charaire et Cie.

www.ingramcontent.com/pod-product-compliance
Lightning Source LLC
Chambersburg PA
CBHW071932240426
43668CB00038B/1173